新时代大学文科简明教材
编委会

总主编

张福贵

教育部中国语言文学类专业教学指导委员会主任委员
吉林大学资深教授，教育部长江学者特聘教授
国家"万人计划"哲学社会科学领军人才

编　委（按姓氏拼音排序）

崔希亮
教育部中国语言文学类专业教学指导委员会原副主任委员
中国书法国际传播研究院院长，北京市语言学会理事长

李　浩
教育部中国语言文学类专业教学指导委员会副主任委员
西北大学中国文化研究中心主任、教授

李伟昉
教育部中国语言文学类专业教学指导委员会委员
河南大学教授，国家"万人计划"哲学社会科学领军人才

李运富
教育部中国语言文学类专业教学指导委员会委员
郑州大学首席教授，国家语委汉字文明研究中心主任

刘利
教育部中国语言文学类专业教学指导委员会副主任委员
全国国际中文教育专业学位教育指导委员会副主任委员

涂险峰
教育部中国语言文学类专业教学指导委员会委员
武汉大学文学院教授

吴春相
教育部中国语言文学类专业教学指导委员会委员
上海外国语大学教授

曾　军
上海大学宣传部部长、文学院教授
国家"万人计划"哲学社会科学领军人才

张丛皞
教育部中国语言文学类专业教学指导委员会秘书长
吉林大学文学院教授

朱国华
教育部中国语言文学类专业教学指导委员会委员
华东师范大学中文系、国际汉语文化学院联聘教授

新时代大学文科简明教材

总主编·张福贵

古代汉语简明教程

主　编◎李运富

副主编◎董艳艳

参　编◎李　晶　刘风华

　　　　彭　慧　温　敏

　　　　张　艳

华中科技大学出版社
http://press.hust.edu.cn
中国·武汉

李运富

教育部"长江学者奖励计划"特聘教授（2015–2019）。现任国家语言工作委员会科研机构汉字文明传承传播与教育研究中心主任，郑州大学特聘学科首席教授，中国语言文学一级学科带头人，《汉字汉语研究》主编。兼任古文字与中华文明传承发展工程协同攻关创新平台（郑州大学）负责人，国家社会科学基金学科评委，教育部高等学校中国语言文学类专业教学指导委员会委员，中国训诂学会研究会学术委员会副主任，中国语言学会常务理事，中国文字学会常务理事，中国文字博物馆学术委员会委员等。

主要从事汉语言文字学和古文献的教研工作，出版《汉字学新论》《汉字职用研究》《楚国简帛文字构形系统研究》《二十世纪汉语修辞学综观》《汉字构形原理与中小学汉字教学》《古代汉语教程》《古汉语字词典》《甲骨春秋》《汉字之光》等著作30多部（含合作和主编）。在《中国社会科学》《中国语文》《世界汉语教学》《世界汉字通报》《光明日报》《中国社会科学报》等国内外重要期刊、报纸发表学术文章200多篇（含合作）。先后主持国家社会科学基金重大项目2项、重点项目1项；教育部和国家语言工作委员会重大项目2项、重点项目2项；国家古文字与中华文明传承发展工程重大项目3项、其他项目10余项。先后获教育部高等学校科学研究优秀成果奖（人文社科）2项，北京市哲学社会科学优秀成果奖1项，河南省哲学社会科学优秀成果奖1项，其他各种省级奖励10余项。

内容提要

　　通常认为，汉语的发展可以分为古代汉语、近代汉语、现代汉语三个阶段。本书的主要内容属于古代汉语，包括隋唐以前的文献语言及文字材料，也有后代沿用和仿用的文言作品及文字材料。本书分为文字、词汇、音韵、语法、修辞、训诂六章。前四章聚焦语言文字的结构本体，讲授语言文字的基本理论和重要知识点；后两章侧重于语言文字的表达与解读，其中修辞部分注重对语言文字表达的探讨，训诂部分则关注语言文字的解读，二者均是对语言文字及有关理论知识的应用。语言文字是思想文化的载体，学习古代汉语的主要目的是阅读古代典籍，传承古代文化，所以本书强调理论与实践结合，课内与课外互补。在"基础知识"之外，设置"论著选介""阅读应用""内容拓展"等延展性板块，其中"阅读应用"部分的选文保留了古代繁体用字。为帮助学习者尽快掌握要点，感知古代语言文字的奥妙，获得理解应用的能力，本书还增加了"教学导航""情景导入""关键词解释""本章小结""思考与练习"等辅助性环节，并在每一章末附有"数字资源"，以便学有余力者进一步探索。

网络增值服务

使用说明

欢迎使用华中科技大学出版社人文社科分社资源网

1 教师使用流程

（1）登录网址：https://bookcenter.hustp.com/index.html（注册时请选择教师身份）

注册 → 登录 → 完善个人信息 → 等待审核

（2）审核通过后，您可以在网站使用以下功能：

浏览教学资源　　建立课程　　管理学生　　布置作业　　查询学生学习记录等

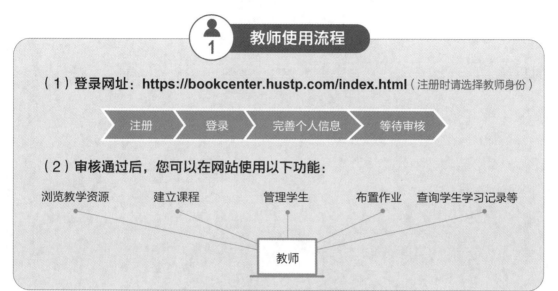

2 学员使用流程

（建议学员在PC端完成注册、登录、完善个人信息的操作）

（1）PC端学员操作步骤

① 登录网址：https://bookcenter.hustp.com/index.html（注册时请选择学生身份）

注册 → 完善个人信息 → 登录

② 查看课程资源：（如有学习码，请在"个人中心—学习码验证"中先验证，再进行操作）

首页课程 → 课程详情页（选择课程）→ 查看课程资源

（2）手机端扫码操作步骤

手机扫码 → 登录/注册 → 查看课程资源

如申请二维码资源遇到问题，可联系编辑宋焱：15827068411

总序

  数字化时代如何进行传统人文教育和人才培养，是一个说起来容易做起来难的问题，人工智能、数字经济正改变着以汉语言文学为代表的传统文科教育模式。汉语言文学专业是最具中国特色的基础文科，从守正创新的思路出发，在数字化时代要积极适应新时代社会发展需要，建设一套具有赓续传统、融汇新潮的汉语言文学的专业教材，真正努力实现"宽口径、厚基础、重能力、求个性"的新型复合型人才培养的目标。

  我国文科专业教材建设始终是高等教育中的重要环节，从20世纪50年代开始，文科教材编写进入高潮期，并开始成为一种"国家事权"，受到越来越明显的重视。进入20世纪80年代，在新时期的时代氛围中，各种统编教材、自编教材和规划教材等更是名目繁多，数量迅速增加。特别是前些年开始实施的"马工程"教材建设，具有顶层设计、名家协力、广泛使用的特点和优势，为中国文科教材建设起到了巨大的示范作用。

  汉语言文学专业是我国开设高校最多的专业，截至2023年12月31日，全国有641所院校开设汉语言文学专业。从近年来专业教材使用的情况来看，有逐渐趋于一统的态势。但是，由于学科专业有些课程意识形态属性较强，教材编写难度较大，因此，汉语言文学专业的"马工程"教材编写比例和使用率不是很高。在这种情况下，如何在国家教材编写的基本宗旨指引下，系统地编写一套具有传统优势和新时代特色的汉语言文学的专业教材，是十分必要且有较大空间的。

  如何在已有的数百种汉语言文学专业教材中确立新教材的价值与特色，是具有巨大挑战性的。特别是在数字文化和"新文科"理念的引领下，对已有教材进行客观分析，确定新教材编写的宗旨和原则，需要做出艰辛的努力。人才培养是在课程体系有效设定的基础之上实现的，课程设定又建立在教材之上。教材并非只是教学内容、方法与理念的载体，还是完成人才培养目标以及提升教学水平的主要保障。因此，新教材要融入新时代的新理念、新知识和新方法是所有教材的基本要求。但是对于传统文科特别是文史类教材来说，知识具有相对的固定性，关键在于对于知识的选择和理解。"新文科"建设应包含两个思路：一个是"新的文科"，一个是"文科之新"。前者是从"跨学科"的角度，创立和形成新的文科专业或者方向；后者则是从传统文科自身发展的角度，反思和调整现有文科的发展路向。对于汉语言文学这类传统的基础学科，我们更要守正创新，既要融入新知，又要回归传统和经典。当然，这种回归不只是教材知识内容的选择，更在于对于学生学习经典环节的强调和安排。这也是针对数字化时代人们的阅读和学习的新变化而考量的。现在随着知识的获得越来越便捷和简单，对于具体经典的阅读、理解相对也越来越被忽视。特别是人工智能突飞猛进一日千里的发展，经典甚至思想有被装置和边缘化的趋向。汉语言文学专业教材建设必须面向当前，又直指未来，为不断优化教材体系、完成新文科发展目标、提升教学水平、培养综合型人才提供重要的基础与保障。

教材编写的核心问题是内容的选取问题，而内容的选取在于价值立场和教学理念的确定。作为新时代文科教材，首先，要坚持以马克思主义为指导，贯彻习近平总书记关于文化建设的重要论述，坚持正确的政治方向、价值取向和学术导向。这是时代政治的需要，也是历史逻辑的需要。以"中国现当代文学史"为例，其发展过程就完整地体现了政治逻辑、历史逻辑、学理逻辑和伦理逻辑的融合。所谓"历史的选择"和"人民的选择"通过具体的"红色经典"而艺术化地表现出来。其次，作为最具中国特色的基础文科教材，汉语言文学教材要强调中华优秀文化的传承与发展，从语言文学的历史流脉来理解当代文科知识体系中不能缺少的优秀传统文化的源流。最后，新时代汉语言文学教材内容不单是历史知识的重复，更要以新的理念来理解这些知识。这就需要从"全人类共同价值"观出发，对于知识源流、经典意义、审美风尚等进行符合人类性和人性的理解和阐释。阶级的立场、民族的立场和人类的立场不是对立的，而是融合的。这不只是一种价值理念，也往往是一种历史事实。

新教材的编写要经受三种检验：第一，是政治的检验。教材编写和使用不是简单的教学环节，而是思想和品格的养成过程。因此，正确的政治理念是文科教材编写和使用的入门证和验收单。第二，是学理的检验。新时代汉语言文学教材有新的政治要求，理性的政治本身就具有科学性和逻辑性。"课程思政"是所有课程和教材的统一要求，但是不同专业教材的"课程思政"具有不同的特点和方式。汉语言文学教材的"中国特色"本身就具有本色的"课程思政"色彩，不是简单地将"课程思政"进行"穿靴戴帽"式的外加，是"一加一等于一"而不是"一加一等于二"。"课程思政"要通过历史逻辑、学理理解来体现。

因此，新教材必须坚守学理逻辑，只有实现充分的"学术释权"，才能更好地实现"国家事权"。第三，是历史的检验。如果历史的产物最终都要被历史本身进行检验和选择，新编教材能否经受住这种历史的考验，关键在于是否能够很好地实现前两种检验。历史本身就是一个不断选择甚至淘汰的过程，符合政治标准的同时，也符合人类意识、人性逻辑、学理逻辑和审美逻辑的教材才能与世长存。

新时代汉语言文学专业简明教材除了具有以上文科教材共有的属性和逻辑之外，还应该努力形成本专业的特点。无论是教材编写还是专业教育，都应该秉承这样一种原则：基础知识标准化，核心问题个性化，专业背景多元化。这是教材内容、教学过程和人才培养共同的原则。这是本套"新时代大学文科简明教材"努力追求的方向。

张福贵[①]

2024年1月

[①] 教育部中国语言文字类专业教学指导委员会主任委员，吉林大学资深教授，教育部长江学者特聘教授，国家"万人计划"领军人才。

前言
PREFACE

"古代汉语"的含义较为灵活，它可以泛指"五四新文化运动"（1919年）以前的所有汉语，也可以特指先秦两汉时期具有典范意义的文献语言，还可以指不包括"古白话"及甲骨文、金文等出土文献的"古代文言文"。我们认为，鉴于"近代汉语"的划分，"古代汉语"课程在选材时可以不使用"古白话"的相关材料（当然，有些半文半白的语料如《朱子语类》等，在特定的情况下仍可考虑使用），但甲骨文、金文等出土文献的语料，应该被纳入"古代"这一时间范畴内。而且，"古代汉语"基本上是书面语，与"现代汉语"注重口语不同，"古代汉语"课程必须把文字放在重要的地位。所以我们所说的"古代汉语"基本等同于"古代文言文"，包括经史子集等传世文献，也涉及甲骨文、金文、简帛等出土文献。

"古代汉语"课程的目标是引导学生通过解读书面文字符号，深入探索并理解古代汉语在语音、语义（词汇）、语法方面的系统构成和演变规律，熟悉古人运用古代汉语表达思想的习惯和方法，从而提高阅读古代文献、理解历史文化的能力。我们认为，为了达成这一目标，教材的内容要尽可能涵盖所有的知识点，但无须过于深入探究。因为课时有限，且当下处于信息时代，学生有很多渠道拓展学习课堂内容。因此，本书只用了40多万字的篇幅，简明扼要地介绍了古代汉语在文字、词汇、音韵、语法、修辞、训诂等方面的"基础知识"，这些知识既包括文字系统与语言系统的对立，也包括语言系统本身语音、语义和语法的结构划分，还涉及文献层面的修辞表达和训诂解读。同时，本书还设置了"教学导航""情景导入""论著选介""阅读应用""内容拓展""关键词解释""思考与练习""本章小结""数字资源"等板块，以辅助教师教学，拓宽学生视野。

从教学的角度来看，我们认为应该注重培养学生六个方面的素质：一是基本掌握有关古代汉语的知识理论系统；二是大致了解古代语言文字方面的研究历史和成果；三是精读适当数量的典范文言作品；四是自主体验汉字、汉语的社会功能并感受典籍文化的传承魅力；五是学会如何搜集材料、汇聚资源，做到"手里有粮，心中不慌"；六是养成关注学科最新进展的习惯，随时吸收新的成果，并尝试进行探索实践。本书提供的实际材料有限，但在设计框架和安排内容时体现了上述理念。例如"论著选介"板块，就是在前面各知识板块讲述有关学术史的基础上，重点展示具有典范性的研究成果，帮助学生沿着学术的正轨进行探索。又如"阅读应用"板块，与全书其他部分的体例不同，这部分内容全部使用繁体字，并保留异体字，而且只给前两篇选文加上注释，后面文选不加注，最后一篇甚至标点也不加，目的就是让学生直接接触古代文献的原貌，增强古代语感，学会查找资料和运用工具书，从而提高处理古籍文本、解除阅读障碍的实际能力。

20世纪50年代开始，"古代汉语"的相关教材便开始陆续编写，至今在全国范围内究竟出版过多少种，难以准确统计。按理来说，编教材应像编字典辞书一样，要有权威性，宜精不宜多，多修改而少新编。但我们这套教材的编写还是有必要的，主要出于三个方面的考虑。一是不同的教学对象，应该有各自适用的教材。本书的教学对象是以理工科为主的综合型院校中的文科院系学生，目前尚无为其量身定制的合适教材。二是学术发展日新月异，"古代汉语"学科的很多新成果需要吸纳，教材理应更新。笔者之前发表的《大学古代汉语教材应注意吸收新的研究成果》（《贵州师范大学学报（社会科学版）》2018年第4期）讲的就是这方面的问题。三是时代在进步，新的社会发展需求赋予了传统学科新的使命。进入新时代以来，党和国家非常重视中华优秀传统文化的继承和发扬，习近平总书记在很多场合都提到过这一点。在2022年党的二十大会议上，习近平总书记在报告中再次强调："中华优秀传统文化源远流长、博大精深，是中华文明的智慧结晶，其中蕴含的天下为公、民为邦本、为政以德、革故鼎新、任人唯贤、天人合一、自强不息、厚德载物、讲信修睦、亲仁善邻等，是中国人民在长期生产生活中积累的宇宙观、天下观、社会观、道德观的重要体现，同科学社会主义价值观主张具有高度契合性。我们必须坚定历史自信、文化自信，坚持古为今用、推陈出新，把马克思主义思想精髓同中华优秀传统文化精华贯通起来、同人民群众日用而不觉的共同价值观念融通起来，不断赋予科学理论鲜明的中国特色，不断夯实马克思主义中国化时代化的历史基础和群众基础，让马克思主义在中国牢牢扎根。"要传承和发扬中华优秀传统文化，首先需要了解、学习和研究古代的文献，而要读懂古代文献就需要学习古代汉语知识，"古代汉语"这门课就是教学生如何读懂古代文献的。同时，古代的语言和古文字本身也蕴含着丰富的文化内容，学习和研究古代语言文字就是学习和体悟传统文化。正如习近平总书记所说："汉字是中华文明的重要标志，也是传承中华文明的重要载体。""中国的汉文字非常了不起，中华民族的形成和发展离不开汉文字的维系。"因此，本教材特别注重培养学生的家国情怀，通过思政元素的自然融入，培养学生对中华优秀传统文化的认同感、自豪感，并激发其向往心。例如，"内容拓展"板块就有意识地融入了这方面的内容，包括汉字传播的对外影响、外来词反映的国际文化交流现象、词义引申的文化价值观、传统修辞理念体现的中华民族的诚信价值观、语言文字发展对社会文明进步的推动作用、中国传统的对联文化等，此外还汇编了国家领导人对传统文化的诗词应用和修辞实例。这些内容的融入能够让学生在学习知识的同时，潜移默化地感受中华优秀传统文化的魅力，激发对现代文化的创新创造活力，增强对中华民族文化的自信。

本书是教育部中文专业教学指导委员会主任张福贵教授主编的教材丛书中的一种。除了总体上具有"简明"特点外，本教材在编撰理念上还有一些考虑和追求。首先是知识系统完整，在保持简明的同时，尽可能地涉及本学科的方方面面。其次是内容伸缩性强，除了必讲的基础知识外，其他多个板块的内容都是可以根据实际情况进行调节的，特别是"数字资源"内容十分丰富，教学双方可以各取所需。最后是具有思政意识，本书利用传统学科的优势，融入了不少传统文化的教育元素。因此，本教材的适用面十分广泛，除了以理工科为主的综合型本科院校，其他高校的古代汉语课程也可以选用此教材，还可以供函授研究生班、本科选修、汉语言文字学专业硕士生入学考试和入学后补修等使用。

本书由李运富主编，他提出编写思路和框架细目，解决编写中出现的疑难问题，参与部分章节的撰写，并负责全书的统稿和审改。在统稿阶段，董艳艳老师做了很多实际工作，温敏老师和李晶老师也协助做了一些组织工作。具体各部分的撰稿分工是：前言，李运富；第一章，刘风华；第二章，彭慧；第三章，张艳；第四章，董艳艳；第五章，李晶；第六章，温敏；参考文献和数字资源整理，董艳艳。各部分的具体内容和学术观点一般由作者各自决定，但提出的全新观点和学界有较多争议的问题，编写小组有所讨论，有所取舍。本书是集体合作的成果，感谢各位老师的参与和支持！

2024 年 5 月 26 日

目 录

第一章　文字 /001
　第一节　认识繁体字 /002
　第二节　了解古文字 /007
　第三节　汉字的三维属性 /018
　第四节　汉字的发展演变 /019
　第五节　汉字的同用关系 /028

第二章　词汇 /046
　第一节　古汉语单音词的词义变化 /047
　第二节　古汉语复音词的来源 /052
　第三节　古汉语词与词组的区分 /058
　第四节　古汉语的方言词与外源词 /061
　第五节　汉语历时同义词的替换 /065

第三章　音韵 /084
　第一节　中古音 /086
　第二节　上古音 /096
　第三节　近代音 /108
　第四节　古韵通转 /114
　第五节　古代诗词的语音规则 /115

第四章　语法 /137
　第一节　古汉语虚词 /138
　第二节　古汉语词类活用 /150
　第三节　古汉语特殊动宾关系 /154

第四节　古汉语的特殊结构　　　　　　　　　　　　　　　　/157
　　第五节　古汉语的特殊句式　　　　　　　　　　　　　　　　/163

第五章　修辞　　　　　　　　　　　　　　　　　　　　　　　　/183
　　第一节　古汉语字词修辞　　　　　　　　　　　　　　　　　/184
　　第二节　古汉语语句修辞　　　　　　　　　　　　　　　　　/192
　　第三节　古汉语篇章修辞　　　　　　　　　　　　　　　　　/198
　　第四节　古文中的特殊辞例　　　　　　　　　　　　　　　　/203
　　第五节　古文中的病例　　　　　　　　　　　　　　　　　　/212

第六章　训诂　　　　　　　　　　　　　　　　　　　　　　　　/228
　　第一节　训诂与训诂的要求　　　　　　　　　　　　　　　　/229
　　第二节　训诂的常见体式　　　　　　　　　　　　　　　　　/236
　　第三节　训诂的常用方法　　　　　　　　　　　　　　　　　/240
　　第四节　常见的训诂弊病　　　　　　　　　　　　　　　　　/250

参考文献　　　　　　　　　　　　　　　　　　　　　　　　　　/264

第一章
文字

学习目标	知识目标：了解繁体字、古文字、汉字的属性，掌握常见的汉字同用关系 能力目标：掌握常见繁体字和简体字的对应关系，了解一批常用汉字字形的发展演变过程，利用汉字三维属性分析汉字实例 情感目标：引导大学生了解汉字、理解汉字、掌握汉字，热爱汉字文化
重点难点	重点：汉字的发展规律；汉字的同用关系 难点：正确认识和使用繁简字、异体字、古今字、正俗字等；研读出土、传世古文字资料
推荐教学方式	知识讲授、集体讨论、实践练习
建议学习时长	20学时
推荐学习方法	分析归纳、自主探究、总结反思
必须掌握的理论知识	汉字的三维属性；汉字发展的历史；繁简字、异体字、古今字、正俗字等概念

情境导入

数千年前的某一天，夕阳绚烂，一群穿着兽皮、裹着树叶的人，正聚集在一条缓缓流淌的小河边，他们或忙着修缮住所，或忙着烧制陶锅陶碗，或忙着张罗吃喝，或忙着管教孩子……宁静的气氛忽然被一个从远处跑来的青年男子急促的吆喝声打破了！只见这个男子兴冲冲地向族长——一位须发皆白，但精神矍铄的老人跑过去，男子从腰间解下几根竹条，恭恭敬敬地递给老人。老人用犀利的眼神在竹条上扫视了一遍，紧皱的眉头缓缓舒展开来，他又反复审视几遍之后，爽朗地大笑起来，发出庆功的号令：烹羊宰牛，预备佳酿，等待远方即将凯旋的壮士！青年男子得令，喜笑颜开地率领大家去准备宴席了。

老人最宠爱的小孙子指着那几根仍被老人摩挲的竹条，好奇地问："爷爷，这竹条上有啥东西，让您这么开心？"老人的眼神变得更加柔和，他揽过孩子，指着竹条上一个一个的符号，向孩子解释：竹条上记着一件大事——你的伯父、父亲、叔父，率领全族的壮士，不仅抗击了来犯的群敌，还乘胜追击，抓住了这群野蛮人的首领，捣毁了他的"老巢"，我族再也不会受到侵扰啦。大约月上东山时，战士们就能到家了！

孩子瞪大了眼睛，追问道："爷爷，这竹条上的东西这么神奇！我能学吗？"后来，这个孩子成为族中的"史官"，记录下族中桩桩件件大事。

不难推测，这个小故事中的竹条，就是中华民族历史上曾长期使用的书写载体——竹简，竹简上记录战士们杀敌俘首事件的符号，就是汉字的前身。

今天，中国大多数人都能提笔写字，但在遥古时期，我们的祖先是怎么"书写"的？汉字起源于何时、何处？3000多年前，商代人在甲骨上刻写文字，他们还会使用竹简吗？一个又一个的汉字，是怎么从"象形"走向今天的方块字的？汉字的发展演变，有什么规律？当今信息技术日新月异，越来越多的"文化人"使用电脑来"书写"，AI甚至还能替人写文章！"提笔忘字"成为很多人的常态，未来，汉字会不会从我们的生活中淡化？我们该如何继承祖先遗留给我们的这笔宝贵的文化遗产？这些，都是我们这代人应该思考的问题。那么，我们先来学习这神奇的汉字吧。

第一节　认识繁体字

古代的典籍文献基本上都由繁体字写作而成。因此，繁体字是我们了解古代文学、古代历史、古代汉语的第一步。

一　何为"繁体""简体"

我们现在所说的"繁简字"，是现代汉字规范中具有特定内涵的个性化术语，它以国家公布的《简化字总表》为特定范围，繁体字指其中对应字组中笔画多的字，简体字指对应字组中笔画少并定为规范的字，没有繁简对应关系和规范意义的不在其中。①

大部分繁体字产生于先秦、秦汉，在魏晋南北朝时期进一步发展，并于唐代成为官方正统的文字。由于繁体字曾是中国古代官方推行的文字体系，故又称正体字。不过，繁体

---

① 李运富.论汉字的字际关系［M］//李运富.语言（第3卷）.北京：首都师范大学出版社，2002：68-87.

字是相对于简体字而言的，正体字是相对于俗体字而言的。正体字指的是字形结构符合规范的字，俗体字指的是通俗的、非规范性的、流行的字。

简体字不一定比繁体字出现得晚，像"迴""號""雲"等字，其简体字形分别为"回""号""云"，最早可以追溯到甲骨文时期。例如，繁体字"迴"汉魏时期才出现，而小篆以前早有"回"字。从甲骨文到小篆，"回"字的字形演变大致如下：

囗（甲骨文）— ᗝ（金文）— ᗒ（战国文字）— 回（小篆）

中国古代的典籍、字书基本上都使用繁体字，阅读这些典籍、字书，可以帮助我们形成对繁体字的系统认知。明代梅膺祚的《字汇》、清代康熙年间的《康熙字典》，均是大体量的字典辞书，以繁体字的形式收录和解释了不少汉字的字形、字音与字用。

简化字运动是在近代才开始的，《第一批简体字表》由国民政府于 1935 年 8 月公布。受五四运动和新文化运动的影响，当时的知识分子已经有了以白话文取代文言文和汉字简化的意识。由于汉字简化的方式和途径还存在较大争议，这批字表公布不久便被废除。1955 年新中国的《汉字简化方案》实施之后，以简体字形式出版的书籍才更为普遍。我们最好结合简化字来认识繁体字。

二 现代简化字的来源

（一）汉字简化的过程

在古代，繁体字一直是被广泛使用的文字。在历史文化的发展过程中，不断有人提出：繁体字不适用于语言和文字发展的需要，汉字简化势在必行。在晚清时期的太平天国，人们已经有了系统简化汉字的意识。五四运动、新文化运动中的汉字简化问题也引发学术界广泛的讨论。1955 年，中国文字改革委员会和教育部联合发布《汉字简化方案（草案）》。1956 年，国务院第二十三次全体会议通过了《关于公布〈汉字简化方案〉的决议》，正式决定将简化字作为中华人民共和国的规范汉字。同年，《汉字简化方案》在《人民日报》上发表。《汉字简化方案》共收录 515 个简化字与 54 个简化偏旁，其中不少简化形体已经固定下来，如"備"简化为"备"，"標"简化为"标"，"邁"简化为"迈"，"戰"简化为"战"，偏旁"見"简化为"见"，偏旁"幾"简化为"几"等。

经历多次调整修订后，第九届全国人民代表大会常务委员会第十八次会议通过了《中华人民共和国国家通用语言文字法》，并于 2001 年 1 月 1 日正式实施，这就从法律上确定了国家通用规范汉字为简化字。2013 年，国务院正式公布《通用规范汉字表》，含附表《规范字与繁体字、异体字对照表》，这是我国一般应用领域的规范字表，汉字使用以其为标准。

（二）汉字简化的方式和途径

对汉字进行简化，要遵循一定的规则。《汉字简化方案》中的字表，将汉字的简化方式分为了两种。一是"个体简化",即对单独的个体字形进行简化,是非系统性的简化,如"傘"简化为"伞","師"简化为"师","罷"简化为"罢"。二是"类推简化",即对某一繁体字的偏旁进行系统性的简化,如"風"简化为"风",那么字体结构中有"風"的"楓""颯""飄""颶"等字,即可简化为"枫""飒""飘""飓"等。

汉字的简化途径有八种:保留原字轮廓;保留原字特征构件,省略一部分或大部分;改换为形体较简单的声旁或形旁;另造会意字;草书楷化;符号代替;同音代替;恢复古旧简体字。下面举例说明。

(1) 保留原字轮廓:指简化字保留繁体字的整体轮廓,只改变繁体字形的某个部分。例如以下几个字。

龟〔龜〕:甲骨文为"", 像有头有足、身负甲壳的乌龟之形。繁体作"龜",简化字"龟"保留了其形体轮廓,复杂的头、背、躯干、足形仅留大略的外形。

喽〔嘍〕:字形的整体结构并未发生较大变化,还是左右结构,只将"婁"简化为"娄",实际上只改变了右上部。

啸〔嘯〕:"口"字旁保持不变,声旁"肅"上半部分不变,下半部分仅保留轮廓,对其中繁复的笔画进行了简化。

(2) 保留原字部分特征构件,省略一部分或大部分:简化字只保留原字的一部分部件用来辨识,其余部分省略不写。

启〔啟/啓〕:"啟"与"啓"是异体字,甲骨文字为""或"",会用"又"(手)开启门窗之意。简化字"启",是省减"啟/啓"中的"攵"旁而成,保留"户"与"口"旁。

乡〔鄉〕:甲骨文为""""字,表示两人(或附张口)面对面享用中间器皿里的食物的意思,此字分化出"鄉""饗""嚮"。这三字现在分别简化为"乡""飨""向",都省减了部分构件。

虽〔雖〕:《说文解字》:"雖,似蜥易(蜥蜴)而大。从虫、唯声。""雖"本为爬虫名,假借为连词。简化字"虽"舍弃了原字声旁"唯"之"隹"旁。

吨〔噸〕:"噸"是一个计量重量和容积的单位,是英语"ton"的音译。简化字将"噸"的声旁"頓"改为"屯",简省了"頁"。

(3) 改换为形体较简单的声旁或形旁:繁体字的声旁如果笔画很多,且表音不太明显的,就用一个笔画简单的同音字替换。

态〔態〕:繁体字"態"的声旁"能"在古代能表音,由于古今语音的变化,"能"已失去表音功能,且笔画多,就用笔画简单又更表音的"太"替换。

运〔運〕:繁体字"運"的声旁"軍",与现在使用的"运"的声母已经不同,且笔画多,所以用"云"替换,并简化为"运"。

(4) 另造会意字:将原来的非会意繁体字改造为一个笔画简单的会意字,或将原来笔画繁多的会意字改造成笔画简单的新会意字。

宝〔寶〕:"寶"字从宀、从玉、从贝(貝)、缶声,是会意兼形声字。简化作"宝",变成了"家中有玉即为宝"的会意字。

泪〔淚〕："淚"字从水、戾声，是形声字。简化作"泪"，从水、从目，眼中有水就是泪，用会意字取代了形声字。

尘〔塵〕：繁体字"塵"表示鹿奔跑时扬起的尘土，属于会意字。简化字"尘"表示飞扬在空中的细小土粒，也是会意字。

（5）草书楷化：草书楷化是指借用过去行书或草书因连笔或简省笔画而形成的草率的字形，并通过规整、楷化的方式，将这些连笔的或减省的字形固定下来。

应〔應〕：繁体"應"草书写作"*应*"（东晋王羲之《行穰帖》）、"*应*"（唐代张旭《草书古诗四首》）、"*应*"（元代赵孟頫《致郭右之二帖卷》）等，现草书楷化为"应"。

写〔寫〕：繁体字"寫"草书写作"*写*"（唐代孙过庭《书谱》）、"*写*"（宋代米芾《中秋诗帖》）等，现草书楷化为"写"。

兴〔興〕：繁体字"興"草书写作"*兴*"（隋代智永《真草千字文》）、"*兴*"（唐代怀素《自叙帖》）、"*兴*"（宋代黄庭坚《李白忆旧游诗卷》）等，现草书楷化为"兴"。

为〔爲、為〕：繁体字"爲、為"，其行书作"*为*"（汉代永寿二年瓮）、"*为*"（东晋王羲之《兰亭序》神龙本）、"*为*"（唐代颜真卿《祭侄文稿》）等，草书作"*为*"（东晋王羲之《蜀都帖》旧摹本）"*为*"（宋代黄庭坚《廉颇蔺相如列传》）等，现楷化作"为"。

（6）符号代替：对于形体太过复杂，且找不到合适的音近或义近的形体来代替的繁体字，就用一个较为简单的符号来代替它，这类符号有时会跟某个字同形，但跟同形字的意义无关，只在构字中起代替作用。

叹〔嘆〕：繁体字声旁本是"䑞"，今用符号"又"来代替，具有相同声旁的"歎""艱""難"简化为"欢""艰""难"，是采用了同样的简化方法。

聂〔聶〕：本由三耳形构成，今以两个符号"又"来代替其下方的两个构件"耳"。

边〔邊〕：繁体"邊"字从辵（辶）、臱声，"臱"笔画繁杂，简体字就用符号"力"来代替。

枣〔棗〕：繁体"棗"本由两个"朿"字上下叠加，今以两点替代了下部的"朿"。

办〔辦〕：繁体"辦"从力、辡（biàn）声，今其声旁"辡"由两点替代。

协〔協〕：繁体"協"中的"劦"，由三"力"构成，今以两点代替其中的两个"力"。

（7）同音代替：在意义不混淆的前提下，用形体简单的同音字来代替形体较为复杂的字，实际上是用形体简单的字兼并形体繁复的字，既减少了字数，又突出表音特点。

卜〔蔔〕："卜"字读"bǔ"，表示占卜、卜算。"蔔"是"蘿蔔"的"蔔"，读音为"bo"。两字读音相近，今以"卜"字代"蔔"。"卜"因此既能表示占卜的"卜"，也能表示萝卜的"卜"，实际上是"卜"兼并了"蔔"，相当于两个字。

吁〔籲〕："吁"字读"xū"，表示惊叹、叹息的意思。"籲"字读"yù"，表示呼喊、呼告的意思。两字读音、意义相近，所以用"吁"兼并了"籲"。

后〔後〕：两字均见于甲骨文，"后"指王后，"後"指先后，战国、西汉时期曾出现以"后"代"後"的用法，属临时性同音通假，"後"字仍可使用。今简化字用"后"代"後"，实际上是"后"兼并了"後"。

(8)恢复古旧简体字：选用跟繁体字功能相当的、在古代曾经用过的某个简单字形来代替繁体字。

云〔雲〕：其甲骨文字为"㇏"，像云气的形状，是繁体字"雲"的古本字，后用来表示说话的"云"。现代简化字"云"实则是恢复了"雲"的本形。

号〔號〕："号"是"號"的古字，"号"最早见于战国铜器铭文，后来繁化为"號"。今以古代的简体"号"代替后来产生的繁体"號"，也就是恢复了古代较早的简体写法。

网〔網〕：甲骨文为"✕"，像网的形状，隶定为"网"，后繁化为"網"，如今恢复了古代较早的简体写法。

现行简化字便于识读、书写，减少了学习和使用汉字的困难，有利于汉字的普及。汉字的简化也促进了汉字自身的发展，是汉字发展的必然趋势。

汉字的简化并非完全破坏了汉字的构字理据，而是遵循了一定的规律。汉字作为日常用来记录语言、交流思想的工具，需要有一定的使用规范。简化后的汉字更符合人们的使用需要。不过我们也应看到，汉字并非越简化越好，简化到影响区别意义时就要适当繁化，繁化到不便书写时又需要简化，所以汉字发展需要不断地调适，不断地优化。

三 注意一对多的繁简关系

认识繁体字，我们需要将其与简化字进行对照和关联。一个简化字只对应一个繁体字时，识别繁体字就不太容易出错，但一个简化字对应多个繁体字时，就往往会发生误认误用的情况，所以学习繁体字要特别注意一对多的繁简关系。一对多的繁简关系有的是同音（近音）替代造成的，有的是简化同形造成的，前者同音（近音）替代的情况最多，其中又以一对二的情况为最多。

后——（皇）后，後（面）
板——（木）板，（老）闆
表——（外）表，（鐘）錶
刮——（搜）刮，颳（風）
姜——（姓）姜，（生）薑
困——（圍）困，睏（倦）
里——（鄰）里，裏（外）
面——（臉）面，麵（粉）
千——（千）萬，（鞦）韆
松——松（樹），鬆（散）
干——干（戈），乾（燥），幹（事）
系——系（結），（關）係，（聯）繫
只——（母也天）只，（一）隻，衹（有）
台——（天）台，（亭）臺，（寫字）檯，颱（風）

简化同形是指为不同的繁体字（一般同音）造简化字，造出的简化字形体相同。这种情况的字不太多。

  历——　歷（史），（日）曆
  钟——　（時）鐘，鍾（意）
  发——　發（射），（頭）髮
  脏——　（肮）髒，（内）臟

一对多的字组还有很多，这里只是举例，如需认识更多的繁体字，可查阅《简化字总表》（1986）。

第二节　了解古文字

一　殷商文字

  殷商文字是中国已知最早的成系统的文字，已具备传统"六书"中的基本类型，与现代汉字有着一脉相承的关系。殷商时期的文字主要包括商代甲骨文和商代铭文。

（一）商代甲骨文

  目前发现的最早的文字性甲骨符号，是出土于河南舞阳贾湖裴李岗文化遗址的龟甲等器物上契刻的符号，距今 8000 年左右。不过，由于这些刻画符号都是单独出现的，缺乏语境，其音义尚不明确。后来，在不同时期的文化遗址中，又发现了不少零星甲骨文材料，但尚不能准确识读，对于其是否是文字，学界尚有争议。目前为止，已发现的记录了完整语句、字量比较多而且基本能够释读的甲骨文材料主要有以下几种。

  1. 安阳殷墟甲骨文

  安阳殷墟甲骨文，指在河南安阳小屯村出土的甲骨文（见图 1-1）。因这里是曾经的殷商王都的废墟，故其又称"殷墟甲骨文"，亦称"卜辞"或"贞卜文字"。殷墟甲骨文主要是占卜商王的征战、王室祭祀、王室成员疾病、气候气象、年成等事；也有一些非占卜的内容，主要用来记录甲骨的收藏、家谱、干支表等。商王的同宗贵族也有占卜文字，称为"非王卜辞"。

  2. 大辛庄商代甲骨文

  2003 年，山东济南历城大辛庄遗址发现商代甲骨文（见图 1-2），这是在殷墟以外首次于原生地层中发现甲骨卜辞。发掘所得碎甲拼合为一片近乎完整的龟腹甲，上有 16 条卜辞，共 34 字，首次揭示了殷墟以外的商代地方贵族的日常祭祀和生活。

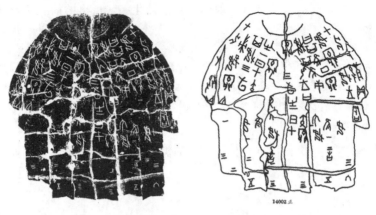

图 1-1 《甲骨文合集》14002 正拓本/摹本①

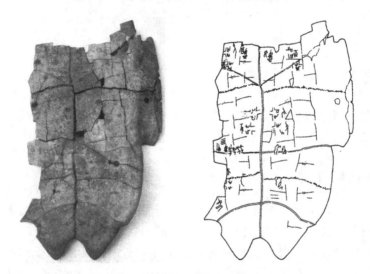

图 1-2 大辛庄甲骨照片/摹本

3. 二里岗商代甲骨文

1953 年,郑州二里岗商代文化遗址出土了一片牛肋骨,上刻"乙丑贞:从受……七月又毛土羊"等 10 余字(见图 1-3)。与殷墟甲骨刻辞相比,此版文义晦涩,不成文句,行款未定,可能是一版习刻文字。同年,这里又发现一枚带有凿痕的龟甲,上面有个"屮"字。

商代甲骨文字的形体有如下特点。

第一,以象形字为主体。甲骨文中的象形字和会意字较多,但形声字也不少。

第二,以线条化的笔画为主。甲骨文是用锋利的工具在龟甲、牛胛骨上刻写出的文字,笔画细直,折笔较多而圆笔较少。甲骨文是商人日常使用的文字,强调书写快捷,不同于同时期书风端正丰润的金文。

第三,形体结构尚未完全定型。甲骨文中的异体字较多,偏旁位置不固定,义近形符通用。

---

① 为节省篇幅,本章所涉古文字不一一附图。

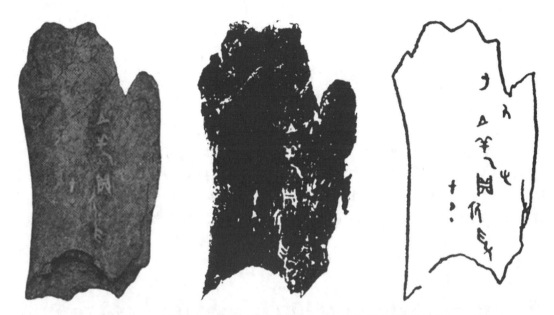

图 1-3　二里岗牛肋骨照片/拓片/摹本（1953 年郑州商城遗址采集）

第四，刻写行款不固定。行款即前一个字与后一个字的书写顺序，或句子总体的刻写走向。因受甲骨形态、守兆规律等的限制，刻写行款变化多端。

（二）商代铭文

商代青铜器铭文，是指铸刻在青铜器上的文字，又称商代铭文或商代金文。商代青铜器铭文字数较少，主要是先人的称号或家族的徽号。殷商晚末，开始出现较长的铭文，多记述制作器具的缘由。商代铭文与甲骨文属于同一文字体系，但因其使用目的不同，二者存在一定的差异，如金文族名徽号的写实程度很高，图画性更强，装饰意味更浓（见图 1-4）。

图 1-4　二祀邲其卣照片/器盖和内底同铭（亚獏父丁）/外底铭文

二 西周及春秋文字

（一）周原甲骨文

甲骨文不止存在于殷商时期，西周早期人们依然在使用甲骨文。陕西周原甲骨是西周早期（含先周文王时期）的文物，主要出土于陕西岐山和扶风两县之间，这里以前被称为周原，是西周王朝的发祥地。1977—1979 年，陕西岐山县凤雏村遗址的两个窖穴共出土甲骨 17000 片。陕西扶风县齐家村村北一带也曾出土过多片西周甲骨。2002—2003 年，考古学家在齐家村遗址再次发现周原甲骨，内容是西周时期居住在周原地区、与王室联姻的贵族占卜疾病的记录。

（二）金文

古代称铜为金，金文即指铸刻在青铜器上的文字，又因金文最初发现于钟鼎等器物上，所以又叫作钟鼎文或彝器铭文。金文产生于商代中期，但殷商时期的金文保存下来的较少。西周时期金文盛行，青铜器上的字数逐渐多了起来，例如周代毛公鼎共有 497 个字。这一时期的金文记述的内容非常丰富，包括政治、经济、军事、文化等方面。春秋时期，周王室逐渐衰微，诸侯国势力日益壮大，各诸侯国的金文开始呈现出不同的地域特色。战国时期的金文在用途与性质上较先前已有很大的变化，器物上的金文多是简单地记录了制器的工匠名和督造的官吏名，字体更为草率，以刻镂为主。金文的使用一直延续至秦汉时期。金文研究开始较早，自西汉时期部分铜器出土后，相关研究就应运而生了。北宋时期，金文的研究尤为盛行，清代乾嘉年间更是达到鼎盛。

西周、春秋时期金文的形体有以下特点：

第一，多数采用范铸法。在铸造铜器之前，先用毛笔写出墨书原本，按照原本雕刻出草坯模型，然后往草坯中浇筑铜锡溶液，这样铜器和铭文便能在同一时间完成。

第二，风格庄重。相较于日常书写使用的甲骨文，金文的主要功能是装饰和铭功。《吕氏春秋·慎势》中记载："功名著乎盘盂，铭篆著乎壶鉴。"铭功以贻子孙，故其书写多庄重考究。

第三，早期金文图画性较强，后期金文符号性增强。相较于甲骨文，早期金文保留了较多的图画意味，这一特点在族徽文字中尤为显著。西周早期的铭文仍较多使用块状笔画，西周中期块状笔画减少，西周晚期及春秋时期的铭文改用平直的线条化的笔画，这是汉字由图画文字向符号文字过渡的重要环节。春秋晚期，出现了美术化的金文字体，在字形上增加鸟虫之类的饰笔，称为"鸟虫书"。

第四，早期金文的形体结构未完全定型，异体较多，后期金文的形体结构逐渐固定，偏旁结构定型，异体字数量逐渐减少。

第五，形声字逐渐增加。形声字的来源有二：一是在原有独体字的基础上增加形符或声符，分化出形声字；二是直接造出形符与声符结合的新字。

（三）大篆

春秋时期，各地区的金文有着不同的书写风格和特色。随着时间的推移，在西周晚期文字的基础上发展起来的大篆逐渐崭露头角。大篆属于秦系文字，一直延续至战国早期。大篆的代表作品有"秦公簋铭文"，许慎所著的《说文解字》中所收的籀文也是大篆的一种。大篆的书写风格与其他的材料分类角度不同，因其为古文字阶段的重要术语，所以有必要单独列出来讲述。大篆的形体特点主要有以下特点：

第一，字体规整，异体字较少。与西周金文相比，春秋早期的大篆形体结构较为严谨，极少出现一字多形的现象。

第二，部分字形写法繁复。在西周文字的基础上发展起来的大篆，与先前的文字相比，形体更加简化，但秦人为彰显地方特色而刻意在某些字形上增加繁饰，使得这些字形的写法更复杂。

（四）刻石文字

春秋时期常见的书写材料有碑碣、摩崖、刻石等，是继青铜器之后常见的用以歌功颂德的书写载体。代表文字有石鼓文和石磬文。

石鼓文见于春秋晚期的秦国，唐代初期发现于陕西凤翔，共 10 个石礅。礅形上圆下平，状如鼓，故又称"石鼓"。因主要记述秦君渔猎之事，故又称"猎碣"。目前，石鼓原物文字残泐，仅存 272 字。宋、元时期多种石鼓文的拓本尚有传世。

石磬文出土于陕西省凤翔县南指挥村秦公一号大墓，多枚石磬带有铭文。这些石磬已残缺，经缀合，共得铭文 26 条，总计 206 字，铭文记录的内容是秦景公四年（公元前 573 年）亲政时祭祀祖先和天神的盛大场景。

（五）盟誓文字

盟誓文字也叫"盟书""载书"，是古人举行集会、制定公约、对天盟誓的誓辞。已出土的玉石盟书有两种。一是侯马盟书，1965 年出土于山西侯马秦村遗址，共计 5000 余片，材料为玉石，形状有圭形、圆形、匕首形、不规则形等，主要内容包括"宗盟"（同姓同宗团结一致对外）、"委质"（寄身投靠敌方阵营）、"纳室"（反对兼并别人的土地财产）等。二是温县盟书，1979—1982 年出土于河南温县，共计 1 万多片，大多是玉石质圭形薄片，内容较为单纯，与侯马盟书中的"宗盟"相似。

三 战国文字

战国时期，秦、楚、齐、燕、赵、魏、韩七国并立，文字逐渐出现了分歧。其中，秦国文字承袭西周金文，书写风格向规范整齐的方向发展。许慎在《说文解字·叙》中写道："分为七国，田畴异亩，车涂异轨，律令异法，衣冠异制，言语异声，文字异形。""文字异形"，点明了这一时期文字混乱的现象。

许慎的《说文解字》收有古文 500 余字,大都来源于孔壁所出的古文经书,这些古文属于战国文字。除此之外,现在能见到的战国文字,主要来自七国出土的玺印、石刻、陶器、铜器铭文、简牍、缣帛、漆器文字。战国时期的书写材料非常丰富,下面按照书写材料的不同作简要的介绍。

(一)玺印封泥文字

玺印文字,即刻于公私印章上的文字,材料大多为金属或玉质。玺印可追溯到原始社会的陶器印记,在战国时期大为发展,目前见到的最早的玺印实物属于商代。从内容来看,玺印文字可分为官印、私印和成语印(见图 1-5、图 1-6、图 1-7)。

图 1-5　官印举例:平阴都司徒/司马之玺①　　图 1-6　私印举例:鄀无忌/佃佗②

图 1-7　成语印举例:敬事/宜禾③

封泥文字是先用胶质黏土封缄于简牍文书、进贡物品的外包装之上,再在封缄的黏土上盖压印章而形成的文字。它起始于东周,盛行于秦汉,终于南北朝。封泥文字虽然跟玺印文字的载体不同,但实际上使用方法是一样的,可归为一类(见图 1-8、图 1-9)。

图 1-8　秦封泥:中厩丞印　　　　图 1-9　秦封泥:右丞相印

---

① 故宫博物院. 古玺汇编[M]. 北京:文物出版社,1981:3-4.
② 故宫博物院. 古玺汇编[M]. 北京:文物出版社,1981:243-246.
③ 故宫博物院. 古玺汇编[M]. 北京:文物出版社,1981:381-392.

（二）石刻文字

战国时期石刻文字的代表是诅楚文。战国时期，楚怀王引六国兵攻秦，秦惠文王命其巫祝祈求巫咸、大沈厥湫、亚驼三神加殃于楚军。石刻文的内容是声讨楚王熊相的罪过：对内暴虐，对外背弃盟约、侵害秦国。秦王祈求神明阻止楚军，恢复秦边境。当时共有3件内容大致相同的石刻传世。一为《巫咸文》，二为《大沈厥湫文》，三为《亚驼文》。这3件诅文原石已失，现在只能见到其摹刻的拓本（见图1-10）。

图1-10　诅楚文刻石·湫渊（局部）

拓本的释文是：又（有）秦嗣王，敢用吉玉宣璧，使其宗祝邵鼛，布憝告于不（丕）显大神㔻（厥）湫，以底楚王熊相之多辠（罪）。昔我先君穆……

（三）陶器文字

战国时期陶器文字的代表有陶文和瓦书。

陶文指被钤印在陶器上的文字，通常在被烧制前用玺印印制在陶器上。战国时期的陶文按照内容可分为三类：一是私名陶文，这类陶文多是陶工的名字。二是官方陶文，这类陶文多为使用陶器的机构的名称。三是记事陶文，这类陶文是在私名或官府机构名前加上纪年或各级官员的官职。陶文大都由低级监造工官所书写和刻画，相比金文和简牍文字，形体更拙朴。

瓦书同样是烧制之前刻写在器物上的文字。《说文解字》记载："瓦，土器已烧之总名。"瓦以覆屋。东周时期瓦书以《秦封宗邑瓦书》为代表，该瓦书长达119字，是已知陶文中内容最为重要的，记载了秦惠文王四年，秦右庶长歜赐受封邑的始末，是了解战国中期封邑制度极其珍贵的实物史料。《秦封宗邑瓦书》字体为秦篆，与商鞅方升及秦权上的诏版文字风格相近，已有小篆风气。

（四）铜器铭文

战国时期的铜器铭文包括兵器、货币、符节、彝器铭文。

兵器铭文是指铸刻在金属兵器上的文字。战国时期兵器文字发达，这与各国当时崇尚武力的风气有关。兵器上的铭文字数较少，铸造者比较规整，刻款者较为潦草。

货币文字是铸刻在金属货币上的文字。东周时期，金属货币开始大量出现。货币上的文字较少，大多只铸地名、币值。根据形状，货币可分布币、刀币、圜钱、贝币、戈币。布币造型像铲子，所以又被称为铲币。称钱为"布"，很可能与布帛（我国古代一种实物货币）有关。① 刀币造型像刀。圜钱，即圆形铜钱，可分为环形币和壁形币，圜钱影响深远。贝币流行于楚国，以前被称作"蚁鼻币"或"鬼脸钱"，实际上是模仿贝的形状而制成的。楚国也用金币，币呈饼状或版状，称金饼或金版。戈币是一种形状像兵器戈的货币，为越国货币。

符节文字是指战国时期各国诸侯制作和颁发的凭信。传世的有秦国新郪虎符铭文、杜虎符铭文、秦朝阳陵虎符铭文等，出土的有楚国鄂君启车节铭文、鄂君启舟节铭文等。

彝器指宗庙祭祀用器，彝器铭文指铸于其上的文字。20世纪70年代河北平山中山王墓出土的彝器上有长篇彝铭，其中中山王鼎铭469字、铜方壶铭450字、圆方壶铭200字。

（五）简牍文字

《尚书·多士》中记载："惟殷先人，有典有册。"可以看出，殷商先祖即已使用简册。到东晋时期桓玄下诏以纸代简为止，简牍已使用了上千年。竹木简牍使用最广泛的时期，又称"简牍时代"。

简牍文字指写在竹简或木牍上的文字。写在竹上的叫作简，写在木上的叫作牍。早在汉代，人们就发现了战国时期书写在竹简上的"古文"——"孔子壁中书"，由此形成了传习古文的"古文经学"派。西晋太康二年（281年），一个叫"不准"的盗墓贼曾在汲县山彪镇盗掘了魏襄王（或认为是魏安釐王）墓，其中发现大量战国时期的竹简，称为"汲冢竹书"，其中存世的有《穆天子传》和《竹书纪年》。

20世纪是简牍的大发现时期。当今能够见到的竹简，主要有信阳长台关楚简、仰天湖楚简、望山楚简、包山楚简、曾侯乙墓竹简、郭店楚简、新蔡楚简、上海博物馆藏战国楚简、清华大学藏战国竹简、安徽大学藏战国竹简、睡虎地秦简、里耶秦简、岳麓秦简等。

---

① 黄锡全. 先秦货币通论[M]. 北京：紫禁城出版社，2001：85.

（六）缣帛文字

缣帛文字指书写在丝织品绢帛上的文字，也叫"帛书"。最晚在春秋时期，我国已开始使用帛书，《墨子》中有"书于竹帛"的记载可作为证明。长沙子弹库帛书是战国时期帛书的代表。1942年，帛书被盗墓者从长沙子弹库木椁墓中盗出，后被辗转倒卖到美国纽约大都会博物馆。[①] 该帛书上写有900多字，记录的是战国时期楚国阴阳家的理论。另外，1957年，长沙左家塘出土了一件带朱色印记的墨书锦帛，上有"女五氏"三字。

（七）漆器文字

中国是漆器手工业的发祥地。将漆涂在各种器物的表面上所制成的日常器具及工艺品、美术品等，称为"漆器"。漆器文字是指书写在漆器上的文字。已出土的战国时期的漆器数量很丰富，但带文字者并不多。比较重要的带文字的漆器有曾侯乙墓二十八宿漆衣箱、弋射衣箱等。二十八宿图漆衣箱，其顶盖正中朱书一个大大的"斗"字，篆书二十八宿名称按顺时针方向围绕"斗"字排列成一个不规则的圆圈，这是我国关于二十八宿的最早记录（见图1-11）。

图1-11　曾侯乙墓二十八宿图漆衣箱图[②]

四 小篆与隶书

（一）小篆

许慎在《说文解字·叙》中写道："秦始皇初兼天下，丞相李斯乃奏同之，罢其不与秦文合者，斯作《仓颉篇》，中车府令赵高作《爰历篇》，太史令胡毋敬作《博学篇》，皆取史籀大篆，或颇省改，所谓小篆者也。"小篆是指秦始皇统一六国之后，由丞相李斯负责，废除与秦国文字不合的六国文字，在大篆的基础上制定的一套统一规范的文字体系。

小篆的形体特点有：第一，象形性减弱，符号性增强；第二，笔画仍然保持金文的圆润形态，线条均匀一致；第三，字形呈工整的方块形，为后来的方块字形奠定基础；

---

① 李零.楚帛书的再认识［J］.中国文化，1994（10）：42-62.
② 陈振裕.中国漆器全集（第一卷）［M］.福州：福建美术出版社，1997：125.

第四，单字的形体结构逐渐定型、规范。小篆在秦代并未通行，仅见于一些官方文件，如封禅书以及虎符（见图 1-12）、度量衡上加刻的诏书等。

图 1-12　新郪虎符及铭文

（二）隶书

汉字从篆书到隶书的变化叫作"隶变"。隶变是古今文字的过渡阶段，大概经过了从战国晚期到西汉的漫长历史时期。隶变之前的古文字主要包括殷商文字、两周和春秋文字、战国文字；秦代隶书是古今文字的转折点；隶变之后的今文字包括汉代隶书及其以后的草书、行书、楷书，直到今天的文字。

隶书分为古隶和今隶。古隶是介于小篆和今隶之间的一种字体。秦代以后，除官方文件和碑刻等材料使用篆书外，日常书写使用的是草率的篆书——"秦隶"。其实，隶书在战国时期就已出现，秦代逐渐流行开来。"今隶"即汉代的隶书，尤其以东汉时期的隶书最有特色，故亦称"汉隶"。西汉中期之后，隶书开始盛行，一些庄重的场合中也使用隶书。东汉时期，尤其是汉顺帝之后的隶书，字形成熟，隶意浓厚，完全摆脱了小篆的影子，是典型的隶书，这种字体旧称"八分体"，也可称为"分书"（见图 1-13）。

隶书与篆文相比，变化显著，主要有以下两点。

第一，外形的改变。在笔画方面，隶书用方笔替代圆笔，用折笔替代曲笔，用平直方正的笔画取代了圆润曲折的笔画。在书写风格方面，篆文外形瘦高，隶书外形扁长，隶书改变了篆书的外部形态。

图 1-13　曹全碑铭

第二，造字理据的改变。隶书大量简省了汉字笔画，导致很多汉字造字理据流失，字形结构难以解释；隶变产生了大量字形讹误，称为"讹变"，亦导致很多汉字造字理据流失；隶变有时也会造成字形或偏旁的混同，使得原先意义和形体不同的偏旁或部首在隶变之后变得相同了。

偏旁混同的典型例子："月"旁本指月亮，隶变后，兼并了"肉"（如"臂""膀"）、"冃"（如甲胄的"胄"字，冠冕堂皇"冕"，本从"冃"，即帽子）、"舟"（如"服""朕"本从"舟"）等。又如"春""秦""奏""泰""奉"等字中的"夫"旁，来源各不同（见表1-1）。

表1-1 "春""秦""奏""泰""奉"字形发展演变

字	商	春秋	战国	《说文》小篆	汉	汉	楷书
春	商	春秋	战国	《说文》小篆	汉	汉	楷书
秦	商	西周	春秋	战国	秦	汉	汉 楷书
奏	商	春秋	战国	《说文》小篆	汉	楷书	
泰	战国	《说文》小篆	汉	汉	楷书		
奉	西周	春秋	战国	秦	《说文》小篆	汉	汉 楷书

经过隶变，很多汉字的构形理据消失了，要想重新揭示，需要从更早的文字资料中去挖掘，找出其发展演变的"链条"——甲骨文、金文、战国文字、小篆、隶书、楷书的不同写法，将"链条"上各环节的字形进行对比、分析，去揣度、辨析每个部件、笔画的变化。

第三节 汉字的三维属性

过去普遍认为,汉字包括形、音、义三要素。实际上,语音、意义是语言学研究的对象,是训诂学、音韵学的研究内容,不是汉字学研究的内容。汉字的研究可以从三个角度入手:字形、字构、字用,即研究汉字所具有的三个属性:形体属性、结构属性、职用属性(见图1-14)。①

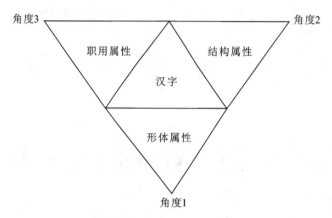

图1-14 汉字的三维属性示意图

一 汉字的形体属性

汉字的形体,是肉眼可见的汉字的外部形态。

同一个字,不同的人,写出的形体不同;同一个人,在不同时间,也有可能写出不同的形体。清代康熙年间的釉里红百寿字笔筒、山西晋商老宅的百寿字影壁、内蒙古巴林右旗博物馆所藏的清代百寿图玉碗、广西桂林永福县百寿镇百寿岩上镌刻的百寿图、湖南衡阳南岳驾鹤峰万寿山上的万寿大鼎等,其共有特点就是将同一个"寿"字,写出不同的形态,这些写法不同的"寿"字具有不同的形体属性。汉字的形体属性决定了汉字的书写具有千姿百态的艺术性。

二 汉字的结构属性

汉字的结构理据深藏于形体之中,需要专业化的考察、分析才能揭示出来。汉字的有理性,决定了汉字的结构是可解释的。千百年来,"六书"一直是文字学家们解释汉字的重要方法。

---

① 李运富. 汉字学"三平面理论"申论[J]. 北京师范大学学报(社会科学版),2016(3):52-62.

东汉许慎《说文解字·叙》中有这么一段话："一曰指事。指事者，视而可识，察而见意，上、下是也。二曰象形。象形者，画成其物，随体诘诎，日、月是也。三曰形声。形声者，以事为名，取譬相成，江、河也。四曰会意。会意者，比类合谊，以见指㧑，武、信是也。五曰转注。转注者，建类一首，同意相受，考、老是也。六曰假借。假借者，本无其字，依声托事，令、长是也。"

这段话的重要贡献在于首次对周代流传下来的"六书"作了较为清晰的解释。清人对"六书"的研究达到了高峰，段玉裁《说文解字注》、朱骏声《说文通训定声》、桂馥《说文义证》、王筠《说文句读》都有对"六书"的阐释，他们被合称为清代"说文四大家"。

"六书"也有一些不足之处，如界划不清，其认为指事字"视而可识，察而见意"，然而会意字同样也"视而可识，察而见意"。"六书"所所举字也有不合适者，如其举例的会意字"信"，实为从言、人声的形声字。此外，"六书"所说的"转注"到底是什么，至今争论不休。

其实，《说文解字》是按构件功能分析法解释汉字理据的。① 按照构件功能分析法，大多数汉字的构造和发展演变过程，是能够解释清楚的。有些目前尚说不清楚的字形，造字之初肯定也是有理有据的，假以时日，其理据也会大白于天下。

三 汉字的职用属性

汉字是记录汉语的工具，"用"是它的主要职能。"本用""兼用""借用"是汉字职能属性的三种基本类型。

汉字的使用职能与其构造意图一致，称为"本用"。如"目不转睛"中的"目"用其本义"眼睛"，"缘木求鱼"中的"木"用其本义"树木"，二者皆为"本用"。

汉字的使用职能与汉字的造字意图辗转相关，称为"兼用"，如"一目十行"之"目"用其引申义"看"，"行将就木"之"木"用其引申义"棺椁"，二者皆为"兼用"。

汉字的使用职能不是从汉字最初的造字意图出发，而是利用音同、音近的方式来表达其他事物的含义，称为"借用"。如"自"像人鼻子的形状，借用来表示"自从"；"某"字从甘、木，本指"梅"树，借用来表示不确定的某一事物，这样的现象称为"借用"。

第四节 汉字的发展演变

汉字具有形、构、用三种属性，汉字研究也相应地分为字形（外部形态）、字构（内部结构）、字用（记录职能）三个系统，汉字的演变也应从这三个维度去考察。②③

---

① 李运富.《说文解字》的析字方法与结构类型非"六书"说[M]//中国文字研究（第十四辑）.郑州：大象出版社，2011：138-146.

② 李运富.汉字演变的研究应该分为三个系统[J].唐山师范学院学报（社会科学版），2009（3）：18-19，37.

③ 李运富.汉字学新论[M].北京：北京师范大学出版社，2012：120-222.

一 个体汉字的形体演变

个体汉字的形体演变可分为如下类型：书写单位类型的演变、书写单位数量的增减、书写单位交接的变化、书写单位置向的移易。

（一）书写单位类型的演变

汉字的书写单位可分实块、线条、笔画三种。早期汉字的图画意味浓，与早期汉字主要由线条和实块构成有密切关系。之后，汉字逐渐线条化、笔画化。线条化，即将早期汉字中的实块转变为线条，如表1-2所示。

表1-2　早期汉字中的实块转变为线条

今字	实块→线条	今字	实块→线条
隻（獲，获）		旦	
象		十	
止（趾）		世	

汉字线条化以后，因线条的粗细不一致、起止不定，不太适合毛笔书写，于是线条又逐渐演变为笔画。战国时期的简帛文字已经出现某些笔画，隶变后，汉字的笔画基本定型，楷书将汉字的笔画确定为六种笔形：点、横、竖、撇、捺、折（钩/挑）。

（二）书写单位数量的增减

这一演变指的是汉字的繁简变化。简化是指书写单位数量的减少，包括省并笔画、简略或替换部件、保留轮廓等情况。繁化是指书写单位数量的增多，包括笔画增繁、部件增繁两种情况。汉字在发展演变的过程中，可能某个阶段以繁化为主，某个阶段以简化为主。汉字形体繁化、简化的过程，就总体而言不是绝对的，而是繁化中包含简化，简化中也蕴含繁化。

（三）书写单位交接的变化

书写单位的交接分黏合、分离两种。黏合是指原本相互分离的若干书写单位，在字形演变过程中连为一体。分离则指字形中原本连接在一起的笔画或构件，分离为若干不同的部分。"艸"今作"艹"，"廾"今作"廾"，"邑"今作"阝"，属于书写单位的黏合。独体字"鳥（鸟）""馬（马）""魚（鱼）"字的腿、足或尾部独立为构件"灬"，属于书写单位的分离。

（四）书写单位置向的移易

为了美观或便于书写，汉字书写单位的位置或方向有时会被调整。如"涉"字甲骨文大多写作"⿰氵步"，所从的水旁，本在两"止"旁之间，今改写到左侧；"女"：⿻→⿻→⿻→女，本像双臂相交于胸前的跪踞的女子，今其躯干由曲笔改写为直笔，横置于字形上部。

二　个体汉字的结构演变

汉字结构的演变，可以从个体的结构理据看，也可以从总体的结构属性看。无论是个体演变，还是总体演变，都有一定的规律或原因。我们先来分析个体汉字结构理据的演变。①

（一）个体汉字结构理据的演变趋势

汉字结构演变的具体过程是复杂的，每个发生了结构变化的字都会有自己的演变轨迹和序列。但归纳起来看，汉字结构的理据属性呈现出三种基本的演变趋势：义化、音化和代号化。

1. 义化

义化是指将原本不表义或者表义不明晰的形体改造成表义明晰的字。比如甲骨文中有一个上"叔"、下"日"的字，后用来表"督查"义，为使其表义明晰，"日"旁被改为"目"，"目"与查看相关。还有一些字，因字形发展演变的缘故，其造字理据变得含糊不清，故新增表义偏旁，使其意义明晰，如：冓→遘，匡→筐，须→鬚，戈→钺、州→洲，扁→匾，原→源等。

2. 音化

音化是指将原本不表音或者表音不明确的字改造成表音明确的字。如甲骨文中"⿱隹"描摹的是一只翎羽斑斓的禽鸟，后加声旁"奚"，成为形声字"鸡"；甲骨文中"⿻"描摹口中齿牙之形，后加声旁"止"，成为表音明确的形声字"齿"；古文字中弓弦的"弦"本来是从"弓"从"糸"，表示拉弓的线，是会意字，后来把"糸"改为"玄"，成了"弦"的声符。

3. 代号化

代号化是指汉字或其构件演变成符号的过程，这个符号既不表形义，也不表读音。

现代简化字中，很多简化字形因为笔画省减，导致其原本表义、记音的构件失去原来的职能，成为代号。如"尝"本作"嘗"，《说文解字》："口味之也。从旨、尚声。"即以

---

① 李运富．论汉字结构的演变［J］．河北大学学报（哲学社会科学版），2007（2）：1-7．

口品味"旨","旨"是"脂"的本字,指美味食物。简化字"尝"中,既无义旁,又无声旁,成为两个代号的组合。又如"扫"字本作"埽"或"掃",《说文解字》:"埽,弃也。从土,从帚。"表示以帚(笤帚)扫土(垃圾)的意思。简化字"扫"中的"彐"成为代号,是从"帚"上截取下来的,无法再表示笤帚的意思。

义化和音化使字形表义、表音更明晰,代号化则推动了汉字的简化进程。

(二)个体汉字结构理据演变的结果

汉字结构理据的变化可产生三种结果:理据消失、理据重构、理据隐含。

1. 理据消失

造字之初,汉字都是有理据的,是可解释的,经过发展演变,一些汉字的字形或局部构件发生了较大的改变,其中的理据不复存在,这样的现象称之为"理据消失"。上文中列举的代号化的字都属于理据消失的情况。再如:繁体字"發"从弓、癶(bá)声,表张弓射发之义,草书楷化将其简化为"发";繁体字"髮"从髟、犮(bá)声,表头发,简化字为"发"。"发"无论表示发射还是头发,其造字理据皆不复存在。

小篆"牽"字从牛,冂像牵牛的缰绳,"玄"表示读音。现代简化字"牵"中,表示读音的"玄"变成了"大","冖"表牵绳的理据已难辨识,只有"牛"旁还保留牵牛的意思,整个字的造字理据部分消失,部分保留。

2. 理据重构

理据重构是指经过发展演变的汉字,其字形结构会得到一个新的解释,新的解释与其造字之初的理据不再相同。上文中列举的义化、音化的字都属于理据重构的情况。再如:兹,甲骨文中作"88",像两丝束相并;战国时期,两丝束的顶端分别被追加小短横,与艹旁相似,写作"兹",被解释为"草木滋生",属于理据重构。

繁体"滅"字,从"氵(水)""烕"声,是形声字。简化字保留原字中下的部分形体,写作"灭",可以重新解释为用覆盖物"一"盖住"火",火就灭了。

甲骨文"涉"写作"⺼""⺼"等形,是人足涉河之象形,后来将两个"止"写到一边,变成"涉"字,失去了象形理据,构意就只能解释为"在水中步行"。

上述几个字的字形都发生了一定的变化,新字形的理据亦能说明该字的读音和意义,只是新的理据与该字最初的造字理据有一定差别,即"理据重构"。

3. 理据隐含

理据隐含是指原来造字意图显豁的汉字,经过文字形体和语言音义的发展演变后,从个体字形已看不出原始的造字理据,但联系其他相关的字仍然能够体现出其构件的功能,说明这些字的构造理据还隐含在系统之中。

如现代的"都"字,单就这个字而言,已无法讲清楚字形和音、义的关系。但联系"堵""赌""睹""闍""醋"等字一起考虑,就知道"都"字的"者"构件是能够表"du"

音的；再联系"郑""郴""鄢""邻""邯""郸"等字，也能知道"都"中的"阝"可以表示地名或城邑之类的意义，那么"都"的构字理据仍然可以解释为音义合成，也就是形声字。

再如"隹"字，现代已不单用，因而在构字中音义功能不明。但联系从"隹"的系列字，就知道"隹"有时可作义符表义，如"雀""雉""雁""雌""雄"等，有时可作声符表音，如"谁""推""崔""堆"等。可见"隹"的构字功能也隐含在汉字构形系统中。

汉字经历了漫长的发展演变，很多字都出现了造字理据消失、造字理据重构或造字理据隐含的现象，成为令人迷惑的"符号"。不过，通过查阅各种文字资料、探赜索隐，多数汉字的造字理据还是能够被揭示出来的。

三 个体汉字的职用演变

汉字是记录语音、语义的符号体系，随着后者的发展演变，汉字的职能也会发生相应的演变，其演变分三种情况：职能扩展、职能缩减、职能转移。

（一）汉字职能的扩展

汉字在创造之初，其功能往往是单一的，即一字记录一词，可称为"本用"。随着语音、语义的发展变化，一字往往需要同时记录几个词，这种现象就是汉字职能的扩展。汉字职能的扩展主要有"兼用"和"借用"两种途径。

1. 兼用扩展

"兼用"是指汉字除了记录本义外，还兼记引申义或其他与之有音义联系的派生词的现象。

如"逐"，甲骨文中从"止"从"豕"，"豕"也可换从犬、兔、鹿等，表示追逐动物之意。后来"逐"的职能扩展，不限于表示追逐动物，也可以记录奔驰、追求、放逐、驱逐、竞争等跟"追逐"相关的义项，这就属职能扩展。

如"原"，甲骨文写作𡊊，金文写作𠪱，像泉从源穴或山崖流出，表示水源出之地。后来，"原"可以兼表一些与本义有关联的意义，如根源、起因、原来等，也属职能扩展。

如"取"，从又、耳，表示以手割取耳朵的意思，是远古人在征战或狩猎时割取战俘或猎物左耳的风俗的反映。"取"兼表一些与本义有关联的意义，如捕捉、征服、求取、得到、招致、娶妻等，也属职能扩展。

汉字职能扩展，顺应了语义丰富、表达细腻的需要。当然，汉字职能的扩展也需要节制，兼职太多会导致语义指向不明。

2. 借用扩展

"借用"是指汉字记录与其音同、音近，但意义无关的语词的现象。

如"自"，甲骨文写作𦣹，象形人之鼻，本义为鼻子，但一直被借用来作介词（如"自从"）、代词（如"自己"）等。

如"雖（虽）"，从虫，唯声，本指一种大蜥蜴，后被借用表示虽然、尽管等意义。

如"强"，从虫，弘声，本指米中的小黑虫，但一直被借用来表示强大、刚强等意义。

如"矢"，本象形箭镞，用以记录箭矢的"矢"这个词，后来曾被借用为屎尿的"屎"，如"千村薜荔人遗矢"。于是"矢"由记录一个词扩展到记录两个词。

上述诸字皆通过借用扩展其职能，本用义、借用义之间无关联，仅读音相同或相近。

3. 并合扩展

并合扩展是指一个字吞并另一个或几个字的职能的现象。职能被吞并的字往往不再被使用，只存在于古书中。并合扩展所涉文字，有的意义相关，有的意义无关。

意义相关者如：假—叚，泛—氾，游—遊，置—寘等。其前后两字意义有关，但不完全重合，前一字吞并了后一字的全部义项，扩展了职能。

意义无关者如：后—後，干—榦、乾、幹，斗—鬥，松—鬆，卜—蔔，占—佔，钻—鑽等。这些字中，前一字吞并了后一字或多字的全部义项，从而扩展了自身职能。

汉字职能扩展是调节文字符号数量无限增多的有效手段。

（二）汉字职能的减缩

汉字职能的扩展若超过一定的限度，会导致表意不明，因而缩减汉字职能也是一种调节语义和符号之间矛盾的必然手段。

如甲骨文"女"字表女性、母亲、否定词"毋"，金文中还可表第二人称"汝"，有时难免引起误解。后"母""毋""汝"字产生，承担了部分职能，"女"的职能得以缩减。

如"解"，从角、刀、牛，表示以刀剖解牛的意思，引申为开解、见解、解除等，"解"还指"松懈"之"懈"、"邂逅"之"邂"、"獬豸"之"獬"等，后来以"懈""邂""獬"分担其职能，"解"的职能得以减缩。

如甲骨文"又"字，可表右、再、有、侑（祭祀名）、保佑等意义，"史"字可表史官、事情、使命等意义，因此"又史"可释为"右史"（职官名），也可释为"有事"，意义不明确。后来"又"分化出"右""有""侑""佑"等字，"史"分化出"事""使"等字，各司其职，"又"和"史"的职能得以缩减。

（三）汉字职能的转移

多个字之间的职能替换现象称为职能的转移。

如：𦥑→子→巳。甲骨文将地支第一位的"子"字（"甲子""丙子"之"子"）写作𦥑、𣎆等，地支第六位"巳"字（"乙巳""丁巳"之"巳"）写作𢀳、𢀿等，二者描摹的都是幼儿的形象，后者对应后世的"子"字。晚周之后，地支第一位改用第六位的字形，第六位改用另一字"巳"。于是,"㕚"的甲子位次职能转由"子"承担,"子"的乙巳位次职能转由"巳"承担,几个字的职能彼此发生了转移。

如:可→何→荷。"可"字从口、丂声,金文中用表"可以",如师𩰫鼎铭"先王小学教女(汝),女(汝)敏可吏(使)",古文献中借用为疑问代词"何",如《诗经·小雅·大东》中的"纠纠葛屦,可(何)以履霜"。"何",《说文解字》中训为"儋(担)也",即"负荷"的意思。"荷"字从艹、何声,本义是荷花,承担"负荷"义,非其本义,而是一种借用。上述三字中,"可"的疑问词职能转移给了"何"字,"何"的"负担"职能转移给了"荷"字。

以上的职能转移是甲移给乙、乙移给丙这种推移式的,还有的转移是交互式的,即甲字的职能转给乙,乙字的职能移给甲。例如,《说文解字》:"童,男有辠曰奴,奴曰童。""僮,未冠也。"可见记录奴仆义的用字原来是"童",记录儿童义的用字原来是"僮"。但后来两个字的功能互换了,"童"是儿童的"童","僮"是僮仆的"僮",现代简化字以"童"代"僮","童"兼并了"僮"的功能,僮仆又写作"童仆"了。

四 汉字的系统演变

(一)古文字阶段构件类型的演变

甲骨文、金文、小篆有对应字符 641 个,我们可以以这 641 个字符为各自系统的代表,比较甲骨文、金文、小篆字形中构件功能的异同(见表1-3)。①

表1-3 各类型部件参构汉字的数量统计表

统计类型	甲骨文	比例	金文	比例	小篆	比例
含象形构件字数	384 个	59.91%	336	52.41%	170	26.52%
含标志构件字数	38 个	5.92%	39	6.08%	35	5.46%
含表义构件字数	172 个	26.83%	235	36.66%	438	68.33%
含表音构件字数	174 个	27.14%	196	30.57%	243	37.9%
含代号构件字数	6 个	0.93%	8	1.25%	57	8.89%

从表1-3可以看出,含象形构件的字数,从甲骨文的384个,下降到金文的336个,到小篆则低至170个,仅占甲骨文的44.27%。

含标志构件的字数,从甲骨文、金文到小篆,数量基本稳定。

含表义构件的字数,从甲骨文的172个,上升到金文的235个,再上升到小篆的438个,是甲骨文的2.5倍多。

含表音构件的字数,从甲骨文的174个,上升到金文的196个,再上升到小篆的243个,是甲骨文的近1.4倍。

---

① 张素凤.古汉字结构变化研究[M].北京:中华书局,2008:135.

含代号构件的字数，从甲骨文的 6 个，上升到金文的 8 个，再上升到小篆的 57 个，虽然总量不多，却将近甲骨文的 10 倍。

以上这些数据说明，象形构字法的应用处于下降的趋势，标志性构件构字法的应用保持稳定，表义、表音、代号构件的应用，都呈现出快速增长的趋势。

（二）古文字阶段结构类型的演变

目前，战国时期的文字材料以楚国简牍文字为大宗，本节将楚文字作为战国时期文字的代表，与甲骨文、《说文解字》中的小篆作前后对比，考察古文字阶段汉字结构类型的变化。

1. 形声字占比的变化

殷商甲骨文中的形声字占总字数的 27%，春秋金文中的形声字占总字数的 51.8%，战国楚文字中的形声字占总字数的 75.6%，《说文解字》的小篆中的形声字占总字数的 85.8%。① 由此可知，古文字中形声字的比例是渐次提高的。甲骨文以象形字为主，形声字占比较低，春秋金文中的形声字已超过半数，战国楚文字中形声字占比高达 75.6%，可知其已由象形文字体系演变为义音文字体系。小篆字系是形声字最发达的，这里统计的是占比 85.6%，实际上可能还不止。

2. 平面组合到层次组合的变化

汉字可分为独体字和合体字，独体字只有一个构件，合体字是由若干构件组成的。若合体字的若干构件的组合不存在先后次序或层级，则称为平面组合或单层组合，如甲骨文"春"字（见图 1-15）从"艸、日、屯"，"屯"又作声旁，这三个构件的组合不分先后和层级。若合体字若干构件的组合存在先后次序或层级，则称为层次组合或多层组合，如"禦"字分三个层级（见图 1-16），这个字因而可归为多层次组合。

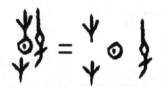

图 1-15　甲骨文"春"字的平面组合构形示意图　　图 1-16　"禦"字的层次组合构形示意图

甲骨文、春秋金文、战国楚文字、《说文解字》中的小篆的字形平面组合和层次组合类型统计如表 1-4 所示。②

---

① 郑振峰. 甲骨文字系统研究 [M]. 上海：上海教育出版社，2006：59.
② 郑振峰. 甲骨文字系统研究 [M]. 上海：上海教育出版社，2006：60.

表 1-4　甲骨文、春秋金文、战国楚文字、《说文解字》中的小篆的字形组合类型统计

类型	甲骨文	春秋金文	战国楚文字	《说文解字》中的小篆
平面组合类型	87.54%	50.2%	32%	16.15%
层次组合类型	12.46%	49.8%	68%	83.85%

在甲骨文中，平面组合类型的字形比例占优。随着表形构件的逐步义化、音化或代号化，从春秋金文到战国楚文字，平面组合类型的文字比例从"半壁江山"下降到只有不到三成，《说文解字》中字形是平面组合类型的小篆则仅余不足两成。

相反，从甲骨文、春秋金文，到战国楚文字和《说文解字》中的小篆，层次组合类型的文字的比例在稳步提升。平面组合类型的文字图画意味强烈，层次组合类型的文字实际上就是把合体字作为构件来构造新字，这样的构件概括性较强，造字能产性更高。层次组合类型的文字的比例在甲骨文中不足两成，在春秋时期的金文中占到了将近一半，在战国时期的楚文字中占到了三分之二以上，在《说文解字》的小篆中占到了五分之四以上。这是汉字构形方式的系统性越来越强、汉字体系越来越成熟的体现。

（三）现代常用汉字系统的结构类型演变

现代常用汉字是指《现代汉语常用字表》和《次常用字表》中的 3500 个常用字。这些字大都经历了数千年的演变，总体来看，它们的结构状况已经跟古代（例如《说文解字》字系）大不相同。现代常用汉字系统的结构状况如下。

1. 独体字情况

独体字是指由一个构件构成的字。现代汉字的构件分五种：表义构件、示音构件、代号构件、标志构件、象形构件。其中后三种可独立成字，对应现代常用汉字中的独体代号字、独体象形字和独体标志字，三者分别有 184 个、24 个、3 个，共计 211 个，占全部常用汉字的 6.03%[①]。

现代常用汉字中的独体代号字共 184 个。独体代号字有两个来源：一是古文字中大量的象形字丧失理据性，楷化为独体代号字，如"革""民""目""龟"等；二是简化字运动造就了一些独体代号字，比如"当""义""乐""飞""门""书"等。

独体象形字 24 个，数量不大，多传承自古代，可见象形构字只适合于汉字发生的早期，能产性和传承性都很差。

2. 合体字情况

现代常用字中的合体字可分 10 多个类型，其在 3500 个常用汉字中的占比情况见表 1-5。

---

① 周妮. 现代汉字理据属性测查 [D]. 北京：北京师范大学，2003.

表 1-5　现代常用合体字结构类型分类统计表

大类	亚类	数量	占比
合体字	音义合体	1979	56.54%
	义代合体	438	12.51%
	代代合体	348	9.94%
	音代合体	245	7.00%
	义义合体	177	5.06%
	义标合体	23	0.66%
	音标合体	18	0.51%
	标代合体	17	0.49%
	音义代合体	14	0.40%
	标标合体	11	0.31%
	音音合体	8	0.23%
	其他	11	0.31%
总数		3289	93.97%

表 1-5 揭示出现代常用汉字的一些显著特征：

第一，代号构件大量涌现。由于表义、示音构件失去表义、示音功能，不少常用汉字变成了音代合体字和义代合体字。

第二，现代常用汉字中的音义合体字为 1979 个，占总量的 56.54%，与《说文解字》小篆系统中音义合体字高达 87.39% 的占比相比，下降了不少，这是因为许多音义合体字在现代汉字中消亡，或者其构件转变为代号构件（不再标音、记义）。

第三，含形结构的字数大量减少。这是由于大量独体象形字和象形构件演变为代号构件，从而失去了象形功能。

第四，严格说来，音义合体字（形声字）的数量也是呈下降趋势的。新的包含代号构件的合体字的大量增加，必然导致包含象形构件的合体字和音义合体字的大量减少。因此，音义合体字（形声字）也必然是呈下降趋势的，也只有这样，汉字构形系统才能够保持平衡。这也是汉字构形系统自我调整、自我完善的必然选择。

第五节　汉字的同用关系

同用关系指几个字所记录的是同一义项，分四种情况：同字同用、异体字同用、本字与借字同用、借字与借字同用。其中，"同字同用"属于同一字在不同语境记录同一词的现象，不在考察范围之内。"古今字"和"正俗字"与上述几种关系不是同一角度的分类，材料往往交叉，容易产生误解，所以把它们单独拿出来进行介绍。

一 异体字同用

异体字是指为同一个词而造的不同结构的字（异构字），也可以包括同一个字的不同书写形式（异写字）。

属于异构字的如："廼—迺""集—雧""春—旾""唇—脣""野—埜""蚓—螾""村—邨""视—眡""绔—袴—褲""迹—跡—蹟""杯—桮—盃—棬"等。这些字有的构件不同，有的构件数量不同，但都是为同一个词构造的本字，在记录本词时功用相同。

属于异写字的如："朵—朶""旨—吉""贝—貝""惪—悳""峰—峯""户—戶—戸""世—丗—卋—丗—古"等。这些字有的笔画不同，有的笔形不同，有的交接不同，有的摆布不同，但都没有构造意图的不同，也没有记录功能的不同。

识别异体字时要注意，成组的异体字虽然曾经拥有相同的记录词语的职能，但它们的地位是不同的。被官方规范文字体系认可的字为正体字，拥有"正统"地位，其他的则居于"从属"地位。在现代，只能使用规范的正体字（通行字），跟正体字相对的异体字已被淘汰。

二 本字与借字同用

在使用不同的字记录同一个义项时，有时用的是本字，有时用的是通假字或假借字，由此，形成了本字与借字、借字与本字的字际关系。具体包括"本字—通假字"和"假借字—后造本字"两种情况。

（一）本字—通假字同用

"颂"字从页、公声，本指容貌，"容"字从"宀"、从"谷"，本指容纳，但"容"可以通假为"颂"，因而在容貌意义上，此二字形成同用关系。如《汉书·儒林传》："（鲁）徐生以颂为礼官大夫"，韩愈《独孤申叔哀辞》："如闻其声，如见其容"。其中"颂""容"都是容貌的意思。

"容"字可以从容纳义引申为容忍、宽容义，"颂"也可以通假为"容"，如《汉书·刑法志》："年八十以上、八岁以下，及孕者未乳、师、朱（侏）儒当鞫系者，颂（容）系之。"颜师古注："颂读曰容。容，宽容之，不桎梏。"在容忍、宽容的意义上，"容"是本字，"颂"是通假字，它们也构成同职能的关系。

"颂"还可以通假为"讼"，"讼"的本义是歌颂（与争讼的"讼"为同形字），如《韩非子·孤愤》："当涂之人擅事要，则外内为之用矣。是以诸侯不因，则事不应，故敌国为之讼。"意思是，当道掌权的人独揽政要大权，外国诸侯和国内大臣都要为他效劳，因此别国诸侯不依靠（权臣）则（办事）没有回应，所以敌对国家也要对权臣歌功颂德。"颂"也可表示歌颂的意思，如《荀子·天论》："大天而思之，孰与物畜而制之？""从天而颂之，孰与制天命而用之？"本字"讼"跟通假字"颂"在歌颂的意义上职能相同。

"颂"还可以通假为"诵",表示念读的意思,如《孟子·万章下》:"颂其诗,读其书,不知其人,可乎?"因此,通假字"颂"与本字"诵"也可以同职能。如果继续联系,我们还会发现"容""讼""诵"作为通假字又会与其他本字构成同职能的异字符关系。

(二)假借字—后造本字同用

假借字—后造本字同用,指的是这样一种现象:某词原无本字,而假借他字来记录,后来为了分化假借字的职能,又替某词造出专用本字。从历时的角度看,假借字与后造本字即构成了同用关系。

假借字与后造本字构成同用关系者,可举例如下:"母"与"毋"、"采"与"菜"、"胃"与"谓"、"莫"与"暮"、"气"与"乞"、"蘇"与"甦"、"辟"与"璧—壁—臂—譬—闢—嬖—繄"、"牟"与"眸—鍪—侔—恈"等。

在"母"与"毋"这组字中,"母"假借为"毋"的用法,最早见于商代甲骨文,如《甲骨文合集》23002片有这样两条卜辞:"庚子卜,行曰贞:翌辛丑其又(侑)升岁(刿)于且(祖)辛。""贞:母(毋)又(侑)。才(在)正月。"第一条卜辞的意思是,庚子这天,贞人行卜问,第二天辛丑是否向祖辛致侑、升、刿(杀牲)之祭。第二条卜辞的意思是,在正月是否不举行侑祭。"毋"字产生于战国时期,诅楚文中有"枼万子孙,毋相为不利",意思是,(秦国、楚国)万世万代的子子孙孙,相互不要做不利于对方的事情。秦汉竹简中,"毋"字已经大量使用,其后,以"母"代"毋"的现象就很罕见了,即被假借字"母"不再与后造本字"毋"构成同用关系。

在"采"与"菜"这组字中,《说文解字》的解释为:"采,捋取也。从木,从爪。""菜,艹(草)之可食者。从艹,采声。""采"是会意字,本义是摘取。"菜"的本义是蔬菜。"采"曾被用来表示"菜"字,如张家山汉简《引书》:"夏日,数沐,希(稀)浴,毋莫(暮)起,多食采(菜)。"在蔬菜意义上,"采"是假借字,"菜"是后造本字。

在"胃"与"谓"这组字中,"胃"指人体最大的消化器官。战国文字中多见以"胃"代"谓"字,如郭店楚简《太一生水》:"下,土也,而胃(谓)之地。上,气也,而胃(谓)之天。"不过,战国时期"谓"已出现,如秦国的石鼓文中有"公谓大囗(该字无法考证,下同),金(今)及如囗囗,害(曷)不余从",只是它还未被广泛接受。先秦文献中"胃"和"谓",都曾记录"谓"这个词,因而构成同用关系。

三 借字与借字同用

借字与借字同用,指的是这样一种现象:文献中记录某个义项的不同字形都不是该义项的本字,而是其通假字或假借字,这几个字形之间相对于这个义项来说就是借用与借用的关系。

(一)通假字与通假字同用

通假字指的是某词有本字而不用,却用别的字来记录该词的现象。通假字与通假字同用，指的是记录某词时未用其本字，而是用不同的通假字来表示的现象。被借用来表示该词的一组字，就构成通假字与通假字的同用关系。

如"誓"字，曾用"矢""逝"来表示。《诗经·卫风·考盘》之"永矢弗谖"，"谖"是"忘记"的意思。《诗经·魏风·硕鼠》之"逝将去女，适彼乐土"，意思是，发誓要离开你，前往那乐土。"矢""逝"二字皆"誓"的通假字，二者形成通假字与通假字同用的关系。

如表示"刚刚""仅仅"含义的副词"cái"，本当用"才"。《说文解字》："才，艸（草）木之初也。""才"的本义是"初"，"刚刚""仅仅"是其引申义。《说文解字》："纔，帛雀头色"，指丝织品呈现雀鸟头上的颜色（黑多赤少）。《说文解字》："财，人所宝也。"《说文解字》："裁，制衣也。""纔""财""裁"三字本义各不相同，皆曾作"才"的通假字，如陶潜《桃花源记》之"初极狭，纔通人"，《汉书·霍光金日磾传》之"（霍）光为人沉静详审，长财七尺三寸"，清袁枚《新齐谐·鬼多变苍蝇》之"邻妇某氏凶恶难捉，冥王差我拘拏，不料，他（她）临死尚强有力，与我格斗多时，幸亏我解下缠足布捆缚其手，裁得牵来"。"纔""财""裁"这三字在表示"仅仅"的意义时都是通假用法，构成同用关系。

（二）假借字与假借字同用

"假借字"指"六书"中"本无其字，因声托事"的字。有些意义比较抽象的字，一直未造本字而用假借字来表示。如果某个意义曾经借用过若干不同的字形来表示，这些字就构成了假借字与假借字的同用关系。

如第二人称代词"rǔ"，本无其字，曾使用"女"或"汝"来表示。"女"与"汝"的本义各不相同，前者本指女性，后者本表河流名，因其古音相近，而产生假借字与假借字同用关系，如《诗·魏风·硕鼠》之"三岁贯女，莫我肯顾"与《列子·汤问》之"孔子不能决也。两小儿笑曰：'孰为汝多知乎'"。

如第三人称代词"bǐ"，本无其字，文献中曾假借多个字形来记录这一意思。《说文解字》云："彼，往有所加也。从彳、皮声。""彼"从彳，本为动词。《孙子兵法·谋攻》"知彼知己，百战不殆"，"彼"被借用为第三人称代词。"彼"作为第三人称代词的意义也假借"皮""罷"字来表示，《马王堆汉墓帛书·老子甲本·德经》："故去皮取此"，此处"皮""此"相对。《马王堆汉墓帛书·老子乙本·德经》："故去罷而取此"，此处"罷""此"相对。"彼"的第三人称代词的意义还曾假借本义为筐筐的"匪"字表示，如《诗经·小雅·小旻》："如匪行迈谋，是用不得于道。"意思是，像那问路问讯陌生人，很难得到正确的路。"彼"有时候还假借本义为被子的"被"字表示，如《荀子·宥坐》："还复瞻被九盖皆继，被有说邪？匠过绝邪？"杨倞注："被皆当为彼。"这句话的意思是，（我）回转去再观看那九扇门，（木料）都是拼接的，那有什么讲究吗？是（因为）木匠过失而把木料弄断（的缘故）吗？侯马盟书、沁阳盟书多有盟誓习用语"麻夷非是"，与《公羊传》所见誓词"昧雉彼视"意思相同，都是夷灭彼族氏，即断子绝孙的意思。此处"非"为"彼"的借字，"是"和"视"是"氏"的借字。

上揭"彼""皮""罷""匪""被""非"等不同的字符，因皆曾被假借去记录同一个义项，而构成同用关系。①

四 "古今字"与"正俗字"

"古今字"的"古字"和"今字"，"正俗字"的"正字"和"俗字"，也构成同用关系。

（一）古今字

对于什么是"古今字"，当今学术界有两种不同的观点：一种认为是历史文献中记录同词同义时，先后使用的不同形体的一组字，先使用的叫"古字"，后使用的叫"今字"，合称"古今字"。另一种认为"古今字"是为了区别文字的记录功能，以原来的某个多功能字为基础分化出新字，母字叫"古字"，分化出的新字叫"今字"，合称"古今字"。

这两种观点界定的"古今字"实际上属于两个不同的学术层面：前者用于建立文献中不同用字的相同功能之间的联系，属于用字问题；后者用于探讨汉字孳乳演变的原因和方式，属于造字问题。本节关注的是用字问题，比如记录罪行、罪罚这个意义的"罪"，先秦用的是"辠"字，秦始皇以后用的是"罪"字，"辠—罪"就是一组古今字，它们之间形成同用关系。

学术界喜欢拿"古今字"与"异体字""通假字""繁简字"等进行辨析，希望对某组字作出是此非彼的判断，其实是没有必要的。因为这些术语是从不同角度设置的概念，原本没有什么关系。至于具体字组的归属，如果符合多个概念的范围条件，是可以同时归属多个概念的，角度不同，但并不矛盾。比如"線—綫—线"这组字，它们都是为同一个词而造（简化其实也是造字）的本字，所以可归入"异体字"；而从笔画繁简的角度来说，"綫—线"可归入"繁简字"；如果着眼于使用时代的先后，先秦用"線"，汉代用"綫"，则"線—綫"构成古今字，汉代用"綫"，晋代用"線"，则"綫—線"也构成古今字，简化前用"綫"，简化后用"线"，"綫—线"同样可以看作古今字，所谓"古今无定时"，"盖文字古今转移无定如此"（段玉裁语）。

（二）正俗字

正字，也叫正体字，指的是字形和用法符合规范和标准的字。俗字，亦称俗体字，指通俗流行而字形或用法不合规范的字。相对于正体字而言，俗字也可以说是异体字（见图1-17）。

---

① 李运富．论汉字的字际关系［M］//李运富．汉字职用研究：理论与应用．北京：中国社会科学出版社，2016：111-112．

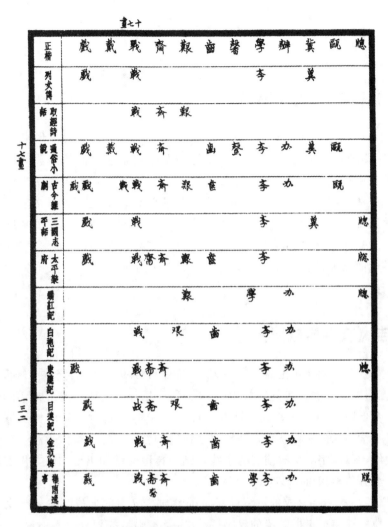

图 1-17 刘复、李家瑞《宋元以来俗字谱》书影

正字和俗字具有时代性，各个时代的评价标准和规范原则不同，前一时代评价为"俗字"的，后一时代可能被当作"正字"，或者相反，可见正字、俗字是可以转化的。例如新中国所推行的简化字，80％以上都有历史依据，其中相当一部分采自唐宋以来社会流传的俗字。例如火炬的"炬"，唐宋时期"苣"是正字，《说文解字》："苣，束苇烧。"意思是，苣就是苇秆捆扎的火把。宋初徐铉说："今俗别作炬，非是。"可见那时的"炬"是不规范的俗字。时过境迁，现代的"炬"已成了火炬义的正字。又如表示村庄义的"村"，原本作"邨"，《说文解字》："邨，地名。从邑，屯声。"徐铉说："今俗作村，非是。"而今"村"已是正字，"邨"则作为不规范的异体字被淘汰了。

所谓"正字"，一方面要符合汉字系统的发展演变规律，渊源有自，能被大多数汉字的使用者所认可；另一方面要靠政府通过行政手段来规范并推行。这两方面可以是大体统一的，但未必会完全重合。被广大民众所喜闻乐见并便于掌握和使用的正字，才会具有更长久的生命力和活力。

 论著选介

一 李学勤《古文字学初阶》

《古文字学初阶》于 1985 年由中华书局首次出版，2013 年由中华书局重印，收入"文史知识文库典藏本"。《古文字学初阶》是一本古文字学方面的经典入门读物，它用通俗易懂的语言讲述了复杂深奥的古文字学知识，对重点内容的阐述精当而准确。全书共有十二章，先从汉字的形音义、文字起源、甲骨学以及金文、战国文字研究等方面介绍了古文字学基础知识，然后提出了研究古文字的方法和规律，开列了基础书目和十五个研究课题，对初学者极具指导意义。全书仅用十二章的篇幅、十万余字的体量，就为读者建立起科学而全面的古文字学知识体系，既避免了艰深枯燥，又不失专业严谨的学术风格。

二 裘锡圭《文字学概要》

《文字学概要》于 1988 年由商务印书馆首次出版；1994 年，其繁体字修订版由台湾万卷楼出版社出版；2000 年，其英文版由美国加利福尼亚伯克利大学的早期中国研究会、东亚研究会联合出版；2013 年，其修订本由商务印书馆出版。《文字学概要》是一本影响深远的关于文字学理论的经典著作，为汉字学研究和教学作出了很大贡献。该书以文字学基础理论为大纲，以汉字的历时演变为主线，结合传世文献和出土文献，用宏阔的视野和丰富的实例，全方位地探讨了汉字的相关问题。

《文字学概要》从文字形成的过程、汉字的性质、汉字的形成与发展、汉字形体的演变（古文字阶段的汉字、隶楷阶段的汉字）、汉字基本类型的划分（六书说、三书说）、表意字、形声字、假借字、异体字和同形字及同义换读、文字的分化与合并、字形跟音义的关系、汉字的整理与简化等诸多方面，对文字学问题进行了深入探讨和细致研究，提出了个人独特的见解。从文字形成过程与汉字形体演变、文字结构理论及汉字形音义之间的复杂关系等方面，分析了传统"六书"说的不足，提出了新的分类理论与范畴，具有重大理论价值。同时，该书重视历代俗字、俗体的研究，并联系汉字整理与简化工作，提出具有实践意义的见解。该书系统而全面地阐述了文字学的理论方法与实践，对文字学的研究产生了深刻的影响。它不仅是一部系统而深入的优秀文字学教材，同时也是一部具有独到见解的开拓性学术著作。

三 王宁《汉字构形学导论》

《汉字构形学导论》于 2015 年由商务印书馆出版，印行多次，广受好评。

《汉字构形学导论》是王宁先生在她的《汉字构形学讲座》基础上，经过反复修改、补充而编写的一部更为详细、系统、完善的论著。这是一部关于汉字构形学的理论著作，旨在通过创建科学的汉字学基础理论，建立规范的汉字构形术语体系，为汉字史的研究和规范汉字提供科学的指导，并将其应用于汉字教学领域。

　　《汉字构形学导论》是一部有关汉字构形学的经典著作，值得每一个研究文字学的学者阅读。王宁先生用深入浅出的语言，翔实具体的例子，结合传统"六书"和现代系统方法，构建了一个科学的汉字构形体系，总结出一套适用于古今不同时期的汉字构形规律，对于汉字的研究以及汉字的教学具有重要的指导意义。

四 黄德宽、陈秉新《汉语文字学史》

　　《汉语文字学史》于 1990 年由安徽教育出版社出版；其韩文版于 2000 年由韩国东文选出版社出版；增订本于 2006 年由安徽教育出版社出版；其繁体字版于 2008 年由台北联经出版事业股份有限公司出版；其日文版于 2023 年由日本汲古书院出版。

　　与《汉语文字学史》同类的书籍常按"周秦文字学、两汉文字学、魏晋南北朝文字学、唐宋文字学"等阶段来对文字学史进行分期，本书则按文字学的"创立—消沉—振兴—拓展"这一演进轨迹来描述其历史过程，每一阶段为一编。"创立"期指周秦、两汉，"消沉"期指魏晋至元明时期，"振兴"期指清代，"拓展"期指近代以来。每编先介绍这一时期的主要历史文化背景，再对这一时期有关文字学史的重要问题、重要著作和成果进行细致梳理。这么做有利于揭示学术发展的内在原因、梳理各种学术流派的沿革更替，有利于更准确地揭示文字学发展变化的规律及其历史文化原因。书末附有近 400 种汉语文字学主要参考书目，便于读者结合本书进行拓展阅读。

五 李运富《汉字学新论》

　　《汉字学新论》于 2012 年由北京师范大学出版社出版，2018 年出版了韩文版和越南语版。全书共分十章，从汉字的属性与起源讲到汉字的职能与文化，提出了不少有关汉字学的新观点和新理论，并对这些观点和理论做出了系统的解释。其中，汉字学的"三个平面"理论是作者对文字学研究所作出的重要贡献，也是其诸多新观点的理论基础。汉字学的"三个平面"指汉字的形体、结构与职能。汉字的字际关系问题是本书的重点。想要对汉字关系进行研究，可从书写系统、结构系统和职能系统三个方面出发进行分析，便于厘清一些过去长期争论不休的问题。《汉字学新论》之"新"有三，一是新理论，提出了汉字学的"三平面"，从"形体""结构""职能"三个维度分析汉字与汉字学；二是新视野，从不同的维度和角度辩证地看待汉字的发展与演变的问题，避免思维的单一和僵化；三是新学科，李运富先生提出应该建立"汉字职用学"，《汉字学新论》的部分章节对此学科的建立做了初步尝试。

阅读应用

一 《甲骨文合集》32384（見圖1-18）①

圖1-18　《甲骨文合集》32384

【釋文】

乙未，酚②㸓品上甲十，匚（報）乙三，匚（報）丙三，匚（報）丁三，示壬三，示癸三，大乙十，大丁十，大甲十，大庚七，小甲三……三，且（祖）乙③……

【注釋】

① 選自郭沫若主編、中國社會科學歷史研究所編《甲骨文合集》（第十冊），中華書局，1982年，第3958頁。1917年，王國維在其名作《殷卜辭中所見先公先王續考》中，曾據此版考證商王世系。

② 酚：殷墟卜辭中多見的一種祭祀方法，從酉（即"酒"）、彡，會潑灑酒液以祭祀之意。本辭第四、五字意義尚不明確。

③ 本版甲骨卜辭中的上甲、報乙、報丙等，是商王的祖先名，此處作祭祀對象。

二 西周青銅器何尊銘文（見圖1-19、圖1-20）①

圖1-19　何尊

圖1-20　何尊銘文

【釋文】

　　隹（唯）王初**𨚏**（遷），宅于成周②，復再（稱）珷（武）王豊（禮），祼自天，才（在）四月丙戌，王**𧥛**（誥）宗小子③于京室，曰：昔才（在）爾考公氏，克弼玟（文）王，**肆**（肆）④玟（文）王受茲大令（命），隹（唯）珷（武）王既克大邑商⑤，則廷告于天，曰：余其宅茲中或⑥（國），自茲辥⑦民，烏乎（嗚呼），爾有唯（雖）小子亡戠⑧（識），覛（視）于公氏，有勲于天。徹令（命），苟（敬）亯（享）𢦏（哉），**𦔻**（助）王龏（恭）德谷（裕）天，順（訓）我不每（敏）。王咸⑨誥何，易⑩（錫）貝卅朋，用乍（作）庾公寶尊彝，隹（唯）王五祀。

【注釋】

① 此器1963年出土於陝西省寶雞縣賈村鎮，現藏寶雞青銅器博物館。拓本略有加工。銘文中有些文字的具體含義尚不能確定。

② 成周：即洛邑，今洛陽。

③ 宗小子：宗，同宗。小子，未成年人。

④ **肆**：通"肆"，連詞，表示語義承接關係。

⑤ 大邑商：甲骨文中亦有"天邑商"，指商王都。

⑥ 中或：即"中國"，指的是周王朝的中心區域。

⑦ 辥：治理。

⑧ 亡戠：無知識。

⑨ 咸：結束，完成。

⑩ 易：借用為"賜"。

三 馬王堆漢墓帛書《觸龍説趙太后》（見圖 1-21）①

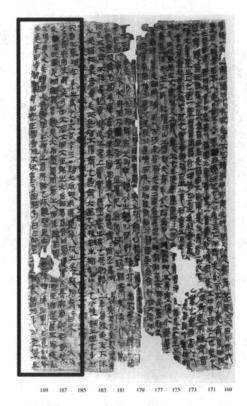

圖 1-21　馬王堆漢墓帛書《戰國縱橫家書·觸龍説趙太后》節選

【釋文】

　　趙大后規用事②，秦急攻之，求救於齊，＝（齊）③曰："必［以］大后少子長安君來質④，兵乃出。"大后不肯，大臣強之。大后明胃⑤左右，曰："有復言令長安君質者，老婦必唾亓⑥面。"左師觸龍言⑦願見。大后盛氣而胥⑧之。入而徐趨，至而［自謝］，曰："老臣病足，曾不能疾走，不得見久矣，竊自恕。老臣而恐玉體之有所郄也⑨，故願望見大后。"大后曰："老婦持輦而罷⑩。"曰："食飲得毋衰乎⑪？"曰："侍鬻⑫耳。"曰："老臣閒⑬者殊不欲食，乃自強步，日三四里，少益耆食⑭。智⑮於身。"曰："老婦不能。"大后之色少解……

【注釋】

　　① 節選自湖南省博物館、復旦大學出土文獻與古文字研究中心編纂，裘錫圭主編《長沙馬王堆漢墓帛書集成》（第一冊），中華書局，2014 年，第 87 頁。

　　② 大后：太后。先秦"大""太"一字，後分化出"太"字。規：疑"親"字誤寫，親自。傳世本作"新"字。用事：掌管趙國政權。

③ 齊₌："齊"字右下方有重文符號"＝"，表示此字要念兩次。
④ 來質：到齊國做人質。"來"傳世本作"爲"字。
⑤ 明胃：公開地告訴。"明"爲"明"的異體字。"胃"是"謂"的假借字。
⑥ 丌：用作"其"，代詞。
⑦ 龍言：傳世本此二字間距或較小，舊釋爲一字"聾（聾）"。
⑧ 胥："須"的假借字，"等待"的意思。傳世本或作"揖"字。
⑨ 有所郤：有什麼不舒服的地方。"郤"同"隙"，空隙，縫隙。這裡喻指身體病壞處。
⑩ 持連：傳世本作"恃輦"。"持"通"恃"，依靠。"輦"指的是一種人拉的車，或指"肩輿"，類似後世的轎子。瞏：通"還"。傳世本作"行"字，指趙太后出行。
⑪ 得毋衰乎：該沒有減少吧？
⑫ 鬻：同"粥"。
⑬ 閒：同"間"。
⑭ 少：稍微。耆：通"嗜"。
⑮ 智：傳世本作"和"，指協調、調和，有益於健康。

四　《淮南子・本經訓》（節選）①

天地之大，可以矩表識也；星月之行，可以曆推得也；雷震之聲，可以鼓鐘寫也；風雨之變，可以音律知也。是故大可睹者，可得而量也；明可見者，可得而蔽也；聲可聞者，可得而調也；色可察者，可得而別也。夫至大，天地弗能含也；至微，神明弗能領也。及至建律曆，別五色，異清濁，味甘苦，則樸散而爲器矣；立仁義，脩禮樂，則德遷而爲僞矣。及僞之生也，飾智以驚愚，設詐以巧上，天下有能持之者，有能治之者也。昔者蒼頡作書，而天雨粟，鬼夜哭；伯益作井，而龍登玄雲，神棲昆侖。能愈多而德愈薄矣。故周鼎著倕，使銜其指，以明大巧之不可爲也。

【注釋】

① 節選自〔西漢〕劉安《淮南子》（《四部備要・子部》第54册），中華書局，1989年。

五　《説文解字・敘》（節選）①

至孔子書六經，左丘明述春秋傳，皆以古文，厥意可得而説。其後諸侯力政，不統於王，惡禮樂之害己，而皆去其典籍，分爲七國。田疇異畝，車涂異軌，律令異法，衣冠異制，言語異聲，文字異形。秦始皇帝初兼天下，丞相李斯乃奏同之，罷其不與秦文合者。斯作《倉頡篇》，中車府令趙高作《爰歷篇》，太史令胡毋敬作《博學篇》，皆取史籀大篆，或頗省改，所謂小篆也。是時秦燒滅經書，滌除舊典，大發隸卒，興役戍，官獄職務繁，初有隸書，以趣約易，而古文由此絕矣。

【注释】

① 節選自〔東漢〕許慎著，《說文解字》，中華書局影印本，1968年。

内容拓展

一 汉字起源的有关学说

汉字起源的学说主要有图画说、结绳记事说、契刻说、八卦说、河图洛书说、仓颉造字说、巫史造字说、劳动人民创造汉字说等。其中，有些说法不能成立，有些说法有一定道理。

结绳记事、契刻是文字产生之前的一种记事手段，八卦说、河图洛书说属于神话传说，这些说法均与汉字的产生关系不大或无关。

文字的产生跟图画相关，有些早期汉字与图画近似。但文字来源于图画这一观点并不准确，实际上文字与图画同源，都来自对客观物体的描摹。图画描摹的是个体，具象逼真，目的在于欣赏。文字则是约定俗成的符号体系，描摹的是某一类物体的共象，神似而形不真，目的在于传递信息。所以图画和文字是兄弟关系，而不是父子关系，两者之间可能互相影响，但不是谁产生谁。

仓颉造字说也不准确，自源文字不可能是某个人创造的，成千上万的汉字应该是由各时、各地不同的个人创制的。仓颉是上古时期黄帝的史官，是使用和研究文字的专业人士，他可能做过文字的搜集整理和规范工作，所以后世把文字创造的功绩归于他。同理，巫史造字说亦如此。

二 "筮不过三"与"一事多卜"

俗话说，"事不过三"，其实原话是"筮（shì）不过三"，"筮"是"蓍（shī）草"做成的占卜工具。"筮不过三"的意思是，一件事的占卜不超过三次。

但殷墟的龟甲占卜却存在"一事多卜"的现象，也就是一件事要占卜好几次。

其实，"筮不过三""一事多卜"这两句话都只说对了一半。

已有学者对殷墟出土的十几万片甲骨进行了整理，发现"一事多卜""筮不过三"这两种相矛盾的做法都存在，但它们存在于不同的时代。

殷墟的早期卜辞中多见"一事多卜"。"多卜"表现在"成套卜辞"和"成套甲骨"两个方面，前者指同一版上面，某条卜辞所涉之事被连续占卜很多次，每占卜一次就刻写一个数字，从"一"到"十"，有时候"十"的旁边还有"一""二"等，即有可能指占卜了

"十一""十二"次；还有的是同版之上有多条内容密切相关的卜辞，每条卜辞被编上序号，这样的成组卜辞被称为"成套卜辞"。"多卜"还表现在用不同的甲骨来占卜同样的事情，即把同样的占卜内容刻写到不同的甲骨上，各版甲骨也刻写上不同的编号，这样的系列甲骨称为"成套甲骨"。

这种"成套卜辞"和"成套甲骨"的现象，从商朝早期到晚期，逐步削弱，后来终于形成"筮不过三"的规制，即对同一件事不再繁琐占卜。

亲爱的读者们，你们能尝试着解释一下为什么出现这种现象吗？

三 汉字传播形成的汉字文化圈

汉字文化圈是曾经接受过汉字的影响，即长期使用汉字，后来借鉴汉字创造了自己文字的东亚、东南亚一些国家的合称，包括日本、朝鲜、越南等国。

（一）日本与汉字

日本原无自己的文字，曾长期把汉字当作官方文字来使用。5世纪，日本开始用"音读"和"训读"来记录日语。"音读"即只利用汉字的字形和读音，不管它的字义；"训读"是指只利用汉字的字形和字义，但用日语发音。日本人还在汉字草书基础上创造了"平假名"，在简化、省简汉字形体的基础上创造了"片假名"。二战后，日本曾计划废除汉字，不过，汉字在日语中的作用根深蒂固，很难取消。目前，日本人仍旧普遍使用汉字。

（二）朝鲜与汉字

朝鲜也曾长期将汉字作为官方文字。朝鲜时代，产生了一种按照朝鲜语语法和词序使用汉字的方法，称为"吏读"。用汉语记录朝鲜语并不是特别方便。1444年，朝鲜世宗大王颁布了本民族的文字——训民正音，是今天韩文的前身。人们称这种文字为"谚文"，就是通俗文字的意思，与之相对的是被视为正式文字的汉字。二战后，韩国废止汉字。不过，韩文中汉语借词约占60%，同音词很多，单纯用表音文字容易造成误解，因此韩文书写中仍会包括一些汉字。当前，韩国中小学生仍在学习汉字。

（三）越南与汉字

历史上，越南曾是中国的行政区，汉字一直是越南的官方文字。10世纪，越南独立建国后，仍以汉字为官方文字。越南借用汉字创造的越南文字被称为"字喃"，是越南民间土俗字的意思。字喃是在汉字基础上创造的方块字。大部分字喃采用形声的方法构造而成，即用两个汉字拼成一个新字。19世纪末，越南沦为法国殖民地，法国对越南文字进行了拉丁化改革。目前，越南官方文字是拉丁化的拼音文字，不再使用汉字和字喃。不过，汉字还沉淀在越南的历史文化之中，不少越南历史文化遗迹中还能见到汉字的影子。

◇ 关键词解释

【繁体字·简化字】简化字特指 1956 年国务院公布的《汉字简化方案》和 1986 年重新公布的《简化字总表》中所规范的简化字。繁体字就是与这些简化字相对应的繁写体。二者是以构件或笔画的多少来划分的，合称为繁简字。

【汉字形体】汉字形体是汉字的外部形态。汉字形体是汉字构形、笔道形态和书写体势三方面的综合体现。

【结构理据】指构造或分析汉字形体结构的理由和依据。

【汉字职用】指汉字的使用职能和使用现象。汉字的使用分为本用、兼用、借用、特用等。

【义化】指原本不表义的形体变为表义或者在原字形上增加表义构件的现象。

【音化】指原本不表音的形体变为表音或者在原字形上增加表音构件的现象。

【代号化】代号指字形演变中失去表义、标音、象形、标志等具体功能而只起结构上的替代作用的部分构件。代号化就是汉字的部分构件甚至整个字都变成代号的现象。

【理据重构】指汉字经过演变后，其构件或构件的功能发生了变化，但是仍然可以与整字所记录的词语的音义联系起来，能够从另外的角度说明为什么用这个形体表示这个语词，也就是对演变后的结构进行重新分析或重新解释。

【职能转移】指的是多个字之间汉字职能的替换现象。职能转移主要有两种方式：相互交移式和连锁推移式。

◇ 本章小结

本章的知识结构如图 1-22 所示。

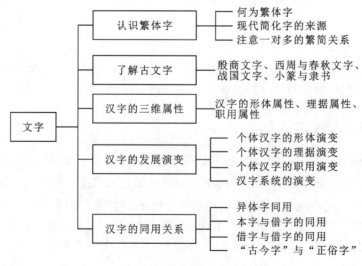

图 1-22　本章的知识结构

本章还选介了李学勤、裘锡圭、王宁、黄德宽、陈秉新、李运富等学者的文字学著作，提供了五篇文字学材料供鉴赏学习。此外，本章还提供了文化拓展内容，引领学生探索汉字的起源、发展、使用、传播，以期提升广大学子的人文素养和文字学审美意识。

◇ 思考与练习

一、请借助《说文解字》等工具书分析下列汉字及相应古文字形体的结构理据。
1. 贝 2. 齿 3. 亦 4. 箕 5. 解 6. 出 7. 令 8. 杜 9. 涉 10. 及 11. 行 12. 角 13. 鼎 14. 徘 15. 自 16. 毓 17. 收 18. 受 19. 戈 20. 乌（叒）

二、请阅读《甲骨文合集》6480（见图1-23，摹本为黄天树先生主编《甲骨文摹本大系》第13651号，北京大学出版社，2022年，2151页），完成下列两个练习。

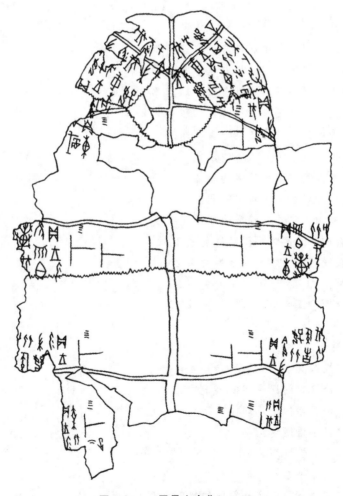

图1-23　《甲骨文合集》6480

(1) 摹写本版甲骨文字。

(2) 尝试分析本版"鼎（贞）、王、令、帚（婦）、好、比、伐、立（位）、自、東"等字的三维属性。

三、请查找有关资料，谈谈自己对"六书"的认识和评价。

四、在甲骨文之前有文字吗？找找有关资料，谈谈你的看法。

五、找出下列繁体字中使用不当的字，并说明理由。

怒發衝冠　　封建製度　　岩石青鬆　　佔卜算掛　　子曰詩雲
千裏姻緣　　玖球皇后　　麵麵相覷　　曆史局限　　香滿山穀

◇ 数字资源

相关课程视频

1. 李运富教授：汉字三维属性与汉字职用学 1
2. 李运富教授：汉字三维属性与汉字职用学 2
3. 李运富教授：汉字三维属性与汉字职用学 3
4. 李运富教授：汉字三维属性与汉字职用学 4
5. 李运富教授：汉字三维属性与汉字职用学 5
6. 李运富教授：汉字学·汉字的职能 1
7. 李运富教授：汉字学·汉字的职能 2
8. 李运富教授：汉字学·汉字的职能 3
9. 李运富教授：汉字学·汉字的职能 4
10. 李运富教授：汉字学·汉字的关系 1
11. 李运富教授：汉字学·汉字的关系 2
12. 李运富教授：汉字学·汉字的关系 3
13. 李运富教授：汉字学·汉字的关系 4

数字资源

拓展阅读资源

1. 李运富：《战国文字"地域特点"质疑》
2. 李运富：《论汉字的记录职能（上）》
3. 李运富：《论汉字的记录职能（下）》
4. 李运富：《汉字语用学论纲》
5. 李运富：《汉字性质综论》
6. 李运富：《论汉字结构的演变》
7. 李运富：《"六书"性质及价值的重新认识》
8. 李运富：《汉字"独体""合体"论》

9. 李运富：《"汉字学三平面理论"申论》
10. 李运富：《论汉字职用的考察与描写》
11. 李运富等：《简论跨文化汉字研究》
12. 李运富：《汉语字词关系研究之检讨》
13. 李运富：《古今用字变化的现象及原因》

第二章 词汇

学习目标	知识目标：掌握古汉语词义发展变化的两种类型；理解古汉语词义引申的基本方式；了解古汉语中复音词的基本来源；掌握古汉语中复音词与词组的区别；了解古汉语中的方言词与外源词；了解古汉语中同义词语的历时替换 能力目标：能够判断词语的本义与引申义；能够简单分析词义变化的来龙去脉；理解古汉语中方言词与外源词的存在价值；学会区分特定语境中的词与词组；正确看待不同时代同义词语的表意差异 情感目标：通过学习古汉语词汇，了解古今汉语的差异，体会社会的变迁与文明的进步
重点难点	重点：词义的引申、语法造词、方言词、外源词 难点：词义的同化、语音造词、跨层结构
推荐教学方式	知识讲授、集体讨论、实践练习
建议学习时长	20 学时
推荐学习方法	思考评价、分析归纳、构建知识图谱
必须掌握的理论知识	词义引申、词义同化、复合词、方言词、外源词

情境导入

《了凡四训》有云："有益于人，是善；有益于己，是恶。有益于人，则殴人、詈人皆善也；有益于己，则敬人、礼人皆恶也。"句中，为了突显"利人"与"利己"的分别，"有益"一词屡被提及，时下人们又常说"适度运动有益于身心健康"。于是，我们不禁发问，什么是"有益"？"益"表示什么？这些问题的解释均与"益"的词义及其意义的引申变化有关。益，甲骨文写作 ，上部是水向外漫出的样子，下部是器皿，上下结合，表示器皿之中水满外溢。"益"表示水满而漫出，所以在此基础上可以自然引申出"多""增多"等义；"多"便意味着"好"，意味着"富足"，而"富足"便能够给人们带来"好处、利益"，尤其是物质财富的增多更堪称是"多多益善"。于是，基于这种词义特点，加之汉民族特定的文化背景，"益"又引申出"有益的""富裕""利益"等义。

在中国，《西游记》中的"观音菩萨"和"如来佛祖"，可谓妇孺皆知，那么"观音菩萨""如来佛祖"表示什么？从何而来？这些问题的答案涉及"菩萨""如来""佛"等词的来源问题。东汉明帝年间，佛教传入中国。随着佛教文化融入本土文化，大批佛教词语也融入汉语之中，"菩萨""如来"便是其中的典型代表。"菩萨"本是梵语 bodhisattva 的音译简称，表示佛的弟子，将自己和一切众生从愚痴中解脱出来的人便称"菩萨"；"观音"本作"观世音"，是梵文 avalokitêsvara 的意译，因避唐太宗李世民的名讳，简称"观音"。"观世音菩萨"即是菩萨以圆通大智观照六道众生因痛苦而念诵其名号的声音，一旦听到便循声解救。"如来"是梵语 tathāgata 的意译，表示不断累积善因、使众生增长智慧、消除烦恼、获取利益，最后终于成佛。"佛"是梵语 buddha 的音译，是"佛陀"的简称，进入汉语时，又与词素"祖"结合，构成"佛祖"，民间常以"如来佛祖"指称佛教的创始者释迦牟尼。

基础知识

词汇是词的集合体，是一种语言中所有词和固定短语的总和。词汇是语言的核心和基础，也堪称语言的"建筑材料"，词语按照一定的语法规则组合起来便形成了句子，也就产生了所谓的"语言"。词汇体现了一定历史时期人类社会的发展进步，也反映着一个民族认知思维的日益深化。

第一节 古汉语单音词的词义变化

上古汉语时期，汉语的基本表达单位为单音词。大体说来，每个单音词又都包含了形、音、义三方面要素。其中，词义是词语的核心部分，它由语音负载，被字形记载，不过词义并非一成不变，而是处于不断的运动变化状态之中。从词义变化的动因上来看，单音词词义的变化分为词义的引申和词义的同化两种类型。

一 词义的引申

"引申"一词出自《易·系辞上》"引而伸之，触类而长之，天下之能事毕矣"，它原本表示规律的触类旁通，后来则被用为描述词义演变的语言学术语。陆宗达、王宁指出："引申是一种有规律的词义运动。词义从一点（本义）出发，沿着它的特点所决定的方向，按照各民族的习惯，不断产生新义或派生新词，从而构成有系统的义列，这就是词义引申的基本表现。"①简而言之,"引申"是词义运动的一种基本形式,是词语在本义的基础上按照一定规律不断发展出新义的过程。

其中,词的本义是指词语的初始意义,是词义引申变化的源头,我们可以借助字形分析词语的本义,同时又可以通过文献用例判断词的本义。举例如下。

天,甲骨文写作 ᚛,像正面站立的人形,并突出了人的头部,本义指"头顶"。《说文解字》:"天,颠也。至高无上,从一大。"

字,金文写作 ᚛,像孩子出生于屋内之状,本义是"生孩子"。《易·屯卦》:"女子贞不字,十年乃字。"

我国古代,学者们在阐释经籍、疏解词义的过程中便已意及词义的变化问题,并形成了理性的思考,提出了有关"引申"的正确见解。其中,南唐徐锴首次提出词义引申的问题,并从字形所提供的本义出发,研究词义引申的方向、层次和结果。清代中叶,段玉裁在《说文解字注》中将"引申"的概念推广开来,并大量运用这一概念,从词语的本义出发考察词义的发展变化。

"物无妄然,必由其理",词义的引申亦是如此。词义从本义出发不断发展变化,且这种变化绝非凭空而生,而是有迹可循的。综合古今学者的研究来看,词义的引申变化大致包括以下模式。

(一)由具体到抽象

当人类的认知能力还比较低下时,他们只能掌握具体事物的属性,而随着认知的由浅入深、由易到难,他们需要面对更多的抽象事物。这时,人类便逐渐学会利用已知事物的属性,如颜色、质地、情态、功用等,对未知的事物进行比较、联想和类推,于是已知事物和未知事物形成了某种联系,一些抽象事物便具有了某些具体事物的属性。表现在语言上,便是词语的意义发生了从具体到抽象的引申变化。举例如下。

道,金文写作 ᚛,从辵、从首,本义为"道路",《说文解字》:"道,所行道也。"后来用以表示"方法,途径",如《商君书·更法》:"治世不一道,便国不必法古。""道"进而又引申表示"规律,事理",甚至是"宇宙万物的本原",《道德经》中所言"道可道,非常道"以及"有物混成,先天地生……吾不知其名,字之曰'道'",便是"道"字意义引申变化的终极表现。

析,甲骨文写作 ᚛,像人挥动斧子砍伐树木之状,本义为"砍树",如《诗经·小雅·车辖》:"陟彼高冈,析其柞薪。"后来引申表示"分析,辨析",如《庄子·天下》:"判天地之美,析万物之理。"

(二)由个别到一般

在人类社会发展早期,人们尚未掌握某类事物的共同点时,词语所表示的往往只是个

---

① 陆宗达,王宁.训诂与训诂学[M].太原:山西教育出版社,1994:109.

别事物，而随着人类认知能力的提高，词语便扩大了表达范围，成为某一类别事物的通称。反映在语言上，便是词义由个别到一般的引申变化。举例如下。

江，本来专指"长江"，《说文解字》："江，水。出蜀湔氐徼外崏山，入海。"后来泛指"河流"，如柳宗元《登柳州城楼寄漳汀封连四州》："岭树重遮千里目，江流曲似九回肠。"

匠，本来专指"木匠"，《说文解字》："匠，木工也。"后来泛指"工匠"，如王充《论衡·量知》："能斫削柱梁，谓之木匠；能穿凿穴坎，谓之土匠。"

（三）动静转移

事物是普遍联系的，事物之间以及事物内部各要素之间相互制约、相互影响又相互作用。就人类的社会生活而言，人们的动作行为与其所涉对象、处所、工具等之间也必然存在相互依存、相辅相成的关系。这一规律体现在语言中，就是词义由动到静或由静到动的引申变化。举例如下。

居，金文写作 ![居], 像人腿脚弯曲蹲坐之状，本来表示"蹲踞，踞坐"，如《论语·阳货》："居！吾语女。"后来被引申表示"居住"，如《易·系辞上》："君子居其室，出其言善，则千里之外应之。"后又由"居住"引申为"居所"，如《尚书·商书·盘庚上》："各长于厥居，勉出乃力。"

履，甲骨文写作 ![履]，像人踏勘地界之状，本义表示"走过、踩踏"，如《易·坤卦》："履霜坚冰，阴始凝也。"后来转移表示脚上所穿之物——鞋子，如《庄子·山木》："庄子衣大布而补之，正縻系履而过魏王。"

（四）正反转移

"有无相生，难易相成，长短相形，高下相倾"，客观事物既矛盾对立又辩证统一，任意事物与他事物之间都存在着相互依存又相互矛盾的密切关系。这一规律体现在语言中，便是在主观对比联想的作用下，词义由一个基本含义逐渐引申发展出与之相对之义。举例如下。

乞，甲骨文写作 ![乞]，本为"气"字，后借用来表示"乞讨、索要"，且省去中间横笔以示区别，如《左传·僖公二十三年》："出于五鹿，乞食于野人，野人与之块。"在此基础上，乞的词义又引申为讨要、索取的对立面——给与，如《汉书·朱买臣传》："妻自经死，买臣乞其夫钱，令葬。"

受，甲骨文写作 ![受]，像双手授受器物之形，因而表示"接受、承受"，如《易·既济》："实受其福，吉大来也。"又表"授予、交付"，如《仪礼·乡饮酒礼》："若有诸公、大夫，则使人受俎，如宾礼。"而且，为了从字形上以示区别，"受"又分化出"授"字，专门表示"授予"义。

（五）因果转移

"一切诸果，皆从因起，一切诸报，皆从业起"，"因果报应"是中国古代一种传统的信仰文化，其真实地呈现了现实生活中人们对因果轮回的关注与理解。在语言中，人们时常将对"因"的认识转移到对"果"的体验中，或将对"果"的感知投射到对"因"的判断中，使词义发生由因至果或由果至因的引申变化。举例如下。

解，甲骨文写作 ，像两手剖割牛角之状，本义表示"分解牛"，如《庄子·养生主》："庖丁为文惠君解牛。"后引申表示剖解的结果——松散、涣散，如《汉书·张耳陈余传》："今独王陈，恐天下解也。"进而，这种涣散的状态的表意由物发展到人，又表示"松懈、懈怠"，如《诗经·鲁颂·閟宫》："春秋匪解，享祀不忒。"

损，本义表示"减少"，《说文解字》："损，减也。"进而引申为减少的结果——丧失，如《商君书·慎法》："以战必损其将，以守必卖其城。"又表示减少的另一结果——伤害，如《论语·季氏》："益者三友，损者三友。"还表示减少的另一结果——毁坏，如《淮南子·说山》："小人之誉人，反为损。"

"仰以观于天文，俯以察于地理"，"远取诸物，近取诸身"，汉族祖先遵循由己及物、由近及远的原则获得对事物的认知，他们凭借对简单的理解来探究复杂，以具体的认识来解读抽象，通过发掘新旧事物之间的相似点或相关点，从已知领域迈向未知领域。与此同时，客观事物的普遍联系也是导致词义发生引申变化的决定性因素。无论是事物之间外在的、表层的联系，还是其内在的、深层的联系，都直接影响和推动了单音词词义由本义不断发展出新义的运动变化。

二 词义的同化

词义在受客观事物、主观意识等外在因素的影响的同时，也受到语言内部因素的影响，从而产生某种特殊形式的演变，这即是词义的同化。具体而言，语言系统中的每一个词都不是孤立存在的，其必然会与其他词语发生各种各样的联系，于是它们的意义之间便会相互影响、相互作用。正如张博所说："在词义系统内部，一个词意义的运动变化，往往会牵连带动与之相关的另一个或几个词的意义也发生相应的运动变化。"从词义同化的成因上来看，词义的同化具体分为聚合同化和组合同化两种。其中，聚合同化源于词义的聚合关系，组合同化则源于词义的组合关系。

聚合关系和组合关系是语言系统中的两种根本关系。聚合存在于语言静态的贮存层面，它强调词义的同一性，例如见到"好"，我们便会联想到"善""良""美""贤"，同时也会联想到"坏""恶""劣""差"。简而言之，词义的聚合关系主要包括同义关系、反义关系、上下义关系三种。组合存在于语言动态的运用层面，它强调词义的衔接性，例如"水"与"田"组合为"水田"，而"水"与"地"则无法组合。而且，在组合的过程中，词语的顺序、位置不同，它们所表示的意义也不同，如"井水"指井里的水，而"水井"则指用于汲取地下水的建筑物。

（一）聚合同化

"聚合同化"，又称"相因生义""同步引申"或"相应引申"，它是指某个词语所增加的新义不是在本义的基础上引申而来的，而是受意义相同、相通或相反的另一词语同化影响而形成的。举例如下。

族/众，族，甲骨文写作🏳，本来表示"聚集"，因词义引申而有"众多"义，如《韩非子·喻老》："有形之类，大必起于小；行久之物，族必起于少。""众"甲骨文写作🧑，本指"许多人"，因词义引申亦有"众多"义，如《墨子·法仪》："天下之为学者众而仁者寡。"于是，在这一义位上，二者构成同义词；后来"众"引申表示"一般，普遍"，如《论语·学而》："弟子入则孝，出则弟，谨而信，泛爱众，而亲仁。"于是，受"众"的类推同化，"族"也产生了"一般，普遍"之义，如《庄子·养生主》："良庖岁更刀，割也；族庖月更刀，折也。"

熟/生，"熟"本即"孰"，金文写作🍲，本来表示"把食物煮熟"，如《左传·宣公二年》："宰夫胹熊蹯不熟，杀之。""生"甲骨文写作🌱，本来表示"生长"，词义引申后，则表示"未经烹煮的食物"，与"熟"相对，如《史记·项羽本纪》："项王曰：'赐之彘肩。'则与一生彘肩。"在这一义位上，二者构成反义词。之后，"熟"发展出"植物的果实成熟"和"熟练，娴熟"两种意义，如：《孟子·滕文公上》："后稷教民稼穑，树艺五谷，五谷熟而民人育。"《荀子·荣辱》："其流长矣，其温厚矣，其功盛姚远矣，非孰修为之君子，莫之能知也。"于是，受"熟"的影响，"生"也相应引申出"未成熟的"和"不熟练的"两种意义，如杨万里《同尤延之京仲远玉壶钱客》："金杯玉酒沈寒冰，青李来禽尚带生。"陆游《老学庵笔记》卷八："苏文熟，吃羊肉；苏文生，吃菜羹。"

（二）组合同化

所谓"组合同化"，又称"词义感染"，是指两个经常连接搭配的词语，由于线性序列中的前后位置关系，A词与B词往往相互影响、相互渗透，从而使词语产生新义。举例如下。

夏/屋，上古汉语中"夏"有"大"之义，如《尔雅》："夏，大也。"而且"夏"常与"屋"连用，"夏屋"即"大屋"，如《诗经·秦风·权舆》："于我乎！夏屋渠渠，今也每食无余。"后来，受"屋"的影响，"夏"也发展出"大屋"义，如《九章·哀郢》："曾不知夏之为丘兮，孰两东门之可芜？"而且，为了使其在字形上有所区别，"夏"又分化出"厦"，专门表示"大屋"义。

知/道，秦汉时期，"知"主要表示"晓得，明白"，并常与"道"组合构成"知道"，或表示"通晓规律"，如《管子·戒》："闻一言以贯万物，谓之知道。"或表示"认识道路"，如《搜神记》卷十五："今得遣归，既不知道，不能独行，为我得一伴否。"于是，受"知"的影响同化，"道"也产生"知"义，如李白《幽州胡马客歌》："虽居燕支山，不道朔雪寒。"

总而言之，词义同化是有别于词义引申的一种词语的意义演变方式，那些同义、近义或反义的词语以及在语言链条上经常共现的词语，常常会产生某种出乎意料的意义联系。这种现象的存在要求我们在研究单个词语意义引申序列的基础上，摆脱单一的、个别的词义观念的拘囿，从词汇、语义的系统性入手，着眼于词的聚合关系与组合关系，全面考察词义变化的动因和机制。

第二节　古汉语复音词的来源

先秦时期，汉语的词汇系统以单音词为主导，例如《论语·学而》："子曰：'学而时习之，不亦说乎？有朋自远方来，不亦乐乎？人不知而不愠，不亦君子乎？'"全章 32 个用字中，只有"远方""君子"两个为双音词，其他皆为单音词。据统计，《诗经》中单音词占总量的 90.8%，《左传》中单音词占总量的 89%。然而，随着历史文化的演进，汉语词汇必然会不断地发展，而单音词无限制地增多势必造成同音词和多义词的急剧增长。于是，单音词的改革迫在眉睫、双音词的产生势在必行。纵观古汉语复音词的发展脉络，其产生方式大致包含以下四种。

一　语音造词

语音造词，简而言之，即通过语音的形式变化来创造新词，它主要通过模拟声音或改变声音来创造新词。在单音词的基础上，汉族先民最早借以创造复音词的手段并非是意义，而是声音。正如周荐所言："在由单音词向复音词的过渡中，古人最先选择的不是一个词位由多个语素构成的合成形式，而是一个词位由一个多音节的语素构成的单纯形式。"语音造词主要包括叠音式、双声叠韵两种方式，并由此形成了所谓的叠音词和连绵词。

（一）叠音词

叠音词，即通过重复某一音节而构成的双音词。值得注意的是，音节重叠之后的情况具体又包括两种，一种是在原义的基础上有所补充、增强，这种情况往往存在于对事物所发声音的模拟，从而形成一部分象声词，如"关关""叮叮""啾啾""嘤嘤"；一种则是在原义的基础上有所变化、革新，这种情况往往存在于对事物状貌的描摹，从而构成特殊的形容词，如"区区""皎皎""灼灼""翼翼"①。

现有研究表明，现存文献中最早的叠音词是"晏晏"，见于周康王时期的《沈子它簋》，距今已约三千年。此外，西周铜器铭文中还有"穆穆""桓桓"等词。先秦时期，在我国第一部诗歌总集《诗经》中，叠音词的运用尤其广泛，并成为其言语表达的一大特色。作者或以之模拟声音，或以之描绘状貌，从而准确生动地表现人或其他事物的形态特征，使读者恍若身临其境，得闻其声，得见其形。而且，受当时汉语词汇发展面貌的影响，这些叠音词的意义往往比较宽泛、灵活，无论是拟音，还是摹状，词义一般都具有多重性。举例如下。

嚣嚣，或表示声音的嘈杂喧哗，如《诗经·小雅·车攻》："之子于苗，选徒嚣嚣。"或表示人的从容淡定，如《孟子·尽心上》："人知之，亦嚣嚣；人不知，亦嚣嚣。"或表

---

① 叠音词有别于重叠词，重叠词是由两个相同的词根重叠构成，如"妈妈、爸爸、仅仅"等，其特点是重叠之前 A 可以单独使用，且与重叠形式 AA 意义相关，如"妈妈"和"妈"都表同一个意思。

示人的傲慢专横，如董仲舒《春秋繁露·楚庄王》："而无惧惕之心，嚣嚣然轻诈妄讨，犯大礼而取同姓"。

悠悠，或表示事物的辽阔、遥远，如《诗经·王风·黍离》："悠悠苍天，此何人哉！"或表示情思的绵长不尽，如《诗经·邶风·终风》："莫往莫来，悠悠我思。"或表示数量众多，如《史记·孔子世家》："桀溺曰：'悠悠者天下皆是也。'"或表示飘动之貌，如《诗经·小雅·车攻》："萧萧马鸣，悠悠旆旌。"或表示闲散之态，如高适《涟上别王秀才》："行矣当自爱，壮年莫悠悠。"

此外，由于人们在利用语音进行造词时主要立足于声，加之声音在时空层面的流转变化，叠音词的读音和词形在文献典籍中往往会前后不一。例如，《诗经》中既言"坎坎鼓我""伐鼓渊渊""奏鼓简简"，又言"钟鼓喤喤""鼓钟将将""鼓钟喈喈"，但究其读音与意义，"坎坎、渊渊、简简、喤喤、将将、喈喈"同属对鼓声的模拟，乃同一词语的不同变体；又如《诗经》中既有"忧心忡忡""忧心惙惙""忧心茕茕""忧心京京""忧心悄悄"，又有"劳心忉忉""劳心怛怛""中心悁悁"，而事实上"忡忡、惙惙、茕茕、京京、悄悄、忉忉、怛怛、悁悁"等仍可视为一词，或者至少是具有亲属关系的同源词。

（二）连绵词

连绵词是由两个音节连缀成义的词，如"犹豫""徘徊""窈窕""伶俐""陆离"等。需要说明的是，中国古代有所谓"连绵字""连语""骈字""骈词"等说法，但这些概念往往比较含混，其中包含了很多同义并列复合词，所以它们并不等同于现代人所说的"连绵词"①②③。本书所讲的"连绵词"采用的是现代概念，其特征主要有二：其一，两个音节共同表示一个整体意义；其二，前后两个音节往往具有双声或叠韵的关系。

连绵词或与叠音词同时出现，或略晚于叠音词，二者在造词手法上大同小异：叠音词是借助某一音节的重叠来构造新词，即 A—AA 式；连绵词则是将某一音节略加变化再与固有音节重叠来构造的新词，即 A—AA′或 A—A′A 式。二者都是在单音词的基础上产生的，它们与单音词有着与生俱来的联系，但二者又都突破了单音词"1 字·1 音·1 义"的格局，成为"2 字·2 音·1 义"的新型结构。

其中，连绵词在由 A 变到 A′并进而过渡到 A′A 或 AA′的过程中，人们或变其声、或变其韵，于是便形成了双声连绵词、叠韵连绵词、双声叠韵连绵词以及少量非双声叠韵连绵词。《诗经》《楚辞》两部先秦文献，都大量应用连绵词，根据学界现有统计，《诗经》305 篇中便有连绵词 102 个，《楚辞》中则有连绵词 336 个④。这些词语声韵和谐、婉转悠扬，具有强烈的节奏感和音乐美，在呈现诗人幽怨哀伤、郁结愤懑的心理情感以及表达《诗》《骚》一唱三叹、韵味无穷的艺术效果方面发挥了重要作用。另外，由于连绵词旨在

---

① 李运富. 王念孙父子的"连语"观及其训诂实践（上）[J]. 古汉语研究，1990（4）：28-36.
② 李运富. 王念孙父子的"连语"观及其训诂实践（下）[J]. 古汉语研究，1991（2）：64-71.
③ 李运富. 是误解不是"挪用"——兼谈古今联绵字观念上的差异 [J]. 中国语文，1991（5）：383-387.
④ 贾媛媛.《诗经》《楚辞》连绵词考论 [J]. 青海师范大学学报，2011（3）：96.

以声示意，并多用以形容人或其他事物的状态，因此其意义同样具有复杂宽泛、灵活不定的特征。举例如下。

踌躇，或表示徘徊不进之状，如《楚辞·七谏》："骥踌躇于弊辇兮，遇孙阳而得代。"或表示犹豫不决之貌，如《楚辞·九辩》："事亹亹而觊进兮，蹇淹留而踌躇。"或表示从容自得之貌，如《庄子·养生主》："提刀而立，为之四顾，为之踌躇满志。"或表示忐忑不安、极度伤心之貌，如《水经注·温水》："家国荒殄，时人靡存，踌躇崩擗，愤绝复苏。"

逶迤，或表示绵延曲折之貌，如《淮南子·泰族训》："河以逶蛇故能远，山以陵迟故能高。"或表示舒展自如貌，如《楚辞·远游》："驾八龙之婉婉兮，载云旗之逶蛇。"或形容舞姿、体态优美，如《后汉书·文苑列传下·边让》："振华袂以逶迤，若游龙之登云。"或形容人生道路的曲折坎坷，如白居易《哭崔常侍晦叔》："逶迤二十年，与世同浮沈。"又或表示衰败之状，如韩愈《谢自然诗》："逶迤不复振，后世恣欺谩。"

而且，由于其"意寄于声"的属性，在具体使用中，连绵词的书写形式同样灵活不拘，并因而构成了大量的异形词。如："逶迤"又可写作"委蛇、倭迟、委移、逶蛇、威夷"等；"踌躇"又有"踯躅、踶蹋、跢跦、踟跦、踌躇、峙䠧、蹢躅、彳亍"等各种形式。

二 短语的词汇化

词汇化，就是词语"从句法层面的自由组合到固定的词汇单位的演变过程，主要指汉语词汇的双音化过程"[①]。在单音词的基础上，汉语中的很多复音词是通过单音词与单音词的组合，即短语的形式凝固而来的。在成词之前，两个单音词的结合比较松散，各自拥有独立的意义和功能，而成词之后，某个成分的意义可能发生脱落，其整体的句法功能也可能发生改变。举例如下。

孤独，"孤"指幼年丧父的人，"独"指老而无子的人，《孟子·梁惠王下》："老而无子曰独，幼而无父曰孤。"二者组合为并列式名词短语，表示两种特殊的人群，如《管子·四时》："论孤独，恤长老。"后来，"孤独"由短语凝合成词，表示"孤立无援、孤单无助的状态"，如《晏子春秋·谏篇》："妾闻之，勇士不以众强凌孤独，明惠之君不拂是，以行其所欲。"

后悔，"后"即"后来，尔后"，"悔"即"懊悔、悔恨"，二者组合为状中式动词短语，表示"事后懊悔"，如《离骚》："初既与余成言兮，后悔遁而有他。"后来，"后悔"由短语凝合成词，表示动词"悔恨"，如《晋书·孔愉传》："夫机事不先，鲜不后悔，自求多福，唯将军图之。"

责备，"责"即"要求、期望"，"备"即"完备"，二者组合为动宾式动词短语，表示"要求完备"，如《论衡》："人之才不能尽晓，天不以疑责备于人也。"后来，其由短语凝合成词，表示动词"批评、责怪"，如《喻世明言·陈御史巧勘金钗钿》："小姐立在帘内，只责备小人来迟误事，莫说婚姻，连金帛也不能相赠了。"

[①] 董秀芳.词汇化——汉语双音词的衍生和发展[M].北京：商务印书馆，2011：322.

事实上,很多学者都曾谈及汉语词法与句法的一致性或平行性,并因此而强调汉语句法结构与词语结构的内在渊源。早在1957年,王力就曾指出仂语的凝固化是汉语复音词产生的主要方式。后来,马真也强调先秦汉语词汇复音化的最主要途径是结构造词方式,而且其中包含两种情况,"一是由临时组合的词组逐渐凝固而成词,一是两个以上的词素拼合后立即成词"。因此,综合学界的现有研究来看,汉语的构词法与汉语双音结构的词汇化存在与生俱来的某种关联,当某种词汇化模式在历史上反复出现后,它就有可能变成某种固定的构词之法,而当构词法确立之后,就可以通过构词法直接创造复合词了。

三 语法造词

语法造词,即通过运用语法手段,并根据一定的构词规则来创造新词。从构词的角度而言,构成词的最小单位是词素,而在参与造词的过程中,有些词素可以单独成词,也可以彼此组合成词,成为承载词义的核心要素,即是词根;有些词素不能单独成词,只能黏附于其他词素参与构词,且不具有承载词义的功能,即是词缀。于是,根据词素两两结合的方式,构词之法又分为两种:一种是附加式,即词根与词缀的组合;一种是复合式,即词根与词根的组合。

(一)附加式

附加式又称"派生式",即由词根添加词缀成词。根据词缀所处的位置,又分为前加式与后加式。其中,前加式是指词根添加"有""言""阿""老"等名词词头、动词词头或形容词词头;后加式则是指词根添加"然""子""儿""头""来""自"等各种属性的词尾。举例如下。

有~:"我不可不监于有夏,亦不可不监于有殷。"(《尚书·召诰》)
言~:"言告师氏,言告言归。"(《诗经·周南·葛覃》)
阿~:"家居邺时,在富乐里宛西,妇艾氏女,字阿横,大儿字阿巍。"(《风俗通》)
老~:"敦闻怒曰:'我兄老婢耳!门户衰矣!'"(《晋书·王敦传》)
~然:"天油然作云,沛然下雨,则苗浡然兴之矣。"(《孟子·梁惠王上》)
~子:"陈乾昔寝疾,属其兄弟而命其子尊己曰:'如我死,则必大为我棺,使吾二婢子夹我。'"(《礼记·檀弓下》)
~头:"玄谟性严,未曾妄笑,时人言玄谟眉头未曾申。"(《南史·王玄谟传》)
~来:"红豆生南国,春来发几枝。"(《相思》)
~自:"帝亲自劳军,勒兵申教令,赐军吏卒。"(《史记·孝文本纪》)

附加式构词的兴起大大加快了汉语复音化的进程,现有研究结果表明,汉魏六朝时期,附加式合成词大量产生。而且,在参与创造新词的同时,这些特有的词头或词根也为词语本身增添了特定的感情色彩和语体色彩,丰富了词语的表意信息,加强了语言的表达

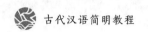

效果。如:前缀"阿"往往带有昵爱、亲密的感情色彩和口语色彩;前缀"老"在置于姓氏、名字或称谓前时,口语色彩浓重,且往往具有亲切随意或戏谑轻蔑的色彩;后缀"儿"在置于称谓、姓氏或事物名称之后则往往表示喜爱、亲切等感情色彩。

(二)复合式

复合式即由两个词根组合成词,根据其内部的结合情况,又进一步分为并列、偏正、动宾、动补、主谓等几种类型。

并列式,又称"联合式",两个构词语素的意义相近、相关或相反,如"仓廪、宾客、干戈、祭祀、责让、睡觉、国家"。

偏正式,即前一语素修饰、限制后一语素,后一语素是整个词语的中心,如"天子、百姓、黔首、布衣、瓜分、长铗"。

动宾式,又称"支配式",即前一语素表示动作行为,后一语素表示动作行为的对象,如"总角、将军、稽首、结发、执事、启明"。

动补式,又称"补充式",前一语素表示动作行为,后一语素对其作补充说明,如"拆穿、焚灭、击败、打倒、推翻、射伤"。

主谓式,又称"陈述式",即前一语素表示被陈述的事物,后一语素表示这一事物的性质、状态或动作,如"夏至、地震、霜降、鸡鸣、胆怯"。

四 其他结构的凝合

在汉语的历史演变中,由于言语使用者的主观能动作用,加之词语自身特有的一些属性,一些结构形式中本无直接关联的两个成分也会凝合成词,如"然而""于是""不必"等。这些词语由两个或多个成分组成,它们乍看非常接近于复合词,但仔细审视后,却又无法按照复合词的一般规则予以分析,这便是所谓的非理复合词。简而言之,"非理复合词是汉语词汇在历史发展中,一些来源于多个语素却又不能按一般语义结构规则分析的词。"① 根据词语具体成词的方式,主要包含两种类型。

(一)跨层结构

"跨层结构"的概念最早由吴竞存、梁伯枢在1992年提出,是指"不在同一层次上的两个成分在发展过程中跨越原有的组合层次,彼此靠拢,逐渐凝固,最后组合成一个新的结构体,这种新的结构体可称为'跨层结构'"。后来,学界又称之为"跨层非短语结构""非直接成分的词汇序列""非结构排列"或"非句法结构",这些概念的根本宗旨皆在于表明:两个本属不同层级的语言成分由于经常连用而逐渐凝合成词,其内部结构关系经历了由 [A]B+X 到 [AB] +X 的变化。举例如下:

---

① 俞理明.汉语词汇中的非理复合词——一种特殊的词汇结构类型:既非单纯词又非合成词[J]. 四川大学学报(哲学社会科学版),2003(4):86.

涟猗，《诗经·魏风·伐檀》："坎坎伐檀兮，寘之河之干兮。河水清且涟猗。""涟"本与"清"属于同一语法层次，在句中表示风吹水面形成轻微起伏的波纹，而"猗"则与"兮"相同，是一个句尾语助词。"涟""猗"二者在句法逻辑上本无关联，但在辗转传播中，"猗"从一个附于全句之后的语气词变成了"涟"的后附成分，"涟猗"凝固成词。而且为了达到字面形式的整齐之美，又写为"涟漪"，如刘禹锡在与白居易、王起共同创作的《喜晴联句》中："余清在林薄，新照入涟漪。"

曾经，元稹《离思（之四）》："曾经沧海难为水，除却巫山不是云。""经"为动词"经历，经受"，它本与后面的宾语"沧海"衔接，"曾经沧海"即从前经历过大海的风浪。然而，受语音节奏的影响，"经"逐渐向"曾"靠拢，并失去其固有的动词意义，形成时间副词"曾经"，如李白《单父东楼秋夜送族弟沈之秦（时凝弟在席）》："长安宫阙九天上，此地曾经为近臣。"

（二）缩略语

缩略语又称"简称"，是指为了语言表达的便利，将事物名称中的成分进行有规律的节缩或者省略。其中，被缩略的对象往往是表意固定并高频使用的词、短语或句子，而缩略的主要手段或是截取原有结构的部分语素重新加以合并，如"孔孟""老庄""屈宋"，或是用数字统括几个并列成分的数目，然后再与其中的共同语素合并，构成"数词+共同语素"格式①，如"两汉""三纲""五常"。其中，数字缩略方式是古代汉语中较为常见的成词方式，并由此形成一批应用广泛、传播久远的复音词。举例如下。

三秋，七月称孟秋、八月称仲秋、九月称季秋，合称"三秋"。如陶渊明《闲情赋》："愿在莞而为席，安弱体于三秋。"

四书，南宋朱熹选取《礼记》中的《大学》《中庸》两篇与《论语》《孟子》合并，并对其分别加以注释，著《四书集注》，于是便有"四书"一词。

五经，即《诗经》《尚书》《礼记》《周易》《春秋》，这五部书是我国保存至今的最古老的文献，也是我国古代儒家的主要经典。《白虎通·五经》曰："闵道德之不行，故周流应聘，冀行其圣德。自卫反鲁，自知不用，故追定五经以行其道。"

通过缩略，原来较为复杂的语言形式变得简短，而且缩略形式与原有形式的意义完全对等，因此缩略语的产生不仅符合语言的经济性原则，使言语表达快捷方便，同时也使言语表达的节奏更加匀称、整齐。另外，经过缩略，许多比词大的非词汇单位摇身变为词汇单位，从而促进了汉语词汇的发展演变，也推动了汉语复音化的进程。

总而言之，汉语复音词的来源复杂多样，它的产生与发展更是一个渐进的、漫长的过程。其中，语音造词是汉语复音化早期的阶段性、短暂性产物，它体现了声音在语言中的主导地位，但其造词能力有限；语法造词和词汇化则是汉语复音词的主要创造方式，是汉语复音化成熟时期的产物，体现了语义及语序在语言中的重要性。

---

① 殷志平. 数字式缩略语的特点[J]. 汉语学习，2002（2）：26-30.

第三节　古汉语词与词组的区分

词是语言中最小的能够独立运用的单位，词组是由词按照一定语法规则（词序和虚词）组合而成的单位。从概念上来看，词组显然是比词大一级的语言单位，然而受结构形式的影响，从具体事实上判定一个双音形式是词还是词组并非易事。20世纪50年代，王力便曾强调"词和仂语之间没有绝对的界限"。后来，黄月圆也形象地描述："词与短语之间有一个连续性，复合词处于此连续性之中，一头连着词，一头连着短语，所以既具有词性又具有句法性。"

经过一代又一代学者的探讨与验证，学界普遍认为汉语复音词与词组的区分标准主要在于意义和形式两个方面，此外又包括修辞手法与使用频率。

一　意义标准

意义标准，是指如果一个双音形式意义上紧密结合、凝为一体，共同表示一个概念，那么它就是词，如"天子""经济""足下"；反之，如果其意义上关系松散、能够拆分，各自表示两个独立的概念，那么它就是词组，如"踏破""举手""打水"。20世纪80年代，马真便曾强调："划分先秦的复音词，主要是从词汇意义的角度来考虑问题，即考察复音组合的结构程度是否紧密，它们是否已经成为具有完整意义的不可分割的整体。"借鉴这一标准，我们可以从四个方面辨别复合词与词组的区别。

（1）A与B义同，组合成词后，词义是A、B原有义的巩固与加强。

险阻，其中"险"与"阻"同表"陡峭、险峻"义，组合之后意义加强，仍表"险要、险峻"，如《左传·成公十三年》："文公躬擐甲胄，跋履山川，踰越险阻，征东之诸侯。"

道路，其中"道"与"路"同表"通道、路径"义，组合之后意义强化，仍表"通道、路径"，如《周礼·夏官·司险》："司险掌九州之图，以周知其山林川泽之阻，而达其道路。"

（2）A与B义异，组合成词后，词义是A、B原有义的综合与概括。

兄弟，其中"兄"表"哥哥"义，"弟"表"弟弟"义。作为词组，"兄弟"是一个并列结构，指"哥哥与弟弟"，如《孟子·告子下》："是君臣、父子、兄弟去利，怀仁义以相接也。"凝合为词后，"兄弟"则成为对姻亲之间同辈男子的称呼，如《礼记·檀弓上》："小功不税，则是远兄弟终无服也，而可乎？"进而又用以泛称意气相投或志同道合的人，如《水浒传》七十五回："招安须自有日，如何怪得众兄弟们发怒？"

士卒，其中"士"表"甲士"义，"卒"表"步卒"义。作为词组，"士卒"是一个并列结构，指"甲士和步卒"，如《管子·立政》："兼爱之说胜，则士卒不战。"作为词语，则泛称士兵，如《史记·高祖本纪》："汉王病创卧，张良强请汉王起行劳军，以安士卒。"

（3）A与B义异，组合成词后，词义是A、B原有义的转换与改变。

先生，其中"先"表"先前"义、"生"表"降生"义。作为词组，"先生"是一个状中结构，表示"先出生"，如《诗经·大雅·生民》："诞弥厥月，先生如达。"作为词语，"先生"是"先""生"意义的抽象概括，表示"年长的人"，进而又引申表示"父兄""有学问的人"或"老师"，如《论语·为政》："有事，弟子服其劳；有酒食，先生馔，曾是以为孝乎？"

执事，其中"执"表"从事、掌握"义、"事"表"事情"义。作为词组，"执事"是一个动宾结构，表示"从事工作、主管其事"，如《周礼·天官·大宰》："九曰闲民，无常职，转移执事。"二者凝合为词，则表示"守职之人、官员"，如《尚书·盘庚下》："呜呼！邦伯师长百执事之人，尚皆隐哉。"

（4）A与B义同、义通或义反，组合成词后，A或B的原有义消失，词义仅指其中一方。

消息，其中"消"表"消亡"义，"息"表"增长"义。作为词组，"消息"是一个并列结构，表示"消亡与增长"，如《易·彖传》："君子尚消息盈虚，天行也。"二者凝合为词，或表示"停止、平息"，如《后汉书·蔡邕传》："又尚方工技之作，鸿都篇赋之文，可且消息，以示惟忧。"或表示"休养、休息"，如《晋书·谢玄传》："诏遣高手医一人，令自消息，又使还京口疗疾。"此外，还引申为"音信、信息"，如蔡琰《悲愤诗》："迎问其消息，辄复非乡里。"

国家，其中"国"指古代诸侯的封地，"家"指大夫的封地。作为词组，"国家"是一个并列结构，表示"诸侯和卿大夫的封地"，如《孟子·离娄上》："人有恒言，皆曰天下国家，天下之本在国，国之本在家，家之本在身。"二者凝合为词，则泛指"邦国"，如《韩非子·安危》："治世使人乐生于为是，爱身于为非，小人少而君子多。故社稷长立，国家久安。"

二　形式标准

形式标准，亦即语法标准，是指如果一个双音形式结构上的组合固定，其间不容添加或插入其他成分，那么它就是一个词；反之，如果其结构上的组合灵活，可以分合，允许添加或插入其他成分，那么它就是一个词组。扩展法或插入法是检验汉语形式是词还是词组的常用手段，举例如下。

妻子，其中"妻"表"老婆"义，"子"表"子女"义。作为词组，"妻子"表示"老婆和孩子"，其间可以添加"与""及""和"等虚词成分，如《孟子·离娄下》："好货财，私妻子，不顾父母之养，三不孝也。"作为词语，"妻子"与"丈夫"相应，是对女方的称谓，如杜甫《新婚别》："结发为妻子，席不暖君床。"

聪明，其中"聪"表"听力好"义，"明"表"眼力好"义。作为词组，"聪明"表示"听觉和视觉灵敏"，如《墨子·节用中》："古者圣王，制为饮食之法，曰：'足以充虚继气，强股肱，耳目聪明，则止。'"作为词组，则表示"明察事理"或"资质过人"，如《荀子·王霸》："聪明君子者，善服人者也。"《后汉书·应奉传》："奉少聪明，自为儿童及长，凡所经履，莫不暗记。"

四海，其中"四"表数目、"海"即"大海"。作为词组，"四海"表示中国古代四境的东海、南海、西海和北海，其可以扩充为"四方之海"，如《淮南子·俶真训》："神经于骊山、太行而不能难，入于四海、九江而不能濡。"作为词语，则泛指"天下、各处"，如《史记·高祖本纪》："大王起微细，诛暴逆，平定四海，有功者辄裂地而封为王侯。"

三 修辞手法

修辞手法，是指一个双音形式作为词组时，其意义仅仅是各个单音形式字面义的简单相加，而在其组合成词后，词义则通过比喻、借代、拟人等修辞手法的加工创造，产生了新义。举例如下。

爪牙，其中"爪"表"指掌"义，"牙"表"牙齿"义。作为词组，"爪牙"表示人或动物的指掌与牙齿，如《荀子·劝学》："蚓无爪牙之利、筋骨之强，上食埃土，下饮黄泉，用心一也。"二者凝合为词，喻指"勇士、武士"，如《诗经·小雅·祈父》："祈父！予王之爪牙。"之后，"爪牙"的词义感情色彩由褒变贬，又喻指"党羽、帮凶"，如《史记·酷吏列传》："而刻深吏多为爪牙用者，依于文学之士。"

股肱，其中"股"表"大腿"义，"肱"表"胳膊"义。作为词组，"股肱"是一个并列结构，表示"大腿与胳膊"，如《尚书·说命下》："股肱惟人，良臣惟圣。"二者凝合为词，喻指"君王左右的辅佐大臣"，如《尚书·益稷谟》："乃赓载歌曰：'元首明哉，股肱良哉，庶事康哉！'"进而，又引申表示"辅佐、捍卫"，如《左传·僖公二十六年》："昔周公、大公股肱周室，夹辅成王。"

布衣，其中"布"表"麻布"义，"衣"表"衣服"义。作为词组，"布衣"是一个偏正式名词短语，表示"布制的衣服"，如《大戴礼记·曾子制言中》："布衣不完，疏食不饱，蓬户穴牖，日孜孜上仁。"二者凝合为词，则指代平民，如《荀子·大略》："古之贤人，贱为布衣，贫为匹夫。"

四 使用频率

所谓使用频率，是指一个双音形式作为词组使用时，往往只存在于特定的上下文语境中，因而其使用频率不会太高。反之，如果其经常性、高频率地出现在语言表达中，那么它可能就已凝合成词。举例如下。

父母，作为复合词，"父母"的意义就是"父"与"母"的叠加。检索先秦典籍可知，"父母"的应用非常普遍，在《礼记》《尚书》《左传》《墨子》《孟子》等各类先秦史籍中，它的出现次数高达 750 余次，因此我们应该将其看作一个词。

君臣，作为复合词，"君臣"的意义就是"君"与"臣"的组合。检索先秦古籍可知，"君臣"的使用同样非常普遍，在《周易》《尚书》《论语》《礼记》《周礼》《左传》等先秦史料中，它的出现次数高达 500 余次，因此我们也应将其看作一个词。

综上所述，词是语言中能够独立运用的最小单位，具有整体性、不可分离性，它的形式不可拆分，使用频率一般较高；词组是比词大一级的语言单位，具有拼合性、可分离性，它的形式可以拆分或扩展，使用频率一般不高。不过，即便如此，在对具体语言事实中的词或词组进行区分时，我们仍然会面临一些难以抉择的问题。对此，为了历时研究的方便，我们不妨采取适当从宽的标准。

第四节 古汉语的方言词与外源词

汉语词汇不是封闭、孤立的，在遵循其内在规律进行发展演变的同时，汉语又与其他语言不断交流、融合，在兼收并蓄的过程中变得更加充实、完备，从而形成了一个兼容并包的多元化有机体。因此，在通行的一般词汇之外，汉语中还有来自于不同区域的方言词和来自于异域他乡的外源词语。

一 方言词

方言的概念是"随伴着书面文学语言传统的建立和巩固而出现的"，"凡是不合于语言规范或标准的便是方言"[①]。我国的方言调查始于周秦时期，《荀子·正名》："散名之加于万物者，则从诸夏之成俗曲期。远方异俗之乡，则因之而为通。"这或许是我国古代最早的有关"方言"的记录。西汉时期，又产生了所谓"代语""异国殊语""殊语""殊言""异语""异俗之语"等之类的说法。

我国古代第一部调查和研究方言的著作是西汉扬雄的《方言》。扬雄"常把三寸弱翰、赍油素四尺，以问其异语"，历经30年调查、整理和编纂而成《方言》，这一著述被后世誉为"悬诸日月不刊之书"。在汉语方言研究史上，《方言》的价值和意义非同小可。一方面，"在共时语言学上，《方言》描写出各个词语的具体地理分布，读者可以凭借《方言》了解汉代方言的地理区划轮廓，探寻当时方言与通语的远近关系"；另一方面，"在历时语言学方面，《方言》为我们提供了历史比较研究的基础，通过比较汉以前文献中的语词与《方言》中的词语，以及《方言》中的词语与郭璞注中的词语，就能得到从周到汉、从汉到晋某些词语在意义、构词特点以及地域分布方面变化的大致线索"[②]。

（一）历代辞书中的方言词

扬雄《方言》的出现标志着汉语方言学的建立，《方言》为后人研究汉代的方言词乃至通语词提供了珍贵的材料。其后，在《说文解字》《字林》《玉篇》《广韵》《集韵》《中原音韵》等历代辞书中，大量的方言词被记载和保存下来。例如，根据马宗霍的统计，《说文解字》中引方言俗语174条，华学诚则在此基础上进一步加以分析，指出其中所含

[①] 袁家骅. 汉语方言概要（第2版）[M]. 北京：文字改革出版社，1983：1.
[②] 华学诚. 扬雄《方言》及其研究述评[J]. 苏州大学学报（哲学与社会科学版），2013（1）：150.

方言字头 167 个，实际所引述的方言词语 194 个，涉及 73 个方言地名；又如，根据田膂的统计，《玉篇》中标明地域名称的方言字头共 114 个，而其下实际引述的方言词共有 127 个。举例如下。

喑，表示"小儿哭泣不止"，如《方言》卷一："燕之外鄙，朝鲜洌水之间，少儿泣而不止曰喑……楚谓之噭咷，齐宋之间谓之喑，或谓之惄。"《说文解字》："喑，宋齐谓儿泣不止曰喑。"其词义引申后，又表示"哽咽""失音"或"沉默不语"，如《六书故》："失声不能言谓之喑。"《广韵·覃韵》："喑，啼泣无声。"

崽，即"小孩"，如《方言》卷十："崽者，子也。湘沅之会，凡言是子者谓之崽，若东齐言子矣。"《广韵·皆韵》："自高而侮人也。一曰呼彼之称。"《正字通》："囝、崽音义通，湘沅之间凡言子曰崽。"高士奇《天禄识余》记载："今北人骂顽童曰崽子。"章太炎《新方言·释亲属》记载："崽，成都、安庆骂人则冠以'崽'字。成都音为'哉'。"

（二）经籍文献中的方言词

从古至今，在各个时代的史传、诗词、小说等各类文献典籍中，方言词也有大量的使用。例如，《红楼梦》便运用了大量的南京方言和北京方言，刘心贞曾对其中的方言俚语专门进行了收录与解释，多达近 2500 条；《西游记》的方言色彩同样十分浓厚，其广泛运用了苏北方言、通渭方言甚至湘方言。举例如下。

刺挠，表示皮肤刺痒难受，或写作"刺闹"，如《醒世姻缘传》第四十九回："俺婆婆央他，教他续上我罢，他刺挠的不知怎么样！"《西游记》第五十二回："那怪睡不得，又翻过身来道：'刺闹杀我也！'"

挺尸，是睡觉的贬称，常用于骂人。如《红楼梦》第四十四回："下流东西，灌了黄汤，不说安分守己的挺尸去，倒打起老婆来了！"《红楼梦》第七十三回："什么蹄子们，一个个黑日白夜挺尸挺不够，偶然一次睡迟了些，就装出这腔调来了。"

总之，"时有古今，地有南北"，由于地域空间的不同，汉语中存在大量的方言词。这些方言词凸显了"实一物而语言不同"的语言现象，并丰富了汉语词汇的表达形式，它们与通行词语之间相互作用、相互融合、相互消解，从而构成了绚丽多彩的汉语发展史。

二 外源词

外源词，又称"外来词""外来语""借词"或"译词""译语"，即来源于其他民族语言的汉语词。外源词的产生源于文化的交流，它是不同文化相互接触的直接产物与表现形式。

从现有的史籍记载来看，汉语外源词的出现至少可追溯到汉代。汉武帝时期，为了对抗匈奴、团结西域各国，张骞奉命出使西域；之后随着陆上丝绸之路的兴起，中原与西域的商贸、文化往来日渐紧密，大量外源词进入汉语；东汉末年，印度佛教传入中国，汉语中又产生了大量的梵语借词。纵观汉语词汇的发展历程，外源词的涌现有三次高峰：一是汉唐时期，二为明末清初到五四前后，三为改革开放至今。而且，随着社会的发展、文化的交融，不少外来文化已被汉文化所吸收并同化，许多外源词的"外源"属性亦随之变得模糊不清。大体而言，从产生方式上来看，外源词主要包括以下几种。

（一）音译词

音译，即直接借用外源词语的语音，用发音相似的汉字将外源词翻译过来。汉语中的音译词便是指那些用汉字形式记录外源词语的声音而产生的词。两汉时期，来自西域的很多植物、动物、食品、乐器在进入汉语时采用了音译的方式，魏晋时期来自梵语的佛教名词、近现代来自日语和英语的词语也同样大量应用了音译的方式。举例如下。

葡萄，又作"蒲桃""蒲陶""蒲萄"，是古大宛语 badaga 的音译。如《史记·大宛列传》记载："宛左右以蒲陶为酒，富人藏酒至万余石，久者数十岁不败。俗嗜酒，马嗜苜蓿，汉使取其实来，于是天子始种苜蓿、蒲陶肥饶地。"李颀《古从军行》："年年战骨埋荒外，空见蒲桃入汉家。"

骆驼，亦作"骆駞"，是匈奴语 dada 的音译。先秦时便已借入汉语，当时写作"橐驼"，如《山海经·北山经》："其兽多橐驼，其鸟多寓。"汉代以后，改称"骆驼"，如陆贾《新语·道基》："夫驴、骡、骆驼、犀、象、瑇瑁、琥珀、珊瑚、翠羽、珠玉，山生水藏，择地而居。"

浮屠，亦作"浮图""佛图""佛陀""佛驮"，简称为"佛"，是梵语 buddha 的音译。如《后汉书·西域传·天竺》："其人弱于月氏，修浮图道，不杀伐，遂以成俗。"袁宏《后汉纪·明帝纪下》："浮屠者，佛也。西域天竺有佛道焉。佛者，汉言觉，将悟群生也。"

音译词以借音的方式将外源词引入汉语，汉字因只记录其声音而失去了原有的表意功能，由于汉语的同音字较多，其早期书写形式往往灵活多样。后来，随着音译词的不断传播应用，词语的多种书写形式经过竞争与淘汰，最终逐步定型，单纯表音的文字形式就此固定下来。例如，"葡萄"在西汉时期写作"蒲陶""蒲萄"或"蒲桃"，东汉以后便逐渐定型为"葡萄"。

（二）意译词

意译，即从意义的角度入手，用本民族的词语形式翻译外源词，汉语中的意译词便是指那些利用汉语的固有语素创造新词来表示外源词所对应的概念而产生的词。

方便，是梵语 upāya 的意译，指以灵活方式因人施教，使人领悟佛法真义。如《维摩经·法供养品》："若闻如是等经，信解受持读诵，以方便力，为诸众生分别解说，显示分明。"

因缘，是梵语 hetupratyaya 的意译，佛教以使事物生起、变化和幻灭的主要条件为因，辅助条件为缘。如《四十二章经》卷十三："沙门问佛，以何因缘，得知宿命，会其至道？"

烦恼，是梵语 klesa 的意译，是佛教中扰乱众生身心使其发生迷惑、苦恼等的精神作用的总称。《大智度论》卷七："能令人心烦、能作恼故，名为烦恼。"又引申表示"忧愁、苦闷"，如白居易《客路感秋，寄明准上人》："使我忘得心，不教烦恼生。"

同一个外源词可能既有音译形式，也有意译形式。二者在并存、竞争的过程中，有时音译形式取代了意译形式，如"salad"曾译为"生菜"，现译为"沙拉"，"sofa"曾译为"睡椅"，现译为"沙发"；有时则是意译形式取代了音译形式，如"penicillin"曾译为"盘尼西林"，现译为"青霉素"，"romantic"曾译为"罗曼蒂克"，现译为"浪漫"；有时则是二者并存，使用者根据个人的表达习惯而定，如"microphone"或音译为"麦克风"，或意译为"话筒"。

（三）音译兼表意

音译兼表意是指以音译方式借入外源词的同时，再加上一个汉语固有的词根。一般说来，这些词语所反映的事物都源于外族，在融入汉语的过程中，这些外源词受汉语造词规律的影响，被改造、同化，因而具有了汉语词汇的某种特征。

苹果，是梵语 bimba 的音译，最早借入汉语时有"频婆""平波""苹婆"等不同写法，后将其音定型为"苹"，并在其后加上汉语词根"果"。

尼姑，是梵文 bhikṣunī 的音译，音译又作"比丘尼"，指满二十岁受了具足戒的出家女子。"尼姑"是汉语中的俗称，以"尼"记录其音，后加表意语素"姑"。

忏悔，梵文为 kṣsama，音译为"忏摩"，省略为"忏"，进而又添加汉语的表意成分"悔"，于是形式上便与汉语的并列式复合词雷同。

（四）借形词

借形词，是指那些从日语里引入的某些汉字词，而且在借入时主要借用了这些汉字词的字形和词义，而没有借用其语音形式，其读音仍然依照汉语中的读法，例如"逻辑、经济、革命、文化、发展、文明、哲学、文学、美术、具体、抽象、博士、干部、服务、故障"等。这些词大多是从清末开始不断借入汉语的，因其是用汉字表记的，所以很难从字面上看出其外源属性。

科学，1881 年，日本井上哲次郎等人编纂的《哲学字汇》将 science 译为"理学"或"科学"，表示反映自然、社会、思维等的客观规律的分科知识体系；1896 年，康有为编《日本书目志》，从日语引入"科学"一词；后来，严复又将"科学"的内涵从自然科学扩大到社会科学；20 世纪初叶，随着日本科学书刊大量进入我国，国内一些宣传科学救国的团体纷纷标举"科学"，并撰文阐释"科学"。

漫画，日语将英语 caricature 翻译为"漫画"，"漫"表示随性的、异想天开的，"画"即图画。"漫画"从日语引入汉语约在 20 世纪初期，1909 年在陈师曾所作《箭墙》一画的题词中出现"漫画"一词，丰子恺亦称其为"中国漫画之始"；1925 年《文学周报》连载丰子恺的画，编者郑振铎注明为"漫画"，从此"漫画"一说渐被认同。

对于外源词的范围，学界仍有颇多争议，分歧的焦点主要在于意译词和日语借形词是否属于外源词。综合国内外学者关于"外源词"的界定，我们认为外源词的标准应适当放宽，"外源"区别于"本土"，凡是受到外来文化的影响、借自外来语言的词均属外源词。正如罗常培所言："所谓借字就是一国语言里所掺杂的外来语的成分。它可以表现两种文化接触后在语言上所发生的影响。"因而，无论是借音、借义，还是借形，均属外源词。

人类借助语言互通有无、交流情感，外源词既是不同文化相互接触的产物，也在一定程度上体现了文化的互补与认同。汉语外源词的来源丰富，而且在吸收过程中，汉语积极、灵活地采取了多样化的处理机制，使之更好地融入汉语，易于接受、便于理解。由古至今，外源词不断地丰富和充实了汉语的词汇系统，加强了汉语的表现力，也促进了汉语的发展。

第五节　汉语历时同义词的替换

汉语词汇是一个不断发展的动态系统，在不同的时代、不同的地域，同一个概念都有可能采用不同的词语来表达。在研究汉语基本词汇的演变时，汪维辉曾指出："同一个指称对象（或说义位）在不同时期用不同的词汇形式来表示，换言之，同一个所指，在不同的历史阶段能指不同，而这些能指之间存在着历时替换关系。"这些在不同时期表示同一意义的词便构成了所谓的"历时同义词"或"古今同义词"。

一　历时同义词的形成原因

秦汉时期，我国古代学者在疏解词义的过程中，已经广泛触及历时同义词的问题，不过他们当时并未从词汇或语义角度进行详细探讨，而只是重在从训释的角度说明词义。如《尔雅·释天》："载，岁也。夏曰岁，商曰祀，周曰年，唐虞曰载。"《孟子·滕文公上》："夏曰校，殷曰序，周曰庠。学则三代共之。"历时同义词的成因较为复杂，究其根本，大致包含以下四个方面。

（一）造词时意义的近似

随着人类对客观事物的认识不断深化，语言的表达也在不断细化。在不同时期，人们从不同角度创造出了一系列意义相近的词，这些词后来便累积成为历时同义词。举例如下。

视、看、睹、见——四者都是表示人的视觉活动的词，它们意义相近又略有差别。"视"仅仅表示"用眼睛看"的行为，不显示结果，如《墨子·辞过》："目不能遍视，手不能遍操。""看"本表"看望"义，后来引申为"用眼睛看"，如《东征赋》："望河洛之交流兮，看成皋之旋门。""睹"与"见"则都侧重表示看的结果，即看见，如《庄子·秋水》："今我睹子之难穷也，吾非至于子之门则殆矣。"《礼记·大学》："心不在焉，视而不见。"先秦两汉一般说"视"，汉魏以后逐渐用"看"，后来"看"逐渐取代"视"，成为"用眼睛看"的主要表达方式。

投、掷、抛——三者都表示"将东西扔出去"，但"投"的目标一般较为明确，动作的目的性较强，如《诗经·卫风·木瓜》："投我以木瓜，报之以琼琚。""抛"侧重于往远处扔,如《新唐书·东夷传·高丽》:"勣列抛车,飞大石过三百步,所当辄溃。""掷"则是一般的扔出,如杜甫《石笋行》:"安得壮士掷天外,使人不疑见本根。"

(二) 词义的发展变化

同义词产生的主要原因是语言自身的发展变化,其中最为直接、最为普遍的便是词义的发展变化。在漫长的历史演变过程中,有的词语原本同义,后来却意义各不相同,也有的词语意义本不相同,后来却变成了同义。举例如下。

肥、胖——二者意义本不相同,"胖"指祭祀用的"半体肉",《说文解字》:"胖,半体肉也。"古代祭祀时,把牛羊猪等祭祀牲畜从中间分开,这即是"半体肉"。由于祭祀选用的牲畜都是最肥的,于是宋元以后"胖"逐渐引申出"肥胖"义,如马致远《耍孩儿·借马》:"逐宵上草料数十番,喂饲得膘息胖肥。""肥"原本即表"肥胖"义,《说文解字》:"肥,多肉也。"而且,秦汉以至唐宋,"肥"不仅可以形容动物,也可形容人,如《论语·雍也》:"赤之适齐也,乘肥马,衣轻裘。"《礼记·礼运》:"四体既正,肤革充盈,人之肥也。"及至元明时期,"肥、胖"则均以表示"丰满,肥胖",且人多用"胖",动物多用"肥"。

卒、兵——二者词义原本不同,"卒"指"士卒","兵"指"兵器",如《左传·隐公元年》:"大叔完聚,缮甲兵,具卒乘,将袭郑。"句中,"甲兵"表示"盔甲和兵器",而"卒乘"表示"步兵和车马"。汉代以后,"兵"由"兵器"引申表示"持兵器的人",于是"兵"与"卒"变成同义。

(三) 新词与旧词的积累

随着社会历史的发展变迁,汉语词汇不断新陈代谢,"旧词的死亡和新词的产生,是汉语发展长河中最显而易见的现象"①。其中,表示某种事物、性状或行为的词可能发生某种变化,或被淘汰、或词义有所转变,被后起的新词所取代,于是新词与旧词之间也构成了一定的同义关系。举例如下。

几、案、桌——上古汉语中,"几"本指矮小的桌案,席地而坐时供人依凭,如《尚书·顾命》:"相被冕服,凭玉几。"后来,几的形制略有变化,亦可放置物品。"案"本指盛食物用的短脚托盘,属供食之器,如《史记·田叔列传》:"高祖往诛之,过赵,赵王张敖自持案进食,礼恭甚。"同时,"案"也可以表示"几案",《说文解字》:"案,几属。"后来,"案"又演变为写字办公的用具,如《三国志·周瑜传》:"权拔刀斫前奏案"。"桌"的产生较晚,直至唐宋方始现,如《广韵》:"桌,与卓同。"《正字通》:"桌,俗呼几案曰桌。""桌"是高腿的几案,这是古人由席地而坐改为坐椅凳后,调高了几案的形制,于是"桌"便替代"几""案",成为此类用具的通称。

畏、惧、怕——秦汉时期,古人在表"怕"的意思时多用"畏"或"惧",如《老子·七十四章》:"民不畏死,奈何以死惧之。"《诗经·小雅·谷风》:"将恐将惧,维予与

---

① 王力.古代汉语常识[M].北京:北京联合出版公司,2019:167.

女。""怕"本表"淡泊"义，为"泊"的古字，如司马相如《子虚赋》："怕乎无为，憺乎自持。"唐代以后，口语中渐渐不再用"畏""惧"表示"害怕"义，而改用"怕"，如韩愈《双鸟诗》："鬼神怕嘲咏，造化皆停留。"于是，在历时层面上，"怕"与"畏""惧"也构成了同义词。

（四）地域方言的差异

"地有东西有南北"，由于空间的差异，同一概念在不同的地域往往存在不同的表述方式，这些方言词逐渐融入通语后，方言词与通语词之间便构成了同义词。举例如下。

迎、逢、逆——秦汉时期，这三个词均表示两人相向而行，它们的同义关系是由方言的分歧而形成的。《方言》卷一："逢、逆，迎也。自关而西或曰迎，或曰逢，自关而东曰逆。""迎"表"迎接"者，如《庄子·山木》："其送往而迎来，来者勿禁，往者勿止。""逆"表"迎接"者，如《左传·庄公二十四年》："夏，公如齐逆女。""逢"表"迎"义约见于汉，如《相逢行》："相逢狭路间，道隘不容车。"后来，"逢"与"逆"的意义都发生了转变，只有"迎"保留了原义。

釜、锅——上古汉语中，表示烧火做饭的炊具既可用"釜"，也可用"锅"，而"釜"是一个广泛使用的通语词，如《史记·项羽本纪》："项羽乃悉引兵渡河，皆沉船，破釜甑，烧庐舍，持三日粮。""锅"是一个方言词，原本写作"䤶"，如《说文解字》："䤶，秦名土釜曰䤶。读若过。"后来，人们因为对古字不熟，并见有以铁制为䤶者，于是便不用古字，改写为"锅"。后来，"锅"融入了通语，并取代了"釜"的地位。

二 同义词历时替换例析①

汉语的发展历经数千年，词语演变过程中词义的分化或嬗变、词语分布中通语与方言的融合，都会使词与词之间形成或长久或短暂的同义关系。不过，受历史文化的影响，以及语言经济性原则的制约，这些不同属性、不同来源的同义词语又存在一定程度的替换。其中，动词的历时替换颇为显著，名词与形容词次之，此外，介词、副词、量词、代词等也有一定程度的历时替换。

（一）动词的历时替换

作为汉语词汇中的一个大类，动词的意义和用法灵活而复杂，因此"动词的新旧的更替往往是某一个或几个义位的替换，属于完全性替换的比较少见"。在汉语发展的历史上，

---

① 本小节例证主要参考：王力《汉语史稿》，中华书局，1980年；蒋绍愚《关于汉语词汇系统及其发展变化的几点想法》，《中国语文》，1989年第1期；潘允中《汉语词汇史概要》，上海古籍出版社，1989年；李宗江《汉语常用词演变研究》，汉语大词典出版社，1999年；王云路《中古汉语词汇史》，商务印书馆，2010年；徐时仪《近代汉语词汇学》，暨南大学出版社，2013年；汪维辉《东汉——隋汉语常用词演变研究》，商务印书馆，2017年。

同义动词的历时替换数量最多,而且也最为充分地体现了汉语词汇演变中一些微妙的现象和规律,在汉语词汇史研究中具有重要价值。

言、语——说:三者都是表示"说话"义的动词。先秦至两汉时期,"言"与"语"颇为习见,但"言"一般侧重于自我陈述,"语"则侧重于与别人谈论,如《论语·乡党》:"食不语,寝不言。"《礼记·杂记下》:"三年之丧,言而不语,对而不问。""说"在先秦亦较常见,但在当时主要表示"叙说、谈论",如《论语·八佾》:"成事不说,遂事不谏,既往不咎。"东汉以至魏晋,"说"越来越多地表示"讲说""告知""谈论"等义,并逐渐取代"言""语",如陶渊明《桃花源记》:"及郡下,诣太守,说如此。"

拭、揩——抹、擦:四者都是表示"擦拭"义的动词。"拭"在先秦时期已经习见,如《仪礼·聘礼》:"贾人北面坐,拭圭,遂执展之。""揩"约见于东汉,如张衡《西京赋》:"揩枳落,突棘藩,梗林为之靡拉,朴丛为之摧残。""抹"约见于宋元之际,如李文蔚《燕青博鱼》第二折:"快与我抹下浅盆,磨下刀刃。""擦"出现较晚,直至清代方始产生,如《红楼梦》第四十回:"李纨侵晨先起,看着老婆子丫头们扫那些落叶,并擦抹桌椅,预备茶酒器皿。"大约在清末时期,"擦"逐渐取代其他三词,成为"擦拭"的核心词;"抹"虽然也有使用,但其使用范围和使用频率远不及"擦";"揩"则仅存于个别方言中;"拭"也仅仅保留在书面语中。

击——打:二者都是表示"敲打"义的动词。"击"先秦时期便较常见,如《诗经·邶风·击鼓》:"击鼓其镗,踊跃用兵。""打"出现于东汉中后期,如王延寿《梦赋》:"捎魍魉,拂诸渠,撞纵目,打三颅。"魏晋时期,"打"主要用于口语性较强的佛经翻译中,及至南北朝时期,它的使用已十分普遍,而且用法灵活,在口语中逐渐取代了"击",如《世说新语·方正》:"伊便能捉杖打人,不易。"此外,唐宋时期,"打"的意义又得到空前发展,引申出"捕捉""制造""汲取"等各种动词意义。欧阳修《归田录》卷二云:"'打'字义本谓'考击',故人相殴、以物相击皆谓之'打',而工造金银器亦谓之'打',可矣,盖有锤击之义也。至于造舟车者曰'打船','打车',网鱼曰'打鱼',汲水曰'打水',役夫饷饭曰'打饭',兵士给衣粮曰'打衣粮',从者执伞曰'打伞',以糊黏纸曰'打黏',以丈尺量地曰'打量',举手试眼之昏明曰'打试',至于名儒硕学语皆如此。触事皆谓之'打'。"

(二)名词的历时替换

简单说来,名词的历时替换,就是指同一事物在不同的历史时期用不同的词来加以指称。因而,"名词的历时替换大多属于完全性替换,即新词和旧词的词汇意义(指称对象)基本一致,只不过是换了一个说法,新旧词之间的意义关系一般来说比较单纯……也有少数名词的新旧更替情况比较复杂,在某一历时时期指称对象并不完全一致"[①]。举例如下。

目——眼:二者均指人和动物的视觉器官。《说文解字》:"目,人眼。象形,重童子也。""眼,目也。"然而,西汉之前多用"目",如《尚书·舜典》:"舜格于文祖,询于四岳,辟四门,明四目,达四聪。""眼"则侧重表示眼球,如《易·说卦传》:"其于人也,为寡发,为广颡,为多白眼,为近利市三倍,其究为躁卦。"东汉以后,二者的区别不复

---

① 汪维辉. 东汉——隋汉语常用词演变研究 [M]. 北京:商务印书馆,2017:23.

存在,"眼"在口语中逐渐替代"目",至六朝后期,"眼"在文学作品中也几乎完全取代了"目",如陶渊明《拟挽歌辞三首》之二:"欲语口无音,欲视眼无光。"

足——脚:"足"本指人脚,如屈原《楚辞·渔父》:"沧浪之水浊兮,可以濯吾足。""脚"本指小腿,《说文解字》:"脚,胫也。"同时也可以统指人或动物的下肢,如《释名·释衣服》:"裈,贯也,贯两脚上系要中也。"大约在魏晋时期,"脚"引申出"足"义,如《书法要录·右军书记》:"羲之脚不践地,十五年无由奉展。"唐代以后,"脚"在语言应用中逐渐代替了"足"。

(三)形容词的历时替换

疾、迅、速——快:四者都是表"迅速"义的形容词。"疾、迅、速"在上古汉语中比较常见,但"迅"侧重于修饰名词,如《后汉书·刘恺传》:"遭烈风不迷,遇迅雨不惑。""速"侧重于修饰动词,如《礼记·檀弓上》:"若是其靡也,死不如速朽之愈也。""疾"的适用范围则相对较广,既可修饰动词,也可修饰名词,如《易·说卦》:"动万物者,莫疾乎雷;桡万物者,莫疾乎风"。汉魏六朝时期,"疾、迅、速"三词仍有较多使用,却主要见于书面语。"快"本表"喜悦",如《孟子·梁惠王上》:"抑王兴甲兵,危士臣,构怨于诸侯,然后快于心与?"约在东汉时期,因与"駃"字音同通用,"快"在口语中也用来表示"急速"义,如《大安般守意经》卷上:"即自知喘息快,即自知喘息不快。"魏晋以后,"快"的用例越来越多,并逐渐超越"疾""迅""速",占据了主导地位,如《晋书·王湛传》:"此马虽快,然力薄,不堪苦行。"

短、矬——矮:三者都是表"身材不高"义的形容词。"短"本与"长"相对,表示"两端之间距离小",引申表示"身材不高",如《国语·鲁语下》:"僬侥氏长三尺,短之至也。"秦汉以至隋唐,"短"的使用一直比较普遍。"矬"出现于魏晋,属于一个北部方言词,如葛洪《抱朴子·外篇》:"士有貌望朴悴,容观矬陋,声气雌弱,进止质涩。"不过,"矬"的用法比较单一,其使用范围一直不大。"矮"出现于唐代,如白居易《道州民》:"道州民多侏儒,长者不过三尺余。市作矮奴,年进奉,号为道州任土贡。""矮"的口语色彩十分浓厚,于是迅速发展起来,两宋时期,它逐渐取代"短""矬"并在书面和口语中占据主导地位。而且,"矮"的意义也得到拓展,举凡动物、树木、墙垣、屋宇、床榻、几案、纸笺等各种事物的"短小,不高"均可用"矮"表示,如梅尧臣《矮石榴树子赋》:"有矮石榴高倍尺,中讼庭,丽戒石。"

(四)其他词类的历时替换

甚——很:二者均是表示"非常、极其"的程度副词。"甚"在先秦就已常见,且使用频繁、用法灵活,可修饰动词、形容词,也可单独充当谓语,如《墨子·尚同》:"故古者圣王之为刑政赏誉也,甚明察以审信。"《庄子·在宥》:"意,甚矣哉!其无愧而不知耻也甚矣!""很"在先秦用为动词,表示"违逆、不从",如《国语·吴语》:"天夺吾食,都鄙荐饥。今王将很天而伐齐。"大约在元代,"很"产生了程度副词的用法,如武汉臣《老生儿》:"有那等守护贤良老秀才,他说的来、狠利害……他待将这老头儿监押去游街。"后来，经过明代的发展传播，及至清代，副词"很"的使用便越来越多，并取代了"甚"的部分功能。

  吾——我：上古汉语中，二者均属第一人称代词的常用表达，既可表单数又可表复数，既可作主语、定语，也可作宾语。如《孟子·尽心上》："万物皆备于我矣。反身而诚，乐莫大焉。"《吕氏春秋·慎大》："若受吾币而不吾假道，将奈何？"但在后来的发展中，"吾"常用于自述并侧重指代单数，"我"则用于自别于他人且用法灵活。于是随着时间的推移，"吾"的使用逐渐减少，并最终从口语中彻底消失，"我"则在口语以及书面语中普及开来。

  综上所言，由于时代的发展变迁，加之词语自身形、音、义等多方面因素的影响，汉语词汇系统中存在大量的历时同义词。这些不同范畴的历时同义词往往与人们的日常生活密切相关，是不同时代的汉语词汇常用词。因此，梳理历时同义词的替换过程，并探讨其前后替换的内在动因，不仅在汉语词汇史的研究方面具有重要价值，同时也为我们从词汇学角度理解历史的变迁、社会的发展以及汉民族的文化进程提供了重要线索。

一 王力《汉语词汇史》

  《汉语词汇史》在王力《汉语史稿》下册的基础上修订改写而成，于1993年由商务印书馆首次出版，全书共计十二章，首章分别从原始社会、渔猎时代、农牧时代、奴隶社会、封建社会等各个历史时期入手，介绍社会发展与词汇发展之间的关系，第二章至第十二章则分别从同源字、滋生词、古今词义的异同、词义、概念名称的演变发展、成语和典故、汉语的借词和译词，以及汉语对日语、朝鲜语、越南语的影响等各个方面，详细介绍了汉语词汇的演变历史。书中运用科学的理论、独到的方法和丰富的材料，深入探讨了汉语词汇发展的重要问题，搭建了汉语词汇史的基本框架，把汉语研究推进到了一个前所未有的新阶段，被学界誉为"开辟了汉语词汇研究的新天地"，"向读者提供了一幅汉语词汇发展的历史蓝图"。

二 蒋绍愚《古汉语词汇纲要》

  《古汉语词汇纲要》于1989年由北京大学出版社首次出版，全书共计十章，作者首先讨论了传统训诂学的成就与不足、现代语义学对古汉语词汇研究的启发，以及汉语历史词汇学的建立等相关问题。在此基础上，又集中探讨了词和词义、词义的发展和变化、同义词和反义词等具体问题。进而，作者又讨论了词汇与语音、文字、语法的关系。最后，则专门论述了近代汉语词汇研究的概况与方法，总结了汉语的词汇系统及其发展规律。总体而言，该书将传统训诂学成果和现代语义学理论进行有机的结合，被学界誉为"既从现代语义学的新高度,具体而深入地总结和继承了传统训诂学的成果,又从汉语历史词汇自身的特点出发,创造性地引进和运用现代语义学的理论、方法,并在上述两方面的有机结合中,揭示汉语词汇历史发展的若干规律,拓展历史词汇研究的门径,开创了汉语历史词汇研究的新境界"。

三 赵克勤《古代汉语词汇学》

《古代汉语词汇学》于 1994 年由商务印书馆首次出版,全书共十四章,内容涉及单音词、复音词、词义、词义的演变、同义词、反义词、同音词、同形词和多音词、因声求义、通假字、同源字、古今字、古书材料及训诂学研究成果的运用,以及古汉语词汇研究与字词典的编纂等多个方面。在这本书中,作者明确提出建立古代汉语词汇学的必要性,并点明古汉语词汇学的研究对象、研究任务和研究方法,进而指出古代汉语词汇学应以古汉语词汇的相关问题为研究对象,广泛吸收并借鉴训诂学、汉语历史词汇学及现代词汇学的成果与方法。书中全面吸收了古今学者的研究成果,深入探讨了一些重要的学术问题,为古汉语词汇学体系的建设打下了坚实基础。

四 葛本仪《汉语词汇学》

《汉语词汇学》于 2003 年由山东大学出版社首次出版,全书共分六编,分别为:汉语的词和词汇探析,汉语的字、词、词素探析,汉语的词义探析,汉语词汇的语用探析,汉语词汇的动态发展变化探析,汉语词汇和古书句读标点关系探析。其中,各编之下又细分数章,主要涉及字、词、词素、词汇、句读等。全书重在贯穿古今,将词汇学与传统训诂学加以融通,结合各个历史时期独特的文化背景,对汉语词汇进行细致的分析与解释;同时又在现代语言理论和词汇理论的指导下,以发展的眼光看待汉语词汇的动态演变。全书内容丰富、通俗易懂,从宏观与微观、历时与共时、静态与动态、理论与实际等多角度和多层次对汉语词汇进行观察与分析,并总结其中规律,建立了较为完整的汉语词汇理论体系。

五 张永言《词汇学简论》

《词汇学简论》于 1982 年由华中工学院出版社首次出版,全书共计六章,前四章从宏观角度对词的性质、词的意义、词语分类等进行了论述,后两章则从微观角度具体分析了同义词、反义词、同音词以及熟语。作者博采古今、广罗中外,并在参照众说的基础上开拓创新,把选择性吸收和批判性继承结合起来,在以新的方法继承发扬我国训诂学的丰富遗产方面做出了可贵探索。学界给予了高度评价,认为该书"对词汇学各关键问题都有所论列,取材广泛,叙述精要,观点新颖,适合作为普通词汇学的入门向导,对汉语词汇的研究也富有指导意义","论述精要、引证丰实、见解新颖",是"一部有中国气派的词汇学专著"。

阅读应用

一 《詩經·衛風·氓》①

氓②之蚩蚩，抱布貿③絲。匪④來貿絲，來即⑤我謀⑥。送子涉淇⑦，至于頓丘⑧。匪我愆⑨期，子無良媒。將⑩子無⑪怒，秋以爲期。

乘⑫彼垝垣⑬，以望復關⑭。不見復關，泣涕⑮漣漣⑯。既見復關，載⑰笑載言。爾卜爾筮⑱，體⑲無咎言⑳。以爾車來，以我賄㉑遷。

桑之未落，其葉沃若㉒。于嗟㉓鳩兮，無食桑葚！于嗟女兮，無與士耽㉔！士之耽兮，猶可說㉕也。女之耽兮，不可說也。

桑之落矣，其黃而隕㉖。自我徂爾㉗，三歲食貧㉘。淇水湯湯㉙，漸㉚車帷裳㉛。女也不爽㉜，士貳㉝其行。士也罔㉞極㉟，二三其德㊱。

三歲爲婦，靡室勞矣㊲。夙㊳興㊴夜寐，靡有朝矣。言既遂矣㊵，至于暴矣。兄弟不知，咥㊶其笑矣。静言思之㊷，躬自悼矣㊸。

及爾偕老，老使我怨。淇則有岸，隰㊹則有泮㊺。總角㊻之宴㊼，言笑晏晏㊽。信誓旦旦，不思其反㊾。反是不思，亦已焉哉㊿！

【注釋】

① 選自〔西漢〕毛亨傳，〔東漢〕鄭玄箋，〔唐〕陸德明音義，孔祥軍點校《毛詩傳箋》，中華書局，2018年。

② 氓：《說文》："氓，民也。"本義爲外來的百姓，這裏指自彼來此之民，男子之代稱。蚩蚩：通"嗤嗤"，笑嘻嘻的樣子。一說憨厚、老實的樣子。

③ 貿：交易。

④ 匪："非"的假借字，不是。

⑤ 即：走近，靠近。

⑥ 謀：商量。

⑦ 淇：淇水，衛國河名。

⑧ 頓丘：衛國地名。今河南清豐。

⑨ 愆：過失，過錯，這裏指延誤。

⑩ 將：願，請。

⑪ 無：通"毋"，不要。

⑫ 乘：登上。

⑬ 垝垣：倒塌的牆壁。垝，倒塌。垣，牆壁。

⑭ 復關：從關口返回，一說爲返回的車，一說爲男子所居之地。

⑮ 涕：眼淚。

⑯ 漣漣：涕淚下流貌。

⑰ 載：助詞，用在句首或句中，起加強語氣的作用。
⑱ 爾卜爾筮：燒灼龜甲的裂紋以判吉凶，叫作"卜"。用蓍（shī）草占卦叫作"筮"。
⑲ 體：指龜兆和卦兆，即卜筮的結果。
⑳ 無咎言：就是無凶卦。咎，指不吉利，災禍。
㉑ 賄：財物，此指嫁妝。
㉒ 沃若：潤澤貌。
㉓ 于嗟：歎詞。
㉔ 耽：迷戀，沉溺。
㉕ 說：通"脫"，解脫。
㉖ 其黃而隕：這裏用黃葉落下比喻女子年老色衰。
㉗ 徂爾：嫁到你家。徂，指往。
㉘ 食貧：過貧窮的生活。
㉙ 湯湯：水勢浩大的樣子。
㉚ 漸：淹沒，浸濕。
㉛ 帷裳：車旁的布幔。
㉜ 爽：差錯，失誤。
㉝ 貳：不專一、有二心，跟"壹"相對。以上兩句是說女方沒有過失而男方行為不對。
㉞ 罔：無，沒有。
㉟ 極：最高的準則、標準。
㊱ 二三：謂不專一，反復無定。
㊲ 靡室勞矣：家中的勞務僅皆操持。靡，指無。室，指家中。勞，指操勞。
㊳ 夙：早。
㊴ 興：起來。
㊵ 言既遂矣："言"字為語助詞，無義。既遂，就是《穀風》篇"既生既育"的意思，言願望既然已經實現。
㊶ 咥：笑，譏笑。
㊷ 靜言思之：靜下心來好好地想一想，言，是音節助詞，無實義。
㊸ 躬自悼矣：自身獨自傷心。躬，自身；悼，傷心。
㊹ 隰：低濕的地方；當作"濕"，水名，就是漯河，黃河的支流，流經衛國境內。
㊺ 泮：通"畔"，水邊，邊岸。
㊻ 總角：古代男女未成年時把頭髮紮成丫髻，稱總角。這裏指代少年時代。
㊼ 宴：快樂。
㊽ 晏晏：和悅的樣子。
㊾ 不思其反：不曾想過會違背誓言。反，指背叛，違背。
㊿ 焉哉：歎詞，語氣詞連用以加重語氣。

二　《戰國策·范雎至秦》①

范雎至秦，王庭迎，謂范雎曰："寡人宜以身受令②久矣。今者義渠之事③急，寡人日自請太后④。今義渠之事已，寡人乃得以身受命。躬竊⑤閔然不敏⑥，敬執賓主之禮。"范雎辭讓。

是日見范雎，見者無不變色易容者。秦王屏⑦左右，宮中虛無人，秦王跪⑧而請曰："先生何以幸⑨教寡人？"范雎曰："唯唯。"有間⑩，秦王復請，范雎曰："唯唯⑪。"若是者三。秦王跽⑫曰："先生不幸教寡人乎？"

范雎謝曰："非敢然也。臣聞始時呂尚⑬之遇文王⑭也，身爲漁父而釣于渭陽⑮之濱耳。若是者，交疏也。已一説而立爲太師⑯，載與俱歸者，其言深也。故文王果收功於呂尚，卒擅天下⑰，而身立爲帝王。即使文王疏呂望而弗與深言，是周無天子之德，而文、武無與成其王也。今臣，羈旅⑱之臣也，交疏於王，而所願陳者，皆匡君⑲臣之事，處人骨肉⑳之間。願以陳臣之陋忠，而未知王心也，所以王三問而不對者是也。臣非有所畏而不敢言也，知今日言之於前，而明日伏誅於後，然臣弗敢畏也。大王信行臣之言，死不足以爲臣患，亡不足以爲臣憂，漆身而爲厲㉑，被髮而爲狂，不足以爲臣恥。五帝㉒之聖而死，三王㉓之仁而死，五伯㉔之賢而死，烏獲㉕之力而死，奔、育㉖之勇焉而死。死者，人之所必不免也。處必然之勢，可以少有補於秦，此臣之所大願也，臣何患乎？伍子胥㉗橐㉘載而出昭關㉙，夜行而晝伏，至於菱水㉚，無以餌其口，坐行蒲伏㉛，乞食於吴市㉜，卒興吴國，闔廬㉝爲霸。使臣得進謀如伍子胥，加之以幽囚，終身不復見，是臣説之行也，臣何憂乎？箕子㉞、接輿㉟，漆身而爲厲，被髮而爲狂，無益於殷、楚。使臣得同行於箕子、接輿，漆身可以補所賢之主，是臣之大榮也，臣又何恥乎？臣之所恐者，獨恐臣死之後，天下見臣盡忠而身蹶㊱也，是以杜口裹足，莫肯即㊲秦耳。足下上畏太后之嚴，下惑奸臣之態，居深宮之中，不離保傅㊳之手，終身闇惑㊴，無與照奸㊵，大者宗廟㊶滅覆，小者身以孤危。此臣之所恐耳！若夫窮辱之事，死亡之患，臣弗敢畏也。臣死而秦治，賢於生也。"秦王跽曰："先生是何言也！夫秦國僻遠，寡人愚不肖，先生乃幸至此，此天以寡人慁㊷。先生而存先王之廟也。寡人得受命於先生，此天所以幸先王而不棄其孤也。先生奈何而言若此！事無大小，上及太后，下至大臣，願先生悉以教寡人，無疑寡人也。"范雎再拜，秦王亦再拜。

【注釋】

① 選自〔西漢〕劉向輯録《戰國策》，上海古籍出版社，2015 年版。

② 寡人：古代諸侯向下的自稱。即所謂諸侯自謙是"寡德之人"。宜，應該。令，教導。

③ 義渠：羌族所建立的小國。義渠之事，義渠國在秦國西北。秦昭襄王時，其母宣太后專政四十餘年。宣太后與義渠王亂，生有二子。其後，宣太后計殺義渠王於甘泉，秦

滅義渠國，解決了西部的後顧之憂。

④ 太后：指秦昭王之母宣太后，姓芈。秦武王舉鼎膝部骨折而死，弟秦昭襄王即位才十八歲，尚未行冠禮，宣太后掌握實權。

⑤ 躬：親自，自身。竊，對自己的謙稱。

⑥ 閔然：昏昧的樣子。敏，靈活，靈敏。自傷其見睢之晚。

⑦ 屏：屏退。

⑧ 跪：古人席地而坐，姿勢是雙膝着地，臀部坐在自己脚跟上。

⑨ 幸：表示尊敬對方的用語。

⑩ 有間：一小會兒。

⑪ 唯唯：即啊啊，敷衍的應答之語。

⑫ 跽：雙膝着地，上身挺直，是一種表示恭敬，有所請求的姿勢。也稱爲長跪。

⑬ 呂尚：薑姓，呂氏，名尚，字子牙，號太公望。博聞多謀，處殷之末世，不得志，垂釣於渭水之陽，後遇文王輔周滅殷。

⑭ 文王：姬姓，名昌，生前稱周西伯或西伯昌，武王滅殷後追諡文王。遇呂尚於渭水北岸。

⑮ 渭陽：渭水之北。古人稱山南、水北爲陽。

⑯ 太師：商周之際高級武官名，軍隊的最高統帥。與後世作爲太子的輔導官或樂師的"太師"，名同實異。

⑰ 擅天下：擁有天下。秦惠文王生前未及"擅天下"，也未"身立爲帝王"。這裏是合文王、武王二人統言之。

⑱ 羈旅：作客他鄉。

⑲ 匡君：糾正君王的偏差錯誤。

⑳ 骨肉：這裏指宣太后與秦昭襄王的母子關係。

㉑ 厲：借作"癘"，漆有毒，近之者多患瘡腫，若癘然。

㉒ 五帝：傳說中的上古帝王，《史記》據《世本》《大戴禮記》將五帝定爲黃帝、顓頊、帝嚳、唐堯、虞舜。

㉓ 三王：指夏、商、週三代的開創者夏禹、商湯、周文王。

㉔ 五伯：即春秋五霸。這篇文章指齊桓公、晉文公、楚莊王、吳王闔閭、越王勾踐。

㉕ 烏獲：秦國力士，傳說能舉千鈞之重。秦武王愛好舉重，所以寵用烏獲等力士，烏獲位至大官，年至八十餘歲。

㉖ 奔、育：孟奔（一作賁）、夏育。戰國時衛國人（一説齊國人）。據說孟賁能生拔牛角，夏育能力舉千鈞，都爲秦武王所用。

㉗ 伍子胥：名員，字子胥，春秋時楚國人。楚平王殺其父兄伍奢及伍尚，子胥逃奔鄭，又奔吳，幫助吳王闔閭即位並成就霸業。

㉘ 橐：袋子。子胥藏身其中，被人用車拉着出關。

㉙ 昭關：春秋時楚吳兩國交通要衝，地在今安徽含山縣北。伍子胥逃離楚國，入吳途中經此。

㉚ 蔆水：即溧水，發源於今安徽蕪湖，流入太湖。

㉛ 蒲服：即匍匐，爬行。
㉜ 吳市：今江蘇溧陽。《吳越春秋》卷三："（子胥）至吳，疾於中道，乞食溧陽。"
㉝ 闔廬：又作闔閭，春秋時吳國國君，名光，前514年至前496年在位。
㉞ 箕子：商紂王的叔父，封於箕（今山西太谷東北）。因諫紂王而被囚禁。武王克殷，才得到釋放。
㉟ 接輿：春秋楚隱士，人稱楚狂，曾唱《鳳兮》歌諷勸孔子避世隱居。據史籍記載，箕子、接輿都曾佯狂，但未見有"漆身爲厲"的事。
㊱ 蹶：僵，此處指死。
㊲ 即：就，至。
㊳ 保傅：太保、太傅。周代以太師、太傅、太保爲三公。這裏泛指輔佐國王的大臣。
㊴ 闇（ān）惑：昏昧迷亂。
㊵ 照奸：察知奸邪。
㊶ 宗廟：古代帝王、諸侯等祭祀祖宗的處所，引申爲王室的代稱。
㊷ 焝（hùn）：煩擾，打擾。

三 《史記·項羽本紀》（節選）①

項王軍壁垓下，兵少食盡，漢軍及諸侯兵圍之數重。夜聞漢軍四面皆楚歌，項王乃大驚曰："漢皆已得楚乎？是何楚人之多也！"項王則夜起，飲帳中。有美人名虞，常幸從；駿馬名騅，常騎之。於是項王乃悲歌忼慨，自爲詩曰："力拔山兮氣蓋世，時不利兮騅不逝。騅不逝兮可奈何，虞兮虞兮奈若何！"歌數闋，美人和之。項王泣數行下，左右皆泣，莫能仰視。

於是項王乃上馬騎，麾下壯士騎從者八百餘人，直夜潰圍南出，馳走。平明，漢軍乃覺之，令騎將灌嬰以五千騎追之。項王渡淮，騎能屬者百餘人耳。項王至陰陵，迷失道，問一田父，田父紿曰"左"。左，乃陷大澤中。以故漢追及之。項王乃復引兵而東，至東城，乃有二十八騎。漢騎追者數千人。項王自度不得脫。謂其騎曰："吾起兵至今八歲矣，身七十餘戰，所當者破，所擊者服，未嘗敗北，遂霸有天下。然今卒困於此，此天之亡我，非戰之罪也。今日固決死，願爲諸君快戰，必三勝之，爲諸君潰圍，斬將，刈旗，令諸君知天亡我，非戰之罪也。"乃分其騎以爲四隊，四嚮。漢軍圍之數重。項王謂其騎曰："吾爲公取彼一將。"令四面騎馳下，期山東爲三處。於是項王大呼馳下，漢軍皆披靡，遂斬漢一將。是時，赤泉侯爲騎將，追項王，項王瞋目而叱之，赤泉侯人馬俱驚，辟易數里。與其騎會爲三處，漢軍不知項王所在，乃分軍爲三，復圍之。項王乃馳，復斬漢一都尉，殺數十百人，復聚其騎，亡其兩騎耳。乃謂其騎曰："何如？"騎皆伏曰："如大王言。"

於是項王乃欲東渡烏江。烏江亭長檥船待，謂項王曰："江東雖小，地方千里，衆數十萬人，亦足王也。願大王急渡。今獨臣有船，漢軍至，無以渡。"項王笑曰："天之亡我，我何渡爲！且籍與江東子弟八千人渡江而西，今無一人還，縱江東父兄憐而王我，我何面目見之？縱彼不言，籍獨不愧於心乎？"乃謂亭長曰："吾知公長者。吾騎此馬五歲，所當無敵，嘗一日行千里，不忍殺之，以賜公。"乃令騎皆下馬步行，持短兵接戰。獨籍所殺漢軍數百人。項王身亦被十餘創。顧見漢騎司馬呂馬童，曰："若非吾故人乎？"馬童面之，指王翳曰："此項王也。"項王乃曰："吾聞漢購我頭千金，邑萬戶，吾爲若德。"乃自刎而死。王翳取其頭，餘騎相蹂踐争項王，相殺者數十人。最其後，郎中騎楊喜，騎司馬呂馬童，郎中呂勝、楊武各得其一體。五人共會其體，皆是。故分其地爲五：封呂馬童爲中水侯，封王翳爲杜衍侯，封楊喜爲赤泉侯，封楊武爲吴防侯，封呂勝爲涅陽侯。

【注釋】

① 節選自〔西漢〕司馬遷《史記》，中華書局，1959年。

四 《敦煌變文集·伍子胥變文》(節選)①

波上唯見一人，唱謳歌而撥棹，手持輪鈎，欲以(似)魚(漁)人，即出蘆中，乃喚言："執鈎乘船之仕，蹔屈就岸相看，勿辭之勞，幸願存情相顧。"魚人聞喚，當乃尋聲，蘆中忽見一人，便即摇船就岸。收輪卷索，息棹停竿，隨流水上，翩翩歌清風而問曰："君子今欲何去？迴在江傍浦側，不見乘船泛客，又無伴侣蕭(蕭)然。爲當流浪漂蓬，獨立窮舟旅岸。縱使求船覓渡，在此寂絶舟船；不恥下末愚夫，願請具陳心事。"子胥答曰："吾聞人相知於道術，魚相望(忘)於江湖，下奏(走)身是遊人，豈敢虛相誑語！今緣少許急事，欲往江南行李。自拙爲人，幸願先生知委；儻蒙賜渡，恩可殺身，若也不容，自當息意。"魚人答曰："適來鑒貌辨色，觀君與凡俗不同。君子懷抱可知，更亦不須分雪。我聞别人不賤，别玉不貧。秦穆公賜酒蒙恩，能言獨正三軍，空籠而獲重賞。觀君艱辛日久，渴乏多時，不可空腸渡江，欲設子之一餐。吾家去此往返十里有餘，來去稍遲，子莫疑怪。"子胥答曰："但求船渡，何敢望餐！"魚人答曰："吾聞麒麟得食，日行千里；鳳凰得食，飛騰四海。"答語已了，留船即去。乃向家中取食。子胥聞得此語，即與魚人看船。子胥心口思惟："此人向我道家中取食，不多喚人來提我以否？"遂即抛船而走，遂向蘆中藏身。魚人逡巡之間，即到船所。其魚人乃取得美酒一榼，魚肉五斤，薄餅十番，飯擩一罐，行至船所，不見蘆中之士，唯見岸上空船。顧戀之情，悲傷不已。魚人歌而喚曰："蘆中之仕，何故潜身？出來此處相看，吾乃終無惡意，不須疑慮，莫作二難。爲子取食到來，何故不相就食？"子胥聞船人此語，知無惡意，遂即出於蘆中，愧賀(荷)取食艱辛，逢迎卑謝。於時鋪設，兩共同餐。便即鼓棹摇船，至於江半。子胥得食喫足，心自思惟："凡人得他一食，慚人一色(飽)；得人兩食，爲他着力。"懷中璧玉，以贈船人。畏暮貪前，與物不相承領。子胥慮嫌信少，更脱寶劍於酬。魚人息棹廻身，乃報子胥言曰："君莫造次，大須三思，一惠之餐，有何所直。人之屈厄，魚鱉同羣；君子迍邅，龍蛇共處。楚王捕逐於子，捉獲賞賜千金；隱匿之人，誅身滅族。吾上不貪明君重賞，下不避誅戮之寨（愆），子欲寶劍相讎讐（酬），何如平王之物？龍泉寶劍，與子防身；璧玉荊珍，將充所貴。後若高遷富貴，莫忘一朝。自責蒲柳之年，逢君日晚。劍璧之事，請更莫留。子若表我心懷，更亦不須辭謝。"子胥見人不受，情中漸覺不安。心口思惟，慮恐船人嫌我信物輕少。雖是君王寶物，知欲如何，遂擲劍於江中，放神光而煥爛。劍乃三涌三没，水上偏偏。江神遙聞劍吼，戰悼（踔）湧沸騰波，魚鱉忙怕攢塭，魚龍奔波透出。江神以手捧之，懼怕乃相分付。劍既離水，魚鱉跳梁，日月貞明，山林皎亮，雪開霧歇，霞散煙流，岸樹迎賓，江風送客。遠望沙傍白露（鷺），博（薄）暮擬欲歸林。浦側不見承船，汎客又無伴侶，唯見孤山森漫，廻盼故鄉，拭淚沾衣，心懷鬱燠。渡江欲至南岸，子胥乃問船人曰："先生姓何名誰？鄉貫住在何州縣？"魚人答曰："我亦無姓無名，長住江而爲伴。橫竿莫浦，縮劍深潭，今日兩賊相逢，何用稱名道姓！君爲蘆中之事（仕），我爲船上之人，意義足亦可知，富貴不須相忘。"子胥曰："蒙先生一濟，無有忘時，遇藥傷虵，由能返報。"魚人問曰："只今逃逝，擬投何國？"子胥曰："擬投越國。"魚人曰："子投越國，越國與楚和順，元不交兵，慮恐捉子送身，懷報讐心不達。子投吳國，必得流通。吳王常與楚讐，兩國不相和順。吳與楚國數爲征戰，無有賢臣，得子甚要。"子胥問船人曰："吳國如何可投得？"船人曰："子至吳國，入於都市，泥塗其面，披髮獐狂，東西馳走，大哭三聲。"子胥曰："此法幸願解之。"船人答曰："泥塗其面者外濁内清，大哭三聲，東西馳走者，覓其明主也；披發在市者理合如斯也。吾非聖人，經事多矣。"子胥蒙他教示，遂即拜謝魚人。慮恐楚使相逢，不得久停，至岸即發。哽咽聲嘶，由如四鳥分飛，狀若三荊離別；遂別魚人南行，眷戀之情，悲傷不已。回頭遙望，忽見魚人覆船而死。

【注釋】

① 節選自《敦煌變文集》，人民文學出版社，1957年。

五 《朱子語類·讀書法上》（節選）①

　　大凡讀書須是熟讀熟讀了自精熟精熟後理自見得如喫果子一般劈頭方咬開未見滋味便喫了須是細嚼教爛則滋味自出方始識得這個是甜是苦是甘是辛始爲知味又云園夫灌園善灌之夫隨其蔬果株株而灌之少間灌溉既足則泥水相和而物得其潤自然生長不善灌者忙急而治之擔一檐之水澆滿園之蔬人見其治園矣而物未嘗沾足也又云讀書之道用力愈多收功愈遠先難而後獲先事而後得皆是此理又云讀書之法須是用工去看先一書費許多工夫後則無許多矣始初一書費十分工夫後一書費八九分後則費六七分又後則費四五分矣

　　因説進德居業進字居字曰今看文字未熟所以鶻突都只見成一片黑淬淬地須是只管看來看去認來認去今日看了明日又看早上看了晚間又看飯前看了飯後又看久

之自見得開一個字都有一個大縫罅今常說見得又豈是懸空見得亦只是玩味之久自見得文字只是舊時文字只是見得開如織錦上用青絲用紅絲用白絲若見不得只是一片皂布

　　讀書須是專一讀這一句且理會這一句讀這一章且理會這一章須是見得此一章徹了方可看別章未要思量別章別句只是平心定氣在這邊看亦不可用心思索太過少間卻損了精神前輩云讀書不可不敬敬便精專不走了這心

【注釋】

① 節選自朱傑人、嚴佐之、劉永翔《朱子全書》第十四冊《朱子語類（一）》，上海古籍出版社，2002年。

一 从外来词看中国古代的国际交往

　　人类的历史，实则是一部文化交融和语言碰撞的接触史，汉语中的外来词就是这种文化交流与融合的产物，我们可以从中窥见汉族文化与不同民族文化交流、互通的方方面面，也可以通过词语的借用方式来发掘汉民族心理结构中的深层内蕴。西汉中期，张骞出使西域，丝绸之路打开了汉人的眼界，也建立了汉王朝与西域及中亚各国的经济文化交流，"骆驼""琉璃""苜蓿""石榴""茉莉""胭脂""西瓜"等大量表示动植物和生活用品的外来词进入汉语；东汉末年，佛教传入中国，经过一段时期的广泛传播，佛教文化和佛教观念在魏晋便已深入人心，"比丘""刹那""浮屠""和尚""劫""魔""慈悲""导师""方便"等佛教词语进入汉语，不仅极大地丰富和充实了汉语的词汇，也为当时的底层百姓带来了心灵的慰藉；明末清初，西方先进的思想观念和科学技术传入中国，"几何""数学""物理""原子""商业""经济""民主""革命""教育""律师"等涉及科技、军事、政治、经济、历史、地理等各个领域的印欧语借词与日语借词进入汉语，对汉语词汇产生了巨大影响，并使大量古汉语、旧词获得新生，同时也为一度"闭关自守"的中国输入了新事物和新观念。

二 同义词的历时替换与社会发展

　　丰富的同义词是汉语词汇强大表现力的重要标志，同义词的形成与汉民族悠久的历史文化密不可分。与此同时，同义词的发展演变，尤其是其历时替换，也生动再现了历史的变迁和时代的进步，成为折射社会发展的一面镜子。例如，先秦时期"宫""室"原本同义，均表示"房屋"，然而秦汉以后，"宫"专指帝王所住的宫殿，一般人所住的房屋便只能称"室"，再后来"房"与"屋"又逐渐取代"室"，成为"房舍"的常用表达。又如，先秦时期,"屦""舄""鞮""屩""鞋"均表"鞋"义,但"衣服所以表贵贱,施章乃服明上下",天子穿的称为"舄",由绸缎制成;奴隶主和贵族穿的为"鞮",是由皮革制作成的;普通平民穿的是"屦"或"履",以麻、葛等植物纤维编织而成;最底层的奴隶穿的是"屩",以草茎、树皮、粗麻等制成,大多只有鞋底,上部用绳子绑在脚上。秦汉以后,由于中原各地的文化融合,出现了风靡全国的"木屐";隋唐时期,随着生产力的进步,又出现了各式各样精美的鞋子,如尖头短靴、高头履,而其制作材料也有锦、皮、布、木等。此外,唐代妇女多穿"线鞋",《旧唐书·舆服志》:"武德来,妇人着履,规制亦重,又有线靴。开元来,妇人例着线鞋,取轻妙便于事。"于是,为了统一名称,唐朝正式用"鞋"统称足衣。

三 词义引申中的文化价值观

　　语言是文化的载体,同时也是文化的一个组成部分,语言与文化相互影响、相互制约。汉语词汇的意义引申是语言载体与社会文化深度融合的产物,与汉民族的认知思维和价值观念有着密不可分的联系。例如,"柔"本指植物初生柔嫩的样子,《说文解字》:"柔,木曲直也。"古人常言"柔木""桑柔",然而受"柔而立""弱之胜强,柔之胜刚"等思想观念的影响,"柔"由"柔曲、柔嫩"引申为"温和、柔和",古人甚至以"柔"作为文人士子品格高尚的标准之一,称"士不偏不党。柔而坚,虚而实"(《吕氏春秋·士容》),并进而提出"温柔敦厚"的诗教之法。与此同时,人们以顺为善、以柔为美,"柔"又引申出"柔美"之义,并多以形容女子或声音、颜色等美好的事物。又如,"忠"字上"中"下"心",取意心放于中、不偏不倚,因而秦汉时期,"忠"主要表示对人对事的尽心竭力、诚实由衷,如《礼记·表记》:"夏道尊命,事鬼敬神而远之,近人而忠焉。"在中国古代,臣子上承君命、下治百姓,其待人处事尤其需要尽职尽责、大公无私,于是"忠"便引申表示为人臣者的"事上竭诚",即所谓"君使臣以礼,臣事君以忠";与此同时,做人贵在诚信、做事贵在尽心,于是"忠"又由"尽心、实诚"引申表示普通人的"忠厚、笃厚"。

◇ **关键词解释**

　　【引申】引申是词义内部运动变化的一种基本方式,它是指词从本义出发,按照一定规律,不断发展变化出新义的运动过程。

　　【复音化】复音化是指汉语词汇由单音节为主逐渐变为以复音词(双音词)为主的发展变化,也就是复音词的数量和比例不断增长的过程。

　　【词汇化】词汇化是指语言结构从句法层面的自由组合变为固定的词汇单位的过程,主要是指汉语词汇的双音化过程。简而言之,就是一种语言结构从非词形式变为词的历时变化。

　　【方言词】方言词是指在特定方言区域中流行而没有在通语中普遍使用的词。方言词是汉语词汇的特殊组成部分,它承载着不同地域的风土人情和生活习惯。

【外源词】外源词也称"外来词"或"借词",是指从外族语言中借入的词。外源词的借入丰富了汉民族的语言词汇,也增强了汉语的表达能力。

【历时同义词】历时同义词也叫古今同义词,是指一组在不同历史阶段内存在同义关系的词。历时同义词的形成与替换生动折射出时代的变迁、文明的进步。

◇ 本章小结

本章的知识框架如图 2-1 所示。

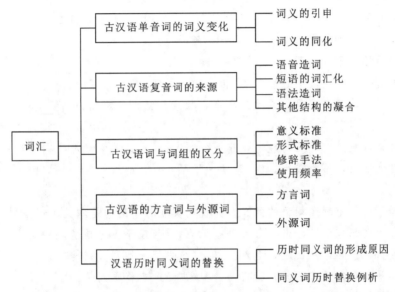

图 2-1　本章的知识框架

本章还选介了王力《汉语词汇史》、蒋绍愚《古汉语词汇纲要》、赵克勤《古代汉语词汇学》、葛本仪《汉语词汇学》、张永言《词汇学简论》五部词汇学著作,提供了五篇文献阅读材料,并介绍了从外来词看中国古代的国际交往、同义词的历时替换与社会发展、词义引申中的文化价值观等相关内容,以此实现各部分内容融会贯通,促进理论知识与阅读应用的相互结合。

◇ 思考与练习

一、指出下列词语中的联绵词,并从语音方面予以分类。
1. 蒲服　2. 饥馑　3. 狼狈　4. 望洋　5. 扶摇
6. 仓廪　7. 踌躇　8. 葡萄　9. 倜傥　10. 窈窕

二、请阅读下面一段文字,摘录出其中的复合词,并说明其具体结构类型。
邹忌修八尺有余,而形貌昳丽。朝服衣冠,窥镜,谓其妻曰:"我孰与城北徐公美?"

其妻曰:"君美甚,徐公何能及君也?"城北徐公,齐国之美丽者也。忌不自信,而复问其妾曰:"吾孰与徐公美?"妾曰:"徐公何能及君也!"旦日,客从外来,与坐谈,问之客曰:"吾与徐公孰美?"客曰:"徐公不若君之美也。"明日,徐公来,孰视之,自以为不如;窥镜而自视,又弗如远甚。暮寝而思之曰:"吾妻之美我者,私我也;妾之美我者,畏我也;客之美我者,欲有求于我也。"

三、分析下列句中划线的结构,指出哪些是词组,哪些是复音词,并说明其在句中的意义。

(1) 沈于国家之事,开罪于先生。(《战国策·齐策四》)
(2) 与之驰骋乎高蔡之中,而不以国家为事。(《战国策·楚策四》)
(3) 不以规矩,不能成方圆。(《孟子·离娄上》)
(4) 陟罚臧否,不宜异同。(《前出师表》)
(5) 都城过百雉,国之害也。(《左传·隐公元年》)
(6) 今仆不幸,早失父母,无兄弟之亲,独身孤立,少卿视仆于妻子何如哉?(《报任安书》)
(7) 今公常从数骑,一旦有缓急,宁足恃乎?(《史记·袁盎晁错列传》)
(8) 逝者如斯夫,不舍昼夜。(《论语·子罕》)

四、解释下列句中划线词语的意义,并说明其在句中用的是本义,还是引申义。
(1) 且夫水之积也不厚,则其负大舟也无力。(《庄子·逍遥游》)
(2) 于是信、张耳详弃鼓旗,走水上军。(《史记·淮阴侯列传》)
(3) 广佯死,睨其旁有一胡儿骑善马。(《史记·李将军列传》)
(4) 大宛以为然,遣骞,为发译道,抵康居。(《汉书·张骞传》)
(5) 厉王虐,国人谤王。(《国语·周语上》)
(6) 于是昭王为隗筑宫而师之。(《战国策·燕策一》)
(7) 亡羊而补牢,未为迟也。(《战国策·楚策四》)
(8) 文章不成者不可以诛罚。(《战国策·秦策一》)

◇ 数字资源

相关课程视频

1. 李运富教授:汉语复合词的意义分析(一)
2. 李运富教授:汉语复合词的意义分析(二)
3. 李运富教授:汉语复合词的意义分析(三)
4. 李运富教授:汉语复合词的意义分析(四)
5. 李运富教授:汉语复合词的意义分析(五)
6. 李运富教授:汉语复合词的词素义(一)

数字资源

7. 李运富教授：汉语复合词的词素义（二）
8. 李运富教授：汉语复合词的词素义（三）
9. 李运富教授：汉语复合词的词素义（四）
10. 李运富教授：汉语词汇发展的异解另构现象（上）
11. 李运富教授：汉语词汇发展的异解另构现象（下）
12. 李运富教授：佛缘复合词语的俗解异构（上）
13. 李运富教授：佛缘复合词语的俗解异构（下）

拓展阅读资源

1. 高守纲：《词义引申的根据和方式》
2. 徐光烈：《重视探究词义变化的内部原因》
3. 白兆麟：《词义引申及引申推义》
4. 张博：《组合同化——词义衍生的一种途径》
5. 马真：《先秦复音词初探》
6. 程湘清：《先秦双音词研究》
7. 李运富：《王念孙父子的"连语"观及其训解实践（上）》
8. 李运富：《王念孙父子的"连语"观及其训解实践（下）》
9. 董性茂、贾齐华：《联绵词成因推源》
10. 俞理明：《汉语词汇中的非理复合词——一种特殊的词汇结构类型：既非单纯词又非合成词》
11. 董秀芳：《跨层结构的形成与语言系统的调整》
12. 华学诚、徐妍雁：《扬雄〈方言〉及其研究述评》
13. 曾昭聪：《论方言词考源》
14. 孙道功：《音译外来词的语义调整及认知制约研究》
15. 洪成玉：《汉语同义词的形成和发展》

第三章 音韵

学习目标	知识目标：掌握音韵学基本术语；掌握以《诗经》为代表的先秦韵文韵脚字系联方法；掌握以谐声偏旁系联形声字的方法；掌握《广韵》声类、韵类的归纳方法；了解上古、中古、近代的汉语语音系统特点及发展趋势；了解诗词格律的初步知识 能力目标：清楚汉语语音演变的趋势；能够查找特定字在特定时期的音韵地位；理解语音随着时间和空间的变化而变化的现象 情感目标：热爱古代韵文，了解古今音的异同与变化规律，认识汉语的古今延续性
重点难点	重点：上古、中古、近代的语音系统及其变化规律 难点：《广韵》声类、韵类的归纳；诗词格律的运用
推荐教学方式	知识讲授、活动探究、集体讨论、实践练习
建议学习时长	20学时
推荐学习方法	分析归纳、自主探究、构建知识图谱
必须掌握的理论知识	音韵学术语；上古至中古、中古至近代、近代至现代的语音系统变化

情境导入

初唐诗人陈子昂有一首名诗《登幽州台歌》："前不见古人，后不见来者。念天地之悠悠，独怆然而涕下。"因其言简意深、感情真挚，历来为世人传颂。如果我们用现代汉语普通话大声读出来，就会发现，理应押韵的位置，即偶数句的末字"者"和"下"，并没有形成押韵关系。不仅不押韵，两个字的韵还相去甚远。既然是诗，当然需要押韵，可是这里又分明不押韵。究竟是怎么回事呢？又是什么原因造成的呢？这个问题就需要我们具备一定的音韵学知识才能回答。

基础知识

我国很早就开始了对语音的研究。汉代有刘熙、高诱等学者以"舌头言之""舌腹言之""急气言之""缓气言之"等术语解释发音方法、发音部位等。到了魏晋,随着佛教的传入,译经的僧人和学者利用梵文的拼音原理分析汉字字音的声、韵、调结构,发明了反切注音法。这一时期产生了两部韵书:李登的《声类》、吕静的《韵集》。至南北朝,又有沈约、周颙、阳休之、杜台卿等人的韵学成果蜂出。可惜的是,以上论著都先后亡佚。现存最早的韵书,是隋代陆法言的《切韵》。这是我国古代语音研究领域最重要的文献。

传统对语音的研究叫音韵学,又称声韵学,是研究汉字的历史读音及其变化规律的科学,也可以说是研究古代汉语的音节结构、语音系统及其历史演变规律的科学。罗常培先生说:"音韵学就是分析汉字或汉语里所含'声''韵''调'三种元素,而讲明它们的发音和类别,并推究它们的相互关系和古今流变的。"[①]

传统音韵学主要有三个分支:古音学、今音学和等韵学。

古音学,是研究上古时期(西周到东汉)汉语声、韵、调系统的音韵学分支。它主要以《诗经》等先秦两汉的韵文和汉字谐声系统作为研究对象,通过与中古《切韵》音系比较,描述这一时期语音系统的特点。

今音学,是研究中古时期(南北朝至唐宋)汉语声、韵、调系统的音韵学分支。它主要以《切韵》《唐韵》《广韵》等韵书为研究对象,总结这一时期语音系统的特点,并探讨其演变规律。

等韵学,是以宋元以来的等韵图作为对象,研究汉语声、韵、调系统的音韵学分支。它以"等""呼""摄"等概念审辨字音,以图表的形式展示声韵的配合关系。重要文献有反映《广韵》音系的《韵镜》《七音略》;以《广韵》音系为基础,就当时实际语音作出相应调整的《切韵指掌图》《四声等子》;反映北宋汴洛方音的《皇极经世·声音唱和图》;反映明代北京方音的《重订司马温公等韵图表》等。等韵学系统性很强,术语、概念相当完备,对音韵学各分支研究有重要作用。但由于等韵学难度较大,技术性强,本书只作简单介绍,不展开讨论。

据汉语史的分期框架,汉语语音史可分为三个时期:上古时期:先秦—西晋;中古时期:南北朝—宋;近代时期:元明清。

本教材综合考虑传统音韵学与现代语音学的关系,结合当下"创造性地转化中国优秀传统文化"的实际需求,主要讨论中古音、上古音、近代音、古韵通转、古代诗词的语音规则等五个问题。

---

① 罗常培.京剧中的几个音韵问题[M]//罗常培语言学论文选集.北京:中华书局,1963:157.

第一节 中 古 音

中古音，指汉语中古时期，即南北朝到宋代的语音系统。这一时期出现了现存最早的韵书《切韵》，以及以之为范本的一系列韵书。传统音韵学中的"今音学"学者冀望通过梳理《切韵》系韵书的声韵系统，追索"古音"的面貌。汉语语音史的学者则将现代语音学的研究方法和工具与前代音韵学家的研究成果相结合，进而构拟声、韵的音值，并与方音、外族语音、外国语音的研究相互沟通印证。但无论采用什么样的研究方法或角度，都应该从《切韵》系韵书出发。

一 《切韵》系韵书

《切韵》是隋代陆法言所著的一部韵书，成书后不断被修订。唐代有王仁昫的《刊谬补缺切韵》、孙愐的《唐韵》、李舟的《切韵》，宋代有陈彭年、丘雍的《大宋重修广韵》等。这些修订本与《切韵》的编纂体例、所记语音系统、音系性质都有高度的一致性，因而被统称为《切韵》系韵书。下面只介绍《切韵》和《大宋重修广韵》。

（一）《切韵》

《切韵》原书早已失传，但作者陆法言的《切韵序》因附在《广韵》等韵书之前，完整地保留了下来。这篇《切韵序》是了解《切韵》成书经过、编撰目的及其性质特点的最重要材料。据周祖谟先生的《广韵校本》，现抄录全文如下。

> 昔开皇初，有仪同刘臻等八人同诣法言门宿。夜永酒阑，论及音韵。以（古）今声调既自有别，诸家取舍亦复不同。吴楚则时伤轻浅，燕赵则多（涉）重浊；秦陇则去声为入，梁益则平声似去。又支（章移反）脂（旨夷反）鱼（语居反）虞（遇俱反）共为一韵，先（苏前反）仙（相然反）尤（于求反）侯（胡沟反）俱论是切。欲广文路，自可清浊皆通；若赏知音，即须轻重有异。吕静《韵集》、夏侯咏《韵略》、阳休之《韵略》、李季节《音谱》、杜台卿《韵略》等各有乖互，江东取韵与河北复殊。因论南北是非，古今通塞，欲更捃选精切，除削疏缓，萧、颜多所决定。魏著作谓法言曰："向来论难，疑处悉尽，何（为）不随口记之？我辈数人，定则定矣。"法言即烛下握笔，略记纲纪。后博问英辩，始得精华。于是更涉余学，兼从薄宦，十数年间，不遑修集。今返初服，私训诸弟子，凡有文藻，即须明声韵。屏居山野，交游阻绝，疑惑之所，质问无从。亡者则生死路殊，空怀可作之叹；存者则贵贱礼隔，以报绝交之旨。遂取诸家音韵，古今字书，以前所记者，定之为《切韵》五卷。剖析毫厘，分别黍累，何烦泣玉，未得悬金。藏之名山，昔怪马迁之言大；持以盖酱，今叹扬雄之口吃。非

是小子专辄,乃述群贤遗意,宁敢施行人世?直欲不出户庭。于时岁次辛酉,大隋仁寿元年也。

从中可知:

第一,《切韵》纲要的撰写时间在隋文帝开皇(581—600)初年,具体大概在581或582年。

第二,参与纲要讨论的学者除陆法言之外,还有刘臻、颜之推、卢思道、李若、萧该、辛德源、薛道衡、魏彦渊,都是当时著名学者。

第三,他们认识到古音不同于今音,对当时吴楚、燕赵、秦陇、梁益的方音和一些声韵混同现象颇为不满,也不认同各家韵书的处理方式。

第四,他们确定标准音的方法是"论南北是非,古今通塞",具体操作则是"捃选精切,除削疏缓"。

第五,颜之推和萧该两人的意见被采用得最多。

第六,隋仁寿元年(601年),陆法言参考前代韵书,将纲要扩展成为《切韵》五卷。

《切韵》的撰作意图是系统记录当时即隋至唐初的汉语声、韵、调系统。后世学者也以《切韵》的音系为中古汉语语音系统的代表。但是,这一音系性质究竟是什么样的,反映了怎样的语音实际,却是历代聚讼的焦点。各家观点大致可分为两类。

一类认为《切韵》代表的音系是一时一地之音。如:李涪认为是"吴音",阎若璩、陈寅恪认为是洛阳音(参合洛阳旧音),高本汉、周法高(早期)认为是隋唐长安音。

另一类认为《切韵》代表的是糅合古音和方音的综合音系,并非一时一地的语音系统。章太炎、陆志韦、罗常培、董同龢、黄淬伯、王力、张世禄、张琨、何九盈、李新魁等,都持这一观点。

讨论《切韵》音系的性质,首先应该考查撰者的自述。陆法言在《切韵序》中说他们确定标准音的方法是"论南北是非,古今通塞",显然考虑了古今音变和方音差异。同时,他们批评了东西南北各处方音的种种问题,唯独没有批评中原地区的方音,可知他们认定的标准音是以中原地区的某种音系为基础的,且在某种程度上糅合了古今音和方音。

另外,对《切韵》纲要"多所决定"的颜之推,一方面批评阳休之的《切韵》"殊为疏野",一方面说"南方水土和柔,其音清举而切诣,失在浮浅,其辞多鄙俗;北方山川深厚,其音沈浊鈋钝,得其质直,其辞多古语。然冠冕君子,南方为优,闾里小人,北方为愈。易服而与之谈,南方士庶,数言可辨;隔垣而听其语,北方朝野,终日难分。而南染吴越,北杂夷虏,皆有深弊,不可具论","自兹厥后,音韵锋出,各有土风,递相非笑,指马之谕,未知孰是。共以帝王都邑,参校方俗,考核古今,为之折衷,权而量之,独金陵与洛下耳"。① 可以看到,在标准音的确定方面,颜之推排拒"疏野",选择"精雅"。他一面批评南北方音各有杂染,一面以南方的"冠冕君子"与北方的"闾里小人"的语音为"优"为"愈"。最后,他干脆说明,以都城音(官话、雅言)和方音、古音、音折中的方式考察,金陵上层人士和洛阳下层人士所操的语音最为标准、雅正。可

---

① 王利器. 颜氏家训集解[M]. 北京:中华书局,1993:529.

知，颜之推是以金陵和洛阳具有共同特质（糅合古今音、官话方音）的雅言音作为标准音的。

总之，《切韵》是隋唐时期具有综合性质的雅言音系统，主要以当时金陵和洛阳士人的语音为基础，同时保存了一定的古音和南北方音特点。

（二）《大宋重修广韵》

宋真宗景德四年（1007年），陈彭年、邱雍等奉敕校订《切韵》。他们增广了《切韵》和《唐韵》，于次年编成《大宋重修广韵》（以下简称《广韵》）。《广韵》是我国历史上第一部官修韵书。它在体例和音系性质上承袭《切韵》，并参考了《唐韵》的 206 韵分法，主要做了增字加注的工作。《切韵》原收 12158 字，《唐韵》增加了 3500 字，而《广韵》又增加了 1 万多字，共收 26194 字。《广韵》所加的注释文字更多，有 191692 字。此外，《广韵》还略微改动了反切用字。

《广韵》收 26194 字，共五卷，以平、上、去、入四声分卷。其中，平声字最多，分为上、下两卷。每卷分若干韵，同韵字归为一类。平声上卷有 28 韵，平声下卷有 29 韵；上声有 55 韵；去声有 60 韵；入声有 34 韵。全书共分 206 韵。每韵选取一个代表字，这个字被称为"韵目"。目录中的韵目后标上序数表示次第，如"东第一、冬第二、钟第三、江第四"，正文中则把序数标在韵目前，如"一东、二冬、三钟、四江"。

每卷把读音相近的韵列在一起。如平声"东、冬、钟、江"，入声"屋、沃、烛、觉"。这些韵的主要元音相近且韵尾相同，无论在韵文的写作还是韵部系统等方面，都关系密切。要注意的是，同韵的字韵母不一定相同。由于介音的关系，这些字可能分属两个甚至三个韵母。

另外，同韵的字声母也不相同。凡声母、韵母都相同的字被归为一类，形成一个同音字组。同音字组之间用"○"相隔。唐人称之为"小韵"或"纽"，并以字组的第一个字作为代表，称为某"小韵"。这一组同音字内部各字之间的关系被称为"同小韵"或"同纽"。小韵一般依使用频率的高低排列。

《广韵》的注释，是在每字头下用双行小字释义，每个小韵的首字还要在释义的末尾以反切注音，标明本小韵的收字数量。某字如果有两读甚至更多读，就在该字的释义后标明"又音某"。

以下所附为张氏泽存堂本《广韵》正文第一页（见图 3-1）。

《广韵》是《切韵》的增订本，音系性质一致。因此，《广韵》音系可以视作《切韵》音系，用来代表中古汉语的语音系统。《广韵》为官修韵书，问世时又适逢活字印刷术的发明，因此很快成为坊间最为流行的韵书。《广韵》在各方面继承《切韵》，使它成为了解早已亡佚的《切韵》的最佳途径。加上《广韵》书前附有陆法言的《切韵序》，因此直到民国初年，传统音韵学家往往把《广韵》当作《切韵》来研究。如顾炎武的《唐韵正》其实是"《广韵正》"，陈澧的《切韵考》实际上"考"的也是《广韵》。

总体来讲，研究《广韵》就是研究《切韵》。研究汉语的中古音实际是从《广韵》入手的。

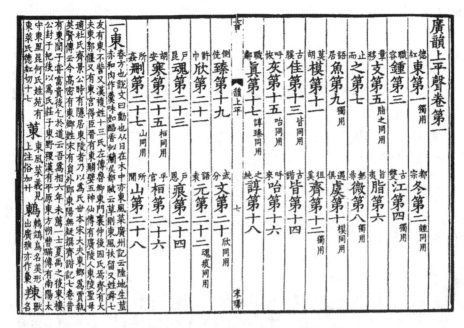

图 3-1　张氏泽存堂本《广韵》正文第一页

二 陈澧对《切韵》的研究

如前所述,《切韵》是传统音韵学研究的枢纽。而《广韵》是现存最早的、最为完整的《切韵》系韵书。以《广韵》为中心,可以"上推古音,下衍今音"。因此,它受到历代音韵学家的重视。在这些学者中,清代的陈澧是最早通过系联反切用字,来探求《广韵》声韵系统的人。陈澧最重要的音韵学著作是《切韵考》。这部书虽然以《切韵》为名,实际上研究的是《广韵》。陈澧系联理论的出发点是深刻认识到反切的本质为双声叠韵:反切上字与被切字为双声关系,反切下字与被切字为叠韵关系;同时,如果两个反切的上字同声类则下字必不同韵类,下字同韵类则上字必不同声类。他采用的具体系联方法包括:基本条例、分析条例、补充条例。[①] 以下分别从反切上字和反切下字两方面举例。

(一)关于反切上字的系联

1. 基本条例

(1) 同用例:不同的被切字如果用同一个字作反切上字,则这些被切字的声母属于同类。如:

冬 都宗切　　　当 都郎切

"冬""当"这两个被切字都用"都"作反切上字,所以它们的声母属于同类。

---

① 邵荣芬. 汉语语音史讲话 [M]. 天津:天津人民出版社,1979:35-37.

(2) 互用例：两个被切字如果相互充当对方的反切上字，则这两个被切字的声母属于同类。如：

  当 都郎切 都 当孤切

"当"以"都"为反切上字，"都"又以"当"为反切上字，互用对方为反切上字，所以当、都的声母属于同类。

(3) 递用例：甲被切字以乙字作为反切上字，乙被切字又以丙字作为反切上字，则甲、乙、丙三字的声母属于同类。如：

  冬 都宗切 都 当孤切

"冬"以"都"为反切上字，"都"又以"当"为反切上字，递次为用，所以冬、都、当三字的声母属于同类。

2. 分析条例

这个条例是从反向进行排除，来区分不同声类的。我们知道以下几个事实：第一，《广韵》共含有3875个小韵；第二，每个小韵内部所有的字共用一个相同的反切；第三，同属于一个小韵的字，共同构成一个同音字组；第四，任意两个反切的读音绝不会相同。由此可推知：两个反切的下字如果属于同韵类，那么它们的上字必然不能同声类。如此一来，就能够判断某些反切上字的不同归类。如：

  红 户公切 烘 呼东切

系联"公""东"二字的韵母属于同韵类（同属东韵一等），那么"户""呼"两个字一定不能同声类。

3. 补充条例

《广韵》收26194字，"又音"即一字多音材料超过2500条，符合"互用"条件的有1700余条。这是一类很宝贵的资料。陈澧正是据丰富的"又音"材料，寻找到了将两类貌似缺乏桥梁连接的反切上字系联起来的方法。这种方法的本质是尽量寻找同一个音的多个不同注音材料。这些注音材料包括反切注音、同音字注音等。《广韵》对多音字的处理方法通常是互注切语，就是在甲音条目下另注乙音，在乙音条目下另注甲音。如：

  一东韵：涷 德红切，又都贡切 二送韵：涷 多贡切，又音东

这里的"又音东"与"涷"的反切"德红切"切出的音相同，"多贡切"与"又都贡切"切出的音同。

使用不同切语为多音字的同一音注音，切出的音当然是相同的。据此推断，尽管使用基本条例不能系联"都"与"多"，但利用"又音"原理，采用补充条例，却可以确凿无疑地将"都""多"系联为一类。

《广韵》中有些反切上字声本同类，但互为对方的切上字，缺乏中间桥梁，无法系联在一起。如：

多 得何切　　得 多则切
都 当孤切　　当 都郎切

"多"与"得",都与"当"互为对方的切上字,可以各自系联,但两组字之间无法进一步系联。根据上述补充条例的"又音"材料,可以推断"都""多"属于同一个声类。这样,"多、得"与"都、当"就可以系联为一类。

（二）关于反切下字的系联

1. 基本条例

因为反切下字与被切字韵母相同,所以,凡同用、互用、递用的切下字,其韵母必属同一韵类。

（1）同用例：被切字如果用同一个字作反切下字,则被切字的韵母属于同类。如：

东 德红切　　公 古红切

"东""公"这两个被切字都用"红"字作反切下字,所以它们的韵母属于同类。

（2）互用例：两个被切字如果相互充当对方的反切下字,则这两个被切字的韵母属于同类。如：

公 古红切　　红 户公切

"公"用"红"作切下字,"红"又用"公"作切下字,所以公、红的韵母属于同类。

（3）递用例：被切字甲以乙字为反切下字,被切字乙又以丙字为反切下字,依次传递,则甲、乙、丙三字的韵母属于同类。如：

东 德红切　　红 户公切

"东"以"红"作反切下字,"红"又以"公"作反切下字,所以东、红、公三字的韵母属于同类。

2. 分析条例

《广韵》中的3875个小韵对应3875个反切,任意两个反切切出的读音都不相同。如果两个反切的上字属于同声类,那么它们的下字必然不同韵类。《广韵》的同一韵中,反切下字有时会系联出两类、三类甚至更多类,就是基于这一点认识得出的推断。如：

公 古红切　　弓 居戎切

根据系联,"古""居"的声母属于同类（同属见纽）,由此可以推断,"红""戎"的韵母必不同类。

3. 补充条例

这个条例借助了四声相承的规律来确定韵类。陈澧解释："今考平上去入四声相承者,其每韵分类亦多相承。切语下字既不系联，而相承之韵又分类，乃据以定其分类。否则，虽不系联实同类耳。"① 具体说，《切韵》以声调分卷，卷内以韵分类，同韵而不同调的平、上、去、入四韵遥遥相配。同一韵部中的韵母在四声的分布中有这样的规律：一种调类中的反切下字会系联出几个韵类，其他相承的调类中的反切下字一般也会系联出几个韵类。根据这一规律，某一调类的反切下字如果系联不起来，便可根据相承的其他调类中韵类的系联情况确定分合，或者合为一类、或者分为几类。如：

朱　章俱切　　　俱　举朱切
无　武夫切　　　夫　甫无切

"朱""俱""无""夫"四字都属于平声"虞"韵字。其中，"朱"与"俱"，"无"与"夫"，两两互为对方的切下字，可以系联为两类。"朱、俱"与"无、夫"因为缺少桥梁而系联不起来，一时不能确定是否为一类。因此，考察与"虞"韵对应的上声"麌"韵和去声"遇"韵的切下字系联结果，可根据四声相承的原理判断，如果"麌""遇"的切下字都系联为一类，那么"虞"韵的切下字也应该可以系联为一类；如果"麌""遇"的切下字的系联结果都为两类，那么"虞"韵的切下字也应该分为两类。结果发现："麌"韵中的切下字矩、庾、主、雨、武、甫、禹、羽等八字可以系联为一类；"遇"韵中的切下字遇、句、戍、注、具等五字也可以系联为一类。据此推断，"朱、俱"与"无、夫"的韵母也应属一类。

陈澧在《切韵考》中强调他的研究"惟以考据为准，不以口语为凭"。他制定的系联法也的确具有相当强的科学性和可操作性。因此，这种方法一直为后世沿用。但是，陈澧在实践中并没有把自己所定的条例贯彻到底，这就使得他的研究结果不能完全反映《广韵》的实际语音。后世学者在他的研究基础上，进行了更加精审的补正工作。

三　中古音系

传统音韵学的"中古音"主要指以《切韵》系韵书为代表的音系，通常以《广韵》为主要研究对象。

（一）中古的声母

对中古声母的研究，也要围绕《广韵》进行。前述陈澧的系联法，就是科学、系统且行之有效的方法。

1.《广韵》的声类

陈澧把《广韵》的452个切上字系联为40类。这40类和唐末宋初的36字母相比，照、穿、床、审、喻五纽中各多出一类，微纽并入明纽，又少了一类，故成了40类。

---

① 陈澧. 切韵考［M］. 北京：中国书店，1984：4.

陈澧对他的系联结果相当自信，认为这 40 类即已反映了《切韵》声纽的实际面貌。但是，陈澧并没有严格遵守自己所定的原则。有时，他的确会使用补充条例将基本条例无法系联的两类系联为一类，如将"文、美、望、无、巫、明、弥、亡、眉、绵、武、靡"同"莫、慕、模、谟、摸、母"归为一类；有时，在可以使用补充条例将两类系联为一类的时候，他却不予系联，如"博"类与"方"类。他对补充条例的使用相当随意。罗常培在他的《中国音韵学沿革讲义》中批评道："以今考之，其为例犹未能尽纯也。盖因变例以求其合，则为类当不满四十；舍变例而求其分，则为类当逾乎四十。陈氏于其所欲合者，则用变例以联之，于其所欲分者，则用正例以别之，未免自乱其例矣！"因此，陈澧系联的 40 类并没有反映出《广韵》声类的真实面貌。

此后，有很多学者使用陈澧制定的规则，对《广韵》的声类重新系联，结果不尽相同。张煊系联的结果为 33 类，黄侃、钱玄同考察的结果为 41 类，高本汉、白涤洲、黄粹伯考察的结果为 47 类，曾运乾、陆志韦、周祖谟考察的结果为 51 类。

2.《广韵》的声母

使用系联法对反切上字进行归纳分类，得出的结果是声类数量，但是声类并不一定等同于声母。有时候因为缺乏桥梁，会发生系联不彻底的情况，如代表声母 [l] 的反切上字就系联出了卢、力两个声类，而不能继续合并。一般认为，《广韵》的 51 个声类中所含的声母有 36 个。如果加上李荣《切韵音系》所考出的"俟"母（又称"禅二"），《广韵》的声母就是 37 个（见表 3-1）。

表 3-1 《广韵》的声母

发音部位 \ 发音方法	全清	次清	全浊	次浊	全清	全浊
唇	帮 [p]	滂 [pʻ]	並 [b]	明 [m]		
舌	端 [t]	透 [tʻ]	定 [d]	泥 [n]		
	知 [ȶ]	彻 [ȶʻ]	澄 [ȡ]	娘 [ȵ]		
齿	精 [ts]	清 [tsʻ]	从 [dz]		心 [s]	邪 [z]
	庄 [tʃ]	初 [tʃʻ]	崇 [dʒ]		生 [ʃ]	俟 [ʒ]
	章 [tɕ]	昌 [tɕʻ]	船 [dʑ]		书 [ɕ]	禅 [ʑ]
牙	见 [k]	溪 [kʻ]	群 [g]	疑 [ŋ]		
喉	影 [o]				晓 [x]	匣 [ɣ]
				以 [j]		
半舌				日 [nʑ]		
半齿				来 [l]		

（二）中古的韵母

1.《广韵》的韵类

陈澧用系联法对《广韵》每一韵中的反切下字进行系联，有些韵只系联到1个韵类，有些则含有2个、3个甚至4个韵类。全部206韵中，共含有311个韵类。

此后，很多学者对《广韵》的韵类进行了研究。高本汉、白涤洲得出290类，黄侃得出335类，周祖谟得出324类，李荣得出334类，邵荣芬得出326类。王力和多数学者采用的是高本汉和白涤州的分类。①

2.《广韵》的韵母

《广韵》的290个韵类是分声调后计算得出的结果。如果不分声调的话，则只有90类。王力在《汉语史稿》中增添了"戈开三""昔合三"两音，因此《广韵》的韵类总数就是292类，不计声调为92类，共142个韵母。142个韵母中，舒声（平上去）韵母92个，入声韵母50个，音值表可参见数字资源部分。②

（三）中古的声调

正如《切韵》分卷为平、上、去、入一样，中古的声调有平、上、去、入四声。平、上、去三个声调以音高相区别，入声区别于其他声调的地方，在于有［-p］［-t］［-k］这样的塞音韵尾。平、上、去三声发音较平缓，所以也被称为"舒声"；入声发音较短促，所以也被称为"促声"。

四 等韵学

等韵学与今音学、古音学并列为传统音韵学的三大类。等韵学的研究对象主要是历代等韵图。陈澧《切韵考·外篇》："自汉末以来，用双声、叠韵为切语，韵有东冬钟江之目，而声无之。唐末沙门始标举三十六字，谓之字母。至宋人乃取韵书之字，依字母之次第而为之图，定为开合四等，纵横交贯，具有苦心。遂于古来韵书切语之外，别成一家之学。""等"是等韵学的核心概念。一般认为，"等"是从审音的角度对介音和主要元音所进行的分类。用"等"对汉语的声类、韵类进行区别，就叫作"等韵"。用等韵相关原理来分析古代汉语声、韵、调配合规律，进而依据规律制成的对应图表就叫作"等韵图"，也称"韵图"。

现存最早的等韵图是刻于宋代的《韵镜》和《七音略》。

---

① 王力. 汉语音韵学［M］. 北京：中华书局，2014：144.
② 王力. 汉语史稿［M］. 北京：中华书局，2002：91.

《韵镜》的作者与制作年代已不可考。目前看到的《韵镜》，是南宋张麟之刻于高宗绍兴辛巳年（1161年）的。这部书在南宋理宗淳祐年间（1241—1252年）传入日本，国内失传。清末黎庶昌出使日本，访到大量汉文古籍，包括永禄本《韵镜》。他将《韵镜》带回国内，收入《古逸丛书》中。此外，还有流入日本的宽永本《韵镜》，后来也被带回国内。图 3-2 为《韵镜》第一图。

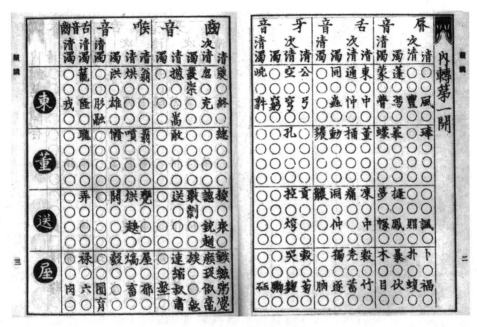

图 3-2　《韵镜》第一图

《韵镜》里的 1 张图叫 1 "转"，共有 34 转。一般认为"转"是轮次的意思，1 个或几个韵母同 36 个声母相拼的 1 个轮次就是 1 "转"。

《韵镜》的韵图分"开""合"两类。《广韵》的 206 韵按开口呼、合口呼的不同分别列入开、合两类图中。每图最右边标有"转"的次序数目，同时注明"开""合"。图的最上行是声母，以发音部位的"七音"和发音方法的"清浊"相区别。书前列有 36 字母图，对照查找就可知每个位置所表示的声母。

表的左边先分 4 个大行按"平、上、去、入"四声顺序竖列《广韵》韵目。如《韵镜》第一图平声行的四等对应《广韵》的东韵，大行就只标 1 个韵目"东"。这些韵目兼表韵母和声调。而后在 4 个大行内部，再分 4 小格依次表示"一等、二等、三等、四等"。4 个等表示不同的韵母，区别主要在元音和介音。

这样一来，韵图中声、韵、调交叉的每一个点都是汉语的一个音节。有些理论上可以拼出的音节，但在现实中并不存在。所以，凡是《广韵》没有对应音节代表字的位置，《韵镜》各韵图就以圆圈表示无。

综上，韵图编排原则是：开合分图，洪细分等；每图中，横行是声母，竖列是声调、韵和韵母，纵横交叉的点上是音节代表字。

第二节 上 古 音

　　上古音，指上古时期汉语语音，即先秦两汉时期的声、韵、调系统。传统音韵学称汉语的上古音研究为"古音学"，与中古时期以《切韵》系韵书为主要研究对象的"今音学"相对应。由于上古音研究不像中古音研究那样有可依据的韵书和韵图，困难程度自然大为增加。但是，在明清以降众多学者的接续努力之下，古音学的研究材料日益丰富，研究方法日益完善，研究成果日益丰硕。

一　研究上古音的材料和方法

（一）研究上古声母的材料和方法

1. 研究上古声母的主要材料

　　研究上古声母的主要材料有两类。

　　第一类材料是先秦两汉古籍中的异文、声训、注音、重文、通假字、联绵词等。

　　异文，指上古文献中同一词的几种不同的书写形式，如"伏羲"与"庖羲"。

　　声训，指古注释家用同音词或近音词对被释词所作的训释，如《释名·释宫室》："房，旁也，在堂两旁也。"

　　注音，指古代注释家用同音字或反切为某些字所注的音，如《左传·成公二年》："请曲县、繁缨以朝。"《经典释文》："繁，步干反。"

　　重文，指字书中附在字头后面的同功能字。《说文解字》字头收录9353个小篆，同时又将一些同用的籀文及古文（战国时期秦国以外的六国文字）等收列于小篆之下，如："份，文质僣（'备'之误）也。从人分声。《论语》曰：'文质份份。'彬，古文份从彡林。"

　　以上每种材料都至少包含可以对比的甲、乙两方。甲、乙在上古是音同或音近的关系，那么其声母自然也应相同或相近。据此，就可以对它们进行系联分类。这一类材料很有价值，缺点是较为分散且不能涵盖尽量多的字。

　　第二类材料是谐声字。谐声字的造字原理：形旁表示字的义类，声旁表示字的读音。理论上讲，造字时，同一谐声偏旁的字应当同音。所以清代学者利用这个原理来研究上古韵部。段玉裁提出"同谐声必同部"的论断，认为同谐声偏旁的字在上古时期应当属于同一韵部。瑞典汉学家高本汉是最早把它引入上古声母研究的学者，他推断上古时期共谐声偏旁的字应当同音，至少也是音近，那么它们也应该同声母或者声母接近。如：青——倩、请、清、情、婧、菁、晴、靓、靖、精、静……这些共谐声偏旁的字上古应当同音，也应该同声母。

　　《说文解字》中有80%以上的字都是谐声字，按照这种方法，所有谐声字在上古音中的声母归属都不难确定。相较第一类材料，第二类材料不仅系统且涵盖汉字的范围大许多。因此，据声旁系联，我们就可对上古声母进行分类了。

2. 研究上古声母的主要方法

通过上述材料反映的事实，可以查证中古的某些声母在上古是否存在，然后从中古声母中去掉那些被证明在上古不存在的声母，剩下的便是上古的声母。

（二）研究上古韵母的材料和方法

研究上古韵母的材料和方法主要有两个。

1. 先秦韵文和韵脚字系联

具体就是以《诗经》《楚辞》等先秦韵文为研究对象，采取系联韵脚字的方法，从中归纳出上古的韵部。如：

绿兮衣兮，绿衣黄裳。心之忧矣，曷维其亡。（《诗经·邶风·绿衣》）
淇水汤汤，渐车帷裳。女也不爽，士贰其行。（《诗经·卫风·氓》）
春日载阳，有鸣仓庚。女执懿筐，遵彼微行，爰求柔桑。（《诗经·豳风·七月》）
或以其酒，不以其浆。鞙鞙佩璲，不以其长。维天有汉，监亦有光。跂彼织女，终日七襄。虽则七襄，不成报章。睆彼牵牛，不以服箱。东有启明，西有长庚。有捄天毕，载施之行。（《诗经·小雅·大东》）

《绿衣》的韵脚字是"裳""亡"，说明两字上古同部；《氓》的韵脚字中"裳"与"汤""爽""行"相押，可推知"裳""亡""汤""爽""行"同部。《七月》中"行"与"阳""庚""筐""桑"相押，可推知"裳""亡""汤""爽""行""阳""庚""筐""桑"上古同部。《大东》里"庚"与"浆""长""光""襄""章""箱""明""行"相押，可推知"裳""亡""汤""爽""行""阳""庚""筐""桑""浆""长""光""襄""章""箱""明""行"上古同部。

这种归纳韵脚字的方法最早为宋代吴棫使用。清代张惠言在《说文谐声谱》中总结说："余既以《诗》韵丝联绳引，较其部分"，"丝联绳引者，意谓如由'中'而得'宫、躬、降'，复由'宫'而得'虫、宗'，复由'降'而得'虫、忡'等字是也"。罗常培因而在《北京俗曲百种摘韵》一书中称此法为"丝联绳引法"。具体步骤是先用系联法将《诗经》韵脚字归纳为若干组，有多少组就说明上古有多少韵部，然后对《楚辞》《易经》等其他先秦韵文进行系联以验证《诗经》分部的正确性并扩大各韵部的归字。上古韵部就是使用这种方法归纳出来的。

2. 《说文解字》中的谐声材料和声旁归部

在上古韵文中充当韵脚的字毕竟是少数，其他字的归部就不能使用"丝联绳引法"了，而需要另辟蹊径。其中，学者们对占汉字八成以上的形声字的上古韵部的归部问题，使用的解决办法仍然是据声旁分部。另外，谐声系统对《诗经》韵脚字归部的正确性还起着印证的重要作用。形声字的声符叫主谐字，以主谐字作为声符的形声字叫被谐字，被谐字还可以作为主谐字构成新的形声字。这样，以第一主谐字作为声根所形成的整个谐声谱系就叫作谐声系统。例如："方"作为声旁，可以构成"坊""仿""访""旁"等字，"旁"又可以作为声旁构成"傍""滂""髈"等字，"坊"也可以作为声旁构成"**坊**"。如此一来，"方""坊""仿""访""旁""傍""滂""髈""**坊**"就构成一个谐声系统。

理论上来讲，凡是声符相同的字，在造字时代其读音必然是相同或相近的，否则不会采用同样的声符。有些形声字的读音与主谐字的读音或与同声符形声字的读音在中古时期有了差异，那是语音在造字时代以后发生变化的结果。例如：

九月肃霜，十月涤场。朋酒斯飨，曰杀羔羊。跻彼公堂，称彼兕觥，万寿无疆。（《诗经·豳风·七月》）

其韵脚字依次是"霜""场""飨""羊""堂""觥""疆"。其中含有"相""易""乡""羊""尚""光""畺"七个谐声偏旁，以它们作为声符的形声字常见的有以下几种。

相——厢、湘、想、霜、孀。
易——场、剔、阳、汤、惕、扬、赐、肠、杨、伤、荡、锡。
乡——飨、**響**、鲞、薌、嚮、**槦**、**瑒**、嚮。
羊——羌、佯、详、养、咩、姜、庠、样、洋、样、祥、羚、善、漾。
尚——倘、党、堂、常、淌、绱、掌、敞、棠、赏、尝、當、裳、撑。
光——侊、洸、晃、幌、觥。
畺——僵、彊、缰、疆。

这些形声字有的在先秦韵文中充当了韵脚字，有的则没有。无论它们是否充当韵脚字，都可以根据相同的声旁把它们归入同一个韵部。如此，上古韵部的归字范围就大大拓展了。如果把《诗经》中包含上述谐声偏旁的字全部找出来，它们一起就构成了该韵部的主谐字群，这个字群的绝大多数形声字合起来就是上古"阳"部的内容。

二 上古的声母系统

对上古声母的讨论是由明代陈第开始的。他最先注意到了唇音声母的古今变化问题。他在《毛诗古音考》卷四谈道："匐音必，'葡匐救之'，《礼记》作'扶服救之'。扬雄《解嘲》'范雎扶服入橐'，服古音必，匍古音扶，是字异而音同也。畐古读必，故福、楅、幅、偪、葡之类悉从此音。"之后，方以智在《切韵声原·论古皆音和说》中讨论了唇音与舌音的音变。李光地在《音韵阐微·凡例》中明确提出"知、彻、澄"三母的古音与"端、透、定"相近，当时的读音则与"照、穿、床"相近，等等。影响较大的上古声母研究结论主要有：钱大昕的"古无轻唇音""舌音类隔之说不可信"（古无舌上音）；章太炎的"古音娘日二纽归泥"说；黄侃的"照二归精"说；曾运乾的"喻三归匣，喻四归定"说等。

（一）古无轻唇音

钱大昕，字晓徵，号辛楣，又号竹汀居士，江苏嘉定人。钱大昕是清代音韵学家中研究声类用力最勤、成果最丰的一位。其音韵学相关讨论主要见他的《十驾斋养新录》和《潜研堂文集》。他在《潜研堂文集》卷十五《答问第十二》中谈道："凡今人所谓轻唇者，汉魏以前，皆读重唇，知轻唇之非古矣。……轻唇之名大约出于齐梁以后，而陆法言《切韵》因之，相承至今。"他所谓的"古无轻唇音"是指36字母中的"非、敷、奉、微"这组音在上古是不存在的。这组音在上古读作"帮、滂、并、明"。轻唇音是在唐末宋初时期从"帮、滂、并、明"四母中分化出来的。钱大昕列举的证据大致有以下几类。

1. 异文

《论语·季氏》："而谋动干戈于邦(帮)内。"《经典释文》："郑本或作封(非)内。"
《诗经·大雅·皇矣》："天立厥配(滂)。"《经典释文》："配，本亦作妃(敷)。"《左传·襄公二十四年》："部(并)娄无松柏。"《史记·夏本纪》："负(奉)尾"。《尚书·禹贡》："岷(明)山之阳，至于衡山。"《史记·夏本纪》："汶(微)山之阳，至于衡山。"

2. 同音字注音

封(非) 读如窆(帮)　　妃(敷) 读如配(滂)
佛(奉) 读如弼(并)　　亹(微) 读如门(明)

3. 反切

晋人吕忱的《字林》：

穮(帮) —— 方(非) 遥反
襮(帮) —— 方(非) 沃反
邶(并) —— 方(非) 代反

4. 声训

《释名》记有如下内容：

负(奉)，背(并)也。置项背也。
邦(帮)，封(非)也。有功于是，故封之也。
法(非)，逼(帮)也。人莫不欲从其志，逼正使有所限也。
房(奉)，旁(并)也。在堂两旁也。

5. 方音

今吴人呼"蚊"(微)如"门"(明)。今江西、湖南方言读"无"(微)如"冒"(明)。

钱大昕所举以上材料，证明36字母中轻唇音和重唇音在上古关系非常密切，高度相似。进而合理推测：两者大概是一类，或者没有轻唇，或者没有重唇。至于"古无轻唇音"结论的得出，重要理由之一是在现代汉语中可以找到只有重唇而没有轻唇的方言，却找不到只有轻唇而没有重唇的方言。如在厦门、潮州、福州等地的方言中就只有重唇音而没有轻唇音，这显然是古音的遗留。

（二）古无舌上音

这是钱大昕得出的又一重要结论。他认为"舌音类隔之说不可信"。所谓"古无舌上音"是指宋人36字母中的"知、彻、澄、娘"这组音在上古尚未产生，大约到了6世纪时，这组音才从"端、透、定、泥"中分化而出。钱氏所举部分证据如下。

1. 异文

《礼记·檀弓下》："洿其宫而猪(知)焉。"注："猪，都(端)也。南方谓都为猪。"《诗经·郑风·清人》："左旋右抽(彻)。"《经典释文》："抽，敕由反，《说文》作'搯'(透)。他牢反。"《诗经·齐风·著》："俟我于堂(定)乎而。"郑笺："堂当作'枨'(澄)。"

2. 谐声材料

    失——秩——跌、迭、餮、蛈、昳   竹——笁——笃

3. 反切

《广韵》：

    侄——直一切   侄——徒结切

以上材料，证明36字母中的舌头、舌上音在上古关系密切，可能也是一类；或者只有舌头音没有舌上音，或者只有舌上音没有舌头音。得出"古无舌上音"结论的重要根据之一也是现代方言中可以找到只有舌头音没有舌上音的方言，而找不到只有舌上音没有舌头音的方言。

（三）娘日归泥

所谓"娘日二纽归泥"，是指36字母中的"娘、日"二母在上古均读作"泥"母。这一观点最早由清代的熊士伯、邹汉勋提出。他们认为，中古"娘、日、泥"三钮在上古是一纽。后来，章太炎在《国故论衡》中提出"古音娘日二纽归泥"说。他认为："古音有舌头泥纽，其后支别，则舌上有娘纽，半舌半齿有日纽，于古皆泥纽也。"意思是中古的"娘、日"两母字上古都读"泥"母。现从他所举的众多例证中摘录部分如下。

1. 娘归泥

通假：《尚书·高宗·肜日》曰，"典祀无丰于昵。"以昵(娘)为禰(泥)。
异文：仲尼(娘)，在《三苍》中写作"仲屔(泥)"。
谐声：奴(泥)——呶挐(娘)，尼(娘)——泥。

2. 日归泥

声训：《白虎堂·德论》曰，男(泥)——任(日)；《释名》曰，入(日)——内(泥)。
谐声：而(日)——耐(泥)，若(日)——诺(泥)，人(日)——年(泥)。

（四）喻三归匣、喻四归定

1. 喻三归匣

清人邹汉勋发现中古的"喻"母、"匣"母在上古关系密切，因此在他的《五均论》中讨论上古声母时，径把"喻"母合并入"匣"母。曾运乾受邹氏影响而更深入一步，他在《喻母古读考》中提出喻三归匣、喻四归定"说。所举例证如下：

《韩非子》："自营(喻三) 为私"，《说文》引作"自环(匣) "。《诗·齐风·还》："子之还(匣) 兮"，《汉书·地理志》引作"营(喻三) "。《老子》："载营魄抱一，能无离乎"，注："营(喻三) 魄，魂(匣) 魄也"。

古读瑗(喻三) 如奂(匣)，古读瑗(喻三) 如环(匣)，古爰(喻三) 缓(匣) 声同。

曾运乾的证据主要是异文和异读。《广韵》中的反切就体现了"喻三"与"匣"母的联系。《切韵指掌图·九辩》也推测"匣"母和"喻"母可能是上古同一个源头分化而成。

2. 喻四归定

能够证明"喻四归定"的材料较"喻三归匣"略少。从谐声关系上可以找到一些例证，如从"俞、台、余、也、兑"得声的字，既有读"喻四"的，也有读"定"母的，"台"中古读"定"母，从它得声的"怡、贻、饴"中古都读"喻四"，说明两者上古关系密切。曾氏《喻母古读考》举证如下：

《周易·涣》："匪夷(喻四) 所思"。《释文》："夷，荀本作弟(定) "。《尚书》："皋陶(定) "。《离骚》《尚书大传》《说文》并作"繇(喻四) "。

古读夷(喻四) 如弟(定)，古读姨(喻四) 如弟(定)，古读余(喻四) 如荼(定)，古读易(喻四) 如狄(定)，古读弋(喻四) 如代(定)，古读说(喻四) 如兑(定)，古读说(喻四) 如脱(定)。

可以看出，它们在上古确实是关系相当密切的两个声母。

（五）照二归精

黄侃在《音略》《与友人论小学书》中说：中古正齿音照组"照、穿、床、审"的二等声母，即"庄、初、崇、生"四母，在上古读齿头音"精、清、从、心"。也就是说中古的庄组（照二）与精组上古原是同一组声母，庄组字后来从精组字中分化出来。证明材料主要是谐声字，如：

斩（庄母）—渐（精母）　捉（庄母）—足（精母）

察（初母）—祭（精母）　疮（初母）—仓（清母）
衬（初母）—亲（清母）　臻（庄母）—秦（从母）
骤（崇母）—聚（从母）　崇（崇母）—宗（精母）
柴（崇母）—此（清母）　茌（崇母）—在（从母）
瘦（生母）—叟（心母）　霜（生母）—相（心母）

分析上述材料可知，庄组字的声母与精组字的声母在上古有紧密的联系。

单纯从材料考查，以上各个结论都有一定的道理。但是，还不能马上认定它们的成立，还需要进一步从音理上审视。

上古声母的研究方法主要是通过梳理大量文献材料，寻找关系点，来推断两个中古声母在上古为同一母。这种方法当然是不全面的，结论也不尽然可靠。因为一方面，很难穷尽所有材料；另一方面，材料所显示的密切关系，也可能只是相近而不是相同。因此，后来学者又提出了使用音理来检验的方法。所谓音理是指语音发展的基本规律，即在一定的时间、地区和相同的条件下，同样的语音会发生同样的变化，没有例外。如果同一语音到后代变成了几个不同的音，则原来必然就有导致这些不同结果的条件。

经过音理检验，一般认为"古无轻唇音""古无舌上音""喻三归匣"三种说法可以成立，其余几说因为暂时还没有找到分化的条件，能否成立大家见仁见智，因此对上古声母的确定也有了许多不同的见解。主要分两派，一派以黄侃为代表，基本上只是从材料出发，不考虑分化的条件，将古声母归并为十九纽。具体归并情况如下。

唇音：帮（非）、滂（敷）、並（奉）、明（微）。

舌音：端（知章）、透（彻昌书）、定（澄船禅）、泥（娘日）、来。

齿音：精（庄）、清（初）、从（崇）、心（邪生）。

牙音：见、溪（群）、疑。

喉音：影（以云）、晓、匣。

另一派以王力为代表，只承认"古无轻唇音""古无舌上音""喻三归匣"三说，认为章组与端组、日母与泥母、喻四与定母、庄组与精组在上古只是音近而不是全同。

王力在《汉语史稿》中提出上古32声母系统，并拟音值，如表3-2所示。

表3-2　王力的上古声母表

唇音	帮 [p] 滂 [pʻ] 並 [b] 明 [m]
舌头音	端 [t] 透 [tʻ] 定 [d] 馀 [d] 泥 [n] 来 [l]
舌上音	章 [ȶ] 昌 [ȶʻ] 船 [ȡ] 书 [ɕ] 禅 [ʑ] 日 [ȵ]
齿头音	精 [ts] 清 [tsʻ] 从 [dz] 心 [s] 邪 [z]
正齿音	庄 [tʃ] 初 [tʃʻ] 崇 [dʒ] 山 [ʃ]
牙音	见 [k] 溪 [kʻ] 群 [g] 疑 [ŋ]
喉音	影 [o] 晓 [x] 匣 [ɣ]

三 上古的韵母系统

上古没有韵书，韵部主要从以《诗经》为代表的先秦韵文中归纳出来，所以有些书把上古韵部直接称作《诗经》韵部。

（一）清代以前的上古韵研究

最早系统研究上古韵部的人是南宋的吴棫。顾炎武在《韵补正·序》中说："考古之功，始于宋吴才老。"吴才老即吴棫。吴棫在《韵补》中提出古韵通转之说，把古韵分为九部，建立上古韵部划分的首功。吴棫之后，郑庠在《古音辨》中分古韵为六部。[①] 但是吴郑两人缺乏历时的音变观念，只是简单合并中古韵。他们的研究结果与上古韵部的实际情况有不小距离。

到明代，陈第作《毛诗古音考》《屈宋古音义》，虽然没有进行分部的工作，但为后来的古韵研究提供了资料选取和研究方法的成功示范。他最重要的贡献，是提出"时有古今，地有南北，字有更革，音有转移"这样具有科学历史观的古音理论，抛弃行之已久的错误的"叶音"说，为古韵分部乃至整个古音研究指明了方向。

（二）清代的上古韵研究[②]

清代是上古音研究的全盛时期，考证精微，审音细致，古韵分部成就空前。古韵研究的奠基人是顾炎武。

顾炎武，字宁人，号亭林，昆山人。他积三十年之功写成古音学巨著《音学五书》，包括《音论》《诗本音》《易音》《唐韵正》《古音表》。这五部书对古音相关问题进行了全面论述，对后来的研究者启发良多。他接受陈第的语音历史发展观，大力提倡"古本音"，驳斥"叶音"说。《诗本音》《易音》《唐韵正》对《诗经》等上古韵文进行了大量扎实的分析和考证，在《古音表》中划分古韵为十部。这十部是在郑庠六部的基础上，将收 [-u] 韵尾的虞韵再分为两部，将收 [-ŋ] 韵尾的阳部再分为四部。十部与《广韵》的对应关系如下。

东部：东、冬、钟、江。

支部：支（之半）、脂、之、微、齐、佳、皆、灰、咍、尤（之半）；去声——祭、泰、夬、废；入声——质、术、栉、昔（之半）、职、物、迄、屑、薛、锡（之半）、月、没、曷、末、黠、鎋、麦（之半，）德、屋（之半）。

鱼部：鱼、虞、模、麻（之半）、侯；入声——屋（之半）、烛觉（之半）、药（之半）、铎（之半）、陌麦、（之半）、昔（之半）。

真部：真、谆、臻、文、殷、元、魂、痕、寒、桓、删、山、先、仙。

[①] 郑著已经亡佚，但郑庠的古音学说可见于清人夏炘的《诗古韵表廿二部集说》。戴震《声韵考》也记载："郑庠作《古音辨》，分阳、支、先、虞、尤、覃六部。"

[②] 万献初. 音韵学要略 [M]. 武汉：武汉大学出版社，2012：143-161.

萧部：萧、宵、爻、豪、幽、尤（之半）；入声——屋（之半）、沃（之半）、觉（之半）、药（之半）、铎（之半）、锡（之半）。

歌部：歌、戈、麻（之半）、支（之半）。

阳部：阳、唐、庚（之半）。

耕部：庚（之半）、耕、清、青。

蒸部：蒸、登（又东韵的弓、雄、瞢等字）。

侵部：侵、覃、谈、盐、添、咸、衔、严、凡（又东韵的芃、风、枫等字）；入声——缉、合、盍、叶、帖、洽、狎、业、乏。

顾炎武划分古韵为十部的重要贡献有二。一是"离析《唐韵》"，如江有诰《音学十书·凡例》所言"能离析《唐韵》以求古音"。顾炎武将韵文和谐声字结合考察，发现上古音中不少不同韵部的字，在中古韵书中合流为一韵。因此，他根据上古韵文材料和谐声材料，考订出《唐韵》中每一字的上古音，并分部排列。二是"入声韵配阴声韵"。中古韵书、韵图显示入声韵是只配阳声韵的，顾炎武从古韵文入声与阴声相押韵的实际出发，除了收 [-m] 韵尾的"侵、覃、谈、盐、添、咸、衔、严、凡"九个阳声韵配有相应的入声韵外，其他的入声韵都配阴声韵。这一点，对后来学者分析上古韵部的系统性很有启发。他的不足是定韵例过宽，分部比较粗疏，过于重视材料而忽视音理。

顾炎武之后，研究古音学卓有成就者有江永、戴震、段玉裁、王念孙、孔广森和江有诰等。江永修正顾炎武的古韵十部，据音理分古韵为十三部，使分部更细。段玉裁把汉字的谐声系统与古代韵文的押韵结合，一方面最大限度拓展上古韵部的收字范围，一方面相互印证使研究结果更加可靠。段氏分古韵为十七部，比顾炎武十部、江永十三部更加精密。戴震是段玉裁的老师，但他的古音研究成果发表在段玉裁之后。戴氏的音韵学著作有《声韵考》《声类表》等。他定古韵为九类二十五部（见表3-3）

表3-3　戴震的古韵九类二十五部

	阴声韵	入声韵	阳声韵
第一类	乌（即鱼部）	垩（铎部）	阿（歌部）
第二类	噫（之部）	亿（职部）	膺（蒸部）
第三类	讴（幽、侯部）	屋（屋部）	翁（东部）
第四类	夭（宵部）	约（药部）	央（阳部）
第五类	娃（支部）	厄（锡部）	婴（耕部）
第六类	衣（脂部）	乙（质部）	殷（真、文部）
第七类	霭（祭部）	遏（月部）	安（元部）
第八类	邑（缉部）		音（侵部）
第九类		馌（葉部）	醃（谈部）

戴震的古韵九类二十五部是在江永、段玉裁分部的基础上发展的。他的贡献有三。其一，采用段玉裁"支、脂、之"三分，再把《广韵》的"祭、泰、夬、废"四韵从江氏去

声第二部和段氏十五部中分出，成为独立的"霭"部；其二，把入声韵独立分为专门的九部与阴声七部、阳声九部相配，即把江永的"数韵共一入"和段玉裁的"异平同入"之说发展为阴阳入三分相配；其三，选取近于零声母的"影"母字作为韵部代表字，进行了构拟上古韵的宝贵尝试。

戴震分部也有明显的不足，一是强行派定"阿（歌）"部为阳声韵，二是不接受段玉裁"真文、幽侯"的分部。

孔广森受老师戴震的影响，分古韵为十八部（孔氏称类），阴声韵、阳声韵各九部，他的阴阳对转理论对后世学者影响颇大。王念孙也曾就学于戴震，他将上古韵分为二十一部。江有诰也定上古韵为二十一部，他的分部整体上与王念孙接近，是前述各家的验证和补充。

清末民初，章太炎、黄侃是上古韵部研究领域的重要学者。

章炳麟，字太炎，浙江余杭人，著述丰富。他在音韵方面有《小学略说》《二十三部音准》。章太炎在王念孙二十一部韵的基础上吸收了孔广森的"冬"部，后来又证明"脂"部的去声和相配的入声韵不与平上声韵同押，所以将它们独立出来成立"队"部，最终分上古韵为二十三部。

黄侃，字季刚，湖北蕲春人，是章太炎的学生，其综合各家之说，被称为清代古音学研究的"殿军"。他的音韵学著作有《音略》《声韵通例》等，其中在《音略》中分古韵为二十八类（部）。

（三）清代以后的上古韵研究

清以后的学者受到现代语音学理论的影响，对上古韵的研究更趋细密。主要学者有王力、罗常培、周祖谟等。

王力的《汉语史稿》分上古韵为二十九部，具体是在黄侃二十八部的基础上增加"微"部、"觉"部两部，去掉"冬"部。后来，他在《古代汉语》中又增加"冬"部，成为三十部。这三十个上古韵部的排列及音值（据《汉语语音史》）如表3-4所示。

表3-4 王力对上古韵部的划分及音值

	阴声韵	入声韵	阳声韵
第一类	之部 [ə]	职部 [ək]	蒸部 [əŋ]
第二类	幽部 [u]	觉部 [uk]	冬部 [uŋ]
第三类	宵部 [o]	药部 [ok]	
第四类	侯部 [ɔ]	屋部 [ɔk]	东部 [ɔŋ]
第五类	鱼部 [a]	铎部 [ak]	阳部 [aŋ]
第六类	支部 [e]	锡部 [ek]	耕部 [eŋ]
第七类	脂部 [ei]	质部 [et]	真部 [en]
第八类	微部 [əi]	物部 [ət]	文部 [ən]

续表

	阴声韵	入声韵	阳声韵
第九类	歌部 [ai]	月部 [at]	元部 [an]
第十类		缉部 [əp]	侵部 [əm]
十一类		盍部 [ap]	谈部 [am]

罗常培，字莘田，满族，著名语言学家。他在音韵方面的著作有《汉语音韵学导论》、《汉魏晋南北朝韵部演变研究》（与周祖谟合著）等。

周祖谟，字燕孙，著名语言学家。他的音韵学著述有《广韵校本》、《汉语音韵论文集》、《汉魏晋南北朝韵部演变研究》（与罗常培合著）、《唐五代韵书集存》、《广韵四声韵字今音表》等。

罗、周二人共同对上古韵部进行研究，他们分古韵为三十一部，如表3-5所示。

表3-5 罗常培、周祖谟对上古韵部的划分

	阴声韵	入声韵	阳声韵
第一类	之部	职部	蒸部
第二类	幽部	沃（觉）部	冬部
第三类	宵部	药部	
第四类	侯部	屋部	东部
第五类	鱼部	铎部	阳部
第六类	歌部		
第七类	支部	锡部	耕部
第八类	脂部	质部	真部
第九类	微部	术（物）部	谆（文）部
第十类	祭部	月部	元部
第十一类		缉部	侵部
第十二类		盍部	谈部

罗、周的分部采用了王力的"微"部，与王氏不同之处有二。

第一，王力的月部包括《广韵》的去声韵"祭、泰、夬、废"和入声韵"月、曷、末、黠、鎋、薛"，罗、周则将"祭、泰、夬、废"独立为"祭"部，所以比王氏多出一部。之所以这样处理，是因为罗、周认为上古有四声。

第二，王力以"歌、月、元"相配。罗、周二人则以"祭、月、元"相配，让歌部保持独立。这是清代多数学者的配法。

经过历代学人的不懈努力，上古韵部系统已基本确立。总体来说，我们认为罗常培、周祖谟与王力的分部相对更为合理，这两种分部的差别主要在"祭、月"二部上，差别不大，对上古韵部系统的影响有限。

四 上古的声调

明清以来，不少音韵学者涉足上古声调的研究，但至今还没有一个比较统一的结论。以《广韵》音系为代表的中古声调的调值很难弄清楚，但中古声调有"平、上、去、入"四个调类则是十分明确的。而上古声调不但调值无从探知，有多少调类也很难定论。到目前为止，多数音韵学者都承认上古音有声调之别而且有入声，因为否认这一点就等于否认了上古阴、阳、入相配的韵部系统。但是，除了入声之外的上古声调到底还有哪些，看法很不一致。研究上古声调的材料也主要是上古韵文，不同学者对同样材料的观察和处理的方法不同，得出的结论就大不相同。主要有如下几种意见。

（一）四声互通

宋代吴棫在《韵补》中认为"平、上、去、入"四声在上古时期可以"通转"，即四声之韵可以通押；程迥在《古韵通式》中认为上古"四声互用，切响通用"。他们都认为上古没有清晰的四声界限，也就是没有四声之别。

明末陈第《毛诗古音考》记载："四声之说起于后世。古人之诗，取其可歌可咏，岂屑屑毫厘，若经生为耶？"他也认为"古无四声"。

顾炎武以明确标注了四声的《切韵》为基准来回看上古声调，认为上古有四声，而且判断上古"平声音长，入声音短"。但他看到平上去入四声在《诗经》中可以通押，平上去三声多贯通，而入声押入声者占十分之七，入声押平声者占十分之三。因此，他在《音论》中总结道："四声之论虽起于江左，然古人之诗已有迟疾轻重之分，故平多韵平，仄多韵仄。亦有不尽然者，而上或转为平，去或转为平上，入或转为平上去，则在歌者之抑扬高下而已。故四声可以并用。"这就是他的"四声一贯"说。

（二）古无去声

段玉裁认为上古有"平上入"三声而没有去声，去声是魏晋时才渐渐出现的，由上声和入声分化而来。这一观点主要见于他的《六书音均表》："古四声不同今韵，犹古本音不同今韵也。考周秦汉初之文，有平上入而无去，洎乎魏晋，上入声多转而为去声，平声多转为仄声，于是乎四声大备，而与古不侔。有古平而今仄者，有古上入而今去者，细意搜寻，随在可得其条理"，"古平上为一类，去入为一类。上与平一也，去与入一也。上声备于《三百篇》，去声备于魏晋"。

（三）两平两入

王力认为上古声调有两种平声、两种入声，即长平和短平、长入和短入，其中长入和短入都有塞音韵尾。长平到中古依然是平声，短平到中古则变成了上声；长入到中古脱落韵尾变成了去声，短入到中古依然是入声。

此外，陆志韦认为上古有长去、短去两个去声，因此共有五声；李荣认为上古有二声三调；李新魁认为上古声调共五类，调值有三种；等等。

（四）古有四声

江永认为古有四声，不赞同顾炎武的"四声一贯"说，不承认声调可以随意通转。他认为四声杂用是因为古代押韵不严。他在《古韵标准·例言》中说："四声虽起于江左，案之实有其声，不容增减，此后人补前人未备之一端。平自韵平，上去入自韵上去入者，恒也。亦有一章两声或三、四声者，随其声讽诵咏歌，亦自谐适，不必皆出一声。如后人诗余歌曲，正以杂用四声为节奏，《诗》韵何独不然？"

戴震、钱大昕都认为古有四声，观点与江永大体相似。

江有诰、王念孙认为古有四声，但不同于今四声，有些韵四声俱全，有些韵并不全。

夏燮判断古有四声，其在《述韵》中有详细阐述。他认为："苟古无四声，何以屡用而不容一韵之出入？……大抵后人多以《唐韵》之四声求古人，故多不合，因其不合，而遂疑古无四声，非通论也。"

周祖谟同意王念孙、江有诰、夏燮等人的古有四声之说。他在《古音有无上去二声辨》中梳理夏燮的证据："一、古人之诗，一章连用五韵六韵以至十余韵者，有时同属一声，其平与平、入与入连用者固多，而上与上、去与去连用者亦屡见不鲜，若古无四声，何以四声不相杂协？二、诗中一篇一章之内，其用韵往往同为一部，而四声分用不乱，无容侵越，若古无四声，何以有此？……三、同为一字，其分见于数章者，声调并同，不与他类杂协，是古人一字之声调大致有定。苟无四声，则不能不有出入矣。"表示认同夏燮。

周祖谟反对古无四声（四声互通）说，又根据《诗经》用韵等大量材料证明：上古的上声和去声大都独用，两个声调是真实存在的。他总结说："四声之名，古所未有，学者皆知起于宋齐之世。至于四声之分，由来已远，非创始于江左也。观魏晋之人，为文制韵，固已严辨四声，即上求周秦两汉之文，亦莫不曲节有度，急徐应律，平必韵平，入必韵入。故知字有声调之别，自古已然。……古有四声殆无疑义。"

史存直对《诗经》的四声进行分类统计：《诗经》305篇，1141章，共有1679个押韵单位。四声中同调相押的有：平声714个、上声284个、去声135个、入声247个，共计1380个，在全部押韵单位中占比超过百分之八十。可见汉语在上古不但有声调，而且调类大约是平、上、去、入四类，与中古类似。①

第三节 近 代 音

近代音指元明清时期以北方中原话为基础的汉语共同语语音系统，它上承前代的《广韵》音系，下启现代汉语普通话音系。属于近代音的韵书有元代的《中原音韵》《七音韵》

---

① 史存直. 关于周秦古音的声调问题 [C] //汉语音韵学论文集. 上海：华东师范大学出版社，2002：1.

《蒙古字韵》《古今韵会举要》，以及明代的《洪武正韵》《韵略易通》等，其中《中原音韵》是近代音领域中最为重要的研究对象。

一 《中原音韵》与近代音的变化

《中原音韵》成书于元代泰定元年（1324年），至正元年（1341年）刊刻。作者周德清，号挺斋，江西高安人。《中原音韵》主要是依据当时关汉卿、郑光祖、马致远、白朴等戏剧家所作元曲的用韵而编成的韵书，目的是为当时创作词曲提供音韵规范，所以该书反映的是当时的实际语音。

《中原音韵·自序》记曰："欲作乐府，必正言语，欲正言语，必宗中原之音。"所谓"中原之音"，有学者认为指的是当时的大都（北京）音，也有学者认为指的是当时通行于北方的共同语语音。《中原音韵》促进了共同语的推广和规范化，也被当时的词曲作者奉为圭臬。

《中原音韵》分《韵谱》和《正语作词起例》两部分。《韵谱》把5866个元曲常用的韵脚字分类编成曲韵韵谱，并依当时北方共同语语音系统把它们划分为19韵部。

（一）《中原音韵》的声母系统

罗常培在《中原音韵声类考》中考订《中原音韵》的声母为20个。之后，赵荫棠、陆志韦、杨耐思、李新魁等皆有考订，或为20声母，或为21声母，差别在于有无[ŋ]母。其中杨耐思在《中原音韵音系》中考订的21声母及其拟音如表3-6所示。

表3-6　21声母及其拟音

唇音	帮[p]	滂[pʻ]	明[m]	非[f]	微[v]
舌音	端[t]	透[tʻ]	泥[n]	来[l]	
齿音	精[ts]	清[tsʻ]	心[s]		
	章[tʃ]	昌[tʃʻ]	生[ʃ]	日[ʒ]	
喉牙音	见[k]	溪[kʻ]	疑[ŋ]	晓[x]	影[o]

比较《中原音韵》21声母与中古"36字母"可以看到，声母系统的合流、简化是规律性的演变趋势。

（二）《中原音韵》的韵母系统

《中原音韵》的19韵部为：一东钟、二江阳、三支思、四齐微、五鱼模、六皆来、七真文、八寒山、九桓欢、十先天、十一萧豪、十二歌戈、十三家麻、十四车遮、十五庚青、十六尤侯、十七侵寻、十八监咸、十九廉纤。

这十九个韵部按小韵进行归纳分析，各部可得出一至四个韵母不等，总计有47个韵母。杨耐思在《中原音韵音系》中列出的韵部、韵母与拟音如表3-7所示。

表 3-7 《中原音韵音系》的韵部、韵母与拟音

一	东钟	uŋ	iuŋ		
二	江阳	aŋ	iaŋ	uaŋ	
三	支思	ɿ，ʅ			
四	齐微	ei	i	uei	
五	鱼模	u	iu		
六	皆来	ai	iai	uai	
七	真文	ən	iən	uən	iuən
八	寒山	an	ian	uan	
九	桓欢	on			
十	先天		iɛn		iuɛn
十一	萧豪	au	iau	iɛu	
十二	歌戈	o	io	uo	
十三	家麻	a	ia	ua	
十四	车遮		iɛ		iuɛ
十五	庚青	əŋ	iəŋ	uəŋ	iuəŋ
十六	尤侯	əu	iəu		
十七	侵寻	əm	iəm		
十八	监咸	am	iam		
十九	廉纤	əm	iem		

中古《广韵》分 206 韵,《中原音韵》只有 19 韵部,韵目数减少许多。《中原音韵》的韵母系统与《广韵》相比也明显简化,《广韵》有 142 个韵母,《中原音韵》只有 47 个。其简化原因主要有以下四点。

第一,入声韵消失。《中原音韵》共收古入声字 735 个,全部归入阴声韵中。这样,韵类合流,韵数和韵母数自然随之减少。

第二,《广韵》把声调不同而韵母相同的字分列为不同的韵,而《中原音韵》中的一个韵部就包括了《广韵》中平、上、去声调不同的韵,因而韵目数大大减少。

第三,《广韵》是综合性的读书音系,韵数多;而《中原音韵》记录的是单一音系的实际读音,韵类和韵母数自然较少。

第四,相近的韵合并。很多在《广韵》中有区别的韵到近代都被合并了,如"支、脂、之"三韵合流,"东、冬、钟"三部合流。

综上,《中原音韵》将音系大大简化,韵部和韵母数都明显减少。

(三)《中原音韵》的声调

《中原音韵》分"阴平、阳平、上声、去声"四个声调,已经相当接近现代汉语普通

话了。比较《广韵》和《中原音韵》，声调的主要变化是"平分阴阳"（平声分阴平阳平）、"浊上变去"（全浊上声变为去声）、"入派三声"（入声派入阳平、上声和去声）。其中，"入派三声"的规律是全浊入声字变为阳平，次浊入声字变为去声，清声母入声字则全部变为上声。

二 近代音与现代汉语普通话的关系[①]

汉语语音从中古发展到近代，已经大大简化，近代音系非常接近现代汉语普通话音系。现代汉语中直接来源于《中原音韵》的语音成分不再细说，下面简述其中近代到现代仍有变化的部分。

（一）声母

就声母部分而言，现代汉语普通话的声母大多直接承袭《中原音韵》，只有少数是在《中原音韵》以后形成。

现代的 [tɕ] [tɕ'] [ɕ] 这组声母的具体产生年代不可考，大约在清代前期。它们的产生与尖音、团音关系密切。尖音，指宋人36字母中的"精、清、从、心、邪"与细音韵母（即今天所称的齐齿呼、撮口呼）相拼的音；团音，指"见、溪、群、晓、匣"与细音韵母相拼的音。清初樊腾凤的《五方元音》还没有对这三个声母的记录，而在乾隆八年（1743年），旨在教会当时人辨别尖团音的著作《圆音正考》问世了，其作者不详。这表明，[tɕ] [tɕ'] [ɕ] 的产生应当在两部书写作年代的中间某个时期。

[tɕ] [tɕ'] [ɕ] 的来源有两个，分别是《中原音韵》中的 [k] [k'] [x] 和 [ts] [ts'] [s]，如下所示：

$\begin{bmatrix}k\\ts\end{bmatrix}$ + [i] 或 [y] 介音 —— [tɕ]

$\begin{bmatrix}k'\\ts'\end{bmatrix}$ + [i] 或 [y] 介音 —— [tɕ']

$\begin{bmatrix}x\\s\end{bmatrix}$ + [i] 或 [y] 介音 —— [ɕ]

产生这种变化的原因，总体来讲是颚化。具体讲则是：舌根音 [k] [k'] [x] 与 [i] 或 [y] 发音位置较远，当两者相拼时，[k] [k'] [x] 受 [i] [y] 影响发生颚化，导致舌位前移，于是 [k] [k'] [x] 变成了 [tɕ] [tɕ'] [ɕ]。同理，舌尖前音 [ts] [ts'] [s] 与 [i] 或 [y] 发音位置较远，当两者相拼时，[ts] [ts'] [s] 受 [i] [y] 影响发生颚化，导致舌位后移，于是 [ts] [ts'] [s] 变成了 [tɕ] [tɕ'] [ɕ]。

当 [k] [k'] [x] 和 [ts] [ts'] [s] 两组声母与 [i] 或 [y] 相拼变为 [tɕ] [tɕ'] [ɕ] 后，原来壁垒森然的尖音和团音就没有区别了。这种现象也被称为"尖团合流"。现在有

[①] 参考王力. 汉语史稿 [M]. 北京：中华书局，2002：109-133.

些方言中还保留有尖团音。粤方言、客家方言、闽方言等，尖团音并存。吴方言的尖音尚在，团音声母已经变为 [tɕ] [tɕʻ] [ɕ]。北方的河北、山东、河南、山西等某些地区，方言中大多也是有保留尖音，团音声母变为 [tɕ] [tɕʻ] [ɕ]。可以看到，见组声母与 [i] 或 [y] 相拼时，变为 [tɕ] [tɕʻ] [ɕ] 的时间比较早也相对彻底。

现代的 [tʂ][tʂʻ][ʂ] 应该是在明代全部产生的。一般认为：大概唐末宋初"章""庄"先合流为"照"；而后在《中原音韵》时期再与"知"合流，产生卷舌音的最初形态；到明代兰茂《韵略易通》中的《早梅诗》，[tʂ] [tʂʻ] [ʂ] 全部产生。如下所示①：

知 [ţ] —— [tɕ]
章 [tɕ]
庄 [tʃ] } [tʃ] } [tʃ] —— [tʂ]

彻 [ţʻ] —— [tɕʻ]
昌 [tɕʻ]
初 [tʃʻ] } [tʃʻ] } [tʃ] —— [tʂ]

书 [ɕ]
山 [s] } [ʃ] —— [ʂ]

"澄、船、禅、崇"四母的变化路径与上面的有些不同。它们按照浊音清化规律，分别变为 [tʂ] 和 [tʂʻ]。如澄母：

澄 [ɖʻ] —— [dʒ] —— [dʐʻ] { 平声 [tʂʻ] / 仄声 [tʂ] }

"船"母和"禅"母又从平声中分化出 [ʂ]，"崇"母从仄声中分化出 [ʂ]。

（二）韵母

就韵母而言，现代汉语普通话中的韵母常常来源于前代几个韵部的分合。根据唐作藩先生《汉语音韵学常识》②，《中原音韵》19 韵部与现代汉语普通话韵母的对应关系如表 3-8 所示。

表 3-8 《中原音韵》19 个韵部与现代汉语普通话韵母对应表

中原音韵	现代汉语普通话
1. 东钟 [uŋ] [iuŋ]	[uŋ] [yŋ]
2. 江阳 [aŋ] [iaŋ] [uaŋ]	[aŋ] [iaŋ] [uaŋ]
3. 支思 [ɿ] [ʅ]	[i] [u] [ər]
4. 齐微 [ei] [i] [uei]	[ei] [i] [uei]

---

① 王力．汉语史稿 [M]．北京：中华书局，2002：116.
② 唐作藩．汉语音韵学常识 [M]．北京：商务印书馆，2018：107.

续表

中原音韵	现代汉语普通话
5. 鱼模 [u] [iu]	[u] [y]
6. 皆来 [ai] [iai] [uai]	[ai] [iɛ] [uai]
7. 真文 [ən] [in] [un] [iun]	[ən] [in] [un] [yn]
8. 寒山 [an] [ian] [uan]	[yan] [iɛn] [uan]
9. 桓欢 [on]	[an] [uan]
10. 先天 [ien] [iuen]	[an] [iɛn] [yan]
11. 萧豪 [au] [iau] [iɛu]	[au] [iau]
12. 歌戈 [o] [io] [uo]	[o] [ə] [uo]
13. 家麻 [a] [ua] [ia]	[a] [ua] [ia]
14. 车遮 [e] [ie]	[ə] [iɛ]
15. 庚青 [əŋ] [ieŋ] [ueŋ] [iueŋ]	[əŋ] [iŋ] [uŋ] [yŋ]
16. 尤侯 [əu] [iəu]	[əu] [iəu]
17. 侵寻 [əm] [in]	[ən] [in]
18. 监咸 [am] [iam]	[an] [iɛn]
19. 廉纤 [əm] [iem]	[iɛn]

从表 3-8 看，有几个变化值得注意。

其一，现代汉语普通话中的 [ə] 韵母，在《中原音韵》并不存在。它来源于歌戈的部分、车遮的部分、皆来的部分，以及齐微的少量字。

其二，普通话的 [ər] 韵母源于《中原音韵》的支思韵。

其三，不少韵部发生了四呼转变。常见的有《中原音韵》里的某韵齐齿呼受到卷舌声母 [tʂ] [tʂʻ] [ʂ] 的影响，变为普通话里的开口呼或合口呼等。如：《中原音韵》江阳的齐齿呼 [iaŋ] 变为普通话的开口呼 [aŋ]，真文的齐齿呼 [iun] 变为普通话的合口呼 [un]。

其四，[-m] 韵尾变为 [-n] 韵尾。中古时期的深、咸两摄所含的九个韵"侵、覃、谈、盐、添、咸、衔、严、凡"都是收 [-m] 尾的。到《中原音韵》时期，这九韵合并为"侵寻""监咸""廉纤"三部。明末毕拱辰在《韵略易通》中将以上三部与收 [-n] 尾韵的"真文""寒山""桓欢""先天"四部合并，成为"真文""山寒""先全"三部。这证明此时 [-m] 韵尾已经消失，所以现代汉语普通话没有 [-m] 韵尾。

其五，入声韵尾 [-p] [-t] [-k] 消失。中古的入声韵尾 [-p] [-t] [-k] 在《中原音韵》时期全部脱落。这样一来，原本的入声韵就并入了对应的阴声韵。所以现代汉语普通话没有入声韵，有些方言中 [-p] [-t] [-k] 是先合流为喉塞音 [-ʔ]，而后再脱落成为阴声韵。

（三）声调

现代汉语普通话的声调在《中原音韵》时期已完成演变，所以现代汉语普通话的声调系统基本上是《中原音韵》声调系统的延续。

第四节 古韵通转

古韵通转包括对转、旁转和旁对转，是清代音韵学家对古韵间语音转化规律的总结。指在一定条件下，属于不同韵部的字可以相通，被认为是将某些特定的字转到了相通的韵部中，主要表现为不同韵部的字可以押韵、谐声、通假、同源、同音等。这一理论有一定的适用性，可以帮助解决古籍中的某些疑难训诂，并解释某些文字和语音的通、同现象。但也不能滥用，要避免"无所不通，无所不转"。

一 古韵对转

古韵对转，涉及阴声韵、阳声韵、入声韵。

阴声韵：指没有韵尾或以元音收尾的韵，如《广韵》中的"支、脂、之、微、鱼"等。

阳声韵：指收鼻音韵尾 [-m]、[-n]、[-ŋ] 的韵，如《广韵》中的"东""钟""江"等收 [-ŋ] 韵尾，"真""文""元"等收 [-n] 韵尾，"侵""覃""盐""咸"等收 [-m] 韵尾。

入声韵：指收塞音韵尾 [-p]、[-t]、[-k] 的韵，如《广韵》中的"屋""沃""觉"等收 [-k] 韵尾，"叶"收 [-p] 韵尾，"质""术""物"等收 [-t] 韵尾。

学者们发现：在韵腹相同的情况下，古韵会发生阴声韵与阳声韵、阳声韵与入声韵、入声韵与阴声韵之间的相互转化。

下面是一个典型的阴阳入对转的实例。

"之"字作为声根，构成一级谐声字"寺"，再构成二级谐声字"等""特"。按照段玉裁"同谐声必同部"的论断推测，四个字在造字时代应属于同一个韵部。但是上古时期，"寺"的韵母为 [iə] 属阴声韵，"等"的韵母为 [ŋə] 属阳声韵，"特"的韵母为 [ək] 属入声韵。[iə] [ŋə] [ək] 三者主要元音都是 [ə]，差别只在韵尾。从理论上讲，阴声韵加上阳声韵尾，就变成对应的阳声韵；阴声韵加上入声韵尾，就变成对应的入声韵；阳声韵的韵尾脱落，就变成对应的阴声韵；入声韵的韵尾脱落，就变成对应的阴声韵；阳声韵韵尾改换为入声韵尾，就变成相应的入声韵；入声韵韵尾改换为阳声韵尾，就变成对应的阳声韵。

要注意的是："阴阳对转"除了要求韵母的主要元音相同外，还要求所转换的韵尾辅音的发音位置相同。如发音位置都在唇的 [-m] 和 [-p]、发音位置都在舌的 [-n] 和 [-t]、发音位置都在喉的 [-ŋ] 和 [-k]，相对其他发音位置不同的韵尾辅音更加容易发生对转。

二 古韵旁转

旁转的条件是,主要元音相近且韵尾相同,韵部相邻。

如《释名·释亲属》写道:"俗或谓舅为章,又曰忪。""章"也写作"嫜",常与"姑"并称,指丈夫的母亲与父亲。杜甫《新婚别》中有:"妾身未分明,何以拜姑嫜。""姑嫜"亦作"姑章"。颜师古在《匡谬正俗》卷六中记载:"古谓舅姑为姑章,今俗亦呼为姑钟(锺)。""钟"也作"忪"。其中,上古时期的"章"属阳部字,韵为[-aŋ];"钟""忪""忪"均属"东"部字,韵为[-oŋ]。清代学者认为"章"变为"钟",是从"阳"部转到"东"部。从现代语音学角度观察,两者的主要元音相近,韵尾相同。

再如中古时"贯"属"寒"部,读[kuan];以"贯"为声旁的"掼"属"删"部,读[kuan]。由于这种谐声关系,传统上就认为"贯"从"寒"部转入"删"部,即"寒""删"旁转。从现代语音学角度看,这两字的主要元音[ɑ]、[a]都是舌面低元音,有相同的鼻音韵尾[-n],满足形成转化关系的条件。

又如中古时"盍"属"盍"部,读[ɣap];"盒"属"合"部,读[ɣəp]。但是现代汉语普通话中,两字都读[xə]。因为"盍""盒"的主要元音[a]与[ə]发音位置接近,且有相同的韵尾[-p],所以前者可以发生旁转,变得与后者读音相同。

三 古韵旁对转

旁对转指某字先旁转,再对转到相应韵部的现象。条件是参与旁对转的韵部主要元音相近,韵尾不同。

如"柔"与"弱"为同源关系。上古"柔"为"幽"部,"弱"为"沃"部。它们都有柔软、柔弱、柔顺的意思。两者语音上的联系是,先由"幽"部[iu]旁转为"豪"部[au],再由"豪"部对转入"沃"部[auk]。

第五节 古代诗词的语音规则

古代诗词是我国宝贵的文化遗产,同时也在当今生活中发挥着重要作用。先秦的《诗经》《楚辞》,汉代大赋、乐府,以及唐诗、宋词、元曲等,既是后世了解古代社会的重要文献,也丰富着今人的思维和语言。对语音学、音韵学来说,诗词等韵文也是研究古音的优质材料。所以,有必要了解古代诗词的语音规则和变化情况。

一 诗韵与词韵

(一)诗韵

谈到诗韵,多半是就近体诗而言,因为比起汉魏六朝的古体诗,唐代发展起来的近体诗内容更加丰富，形式更为严整，对后世影响更大。

1. 用韵标准

既然诗歌有韵，那么无论从创作、交流、品评、还是流传的角度看，诗歌创作都需要一个统一的用韵标准。隋代《切韵》问世以后，唐人据之修订为《唐韵》，宋人又增广重修为《广韵》，这些韵书都是当时权威的用韵标准。但是它们所记录的音系具有糅合古今四方的性质，与当时的通语语音并不完全贴合，而且《切韵》分193韵，《广韵》分206韵，太过细苛，也使写诗的人很受拘牵。因此，唐初许敬宗上书建议，把相近的韵合并使用。《广韵》《集韵》就沿用这个方法，在书中把可以合并使用的韵用"同用"标明。宋代淳祐年间，江北平水人刘渊作《壬子新刊礼部韵略》，把206韵合并为107韵。这就是"平水韵"。清人又把"平水韵"合并为106韵，改称"佩文诗韵"。实际上，唐人使用的也是类似"平水韵"的、合并相近韵以便谐韵的韵系，只是当时还没有这个名目而已。

清人改定后的平水韵（106韵）包括上平声、下平声、上声、去声、入声。

上平声：一东、二冬、三江、四支、五微、六鱼、七虞、八齐、九佳、十灰、十一真、十二文、十三元、十四寒、十五删。

下平声：一先、二萧、三肴、四豪、五歌、六麻、七阳、八庚、九青、十蒸、十一尤、十二侵、十三覃、十四盐、十五咸。

上声：一董、二肿、三讲、四纸、五尾、六语、七麌、八荠、九蟹、十贿、十一轸、十二吻、十三阮、十四旱、十五潸、十六铣、十七筱、十八巧、十九皓、二十哿、廿一马、廿二养、廿三梗、廿四迥、廿五有、廿六寝、廿七感、廿八俭、廿九豏。

去声：一送、二宋、三绛、四寘、五未、六御、七遇、八霁、九泰、十卦、十一队、十二震、十三问、十四愿、十五翰、十六谏、十七霰、十八啸、十九效、二十号、廿一箇、廿二祃、廿三漾、廿四敬、廿五径、廿六宥、廿七沁、廿八勘、廿九艳、三十陷。

入声：一屋、二沃、三觉、四质、五物、六月、七曷、八黠、九屑、十药、十一陌、十二锡、十三职、十四缉、十五合、十六叶、十七洽。

2. 用韵规则

在使用"平水韵"作标准的前提下，近体诗还有一些用韵规则。

第一，韵脚只能用平声字。如王昌龄的《从军行》："秦时明月汉时关，万里长征人未还。但使龙城飞将在，不教胡马度阴山。"韵脚字"关""还""山"都属于上平声十五删。

第二，一韵到底，不能换韵。如韩愈的《左迁至蓝关示侄孙湘》："一封朝奏九重天，夕贬潮州路八千。欲为圣明除弊事，肯将衰朽惜残年。云横秦岭家何在？雪拥蓝关马不前。知汝远来应有意，好收吾骨瘴江边。"韵脚字"天""千""年""前""边"都属于一先。

第三，首句可以不入韵；如果入韵，既可以用本韵，也可以用相邻的韵。如苏轼的

《题西林壁》："横看成岭侧成峰，远近高低各不同。不识庐山真面目，只缘身在此山中。"韵脚字中的首字"峰"属二冬，"同""中"属一东。"东""冬"相邻。

（二）词韵

词起源于唐代，盛行于宋代，由诗发展而来，又被称为"诗余"。词的特点是句子长短不一，所以也叫"长短句"。词有词牌，如《清平乐》《卜算子》《念奴娇》等。词牌不是题目，表示的是词的平仄、字数、句数、韵脚等。后人把每一个词牌的平仄、字数、句数、韵脚标明，就是词谱。按照词谱作词，叫作"填词"。

1. 用韵标准

词韵大体也是遵循"平水韵"的，只是用韵更宽，常常合并相邻的韵来当作一个韵使用。相邻韵合并的方法，并没有统一的标准，后人在作词时常常感到无所适从。因此，清人戈载总结归纳前代词作的用韵情况，撰成《词林正韵》一书，供作词人参考。戈载把词韵分为十九部，包括平声、上声、去声十四部和入声五部。具体如下。

第一部：平声东、冬；上声董、肿；去声送、宋。

第二部：平声江、阳；上声讲、养；去声绛、漾。

第三部：平声支、微、齐，又灰半（"回""雷"等字）；上声纸、尾、荠，又贿半（"悔""罪"等字）；去声寘、未、霁，又泰半（"会""最"等字），队半（"内""佩"等字）。

第四部：平声鱼、虞；上声语、麌；去声御、遇。

第五部：平声佳半（"街""钗"等字），灰半（"来""台"等字）；上声蟹，又贿半（"海""在"等字）；去声泰半（"盖""外"等字），卦半（"拜""快"等字），队半（"塞""代"等字）。

第六部：平声真、文，又元半（"魂""痕"等字）；上声轸、吻，又阮半（"本""损"等字）；去声震、问，又愿半（"闷""困"等字）。

第七部：平声寒、删，又元半（"言""烦"等字）；上声旱、潸、铣，又阮半（"远""晚"等字）；去声翰、谏、霰，又愿半（"怨""健"等字）。

第八部：平声萧、肴、豪；上声筱、巧、皓；去声啸、效、号。

第九部：平声歌；上声哿；去声个。

第十部：平声麻 佳半（"佳""涯"等字）；上声马；去声祃，又卦半（"话""画"等字）。

第十一部：平声庚、青、蒸；上声梗、迥；去声敬、径。

第十二部：平声尤；上声有；去声宥。

第十三部：平声侵；上声寝；去声沁。

第十四部：平声覃、盐、咸；上声感、俭、豏；去声勘、艳、陷。

第十五部：入声屋、沃。

第十六部：入声觉、药。

第十七部：入声质、陌、锡、职、缉。

第十八部：入声物、月、曷、黠、屑、叶。

第十九部：入声合、洽。

这个分韵已经算宽，但是实际写作时，词人还可能根据情况进一步合并。因此，相对诗韵来讲，词韵是相当宽的。

2. 用韵规则

首先，词作押韵不限平声，可以有上去声韵，甚至入声韵。

平声韵如晏殊《浣溪沙·一曲新词酒一杯》①，韵脚字"杯""台""回""来""徊"都是平声。

上去声韵如辛弃疾《摸鱼儿·更能消几番风雨》，韵脚字中"雨""语""舞""土""苦"为上声，"去""数""住""路""絮""误""妒""赋""诉""处"为去声。

入声韵如苏轼《念奴娇·赤壁怀古》，韵脚字"物""壁""雪""杰""发""灭""发""月"都是入声。

其次，换韵方式一般为平仄互换。或者先用平韵，后用仄韵；或者先用仄韵，后换平韵；或者连换几次韵。

换韵有三种方式。② 其一，换韵不换部，两韵元音相同，只有声调不同，如"东""董""送"的关系。常见的是平仄互换。这里的"仄"指上声和去声，不包括入声。如辛弃疾的《西江月·夜行黄沙道中》，韵脚字中的"蝉""年""前""边"为平声，"片""见"为去声。其二，换韵且换部。如辛弃疾的《清平乐·独居博山王凡庵》，上片韵脚字"鼠""舞""雨""语"均为仄声，其中"鼠""雨""语"属平水韵六语，"舞"属七麌；下片"南""颜""山"均为平声，在平水韵中"南"属十三覃，"颜""山"属十五删。其三，换韵后又回到原韵。如李煜的《相见欢·无言独上西楼》，上片韵脚字"楼""钩""秋"为平声，属十一尤；过片"断""乱"为仄声，"断"属十四旱，"乱"属十五翰；下片的"愁""头"又回到平声十一尤。

二 平仄与对仗

（一）平仄

平仄是对中古平、上、去、入四声的分类。"平"指调值没有起伏变化的平声，对应现代汉语普通话的阴平和阳平；"仄"指调值有起伏变化的上、去、入声。古人在写诗作词时，为了追求节奏顿挫、声律富于美感，特别注意使句子中的字平仄交错，因此形成了固定的平仄格式。要阅读或写作古诗词，必须对平仄规范有一定的了解和掌握。

---

① 本章例证可见数字资源。
② 王力. 诗词格律概要［M］. 北京：中华书局，2014：317.

1. 近体诗的平仄

近体诗中，绝句的平仄往往是律诗平仄的前半部分，所以这里只讲律诗平仄。

律诗的平仄通常采取"平平—仄仄"或"仄仄—平平"的方式交替进行。五言律诗最基本的四个句式为：仄仄平平仄、平平仄仄平、平平平仄仄、仄仄仄平平。

交替使用这四种句式，就构成了不同格式的律诗。根据第一句首尾两个字的平仄分类，五言律诗首句有以下格式。

第一，仄起仄收式。如杜甫《春望》。

仄仄平平仄，平平仄仄平。
平平平仄仄，仄仄仄平平。
仄仄平平仄，平平仄仄平。
平平平仄仄，仄仄仄平平。

第二，仄起平收式。如王维《终南山》。

仄仄仄平平，平平仄仄平。
平平平仄仄，仄仄仄平平。
仄仄平平仄，平平仄仄平。
平平平仄仄，仄仄仄平平。

第三，平起仄收式。如王维《山居秋暝》。

平平平仄仄，仄仄仄平平。
仄仄平平仄，平平仄仄平。
平平平仄仄，仄仄仄平平。
仄仄平平仄，平平仄仄平。

第四，平起平收式。如岑参《赵少尹南亭送郑侍御归东台》。

平平仄仄平，仄仄仄平平。
仄仄平平仄，平平仄仄平。
平平平仄仄，仄仄仄平平。
仄仄平平仄，平平仄仄平。

七言律诗的四种基本句式是在五言律诗的句式前加上相反的平仄：平平仄仄平平仄、仄仄平平仄仄平、仄仄平平平仄仄、平平仄仄仄平平。

依照第一句首尾两字的平仄分类，七言律诗的格式类型如下。

第一，平起平收式。如李商隐《隋宫》。

平平仄仄仄平平，仄仄平平仄仄平。
仄仄平平平仄仄，平平仄仄仄平平。
平平仄仄平平仄，仄仄平平仄仄平。
仄仄平平平仄仄，平平仄仄仄平平。

第二，平起仄收式。如元稹《遣悲怀》。

　　平平仄仄平平仄，仄仄平平仄仄平。
　　仄仄平平平仄仄，平平仄仄仄平平。
　　平平仄仄平平仄，仄仄平平仄仄平。
　　仄仄平平平仄仄，平平仄仄仄平平。

第三，仄起平收式。如陆游《村居初夏》。

　　仄仄平平仄仄平，平平仄仄仄平平。
　　平平仄仄平平仄，仄仄平平仄仄平。
　　仄仄平平平仄仄，平平仄仄仄平平。
　　平平仄仄平平仄，仄仄平平仄仄平。

第四，仄起仄收式。如杜甫《闻官军收河南河北》。

　　仄仄平平平仄仄，平平仄仄仄平平。
　　平平仄仄平平仄，仄仄平平仄仄平。
　　仄仄平平平仄仄，平平仄仄仄平平。
　　平平仄仄平平仄，仄仄平平仄仄平。

　　与平仄相关的还有对、黏、拗等几个概念。
　　律诗的八句分为四联。第一联叫首联，第二联叫颔联，第三联叫颈联，第四联叫尾联。每联的上句叫出句，下句叫对句。上句和下句的平仄要相反相对，叫作"对"；前联对句的平仄和后联出句的平仄要相同，叫作"黏"。实际上当出句的末字是仄声、对句的末字是平声时，后联的平仄不可能与前联的平仄完全相同，所以只要后联出句第二个字的平仄与前联对句第二个字的平仄相同，就可以认作黏。另外，如果是七言律诗，那么第四字也要求黏。
　　近体诗中如果不符合对和黏的标准，就叫"失对""失黏"。
　　律诗中不合平仄的句子叫拗句。全诗都用拗句或者大部分用拗句的，叫作拗体。
　　律诗中如果出现拗句，可以采取补救的办法，叫"拗救"。即前面该用平声字的地方用了仄声字，那么就在后面合适的地方用一个平声字作为补偿。拗救有两种：本句自救和对句相救。
　　本句自救，就是孤平拗救。近体诗中，仄平脚的句型，五言第一字、七言第三字必须用平声，否则叫"犯孤平"。但如果在五言第三字、七言第五字用一个平声字作为补偿，那就没有问题了，这叫孤平拗救。
　　对句相救分大拗必救和小拗可救可不救两种。
　　大拗必救，指的是出句平仄脚句型，如果五言第四字、七言第六字拗，则必须在对句的五言第三字、七言第五字用一个平声字作为补偿。
　　小拗可救可不救，指的是出句平仄脚句型，如果五言第三字拗，七言第五字拗，可以在对句五言第三字、七言第五字用一个平声字作为补偿。但这种小拗也可以不救。

2. 词的平仄

词的平仄与诗的平仄有很多相通之处。词的句式长短不一，从一字句到十字句都有。但整体来讲，词的句式大多是由近体诗的五律和七律句子变化而来的。词的平仄格式基本也如同律诗的平仄相间，规律是：一字句或平或仄；二字句可平仄交错，可平仄连同；三至七字句通常用律句或律句的一部分；八字句以上则是把两个七字以下的句子的平仄组合起来。

（1）一字句。

  平 天！休使圆蟾照客眠。（蔡伸《苍梧谣·天》）

  仄 一怀愁绪，几年离索，错！错！错！（陆游《钗头凤·红酥手》）

（2）二字句。

  平平 盈盈，斗草踏青。（柳永《木兰花慢·清明》）

  仄仄 去去，何处？迢迢巴楚。（李珣《河传·去去》）

  平仄 知否？知否？应是绿肥红瘦。（李清照《如梦令·昨夜雨疏风骤》）

（3）三字句。

等于五言律句的后三字，格式有：

  平平平 思悠悠（白居易《长相思·汴水流》）

  平仄平 无路通（吴文英《满江红·淀山湖》）

  平平仄 江南好（白居易《忆江南·其一》）

  平仄仄 多少恨（李煜《忆江南·多少恨》）

  仄平平 燕穿帘（冯延巳《金错刀·日融融》）

  仄平仄 转朱阁（苏轼《水调歌头·明月几时有》）

  仄仄平 绿满枝（冯延巳《长相思·红满枝》）

  仄仄仄 一叶叶（温庭筠《更漏子·玉炉香》）

（4）四字句。

等于七言律句的前四字，格式有：

  平平仄仄 惊涛拍岸（苏轼《念奴娇·赤壁怀古》）

  平仄平仄 浅情终似（晏几道《少年游·离多最是》）

  仄平平仄 汉家陵阙（李白《忆秦娥·萧声咽》）

  仄仄平平 乱石穿空（苏轼《念奴娇·赤壁怀古》）

（5）五字句与七字句。

大都分别和五律、七律句子的平仄相同，不赘述。

（6）六字句。

常见格式有：

  平平仄仄平平 无言独上西楼（李煜《乌夜啼·无言独上西楼》）

平平平仄平仄　关河梦断何处（陆游《诉衷情·当年万里觅封侯》）
　　平平平仄平仄　蛾眉曾有人妒（辛弃疾《摸鱼儿·能能消几番风雨》）
　　平平仄平平仄　年年翠阴庭树（王沂孙《齐天乐·蝉》）
　　仄仄平平仄仄　世路如今已惯（张孝祥《西江月·闻讯湖边》）
　　仄平平仄平仄　一时多少豪杰（苏轼《念奴娇·赤壁怀古》）

（7）八字句。

八字句及八字以上的平仄一般由两句七字以下句子的平仄复合而成。

最后要说明的是，词不同于律诗，上下句之间的平仄不需要黏对。

（二）对仗

对仗，也称对偶，指出句和对句对应位置的词要能够形成一定的对应关系。一般要求两个词的词性相同、平仄相对、结构相当。比如"天"对"地"，"风"对"雨"，"长"对"短"，"来"对"去"。总结起来，大致有数目对、颜色对、方位对、干支对、地名对、人名对、连绵词对、叠音词对，等等。

1. 近体诗的对仗

律诗最常见的是颔联和颈联对仗。如：

登金陵凤凰台
李　白

凤凰台上凤凰游，凤去台空江自流。
吴宫花草埋幽径，晋代衣冠成古丘。
三山半落青天外，二水中分白鹭洲。
总为浮云能蔽日，长安不见使人愁。

颔联中，"吴宫"对"晋代"，同为偏正结构名词；"花草"对"衣冠"，同为并列结构名词；"埋"对"成"，同为动词；"幽径"对"古丘"，同为偏正结构名词。颈联中，"三山"对"二水"，同为偏正结构名词；"半落"对"中分"，同为状动结构的动词；"青天外"对"白鹭洲"，同为偏正结构名词词组。

律诗对仗可以多到三联，也可以少到一联。如：

登岳阳楼
杜　甫

昔闻洞庭水，今上岳阳楼。
吴楚东南坼，乾坤日夜浮。
亲朋无一字，老病有孤舟。
戎马关山北，凭轩涕泗流。

首联、颔联、颈联全部对仗。

送杜少府之任蜀州
王　勃
城阙辅三秦，风烟望五津。
与君离别意，同是宦游人。
海内存知己，天涯若比邻。
无为在歧路，儿女共沾巾。

只有颈联对仗。

尾联通常不需对仗，只有少数例外。甚至有少见的全篇对仗。例略。

绝句因为只有两联，一般不要求对仗。也有一联对仗，甚至两联均对仗的。如：

夜上受降城闻笛
李　益
回乐峰前沙似雪，受降城外月如霜。
不知何处吹芦管，一夜征人尽望乡。

第一联对仗，第二联不对仗。

于易水送别
骆宾王
此地别燕丹，壮士发冲冠。
昔时人已没，今日水犹寒。

第一联不对仗，第二联对仗。

绝　句
杜　甫
两个黄鹂鸣翠柳，一行白鹭上青天。
窗含西岭千秋雪，门泊东吴万里船。

两联均对仗。

2. 词的对仗

词的对仗没有近体诗那样的规定。在上下两句字数相等的情况下，可以对仗，也可以不对仗。有些词谱会有习惯性的对仗，如《西江月》前后阕第一、二句，《浣溪沙》第四、五句，《沁园春》前阕第八、九句和后阕第七、八两句，《长相思》前后阕第一、二句，等等。

三　古代诗词的"现代不押韵"现象

古代诗词，后世读起来不押韵的情形，很早就出现了。南北朝时期，按当时的语音读《诗经》，就已经有不少诗句的韵脚不能相押。当时的学者为了解决这个问题，就临时改读某些韵脚字的读音，以求相谐。这种办法被称为"叶韵"或"叶音"。

《诗经·邶风·燕燕》中有"燕燕于飞,下上其音。之子于归,远送于南。瞻望弗及,实劳我心"的诗句。在它产生的上古时期,韵脚字"音""南""心"都属"侵"部,当然可以相押。但是南朝时期的语音中"南"不与"音""心"同韵,"南"属"覃"韵,"音""心"属"金"韵。因此,唐代陆德明《经典释文》中就引南朝沈重的话说:"沈云协句,宜乃林反。"临时读"南"为"乃林反",以求相谐。

这一做法为宋人沿用。《诗经·召南·行露》上段:"谁谓雀无角?何以穿我屋?谁谓女无家?何以速我狱?虽速我狱,室家不足。"上古时,"角""屋""狱""足"均属"屋"韵,"家"属"鱼"韵,"鱼""屋"相近,可以相押。到了宋代,"角""屋"属"屋"韵,"家"属"麻"韵,"狱""足"属"烛"韵。"屋""烛"相近,可以通押。"家"与两者相去较远,成了难题。朱熹就让"家""叶音谷",以形成押韵关系。但是,在下半段的"谁谓鼠无牙?何以穿我墉?谁谓女无家?何以速我讼?虽速我讼,亦不女从"中,朱熹又让"家""叶各空反",以与"墉""讼""从"押韵。他还为《诗经·小雅·常棣》八章中的"宜尔室家"的"家"注音"叶古胡反",以与"帑""图""乎"押韵。

朱熹这种随意改变韵脚字读音以求谐韵的做法,充分暴露出"叶韵""叶音"说的窘境,证明这不是解决古诗不谐韵的正确方法。

到了明代,陈第提出"时有古今,地有南北,字有更革,音有转移"的学说,揭破语音随着时间和空间的变化而变化的原理,指出所谓"叶韵"的音本来读古音就能谐韵,不应该随意改读。清代古音研究达到空前精密的程度,"叶韵"说也不再有人信从。

类似地,用现代汉语普通话读古代诗词,也有不少不再谐韵。这是韵母变化导致的结果。下面举几个例子说明。

国　殇
屈　原

操吴戈兮披犀甲,车错毂兮短兵接。
旌蔽日兮敌若云,矢交坠兮士争先。
凌余阵兮躐余行,左骖殪兮右刃伤。
霾两轮兮絷四马,援玉枹兮击鸣鼓。
天时怼兮威灵怒,严杀尽兮弃原野。
出不入兮往不反,平原忽兮路超远。
带长剑兮挟秦弓,首身离兮心不惩。
诚既勇兮又以武,终刚强兮不可凌。
身既死兮神以灵,子魂魄兮为鬼雄。

用现代汉语普通话来读,通篇很少押韵。但是按本诗的写作年代上古时期的读音来读的话:"甲""接"同属"盍"部,"云""先"同属"文"部,"行""伤"同属"阳"部,"马""鼓""怒""野"同属"鱼"部,"反""远"同属"元"部,"弓""惩""凌""雄"同属"蒸"部,押韵(换韵)非常严整。

我们试从"甲""接"来看产生这种情况的原因。

上古时，"甲""接"的主要元音和韵尾都是［-ap］。由于"接"的声母为舌尖音［ts-］，受其影响，到两汉六朝时就发展出一个［-i-］介音，中古时主要元音也前移升高变为［ɛ］，韵因而变为［-iɛp］。"甲"在上古时的声母是舌根音［k-］，没有这样的发展轨迹，主要元音始终是［-a-］。因此，从中古开始，"甲""接"两字就不再同韵了，用现代汉语普通话去读，当然更是扞格。

其他几组韵脚字的情况也都类似，只是具体变化路径不同。

山 行
杜 牧
远上寒山石径斜，白云生处有人家。
停车坐爱枫林晚，霜叶红于二月花。

这是一首绝句。韵脚字按常理应当是"斜""家""花"。"家""花"在现代汉语普通话中同韵，不成问题。问题在"斜"。读小学的时候，有的老师教这首诗就会告诉我们"斜"应该读"xiá"。当时不明所以，现在用我们学习过的音韵学知识就可以理解。唐代，"斜""家""花"都属麻韵，主要元音都是［a］，自然相押。但是，中古语音向现代发展的过程中，麻韵中有些字的主要元音变为［e］，所以"xiá"音变成了"xié"音，而"家""花"没有同步变化，结果三个字不同韵了。

燕山亭·北行见杏花
赵 佶
裁剪冰绡，轻叠数重，淡着燕脂匀注。
新样靓妆，艳溢香融，羞杀蕊珠宫女。
易得凋零，更多少无情风雨。
愁苦！
问院落凄凉，几番春暮？
凭寄离恨重重，这双燕何曾，会人言语？
天遥地远，万水千山，知他故宫何处？
怎不思量，除梦里有时曾去。
无据，和梦也新来不做。

韵脚字有"注""女""雨""苦""暮""语""处""去""据""做"。以现代汉语普通话来读，感到不流畅的地方是"做"字。因为其他韵脚字或者韵［u］，或者韵［y］，相当和谐。中古时期的"做"，属"暮"韵，与其他韵脚字的韵很相近，说明当时是相押无碍的，现在的不谐也是语音演变的结果。

通过以上讲解，可知语音随时间和空间的变化而变化，传世古代诗词中的有些字的语音也会变化，出现"不押韵"现象并不奇怪。这种现象本身无所谓对错，想要研究或追求声律和谐的话，可以选择照古音读；如果只是一般欣赏，也可以选择照当代音读。

一 王力《汉语语音史》

《汉语语音史》是王力先生在《汉语史稿》上册的基础上增订而成的一部汉语语音通史，1985年由中国社会科学出版社首次出版，2010年由商务印书馆再版。这部书总结了王力在汉语语音学研究领域的研究成果。全书分上下两卷。上卷主要对汉语语音的历史进行了分期，依次讨论了先秦音系、汉代音系、魏晋南北朝音系、隋—中唐音系、晚唐音系、宋代音系、元代音系、明清音系、现代音系的声韵调系统及分合，并总结其变化规律。下卷主要讨论汉语语音演变的音变类型和音变机制，总结出"渐移""分化""合流"等音变方式，提出了"一切音变都是渐变，没有突变"；还分析了汉语演变过程中音节内部各成分之间的相互影响、文字等因素对语音演变的影响，讨论了上古喻母的读音、复辅音声母的问题、上古韵部的主元音和韵尾的构拟、宋元以前是否有卷舌声母等具体问题。

二 唐作藩《汉语语音史教程》

《汉语语音史教程》于2011年由北京大学出版社首次出版，2017年由北京大学出版社再版。全书共分为五个部分。第一部分是绪论，讨论汉语语音史的对象和任务、汉语语音史的根据、汉语语音史的研究方法、汉语语音史的分期等问题。第二部分是上古汉语语音系统，讨论上古汉语的声母、韵部、声调等问题，并对韵部进行了拟测。第三部分从上古到中古汉语语音系统的发展角度，讨论了《切韵》音系与中古汉语语音系统的关系，以及中古汉语声母、韵部、声调系统的发展演变。第四部分从中古到近古汉语语音系统的发展角度，讨论了《中原音韵》与近古汉语语音系统的关系，以及近古汉语声母、韵部、声调系统的发展和演变。第五部分从现代汉语语音系统的发展角度，讨论了《重订司马文公等韵图经》与现代汉语语音系统的关系，以及汉语语音系统由近古到现代的演变、汉语语音系统发展的特点及其基本趋势。

三 杨剑桥《汉语音韵学讲义》

《汉语音韵学讲义》是作者积数十年的教学经验编订而成的一部基础课教材，2005年由复旦大学出版社首次出版。作者破除一般读者对汉语音韵的畏难心理，运用现代语言学知识来讲授音韵学，帮助读者在较短时间内达到掌握和运用的水平，并能具备一定的研究能力。这本书分两个部分。第一部分包括前三章，主要讲述音韵学的定位、语音学的基础知识，以及汉语音韵学的名词术语。第二部分为第四章，主要讨论音类的定义、考证音类的材料和方法，以及中古、近代、上古语音的考证过程和结论。

四 麦耘《音韵学概论》

《音韵学概论》于 2009 年由江苏教育出版社首次出版。这本书介绍了音韵学的研究内容、基础知识,梳理了音韵学研究适用的材料和方法,讨论了中古、上古、近代的语音系统,特别谈到了中古诗词的用韵、上古韵部的通转、上古音与汉藏语系研究的关系,以及近代音与元曲声律等问题,最后结合实际总结了音韵学知识在古籍整理中的作用。与通常的音韵学教材不太一样的是,书中还介绍了以东汉为主的两汉音系;中古音部分则在《切韵》音系之外,又介绍了唐末五代以至两宋时期的音系;近代音在《中原音韵》音系之外,也介绍了明清官话音系。

书中有不少观点都相当新颖、启人深思。比如传统观念中,中古的时代划分是从南北朝到北宋,音系以《切韵》为代表。这个跨度有七八百年,显然过长,一部韵书恐怕不足以涵盖整个时段。事实上,中古初期和后期的语音的确存在差异。该书主张以中唐为界(8 世纪中叶)把中古音分成前后两期。前期以《切韵》音系为代表,后期分别以慧琳音、韵图音为代表。这种划分非常必要也相当科学。又如:作者认为上古一个韵部可以有两个甚至三个主要元音,上古汉语存在着复辅音声母,汉语的声调来源于韵尾,上古汉语有形态变化,等等。

五 王力《诗词格律》

《诗词格律》由中华书局于 1977 年首次出版,此后一再重印。这本书虽然出版很早,但是因为简明扼要、便于学习,直到今天仍然是学习诗词格律的首选。全书共四章:第一章介绍诗词格律相关的基本概念,包括韵、四声、平仄、对仗等;第二章依次讲解律诗、绝句、古体诗的诗律;第三章讲词律,分词的种类、词谱以及词韵、词的平仄与对仗三节;第四章讲诗词的节奏及其语法特点。2009 年,中华书局版还在书后附录了《诗韵举要》《词谱举要》《诗律余论》。作为了解诗词格律的入门书籍,这部书获得读者好评无数。北京出版社曾于 1962 年出版了王力先生的《诗词格律概要十讲》,内容结构更加简明。

阅读应用

一 《顏氏家訓·音辭篇》(節選)①

古今言語,時俗不同;著述之人,楚、夏各異。《蒼頡》訓詁,反稗爲逋賣,反娃爲於乖;《戰國策》音刎爲免;《穆天子傳》音諫爲間;《説文》音戛爲棘,讀皿爲猛;《字林》音看爲口甘反,音伸爲辛;《韻集》以成、仍、宏、登合成兩韻,爲、奇、益、石分作四章;李登《聲類》以系音羿;劉昌宗《周官音》讀乘若承：此例甚廣，必須考校。前世反語，又多不切：徐仙民《毛詩音》反驟爲在遘，《左傳音》切椽爲徒緣，不可依信，亦爲衆矣。今之學士，語亦不正，古獨何人，必應隨其偏僻乎？《通俗文》曰："入室求曰搜"，反爲兄侯。然則兄當音所榮反。今北俗通行此音，亦古語之不可用者。

嶼墦，魯之寶玉，當音餘煩，江南皆音藩屏之藩。歧山當音爲奇，江南皆呼爲神祇之祇。江陵陷沒，此音被於關中，不知二者何所承案②。以吾淺學，未之前聞也。北人之音多以舉、莒爲矩，唯李季節云："齊桓公與管仲於臺上謀伐莒。東郭牙望見桓公口開而不閉，故知所言者莒也。然則莒、矩必不同呼。"此爲知音矣。

夫物體自有精粗，精粗謂之好惡③；人心有所去取，去取謂之好惡④。此音見於葛洪⑤、徐邈⑥。而河北學士讀《尚書》云"好生惡殺"⑦。是爲一論物體，一就人情，殊不通矣。甫者，男子之美稱，古書多假借爲父字；北人遂無一人呼爲甫者，亦所未喻。唯管仲、范增之號⑧，須依字讀耳。

【注釋】

① 節選自〔隋〕顏之推著，王利器校注《顏氏家訓集解》，中華書局，2021年。
② 承案：秉承，根據。
③ 精粗謂之好惡：好惡，讀 hǎo è。
④ 去取謂之好惡：好惡，讀 hào wù。
⑤ 葛洪，字稚川，自號抱樸子，東晉道士，著有《周易雜占》。
⑥ 徐邈，字仙民，東晉經學家，著有《周易音》。
⑦ "好生惡殺"，讀"好（hǎo）生惡（è）殺"。
⑧ 管仲、范增之號：齊桓公尊稱他的大臣管仲爲"仲父"；項羽尊稱他的謀士范增爲"亞父"。這裏的"父"都應按本音讀。

二　《毛詩古音考序》（節選）①

夫《詩》，以聲教②也。取其可歌、可詠、可長言嗟歎，至手足舞蹈而不自知，以感竦③其興、觀、群、怨④，事父事君之心，且將從容以紬繹⑤夫鳥獸草木之名義，斯其所以爲《詩》也。若其意深長而於韻不諧，則文而已矣。故士人篇章，必有音節；田野俚曲，亦各諧聲，豈以古人之詩而獨無韻乎？蓋時有古今，地有南北，字有更革，音有轉移，亦勢所必至。故以今之音讀古之作，不免乖剌而不入，於是悉委之叶⑥。夫其果出於叶也？作之非一人，采之非一國，何母必讀米？非韻杞、韻止，則韻祉、韻喜矣；馬必讀姥？非韻組、韻黼，則韻旅、韻土矣；京必讀疆？非韻堂、韻將，則韻常、韻王矣；福必讀偪？非韻食、韻翼，則韻德、韻億矣。厥類實繁，難以殫舉。其矩律之嚴，即《唐韻》不啻。此其故何邪？又《左》《國》《易·象》《離騷》《楚辭》、秦碑、漢賦，以至上古歌謠、箴、銘、頌、贊，往往韻與《詩》合，實古音之證也。或謂三百篇⑦，詩辭之祖，後有作者，規而韻之耳。不知魏晉之世，古音頗存，至隋唐漸盡矣。唐宋名儒，博學好古，間用古韻，以炫異耀奇，則誠有之。若讀垤爲侄，以與日韻，《堯戒》⑧也；讀明爲芒，以與良韻，《皋陶歌》⑨也。是皆前於《詩》者，夫又何放⑩？且讀皮爲婆，宋役人謳⑪也；讀丘爲欺，齊嬰兒語⑫也；讀户爲甫，楚民間謠⑬也；讀裘爲基，魯朱儒譃⑭也；讀作爲詛，蜀百姓辭⑮也；讀口爲苦，漢白渠誦⑯也。又：家，姑讀也，秦夫人之占⑰；懷，回讀也，魯聲伯之夢⑱；旅，斤讀也，晉滅虢之徵⑲；瓜，孤讀也，衛良夫之噪⑳。彼其間巷贊毁之間，夢寐卜筮之頃，何暇屑屑模擬，若後世吟詩者之限韻邪？愚少受《詩》家庭，竊嘗留心於此。晚季獨居海上，慶吊盡廢。律絶近體，既所不嫻，六朝古風，企之益遠。惟取三百篇，日夕讀之，雖不能手舞足蹈，契古人之意，然可欣、可喜、可戚、可悲之懷，一於讀《詩》泄之。又懼子侄之學《詩》不知古音也，於是稍爲考據，列本證旁證二條。本證者，《詩》自相證也；旁證者，采之他書也。二者俱無，則宛轉以審其音，參錯以諧其韻，無非欲便於歌詠，可長言嗟歎而已矣。蓋爲今之詩，古韻可不用也；讀古之詩，古韻可不察乎？

【注釋】

① 節選自〔明〕陳第著，康瑞琮校註《毛詩古音考》，中華書局，2011年。
② 聲教：聲威教化。
③ 感悚：感激惶恐。
④ 興、觀、群、怨：語出《論語·陽貨》："子曰：小子何莫學夫《詩》？《詩》可以興，可以觀，可以群，可以怨。邇之事父，遠之事君，多識於鳥獸草木之名。""興"，主要指詩歌對人們的思想感情具有啟發感染作用。"觀"指通過詩歌來考察社會現實。"群"指群體內部成員間通過切磋交流達到和諧共生。"怨"指詩歌可以抒發不滿，成爲人民的情緒出口之一。
⑤ 紬繹：闡述。
⑥ 叶：指叶音說。
⑦ 三百篇：指《詩經》。
⑧ 《堯戒》：出自《淮南子·人間訓》。
⑨ 《皋陶歌》：出自《尚書·益稷》。
⑩ 放：通"仿"，模仿。大意：《堯戒》和《皋陶歌》都早於《詩經》，哪裏是模仿的呢？
⑪ 宋役人謳：宋國役人的歌謠。出自《左傳·宣公二年》。
⑫ 齊嬰兒語：指《戰國策·齊策》記載的田單進攻狄嬰兒時的歌謠。
⑬ 楚民間謠：指《史記·項羽本紀》所記楚國預言家南公的韻語。
⑭ 魯朱儒譃：指《左傳·襄公四年》所記魯國朱儒的歌謠。
⑮ 蜀百姓辭：指《後漢書·廉范傳》所記蜀地百姓的歌謠。
⑯ 漢白渠誦：指《漢書·溝洫志》所收的《白渠歌》。
⑰ 秦夫人之占：指《左傳·僖公十五年》記載的晉伯姬之占。
⑱ 魯聲伯之夢：指《左傳·成公十七年》記載的聲伯之歌。

⑲ 晉滅虢之徵：指《左傳·僖公五年》記載晉滅虢國之前卜偃所引的歌謠。
⑳ 衛良夫之噪：指《左傳·哀公十七年》所記渾良夫唱的歌謠。

三 戴震《六書音韻表序》①

韻書始萌芽於魏李登《聲類》。積三百餘季，至隋陸法言《切韻》，梗概之法乃具。然皆就其時之語言音讀，參校異同，定其遠近洪細，往往有意求密，而用意太過，强生區別。至如虞夏商周之文、六書之假借諧聲、詩之比音協句以成歌樂，茫乎未之考也。唐初因法言撰本，爲選舉士人作律詩之用。視二百六韻中字數多者，限以獨用；字數少者，合比近兩韻或三韻同用。苟計字多寡而已。宋吳棫作《韻補》，於韻目下始有"古通某""古轉聲通某"之云。其分合最爲疏舛。鄭庠作《古音辨》，僅分陽支先虞尤覃六部。近昆山顧炎武離析東陽耕蒸而四，析魚、歌而二，十部。吾郡老儒江慎修永，於真以下十四韻、侵以下九韻各析而二，蕭宵肴豪及尤侯幽亦爲二，故剖十三部。古音之學以漸加詳如是。前九年，段君若膺語余曰："支佳一部也。脂微齊皆灰一部也。之哈一部也。漢人猶未嘗淆借通用。晉宋而後乃少有出入。迄乎唐之功令，支注脂之同用，佳注皆同用，灰注哈同用。於是，古之戳然爲三者，罕有知之。"余聞而偉其所學之精，好古有灼見卓識。又言："真臻先與諄文殷魂痕爲二，尤幽與侯爲二，得十七部。今官於蜀地，且數季政事之餘，優而成是書，曰《六書音均表》。凡爲表者五，撰述之意。表各有序説，既詳之矣。其書始名《詩經韻譜》《群經韻譜》。嘉定錢學士曉徵爲之序。兹易其體例，且增以新知，十七部蓋如舊也。余昔感於其言"五支六脂七之有分"。癸巳春，寓居浙東，取顧氏《詩本音》章辨句析，而諷誦乎經文，歎始爲之之不易，後來加詳者之信足以補其未逮。顧氏轉侯韻入虞，江氏轉虞韻入侯，此江優於顧。然顧氏藥鐸有分，而江氏不分，此顧優於江。若夫五支異於六脂，猶清異於真也。七之又異於支脂，猶蒸又異於清真也。實千有餘季莫之或省者。一旦理解，按諸三百篇劃然。豈非稽古大快事歟！時余略記入聲之説，未暇卒業。今樂睹是書之成也，不惟字得其古人音讀，抑又多通其古義。許叔重之論假借曰："本無其字，依聲托事。"夫六經字多假借，音聲失而假借之意何以得？故訓音聲，相爲表裏。故訓明，六經乃可明。後儒語言文字未知，而輕憑臆解，以誣聖亂經。吾懼焉。段君又有《詩經小學》《書經小學》《説文考證》《十七部古韻表》等書將繼是而出。視逃其難相與鑿空者，於治經孰得孰失也？

【注釋】

① 選自〔清〕戴震著，湯志鈞校點《戴震集》，上海古籍出版社，2009年。

四 《論四聲》①

三百篇群經有韻之文，四聲具備，分用畫然，如部分之有條而不紊。第古無韻書，遂以此爲周頤、沈約獨得之秘耳。然有韻之文未嘗不可考而知也。古無四聲，何以《小雅·楚茨》之二章、《魯頌·閟宮》之三章連用至十一韻、十二韻皆平聲；《小雅·六月》之六章、《甫田》之三章連用至七韻、九韻，《大雅·烝民》之五章六章、《魯頌·閟宮》之二章合用至十韻、十一韻皆上聲；《邶·柏舟》之二章、《魏·汾沮洳》之一章、《衛·氓》之六章連用至四韻、五韻、七韻，以至《楚辭》之《惜往日》連用至十韻皆去聲；《魏·伐檀》之二章、《商頌》之《那》，《魯頌·閟宮》之八章連用至六韻、八韻、九韻，以至《尚書·洪範》之六三德以下連用至十四韻，《爾雅·釋訓》"穰穰，福也"以下連用至十七韻皆入聲？此其可證者一也。《關雎》爲《詩》之首篇而四聲具備：鳩洲逑求，平也；得服側，入也；采友，上也；筆樂，去也。《大雅·泂酌》三章分平上去三韻；《召南·摽有梅》三章，《衛·有狐》三章，《王·采葛》三章，《鄭·羔裘》三章，《齊·甫田》三章，《魏·汾沮洳》三章，《小雅·菀柳》三章分平去入三韻；《鄘·牆有茨》三章，《王·邱中有麻》三章，《魏·碩鼠》三章，《唐·山有樞》三章，《鴇羽》三章，《小雅·鴻雁》三章，《黃鳥》三章分平上入三韻。若古無四聲，何以分章異用，如此疆爾界，不相侵越？又有同用一韻而四聲分章；同用一韻同在一章，而四聲分配較若畫一。凡此諸類，不啻五色成文，八風成律，古無四聲，何以有此？此其可證者又一也。"享、饗"爲古音之平聲，《詩》凡十見，皆不與上同用；"慶"爲古音之平聲，《詩》凡七見，《易》十二見，皆不與去同用；"予"爲古音之上聲，《詩》凡十見，皆不與平聲同用；"戒"爲古音之入聲，《詩》凡三見，《易》一見，皆不與去聲同用。苟古無四聲，何以屢用而不容一韻之出入？此其可證者又一也。東真文元宵歌陽耕蒸侵談十一部，校其偏旁，不闌入聲一字；又歌與支合，文與脂合，皆合於平上去而不合於入；祭泰夬廢爲去入二聲之獨部，其偏旁絕不與平上合，亦無借入平上合韻者；緝以下九韻爲入聲之獨部，其偏旁絕不與去合，亦無借入去聲合韻者。若古無四聲，何以分別部居自有限制？此其可證者又一也。大抵後人多以《唐韻》之四聲求古人，故多不合。因其不合，而遂疑古無四聲，非通論也。古四聲有獨用，有通用。通用者若十七部之合韻，又《廣韻》之兩收三收者是也。平與上去多通用，以上去之音近而入遠也。上與去多通用，去與入多通用，而上之與入葉者，不過十中之一，以上之轉入較去遠也。嘗謂平與上去之合，如支之於歌，文之於脂，本音多而合韻少；上去之合，去入之合，如之之於幽，幽之於宵，屢用屢合，而不失其爲本音。知其所以分，又知其所以合，然後可無疑於古有四聲之說矣。

【注釋】

① 選自〔清〕夏燮著《述均》，載《續修四庫全書》第 249 册，上海古籍出版社，2002 年。

五　陳澧《切韻考》序（節選）①

自孫叔然始爲反語雙聲疊韻各從其類由是諸儒傳授四聲韻部作焉而陸氏切韻

實爲大宗蓋自漢末以至隋代審音之學具於斯矣唐季沙門始立三十六字母分爲等子字母之名雖由梵學其實則據中土切音然音隨時變隋以前之音至唐季而漸混字母等子以當時之音爲斷不盡合於古法其後切語之學漸荒儒者昧其源流猥云出自西域至國朝嘉定錢氏休寧戴氏起而辨之以爲字母即雙聲等子即疊韻實齊梁以來之舊法也二君之論既得之矣澧謂切語舊法當求之陸氏切韻切韻雖亡而存於廣韻乃取廣韻切語上字系聯之爲雙聲四十類又取切語下字系聯之每韻或一類或二類或三類四類是爲陸氏舊法隋以前之音異於唐季以後又錢戴二君所未及詳也於是分列聲韻編排爲表循其軌跡順其條理惟以考據爲準不以口耳爲憑必使信而有徵故寧拙而勿巧若夫廣韻之書非陸氏之舊廣韻復有二種近代傳刻又各不同乃除其增加校其偽異雖不能復見陸氏之本尚可得其體例又爲通論，以暢其說蓋治小學必識字音識字音必習切語故著爲此書庶幾明陸氏之學以無失孫氏之傳焉後出之法是爲餘波別爲外篇以附於末

【注釋】

① 節選自〔清〕陳澧著，羅偉豪點校《切韻考》，廣東高等教育出版社，2005年。

内容拓展

一 语音学与汉字

汉字记录语言的音、义，语音学与汉字的关系非常紧密。语音学对汉字的学习与研究用处很多。比如：语音学可以帮助我们认识汉字的构造。

汉字绝大部分属于"形声字"。每个形声字的一部分是"形旁"，表示字的意义类别；一部分是"声旁"，表示字的读音。要充分认识"声旁"的表音作用，就必须对上古语音系统有一定程度的了解。

例如："江""扛""虹""红"的声旁都是"工"。但是以现代汉语普通话来读这些字，不仅读不出"工"的音，且它们相互的读音也大都不同。如果我们知道，上面四个字和它们的声旁"工"在上古都属于"东韵"，声近韵同的话，自然就比较容易理解了。

又如："海"字的声旁是"每"，但是这两个字不仅在现代汉语普通话中的读音相去甚远，在中古也分属于"晓"母"咍"韵和"明"母"灰"韵。它们读音上的联系在哪里呢？要知道，"晓"母和"明"母所包含的很多字在古音里都是相通的，见于谐声材料的如：

可见中古"晓"母和"明"母在上古关系密切，因此中古属于"晓"母的"海""嗨""悔"，和属于"明"母的"梅""敏"，都从"每"得声。①

---

① 张世禄，张世禄全集（第七卷）[M]．上海：东方出版中心，2020：526.

二 语音学与方言

语音学与方言的关系可谓密切之至。由于我国幅员辽阔,方言众多,方言内部的语音系统自然也有不同程度的差异。有些西方学者据此将某些方言定位为"语言",这当然是错误的。

方言间的差异与联系,很早就有学者注意到。宋代朱熹就曾说:"大抵方言多有自来。亦有暗合古语者。如……闽人有谓口为苦。走为祖者。皆合古韵。此类尚多。不能尽举也。"(《朱子语类》卷七十一)他的学生问:"《诗》音韵间有不可晓处。"朱熹解释说:"如今所在方言,亦自有音韵与古合处。"(《朱子语类》卷八十)

清代讽刺小说家吴趼人所作的《二十年目睹之怪现状》第三十四回有这样一段故事:

> 端甫道:"其实广东话我句句都懂,只是说不上来。象你便好,不拘那里话都能说。"我道:"学两句话还不容易么,我是凭着一卷《诗韵》学说话,倒可以有举一反三的效验。"端甫道:"奇极了,学说话怎么用起《诗韵》来?"我道:"并不奇怪。各省的方音虽然不同,然而读到有韵之文,却总不能脱韵的。比如此地上海的口音,把歌舞的'歌'字读成'孤'音。凡五歌韵里的字,都可以类推起来:'搓'便一定读成'粗'音。'磨'字一定读成'模'音的了。所以我学说话,只要得了一个字音,便这一韵的音都可以贯通起来,学着似乎比别人快点。"端甫道:"这个可谓神乎其用了。不知广东话又是怎样?"我道:"上海音是五歌韵混了六鱼、七虞;广东音却是六鱼、七虞混了四豪;那'都''刀'两个字是同音的。这就可以类推了。"端甫道:"那么'到''妒'也同音了?"我道:"自然。"端甫道:"'道''度'如何?"我道:"也同音。"端甫喜道:"我可得了这个学话求音的捷径了。"

正如刘晓南所讲:"对于上海人来说,广东话之难以听懂恐怕也不亚于英语了。但可以像小说中那样凭着一卷《诗韵》类推,很快就学会其语音。这一'类推'就是以音类相同相似,音值对应(当然还有基本词汇、语法规则相同)为根据的。这些都是同质的成分。因为同质所以可以类推。可是如果中国人学英语,无论如何不可能凭着一卷《诗韵》类推的,其原因就是两种语言之间异质。可见方言之所以不能称之为'语言'就在于它们之间同质,而方言之所以成为方言乃在于它们之间有其个性之'异相'。"[①]

三 语音学与训诂

训诂学是研究我国古代语言文字意义的一门传统学问,而音韵学则是它的得力工具,训释词义,往往需要通过语音说明问题。如:

> 五色使人目明,驰骋田猎使人心发狂。难得之货使人之行方,五味使人之口爽,五音使人之耳聋。(《马王堆汉墓帛书·老子甲本·德经》)

---

① 刘晓南,汉语历史方言研究[M]. 上海:上海人民出版社,2008:16.

《老子》是一首五千言的哲学诗,是押韵的。但是上面所引的这段话,如果以现代汉语普通话来念,韵脚字位置的"明、狂、方、噘、聋"并不全部谐韵。"明"和"聋"的问题最突出。学过了语音学、音韵学,我们就应该知道语音是随着时间和空间的变化而变化的。古代韵文的韵脚字,当然要用它在撰著年代的音来检验,才可见它到底入不入韵。查这五个字的上古音,"明、狂、方、噘"均属阳部韵,"聋"虽然属于东部韵,但可以和阳部韵通押。因此,这一段的五个韵脚字是完全相谐的。

四 语音学与古籍整理

古籍整理工作同样要有一定的音韵学基础,否则也会出问题。如:

悼离赠妹二首(节选)

左 思

桓山之鸟,四子同巢。

将飞将散,悲鸣切切。

惟彼禽鸟,犹有号咷。

况我同生,载忧载劳。

这首诗出自某出版社的整理本。韵脚字位置的字依次是"巢、切、咷、劳"。西晋时期,"巢、咷、劳"都属于宵部韵,切属质部韵,显然不能相押。不仅如此,"切切"和上下文意思也不能相合。整理本文字恐怕有问题。查原本影印件,果然这里应该是"忉"字。"忉忉"是忧愁悲伤的样子,和诗意完全相融,跟其他韵脚字也相谐。

◇ 关键词解释

【声纽】也叫音纽。"纽"也可写作"钮",是汉语音韵学术语,最初指韵书每个韵当中的小韵,一个小韵叫一纽。后来等韵兴起,把一个字音分析成声、韵两个部分。声纽就用来指声母了。

【韵部】韵书中把同韵的字归在一起成为一部。在写作韵文时,同韵部的字可以相押。如《广韵》分韵为206部,《平水韵》分为106部,《中原音韵》分为19部。

【等韵】等韵以"字母"表示汉语的声母系统,以"等呼"分析韵母的结构,以"七音"或"五音"分析声母的发音部位,以"清浊"分析声母的发音方法,以"转""摄"来归纳韵母的类别,以编制等韵图的形式来表现汉语的声、韵、调的配合关系以及同类韵的四声相承关系,可通过制定等韵门法来指导阅读等韵图。

【阴阳入声韵】音韵学中把韵尾为 [-m] [-n] [-ŋ] 的韵称为阳声韵,把韵尾为 [-p] [-t] [-k] 的韵称为入声韵,其他的为阴声韵。

【阴阳对转】在汉语语音的历史演变过程中,常常有阴声韵转变为阳声韵、阳声韵转变为阴声韵的现象。同样,入声韵也可以转变为阴声韵或阳声韵,阴声韵或阳声韵也可以转变为入声韵。这种语音变化现象就叫作"阴阳对转"。

◇ 本章小结

本章的知识结构如图 3-3 所示。

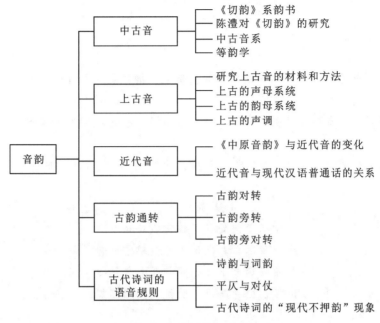

图 3-3 本章的知识结构

本章还介绍了王力、唐作藩、杨剑桥、麦耘等学者的五部语音学相关著作，选编了五篇反映古代汉语音韵研究的阅读材料，并拓展了语音学与汉字、语音学与方言、语音学与训诂、语音学与古籍整理方面的知识。读者可以尝试将理论知识与实际应用相结合，以加深理解。

◇ 思考与练习

一、《诗经》韵脚字系联练习。

求之不得，寤寐思服。悠哉悠哉，辗转反侧。（《诗经·周南·关雎》）

坎坎伐辐兮，置之河之侧兮，河水清且直猗。不稼不穑，胡取禾三百亿兮？不狩不猎，胡瞻尔庭有县特兮？彼君子兮，不素食兮！（《诗经·魏风·伐檀》）

硕鼠硕鼠，无食我麦！三岁贯女，莫我肯德。逝将去女，适彼乐国。乐国乐国，爰得我直。（《诗经·魏风·硕鼠》）

肃肃鸨翼，集于苞棘。王事靡盬，不能艺黍稷。父母何食？悠悠苍天！曷其有极。（《诗经·唐风·鸨羽》）

二、《广韵》东韵所含小韵的反切如下，请结合陈澧所定条例，分别系联反切上字与反切下字。

德红　徒红　陟弓　直弓　职戎　敕中　锄弓　息弓　如融　居戎
以戎　羽弓　莫中　去宫　渠弓　房戎　方戎　敷空　昌终　力中
苦红　古红　莫红　卢红　户公　徂红　乌红　仓红　他红　子红
薄红　呼东　五东　苏公

三、请找出自己的姓名所包含的字在《韵镜》中的位置，并描述出来。

四、请解释尖团音分立消失的原因，并调查自己方言中尖团音的情况。

五、请注出杜甫《蜀相》的四声、平仄、韵脚所属《广韵》的韵母，并说明对仗情况。

蜀相

丞相祠堂何处寻，锦官城外柏森森。
映阶碧草自春色，隔叶黄鹂空好音。
三顾频烦天下计，两朝开济老臣心。
出师未捷身先死，长使英雄泪满襟。

◇ 数字资源

相关课程视频

1. 竺家宁：声韵学学习与研究的九条道路
2. 竺家宁：声韵学之旅 1
3. 竺家宁：声韵学之旅 2
4. 竺家宁：怎样研究上古音
5. 竺家宁：走出象牙塔，无所不在的声韵学

数字资源

拓展阅读资源

1. 王力：《广韵韵母音值表》
2. 高本汉著、赵元任译：《上古音的构拟方法》
3. 罗常培：《音韵学不是绝学》
4. 杨耐思：《中原音韵音系》
5. 张世禄：《等韵学派系统的分析》
6. 周祖谟：《切韵的性质和它的音系基础》

第四章 语法

学习目标	知识目标：掌握古代汉语常见介词、连词和语气词的用法；掌握古代汉语词类活用的常见类型及词类活用的判断；了解古代汉语中的特殊动宾关系；了解古代汉语中的特殊结构；掌握古代汉语的特殊句式 能力目标：了解文言文中介词、连词、语气词的用法；能够独立判断并分析文言文中的词类活用现象；理解文言文中的特殊动宾关系，正确理解文意；能够分析文言文中的宾语前置、主谓倒装等现象，正确理解文意 情感目标：通过学习古代汉语语法，了解古今汉语语法的联系与差别。明确古今汉语之间是源与流的关系，鉴古知今、继往开来
重点难点	重点：古代汉语虚词、词类活用、特殊结构、特殊动宾关系、特殊句式 难点：介词连词的区别、词类活用的判断、宾语前置、特殊结构
推荐教学方式	知识讲授、活动探究、集体讨论、实践练习
建议学习时长	20学时
推荐学习方法	思考评价、分析归纳、自主探究、总结反思、构建知识图谱
必须掌握的理论知识	词类活用、宾语前置、被动句、特殊动宾关系、虚词的用法

"成语"大多来源于古代的诗文或典故，但是由于古今语言的变化，要深入理解成语的意义或准确运用成语，也并非易事。比如"富国强兵"不能解释为"富裕的国家和强大的军队"；"人尽其才"不能解释为"一个人用尽他的能力"；"汗牛充栋"不能解释为出汗

的牛充满房屋;"蝇营狗苟"不能解释为苍蝇逐食腐物,狗苟且偷生;"唯利是图"不能解释为只有利是需要图谋的,等等。诸如此类的成语,都保留着古代汉语中的语法现象,了解古代汉语语法知识,才能更好地理解成语的意义。"富国强兵"中,"富""强"都是形容词活用为动词,与宾语之间是使动的关系,意思是"使国家富裕,使兵力强大";"人尽其才"中,"人"是指每个人,每个人都能发挥自己的才能;"汗牛充栋"中,"汗"是名词活用为动词,形容书籍多得使拉车的牛出汗;"蝇营狗苟"中,"蝇""狗"都是名词作状语,意思是"像苍蝇一样飞来飞去地逐食腐物,像狗那样苟且偷生不知羞耻";"唯利是图"中,"是"是宾语提前的标志,正常的语序是"唯图利"。

基础知识

第一节　古汉语虚词

一　介词

(一)古代汉语介词的特点

古代汉语中的介词大多是由动词虚化而来的,通常要带宾语,与宾语共同组成介宾短语,放在动词前作状语或放在动词后作补语。介词的宾语可以是词,也可以是短语或者小句。介词的宾语通常放在介词后面,但是有少数介词(主要是"以")的宾语因为表达的需要可以放在介词的前面。例如:

君若以力,楚国方城以为城,汉水以为池,虽众,无所用之!(《左传·僖公四年》)

曾子曰:"不可。江汉以濯之,秋阳以暴之,皜皜乎不可尚已"。(《孟子·滕文公上》)

子曰:诗三百,一言以蔽之,曰"思无邪"。(《论语·为政》)

此外,古代汉语中"以、为、与、从"等介词的宾语有时可以省略。例如:

小人有母,皆尝小人之食矣,未尝君之羹,请以遗之。(《左传·隐公元年》)

秦将闻之,为却军五十里。(《战国策·赵策》)

竖子不足与谋。(《史记·项羽本纪》)

初,鬻拳强谏楚子,楚子弗从,临之以兵,惧而从之。(《左传·庄公十九年》)

古代汉语介宾短语一般作状语,但是"于"字介宾短语除了表示"对于""关于"外,其余多用作补语。"以"字介宾短语可以作状语,也可以作补语。例如:

不义而富且贵，于我如浮云。（《论语·述而》）（状语）

子曰："回也非助我者也，于吾言无所不说。"（《论语·先进》）（状语）

初，郑武公娶于申，曰武姜。（《左传·隐公元年》）（补语）

亟请于武公，公弗许。（《左传·隐公元年》）（补语）

生物之以息相吹也。（《庄子·逍遥游》）（状语）

南方有鸟焉，名曰蒙鸠，以羽为巢，而编之以发，系之苇苕，风至苕折，卵破子死。（《荀子·劝学》）（状语、补语）

（二）古代汉语的主要介词

1. 于（於、乎）

古代汉语中，介词"于""於""乎"用法相同，"于"在甲骨文中已有介词的用法，而"於"作为介词使用的例子到西周金文才出现。在上古文献中，"于""於"二字作为介词，其意义和语法功能相同，但在不同文献中使用的频率不同，各自引介的成分也有差别。如《诗经》《尚书》《周易》中，"于"字的使用频率较高，《左传》中两个词使用频率相当，且引介处所时多用"于"，引介对象时多用"於"。战国以后的古书中，"於"的使用多于"于"。汉字简化后，"於"又简化为"于"。介词"于"可以引介与动作行为相关的处所、范围或时间，动作涉及的对象或原因，动作行为的主动者，比较的对象等。

（1）引介与动作行为相关的处所、范围或时间。

有殡，闻远兄弟之丧，哭于侧室。（《礼记·檀弓下》）

君子食无求饱，居无求安，敏于事而慎于言，就有道而正焉，可谓好学也已。（《论语·学而》）

子于是日哭，则不歌。（《论语·述而》）

（2）引介动作行为涉及的对象。

颍考叔为颍谷封人，闻之，有献于公。（《左传·隐公元年》）

孟孙问孝于我，我对曰"无违"。（《论语·为政》）

侍饮于长者，酒进则起，拜受于尊所。（《礼记·曲礼上》）

（3）引入动作行为的原因。

民之憔悴于虐政，未有甚于此时者也。（《孟子·公孙丑上》）

然后知生于忧患而死于安乐也。（《孟子·告子下》）

业精于勤，荒于嬉。（韩愈《进学解》）

（4）引入行为动作的主动者，即表示被动。

劳心者治人，劳力者治于人。（《孟子·滕文公上》）

吾非至于子之门则殆矣，吾长见笑于大方之家。（《庄子·秋水》）

无常职而赐于上者，以为不恭也。（《孟子·万章下》）

(5) 引入比较的对象（谓语核心一般是形容词或少数心理动词）。

青，取之于蓝而青于蓝；冰，水为之而寒于水。（《荀子·劝学》）
季氏富于周公。（《论语·先进》）
乡人长于伯兄一岁，则谁敬？（《孟子·告子上》）

此外，介词"于"常与代词"是"组成介宾短语"于是"，在句中做状语，可以翻译为"从此""在这里""在这时""在这种情况下"。例如："于是鸱得腐鼠"（《庄子·秋水》）。"逢蒙学射于羿，尽羿之道，思天下惟羿为愈己，于是杀羿。"（《孟子·离娄下》）。这种用法的"于是"，后来慢慢虚化为连词，连接分句。介词"乎"的用法与"于"基本相同，由"乎"组成的介宾短语在句子中多用作补语。例如：

冠者五六人，童子六七人，浴乎沂，风乎舞雩，咏而归。（《论语·先进》）
夫仁亦在乎熟之而已矣。（《孟子·告子上》）
志乎古，必遗乎今。（《答李翊书》）

2. 以

古代汉语中，介词"以"通常可以引介动作行为的凭借、时间、范围、原因或者动作行为所涉及的对象。介词"以"的宾语可以省略，也可以提前。介词"以"所构成的介宾短语，既可以在句中作状语，也可以作补语。

(1) 引入动作行为的凭借（工具、材料、依据，或身份、地位、资格）。

蛇出于其下，以肱击之。（《左传·成公二年》）
地势坤，君子以厚德载物。（《易·象传》）
齐使者如梁，孙膑以刑徒阴见。（《史记·孙子吴起列传》）

(2) 引入动作行为的时间或者范围。

其贱妾有子名文，文以五月五日生。（《史记·孟尝君列传》）
武留匈奴凡十九岁，始以强壮出，及还，须发尽白。（《汉书·李广苏建传》）
汉王请和，割荥阳以西者为汉。（《史记·高祖本纪》）

(3) 引入动作行为的原因。

而安陵以五十里之地存者，徒以有先生也。（《战国策·魏策四》）
君子不以言举人，不以人废言。（《论语·卫灵公》）
三代之得天下也以仁，其失天下也以不仁。（《孟子·离娄上》）

(4) 引入动作行为所涉及的对象。

于齐国之士，吾必以仲子为巨擘焉。（《孟子·滕文公下》）
先帝知臣谨慎，故临崩寄臣以大事也。（《出师表》）
复以弟子一人投河中。（《史记·滑稽列传》）

此外，古代汉语中介词"以"通常与其他词构成凝固性结构，如"有以""无以"，可以翻译为"有东西（或办法）用来……""没有东西（或办法）用来……"。例如"信喜，谓漂母曰：'吾必有以重报母'"（《史记·淮阴侯列传》），"长铗归来乎，无以为家"（《战国策·齐策四》）。"以故""以此"，可以翻译为"由于这个原因""根据这种情况"或者"用这个东西"，例如"以此众战，谁能御之，以此攻城，何城不克"（《左传·僖公四年》）。"是以"，可以翻译为"因此""所以"，例如"夫唯不居，是以不去"（《老子·二章》）。

3. 为

古代汉语中，介词"为"通常用于引介动作行为的目的、原因，动作行为所涉及的对象或动作行为的主动者。介词"为"所构成的介宾短语通常在句中作状语。

（1）引入动作行为的目的。

  天下熙熙，皆为利来，天下攘攘，皆为利往。（《史记·货殖列传》）
  文章合为时而著，歌诗合为事而作。（《与元九书》）
  为宫室之美、妻妾之奉、所识穷乏者得我与？（《孟子·告子上》）

（2）引入动作行为的原因

  天行有常，不为尧存，不为桀亡。（《荀子·天论》）
  天不为人之恶寒也辍冬，地不为人之恶辽远也辍广。（《荀子·天论》）
  为其老，强忍，下取履。（《史记·留侯世家》）

（3）引入行为动作涉及的对象。

  于是为长安君约车百乘，质于齐，齐兵乃出。（《战国策·赵策四》）
  长老曰："苦为河伯娶妇，以故贫。"（《史记·滑稽列传》）
  吾日三省吾身：为人谋而不忠乎？与朋友交而不信乎？传不习乎？（《论语·学而》）

（4）引入行为动作的主动者。

  冀复得兔，兔不可复得，而身为宋国笑。（《韩非子·五蠹》）
  今不速往，恐为操所先。（《赤壁之战》）
  申徒狄谏而不听，负石自投于河，为鱼鳖所食。（《庄子·盗跖》）

4. 与

古代汉语中，介词"与"通常用于引介动作行为所涉及的对象或背景条件。介词"与"构成的介宾短语一般在句中作状语。

  后五日平明，与我会此。（《史记·留侯世家》）
  不立于恶人之朝，不与恶人言。（《孟子·公孙丑上》）
  谢太傅寒雪日内集，与儿女讲论文义。（《世说新语·言语》）

5. 因

古代汉语中，介词"因"通常用于引介动作行为的凭借、依据或原因。介词"因"构成的介宾短语一般在句中作状语。

魏王使客将军新垣衍间入邯郸，因平原君谓赵王曰。（《战国策·赵策三》）
因人之力而敝之，不仁。失其所与，不知。（《左传·僖公三十年》
善战者因其势而利导之。（《史记·孙子吴起列传》）
始皇二十六年，蒙恬因家世得为秦将。（《史记·蒙恬列传》）

6. 自

古代汉语中，介词"自"出现得较早，甲骨文中已有。介词"自"通常用于引介动作行为发生的起始点，可以是处所、方位、时间或人。介词"自"构成的介宾短语一般在句中作状语或补语。

虢叔自北门入。（《左传·庄公二十一年》）（处所）
自成汤至于帝乙，罔不明德恤祀。（《尚书·周书·多士》）（人）
凯风自南，吹彼棘心。（《诗经·邶风·凯风》）（方位）
凡雨，自三日以往为霖，平地尺为大雪。（《左传·隐公九年》）（时间）

7. 由

古代汉语中，"由"大约在春秋战国以后才有介词的功能，通常用于引介动作行为发生的处所、方位、时间或起点（与"自"用法相同），也可以引介动作行为所涉及的对象、凭借或原因。介词"由"构成的介宾短语一般在句中作状语。

由汤至于武丁，贤圣之君六七作。（《孟子·公孙丑上》）（起点，人）
凡音之起，由人心生也。（《礼记·乐记》）（处所）
故谋用是作，而兵由此起。（《礼记·礼运》）（原因）
由是观之，未有不先形见而应随之者也。（《史记·天官书》）（对象）

8. 从

古代汉语中，"从"大约在春秋战国以后才有介词的功能，通常用于引介动作行为的对象、处所、方位或时间。介词"从"构成的介宾短语一般在句中作状语。

常从王媪、武负贳酒。（《史记·高祖本纪》）（对象）
从台上弹人而观其辟丸也。（《左传·宣公二年》）（处所）
譬之如污池，水潦注焉，菅蒲生之，从上观之，知其非源也。（《说苑·建本》）（方位）
邺吏民大惊恐，从是以后不敢复言为河伯娶妇。（《史记·滑稽列传》）（时间）

二 连词

（一）古代汉语连词的特点

古代汉语中的连词产生得较早，殷商时期的甲骨文中已有连词。连词通常用来连接词、短语或句子，进而表示所连接的成分之间的某种关系。连词所连接的两个成分之间，一般有并列、承接、选择、递进、假设、让步、转折、因果、条件等关系。古代汉语中的连词主要有"与、及、并、以、且、而、则、况、故"等，也有一些成对使用的凝固性结构，如"与其……不若""与其……宁""非……亦""虽……然"，等等。要注意古代汉语连词与介词的区别，连词通常用来连接前后两个直接成分，进而表示这两个成分之间的语法关系。介词一般只与其后面的直接成分构成介宾短语，这个介宾短语在句中作谓语核心的状语或者补语。掌握古代汉语的连词，既要分析它所连接的前后成分，也要分析前后成分之间的语法关系。

（二）古代汉语的主要连词

1. 与

古代汉语中的连词"与"所连接的前后两个直接成分之间一般是并列关系，有时也可以表示选择关系，翻译为"还是、或者"。前后两个直接成分既可以是体词性成分，也可以是谓词性成分，一般多为名词或名词性短语。例如：

用之则行，舍之则藏，唯我与尔有是夫！（《论语·述而》）
凡有爵者与七十者与未龀者，皆不为奴。（《汉书·刑法志》）
杀人以梃与刃，有以异乎。（《孟子·梁惠王上》）
子曰："富与贵是人之所欲也，不以其道得之，不处也；贫与贱是人之所恶也，不以其道得之，不去也。"（《论语·里仁》）

古代汉语中"与"也常常用作介词，当它引入动作行为所涉及的对象时，前后均为名词性成分，形式上和连词"与"相似，容易混淆，因而要注意辨别介词"与"和连词"与"。

（1）介词"与"前后的成分不是并列的关系。例如："夸父与日逐走"（《山海经·海外北经》）。"吾与回言终日，不违如愚。退而省其私，亦足以发。回也，不愚"（《论语·为政》）。

（2）介词"与"前可以有修饰成分。例如："陈涉少时，尝与人佣耕"（《史记·陈涉世家》）。"卿能办之者诚决，邂逅不如意，便还就孤，孤当与孟德决之"（《三国志·周瑜传》）。

（3）介词"与"前后的成分词性不同，甚至可以省略。例如："公与之乘，战于长勺"

（《左传·庄公十年》），"归至家，妻不下纴，嫂不为炊，父母不与言"（《战国策·秦策一》）。

（4）连词"与"前后的成分词性相同，且可以互换位置而不影响句义的表达。例如："是以立天之道曰阴与阳，立地之道曰柔与刚，立人之道曰仁与义"（《易·说卦》）。"爱与敬，其政之本与"（《礼记·哀公问》）。

此外，古代汉语中，"与"常出现在"与……宁""与其……宁""与其……不若（孰若）"这样的凝固结构中，表示选择其中的一种情况。例如："与人刃我，宁自刃"（《史记·鲁仲连邹阳列传》），"与其有聚敛之臣，宁有盗臣"（《礼记·大学》），"与其久生乱世也，不若死而报太子"（《说苑·立节》），"与其有誉于前，孰若无毁于其后"（《送李愿归盘谷序》）。

2. 而

古代汉语中的连词"而"常常用于连接谓词性成分，较少连接名词性成分。前后两个直接成分可以是词、短语或句子。两个直接成分之间可以是联合结构，表示并列、承接、递进、转折等关系；也可以连接状语和中心语，表示修饰关系，状语往往表示动作行为进行的方式、状态或时间；还可以连接主语和谓语，表示转折或假设的关系。

（1）连接联合结构。

宋华父督见孔父之妻于路，目逆而送之，曰"美而艳"。（《左传·桓公元年》）（并列）

子曰："君子食无求饱，居无求安，敏于事而慎于言，就有道而正焉，可谓好学也已。"（《论语·学而》）（并列）

觉而起，起而归。（《永州八记》）（承接）

化而为鸟，其名为鹏。（《庄子·逍遥游》）（递进）

公曰："谓之君子而射之，非礼也。"（《左传·成公二年》）（转折）

（2）连接状中结构。

妻侧目而视，倾耳而听。（《战国策·秦策一》）

吾恂恂而起，视其缶，而吾蛇尚存，则弛然而卧。（《捕蛇者说》）

吾尝终日而思矣，不如须臾之所学也。（《荀子·劝学》）

（3）连接主谓结构。

十人而从一人者，宁力不胜、智不若邪？（《战国策·赵策三》）（转折）

匹夫而为百世师，一言而为天下法。（《潮州韩文公庙碑》）（转折）

子产而死，谁其嗣之？（《左传·襄公三十年》）（假设）

当"而"连接分句时，分句之间也具有并列、承接、转折、因果、递进等关系。如："我无为，而民自化；我好静，而民自正"（《老子·五十七章》，转折）；"仓廪实而知礼节，衣食足而知荣辱"（《史记·管晏列传》，因果）；"三进及溜，而后视之"（《左传·宣公二年》，承接）。

3. 则

古代汉语中的连词"则"常常用于连接谓词性成分。前后两个直接成分可以是词、短语或句子，两者之间通常是承接、条件、假设、转折、让步等关系。

(1) 承接关系。

对曰："忠之属也，可以一战，战则请从。"(《左传·庄公十年》)
谌虽暴抗，然闻言则大愧流汗，不能食。(柳宗元《段太尉逸事状》)
行有余力，则以学文。(《论语·学而》)

(2) 表示条件关系。

风之积也不厚，则其负大翼也无力。(《庄子·逍遥游》)
民贫则奸邪生。(《论贵粟疏》)
子曰："学而不思则罔，思而不学则殆。"(《论语·为政》)

(3) 表示假设关系。

时则不至，而控于地而已矣。(《庄子·逍遥游》)
公子则往，群臣之子敢不皆负羁绁以从！(《左传·定公八年》)
文献不足故也，足则吾能徵之矣。(《论语·八佾》)

(4) 表示转折关系。

今至大为攻国，则弗知非。(《墨子·非攻》)
狗彘食人食而不知检，途有饿莩而不知发；人死，则曰："非我也，岁也。"(《孟子·梁惠王上》)
欲速则不达。(《论语·子路》)

(5) 表示让步关系。

善则善矣，未可以战也。(《国语·吴语》)
其室则迩，其人甚远。(《诗经·郑风·东门之墠》)
虽则恨悔之心，莫不感动。(《吴越春秋·勾践入臣外传》)

"则"有时也出现在对举的分句中，形成"一则……，一则……""……则……，……则……"的格式，分句与分句之间往往是并列的关系。如"父母之年，不可不知也。一则以喜，一则以惧"(《论语·里仁》)，"入则有保，出则有师，是以教喻而德成也"(《礼记·文王世子》)，"穷则独善其身，达则兼善天下"(《孟子·尽心上》)。

4. 且

古代汉语中的连词"且"一般只连接谓词性成分。前后两个直接成分可以是词、短语或句子，它们之间通常是并列、递进、选择、让步等关系。

(1) 表示并列关系。

其地坦而平，其水淡而清，其人廉且贞。(《世说新语·言语》)

百工之事，固不可耕且为也。（《孟子·滕文公上》）

盾曰："弃人用犬，虽猛何为？"斗且出。（《左传·宣公二年》）

(2) 表示递进关系。

比及三年，可使有勇，且知方也。（《论语·先进》）

且北方之人，不习水战。（《三国志·诸葛亮传》）

且尔言过矣，虎兕出于柙，龟玉毁于椟中，是谁之过与？（《论语·季氏》）

(3) 表示选择关系。

王以天下为尊秦乎？且尊齐乎？（《战国策·齐策四》）

足下欲助秦攻诸侯乎？且欲率诸侯破秦也？（《史记·郦生陆贾列传》）

汉之圣者在高祖之孙且曾孙也。（《史记·封禅书》）

(4) 表示让步关系。

臣死且不避，卮酒安足辞。（《史记·项羽本纪》）

且予纵不得大葬，予死于道路乎？（《论语·子罕》）

父母且不顾，何言子与妻！（曹植《白马篇》）

5. 以

古代汉语中的连词"以"一般只连接谓词性成分。前后两个直接成分可以是词、短语或句子，两者之间可以是联合结构，表示并列、承接、目的、因果等关系。也可以连接状语和中心语，表示修饰关系，状语往往表示动作行为进行的方式或状态。

(1) 连接联合结构。

古之民朴以厚，今之民巧以伪。（《商君书·开塞》）（并列）

余折以御，左轮朱殷。（《左传·成公二年》）（承接）

晋侯复假道于虞以伐虢。（《左传·僖公五年》）（目的）

不谷不德而贪，以遇大敌。（《左传·宣公十二年》）（因果）

(2) 连接状中结构。

若潜师以来，国可得也。（《左传·僖公三十二年》）（方式）

愿夫子辅吾志，明以教我。（《孟子·梁惠王上》）（方式）

木欣欣以向荣，泉涓涓而始流。（陶渊明《归去来兮辞》）（状态）

古代汉语中，"以"还可以用作介词，要注意"以"的介词用法和连词用法的区别。

第一，如前文所述，连词可以和前后两个直接成分发生联系，但介词只和其中一个直接成分发生联系，因而介词"以"的宾语可以省略或补充，连词前后的成分不能省略。

第二，连词"以"通常连接谓词性成分，如果"以"后跟名词或名词性成分，则"以"作介词。

6. 之

在古代汉语中，关于虚词"之"的词性，历来存在不同的看法。① 通常，我们将用于定语和中心语之间的"之"看作是连词，表示领属或修饰关系。例如：

是炎帝之少女。(《山海经·北山经》)
鹏之背，不知其几千里也。(《庄子·逍遥游》)
恻隐之心，仁之端也；羞恶之心，义之端也；辞让之心，礼之端也；是非之心，智之端也。(《孟子·公孙丑上》)

三 语气词

（一）古代汉语语气词的特点

语气词的主要功能是表达语气。古代汉语中的语气词非常丰富，可以用来表达感叹、疑问、判断、肯定、停顿等多种语气。古代汉语语气词的位置具有灵活性，可以分为句首语气词、句中语气词、句尾语气词三类。三类语气词中，句尾语气词最重要。句尾语气词古今都有，句首、句中语气词现代汉语中已经没有。古代汉语中语气词的作用往往具有特定性。任何一个句尾语气词都表示某一特定的语气。一个语气词在不同类型的句子中的语气会有某些变化，但它所表达的基本语气往往是固定的。

（二）古代汉语的主要语气词

1. 句尾语气词

（1）也。

古代汉语中的句尾语气词"也"主要表达肯定与确认的语气，通常用于判断句的句尾，表示判断的意味。也可以用于祈使句、疑问句等其他句型的句尾。

吴起者，卫人也。(《史记·孙子吴起列传》)（判断句）
不及黄泉，无相见也！(《左传·隐公元年》)（祈使句）
苛政猛于虎也。(《礼记·檀弓下》)（描写句）
二世问左右："此乃鹿也？"(《史记·李斯列传》)（疑问句）

（2）矣。

古代汉语中的句尾语气词"矣"主要表达陈述的语气，是对事态发展变化的陈述，相

---

① 杨伯峻认为"之"是"小品词"(《文言语法》，中华书局，2020年，第215页)；王力认为"之"是介词(《古代汉语》。中华书局，1999年，第461页)；张双棣等认为用于定语和中心语之间的"之"是连词，用于主谓结构之间的"之"是助词(《古代汉语知识教程》，北京大学出版社，2002年，第280页、314页)。

当于现代汉语的语气词"了",通常用于陈述句的句尾。

> 鸡既鸣矣。(《诗经·齐风·鸡鸣》)
> 子曰:"温故而知新,可以为师矣。"(《论语·为政》)
> 五亩之宅,树之以桑,五十者可以衣帛矣。(《孟子·梁惠王上》)
> 孟尝君不说,曰:"诺,先生休矣!"(《战国策·齐策四》)

(3) 乎、与(欤)、邪(耶)。

古代汉语中的句尾语气词"乎""与(欤)""邪(耶)"主要表达疑问的语气,通常用于疑问句句尾。这三个语气词中"乎"所表达的语气最强烈,使用频率也最高,有时还可以用于感叹句的句尾。用于感叹句句尾时,"乎"的疑问语气较弱,往往带有征询的意味。例如:

> 仁以为己任,不亦重乎?死而后已,不亦远乎?(《论语·泰伯》)
> 长铗归来乎!出无车。(《战国策·齐策四》)
> 虎兕出于柙,龟玉毁于椟中,是谁之过与?(《论语·季氏》)
> 王之所谓忠贤者,诸侯之客欤?中国之士欤?(《韩诗外传·卷二》)
> 其远而无所至极邪?(《庄子·逍遥游》)

(4) 哉。

古代汉语中的句尾语气词"哉"主要表达感叹的语气,通常用于感叹句句尾,表达的语气较为强烈,相当于现代汉语的"啊"。"哉"也可以出现在疑问句句尾,疑问中带有感叹的意味。

> 管仲之器小哉!(《论语·八佾》)
> 噫嘻悲哉!此秋声也。(欧阳修《秋声赋》)
> 燕雀安知鸿鹄之志哉?(《史记·陈涉世家》)

2. 句首和句中语气词

(1) 夫。

古代汉语中的句首语气词"夫"是由指示代词虚化而来的。"夫"用于句首,常常表示要发议论,有引起下文的作用。"且夫""故夫""若夫""今夫"都是由"夫"形成的固定结构,也用于句首。其中"且夫"表示进一步发议论,"故夫"表示要做出结论性的议论,"若夫"表示就一种假设的情况发议论,"今夫"表示另起一端发议论。例如:

> 夫天无不覆,地无不载。(《庄子·德充符》)
> 且夫水之积也不厚,则其负大舟也无力。(《庄子·逍遥游》)
> 故夫知效一官、行比一乡、德合一君、而征一国者,其自视也亦若此矣。(《庄子·逍遥游》)
> 若夫上上人,则举世绝少;非直少也,盖绝无之矣。(《复邓石阳书》)
> 今夫弈之为数,小数也。不专心致志,则不得也。(《孟子·告子上》)

(2) 惟（维、唯）。

古代汉语中的语气词"惟"通常用于句首，也可以用于句中。"唯"还可以用"维""唯"来表示。例如：

  阙秦以利晋，唯君图之。（《左传·僖公三十年》）
  我姑酌彼兕觥，维以不永伤。（《诗经·周南·卷耳》）
  惟十有三年春，大会于孟津。（《尚书·泰誓上》）
  子曰："父母唯其疾之忧。"（《论语·为政》）
  黍稷非馨，明德惟馨。（《尚书·君陈》）
  时维九月，序属三秋。（《滕王阁序》）

(3) 其。

古代汉语中，语气词"其"通常用于句首或句中，表示推测的语气或起加强语气的作用。例如：

  孝弟也者，其为仁之本与！（《论语·学而》）（表示推测语气）
  若阙地及泉，隧而相见，其谁曰不然？（《左传·隐公元年》）（加强反问语气）
  昭王之不复，君其问诸水滨。（《左传·僖公四年》）（加强祈使语气）
  与尔三矢，尔其无忘乃父之志！（《新五代史·伶官传序》）（加强祈使语气）

(4) 也。

古代汉语中，语气词"也"用于句中时表示停顿，有舒缓语气的作用。

  女也不爽，士贰其行。（《诗经·卫风·氓》）
  丘也闻有国有家者，不患寡而患不均，不患贫而患不安。（《论语·季氏》）
  人之少也愚，其长也智，故智而用私，不若愚而用公。（《吕氏春秋·贵公》）

3. 句尾语气词的连用

古代汉语中，句子的末尾有时会出现两个或两个以上的语气词的连用。当多个语气词连用时，每个语气词都还保留着自己原有的特定语气，全句语气的重心往往落在最后一个语气词上。

(1) "乎""哉"连用。

  子曰："仁远乎哉？我欲仁，斯仁至矣。"（《论语·述而》）
  若寡人者，可以保民乎哉？（《孟子·梁惠王上》）
  今为人子臣，而离散其亲戚，孝乎哉？（《晏子春秋·外篇上》）

(2) "也"与"矣、已、与、邪（耶）、夫、哉、乎"等语气词的连用。

  所谓恶者，偏险悖乱也；是善恶之分也矣。（《荀子·性恶》）

就有道而正焉，可谓好学也已。（《论语·学而》）
唯求则非邦也与？（《论语·先进》）
何愚也耶！（《金石录后序》）
我胜若，若不吾胜，我果是也，而果非也邪？（《庄子·齐物论》）
公父氏之妇智也夫！（《国语·鲁语下》）
何可胜道也哉！（《游褒禅山记》）
鄙夫可与事君也与哉！（《论语·阳货》）
晋师归，范文子后入。武子曰："无为吾望尔也乎？"（《左传·成公二年》）
晏子曰："独吾君也乎哉！吾死也！"（《晏子春秋·杂篇》）

(3) "矣"与"已、夫、哉、乎"等语气词的连用。

夫大义之不成，既有成矣已。（《吕氏春秋·谕大》）
孔子曰："命矣夫！斯人也而有斯疾也！"（《白虎通·寿命》）
子曰："群居终日，言不及义，好行小慧，难矣哉！"（《论语·卫灵公》）
子曰："中庸之为德也，其至矣乎！民鲜久矣。"（《论语·雍也》）

第二节　古汉语词类活用

　　古代汉语的词类可分为实词和虚词两大类。实词主要有名词、动词、形容词、代词、数词、量词、副词等，虚词主要有介词、连词、语气词和助词。一般说来，某个词的词性和语法功能一般是比较固定的。但是在古代汉语里，某些词在一定的条件下，可以按照一定的语言习惯灵活运用，在句子中临时改变它们的词性和基本功能，使其具有另一类词的语法功能。词的这种临时的灵活运用，就叫作词类活用。例如："春风又绿江南岸"。"绿"本是形容词，但是在这里充当谓语动词，意思是"染绿了"。这是诗人为修辞表达的需要而采用的一种临时性手法。从古代汉语的角度来说，形容词"绿"在此活用为动词。古代汉语中词类活用现象比较常见，主要是因为早期缺乏为一些行为动作专造的动词，如"穿"早期是穿透的意思，没有穿衣的意思，因而就把名词"衣"用作动词。有时也是为了表达得丰富与新颖，如"春风又绿江南岸"，"绿"字形容词活用为动词。

　　要注意的是，词类活用与词的兼类不同。词类活用是指某类词在一定条件或在特定的语境中临时表现出其他词类的语法功能，是词的临时的、偶然的用法，活用后的词性不是该词所固有的语法属性。词的兼类是指一个词兼有两类或两类以上词类的语法功能，各种兼类用法都是词本身所固有的语法属性，是经常的而不是临时的、偶然的。例如："疾"属于兼类词，同时兼有名词、动词、形容词三种词性，"扁鹊曰：'君有疾在腠理，不治，将恐深。'"（《新序·杂事二》），"疾"是名词，意思是"疾病"；"君子疾夫舍曰欲之，而必为之辞。"（《论语·季氏》），"疾"是动词，意思是"憎恨"；"老臣病足，曾不能疾走，不得见久矣。"（《战国策·赵策四》），"疾"是形容词，意思是"急速"。这三类词性的功能和用法是"疾"本身固有的，经常存在的，不是偶然发生的现象，所以不属于词类活用而属于词的兼类。再如："肘"本来是名词，在"从左右，皆肘之，使立于后，韩厥俛定其右"（《左传·成公二年》）这一语境中，"肘"带上了宾语"之"，活用为动词，具有了动词的语法功能，表示"用手肘撞"的意思。"肘"的动词用法是临时性的偶发现象，不属于"肘"的固有属性，因此属于词类活用。

一 名词的活用

古代汉语中，名词常常会带上宾语，活用为动词。名词活用为动词，相当于把动作涉及的对象或结果当成动词来说。名词活用后，原有的名词词义发生变化，新的动词意义与原词义联系密切，与宾语之间的关系也有一些特殊情况（详见特殊动宾关系一节）。名词活用为动词的情况在古代汉语中较为常见，例如：

赵之子孙侯者，其继有在者乎？（《战国策·赵策四》）（侯：封侯）

左右欲刃相如，相如张目叱之。（《史记·廉颇蔺相如列传》）（刃：用刀杀）

假舟楫者，非能水也，而绝江河。（《荀子·劝学》）（水：游水）

虞不腊矣。师还，馆于虞。（《左传·僖公五年》）（馆：住宿）

夫子所谓生死而肉骨也。（《左传·襄公二十二年》）（肉：使白骨长出肉）

沛公引兵西。（《史记·高祖本纪》）（西：向西）

狼不敢前。（蒲松龄《狼》）（前：向前）

二 形容词的活用

形容词是表示人和事物的性质或状态的词，如贤、愚、善、恶、艰、险、老、少、大、小、远、近、窈窕、慷慨、从容、憔悴，等等。形容词能受程度副词的修饰，在句中主要作谓语、定语和状语。古代汉语中，形容词常常会带上宾语，活用为动词。形容词活用为动词后，词义有时会有较大的改变，与宾语之间的关系也产生一些特殊情况（详见特殊动宾关系一节）。形容词活用为动词的情况在古代汉语中较为常见，例如：

卒使上官大夫短屈原于顷襄王。（《史记·屈原列传》）（短：说坏话）

楚左尹项伯者，项羽季父也，素善留侯张良。（《史记·项羽本纪》）（善：亲善，与……交好）

方今唯秦雄天下，此非必贪邯郸，其意欲复求为帝。（《战国策·赵策三》）（雄：称雄）

使民复结绳而用之，甘其食，美其服，安其居，乐其俗。（《老子·八十章》）（甘：认为"其食"甘；美：认为"其服"美；安：认为"其居"安；乐：认为"其俗"乐）

欲洁其身而乱大伦！（《论语·微子》）（洁：使"其身"洁）

三 其他词类的活用

古代汉语中，名词、形容词活用为动词的现象较为常见。此外，其他词类也有活用的情况，如数词、代词、叹词活用为动词，它们活用为动词的标志是作谓语或带上了宾语，具有了动词的语法功能。活用后，新词义与原词义之间有密切的联系。例如：

六王毕，四海一。(杜牧《阿房宫赋》)(一：统一)

人一能之己百之，人十能之己千之。(《礼记·中庸》)(别人一次就能做到的，我反复做一百次；别人十次就能做到的，我反复做一千次。)

虽四三皇、六五帝，曾不足比隆也。(《秦政纪》)(四三皇：与三皇合称为四皇；六五帝：与五帝合称为六帝)

常众辱奇，或尔汝之，或指为小人。(《魏书·陈奇传》)(尔汝之：以"尔汝"称呼他)

今子欲以子之梁国而嚇我邪？(《庄子·秋水》)(嚇：吓唬)

四 古代汉语词类活用的条件

古代汉语中的词类活用现象，可以从句法功能和搭配功能两个方面来辨别。从句法功能上来说，名词、形容词一般不能带宾语，如果在句中带上了宾语，说明该名词或形容词活用作了动词；在叙述句中，名词一般不作谓语，如果充当了谓语，说明该名词活用作了动词。从搭配功能的角度来看，某类词与其他词类的搭配往往是固定的，如连词"而"只连接谓词性成分，如果名词用"而"连接，则往往活用为动词；助词"所"常与动词或动词性词短语组合，构成"所"字结构，如果形容词或名词出现在"所"后，则活用为动词；代词不受任何词修饰，如果代词前面出现了其他词，那么该词很可能已活用为动词，等等。具体来看，有以下辨别条件。

（一）两个名词连用

两个名词连用时，如果不是联合（并列）、偏正、同位三种关系，而是构成动宾、主谓或动补关系，那么其中一个名词活用作了动词。例如：

君君，臣臣，父父，子子。(《论语·颜渊》)

古者文王处丰、镐之间，地方百里，行仁义而怀西戎，遂王天下。(《韩非子·五蠹》)

子房前，客有为我计桡楚权者。(《史记·留侯世家》)

何以王齐国、子万民乎？(《战国策·齐策四》)

（二）名词、形容词出现在助词"所"后

名词、形容词出现在助词"所"后，一般活用为动词，构成"所"字结构。例如：

乃丹书帛，置人所罾鱼腹中。(《史记·陈涉世家》)
是以令吏人完客所馆。(《左传·襄公三十一年》)
世之所高，莫若黄帝。(《庄子·盗跖》)
故俗之所贵，主之所贱也；吏之所卑，法之所尊也。(《汉书·食货志》)

（三）名词、形容词出现在能愿动词后

能愿动词常常修饰动词。因此当名词、形容词出现在能愿动词后，一般活用为动词。例如：

子谓公冶长："可妻也。"(《论语·公冶长》)
问其深，则其好游者不能穷也。(《游褒禅山记》)
寡人欲相甘茂，可乎？(《史记·甘茂列传》)
云青青兮欲雨，水澹澹兮生烟。(《梦吟天姥吟留别》)

（四）名词出现在副词后

副词一般在句中只修饰限制动词或形容词，名词不受副词修饰（副词"非"除外）。"非"可以用于判断句中，修饰名词谓语，如"非吾徒也"(《论语·先进》)，"是非君子之言也"(《礼记·檀弓上》)。因此当名词出现在副词后，受副词修饰时，活用为动词。例如：

晋灵公不君。(《左传·宣公二年》)
从弟子女十人所，皆衣缯单衣。(《史记·滑稽列传》)
秦人闻之，悉甲而至。(《史记·廉颇蔺相如列传》)
秦师遂东。(《左传·僖公三十二年》)

（五）名词、形容词用于代词"之""我"前

古代汉语中代词"之""我"不受名词或形容词的修饰，常作动词或介词的宾语。因此名词、形容词用于代词"之""我"前面时，该名词或形容词一般活用为动词。例如：

非能耕而食之，织而衣之也。(《论贵粟疏》)
不如吾闻而药之也。(《左传·襄公三十一年》)
孟尝君客我。(《战国策·齐策四》)
然则德我乎？(《左传·成公三年》)

（六）名词后有介词短语作补语

介词短语在古代汉语中常常出现在谓语动词之后作补语。名词后如果有介词短语作补语，该名词一般活用为动词。例如：

晋师军于庐柳。(《左传·僖公二十四年》)
后妃率九嫔蚕于郊,桑于公田。(《吕氏春秋·上农》)
师还,馆于虞。(《左传·隐公十一年》)
左右以君贱之也,食以草具。(《战国策·齐策四》)

(七)名词用"而"与其他谓词性成分相连接

古代汉语中,连词"而"一般连接谓词性成分,因此当名词用"而"与其他谓词性成分连接时,该名词一般活用为动词。例如:

保民而王,莫之能御也。(《孟子·梁惠王上》)
且秦无已而帝。(《战国策·赵策三》)
不耕而食,不织而衣。(《盐铁论·相刺》)
方其破荆州,下江陵,顺流而东也。(《赤壁赋》)

第三节 古汉语特殊动宾关系

古代汉语中,动词可以带宾语。动词和宾语之间的语义关系除了一般的受事关系之外,还有一些特殊情况。这些特殊情况常常出现在名词、形容词活用为动词时,有时不及物动词带上宾语后,与宾语之间也会形成一种特殊的动宾关系。

一 使动关系

(一)名词活用为使动词

名词活用为使动词,即活用为动词的名词与宾语之间具有使动的关系,表示"使宾语成为或者拥有名词所代表的人或事物"。例如:

大夫种、范蠡存亡越,霸勾践。(《史记·淮阴侯列传》)
其为书,处则充栋宇,出则汗牛马。(《陆文通先生墓表》)
既臣大夏而君之。(《汉书·张骞传》)
鄂侯争之急,辨之疾,故脯鄂侯。(《战国策·赵策三》)

(二)形容词活用为使动词

形容词活用为使动词,即活用为动词的形容词与宾语之间具有使动的关系,表示"使宾语具有形容词所描写的性质、状态或特点",宾语有时有省略的现象。例如:

诸侯恐惧,会盟而谋弱秦。(《过秦论》)

故天将降大任于是人也，必先苦其心志，劳其筋骨。（《孟子·告子上》）
匠人斫而小之，则王怒，以为不胜其任矣。（《孟子·梁惠王下》）
强本而节用，则天不能贫。（《荀子·天论》）

（三）不及物动词带宾语

古代汉语中，不及物动词不能带宾语，如果带上宾语，其与宾语之间常常是使动的关系。例如：

欲辟土地，朝秦楚。（《孟子·梁惠王上》）
非吾徒也，小子鸣鼓而攻之可也。（《论语·先进》）
故远人不服，则修文德以来之。（《论语·季氏》）
操军方连船舰，首尾相接，可烧而走（之）也。（《资治通鉴·汉纪五十七》）
今以钟磬置水中，虽大风浪不能鸣（之）也。（《石钟山记》）

也有及物动词带宾语表示使动关系的，但这种情况下及物动词往往只跟间接宾语构成使动关系，直接宾语仍然是正常的动宾关系，如"秋九月，晋侯饮赵盾酒"（《左传·宣公二年》）。"饮赵盾酒"意思是"使赵盾喝酒"，"赵盾"是间接宾语，"酒"是直接宾语。

要辨别动词与宾语之间是否是使动关系，需要联系上下文判断这个动词所表示的动作是否由宾语发出，如果由宾语发出，就是使动的关系。如"欲因此时降武"（《后汉书·苏武传》）与"涉间不降楚"（《史记·项羽本纪》），前句中"降"这个动作是由宾语发出的，属于使动关系，后句中"降"这个动作是由主语发出的，不属于使动关系。

二 意动关系

（一）名词活用为意动词

名词活用为意动词，即活用为动词的名词与宾语之间具有意动关系，表示"把宾语看成、当作名词所代表的人或事物"。例如：

何以王齐国，子万民乎？（《战国策·齐策四》）
诸侯用夷礼则夷之，进于中国则中国之。（《原道》）
外黄富人女甚美，庸奴其夫。（《史记·张耳陈余列传》）
天下乖戾，无君君之心。（《封建论》）

（二）形容词活用为意动词

形容词活用为意动词，即活用为动词的形容词与宾语之间具有意动关系，表示"认为宾语具有形容词所描写的性质、状态或特点"。例如：

孔子登东山而小鲁，登泰山而小天下。（《孟子·尽心上》）
吾妻之美我者，私我也。（《战国策·齐策一》）
明君贵五谷而贱金玉。（《论贵粟疏》）
人主自智而愚人，自巧而拙人。（《吕氏春秋·知度》）

需要注意的是形容词活用为动词后，有时与宾语之间可能是使动关系也可能是意动关系，需要辨析。意动关系表示主语对宾语的主观看法，事实不一定如此；使动关系则表示主语使宾语客观上发生某种结果。如"工师得大木……匠人斫而小之"（《孟子·梁惠王下》）。"小"活用为动词，与宾语之间是使动的关系，表示匠人砍伐以后能够客观上使得木材变小。而"孔子登东山而小鲁，登泰山而小天下"（《孟子·尽心上》）里的两个"小"则是意动词，因为鲁国和天下不会因为孔子而实际变小，只是孔子个人的感觉而已。"君子之学也以美其身"（《荀子·劝学》）。"美"活用为动词，与宾语之间是使动的关系，表示"君子之学"能够客观上使自身得到美化。而"吾妻之美我者，私我也"（《战国策·齐策一》）。"美"活用为动词，与宾语之间是意动的关系，表示"吾妻"认为"我"美。

三 为动关系

（一）不及物动词带宾语

不及物动词带上宾语后，有时与宾语之间具有为动关系，表示"主语为（替）宾语发出某种动作或行为"，"主语向（对）宾语发出某种动作或行为"或"主语因为宾语发出某种动作或行为"。例如：

夫人将启之。（《左传·隐公元年》）
邴夏御齐侯。（《左传·成公二年》）
遂置姜氏于城颍，而誓之曰"不及黄泉，无相见也。"（《左传·隐公元年》）
君三泣臣矣，敢问谁之罪也。（《左传·襄公二十二年》）
伯夷死名于首阳之下，盗跖死利于东陵之上。（《庄子·骈拇》）

（二）形容词或名词活用为动词

形容词或名词活用为动词后，有时与宾语之间具有为动关系，表示"主语为宾语发出与名词有关的某种动作或行为"或"主语因为宾语而具有形容词所表示的性质"。例如：

昨使医曹吏刘租针胃管讫，便苦咳嗽，欲卧不安。（《三国志·华佗传》）
多情自古伤离别。（《雨霖铃》）
吾夜者梦夫人趋而来，曰："吾苦饥。"（《谷梁传·僖公十年》）
广陵太守陈登忽患匈中烦懑，面赤，不食。佗脉之。（《后汉书·方术列传下》）
女死必于崤之岩唫之下，吾将尸女于是。（《谷梁传·僖公三十三年》）
臣有子三人，家贫无以妻之，佣未反。（《韩非子·外储说右下》）

第四节 古汉语的特殊结构

古代汉语中，由助词"之""所""者"构成的特殊结构出现频率较高，具有较为丰富的语法功能和复杂的语义关系。我们将"之"用于主谓之间的结构，简称为"之字结构"；"所"后跟动词的结构，简称为"所字结构"；名词性成分或谓词性成分与"者"相结合构成的结构，简称为"者字结构"。此外，古代汉语中还有一些词经常放在一起配合使用，表示某种特定的意义，如"有以、无以、有所、无所"等，这种短语或特殊结构常常被称为固定结构。

一 "之"字结构

（一）主语＋之＋谓语

古代汉语中，"之"字用于主谓之间的情况较为常见。从语法功能上来看，这一结构常常作句子的主语或宾语（包括介词的宾语），有时也可以作谓语、定语、状语、独立成句或作复句的分句。这种结构中的"之"字可以省略而不影响结构性质的变化，也不影响意义的表达。

1. 作主语或宾语

大哉，尧之为君也！（《论语·泰伯》）（主语）
不患人之不己知，患不知人也。（《论语·学而》）（宾语）
王无异于百姓之以王为爱也。（《孟子·梁惠王上》）（介词宾语）

当句子结构较为复杂时，"之"字结构在句中有时是作句子成分中的成分。如"狼度简子之去已远"（《中山狼传》），"简子之去已远"是全句的宾语，而"简子之去"这个"之"字结构又作"简子之去已远"的主语。再如"不识舜不知象之将杀己与？"（《孟子·万章上》），"舜不知象之将杀己"是全句的宾语，"象之将杀己"这个"之"字结构作"舜不知象之将杀己"的宾语。但是，这种情况在古代汉语中并不多见。

2. 作谓语、定语或状语

"之"字结构作状语时，往往是作为全句的时间状语。

此庸夫之怒，非士之怒也。（《战国策·魏策四》）（谓语）
始臣之解牛之时，所见无非牛者。（《庄子·养生主》）（定语）
臣之壮也，犹不如人。（《左传·僖公三十年》）（状语）

3. 独立成句

"之"字结构独立成句的现象在古代汉语中并不少见,可以用于陈述、疑问、感叹等各种句类。

天乎!予之无罪也。(《礼记·檀弓上》)(陈述句)
圣人之葬人与?(《礼记·檀弓上》)(疑问句)
子曰:予之不仁也!(《论语·阳货》)(感叹句)

4. 作复句的分句

"之"字结构在古代汉语中常常用作复句第一个分句,表示语意未尽,分句与分句间存在因果、目的、假设、转折、并列、条件等多种关系。

桀、纣之失天下也,失其民也。(《孟子·离娄上》)(因果)
君子之仕也,行其义也。(《论语·微子》)(目的)
君子之至于斯也,吾未尝不得见也。(《论语·八佾》)(转折)
丹朱之不肖,舜之子亦不肖。(《孟子·万章上》)(并列)
信之下魏破代,汉辄使人收其精兵诣荥阳以距楚。(《史记·淮阴侯列传》)(条件)

(二)名词+之+于+名词

这种结构可以看作是"之"字结构的特殊形式,"于"在这里是动词,"于+名词"是动宾结构作谓语,那么"之"仍然可以看作是用在了主语和谓语之间。这种结构在古代汉语中也较为常见,而且有作主语、宾语或分句等多种语法功能。

1. 作主语

天之于民,厚矣。(《列子·说符》)
寡人之于齐、赵也,非所敢欲伐也。(《战国策·燕策一》)
上之于下,如保赤子。(《荀子·王霸》)

2. 作宾语

周公之不有天下,犹益之于夏,伊尹之于殷也。(《孟子·万章上》)
私家之富,若田氏之于齐也。(《史记·李斯列传》)
仁义礼善之于人也,辟之若货财粟米之于家也。(《荀子·大略》)"货财粟米之于家"作宾语)

3. 作分句

吾之于人也,谁毁谁誉?如有所誉者,其有所试矣。(《论语·卫灵公》)

故汤之于伊尹，学焉而后臣之，故不劳而王。（《孟子·公孙丑下》）

子之于学者，将尽行之乎？愿子之有以易名母也。（《战国策·魏策三》）

此外，古代汉语中还有"名词＋之＋与＋名词"的情况，与"名词＋之＋于＋名词"结构相同，如"夫齐之与吴也，习俗不同，言语不通"（《吕氏春秋·知化》），"秦之与魏，譬若人之有腹心之疾"（《史记·商君列传》）。

二 "所"字结构

古代汉语中，"所"字使用得较为频繁，"所"字在古代汉语中不能单独充当句子成分，其往往用在动词或动词性短语之前，组成名词性"所"字结构，由"所"字结构充当句子成分，"所"为助词。

（一）所＋动词

百尔所思，不如我所之。（《诗经·墉风·载驰》）

予弗知乃所讼。（《尚书·盘庚上》）

动静之物，大小之神，日月所照，莫不砥属。（《史记·五帝本纪》）

邪秽在身，怨之所构。（《荀子·劝学》）

此类情况中，"所"后除了跟单音节动词外，也有跟双音节词的情况，如"神所冯依，将在德矣"（《左传·僖公五年》）。另外，如果是否定的形式，则在"所"与动词之间加否定词"不"或"弗"，如"君子于其所不知，盖阙如也"（《论语·子路》），"尔所弗勖，其于尔躬有戮"（《尚书·牧誓》）。如果句中有能愿动词修饰动词，则加在"所"与动词之间，如"切刺讥之所罚，考变异之所加，则天所欲为行矣"（《春秋繁露·十指》），"是谋非吾所能及也"（《孟子·梁惠王下》）。

（二）所＋动词＋宾语

所谓伊人，在水一方。（《诗经·秦风·蒹葭》）

荆王所爱妾有郑袖者。（《韩非子·内储说下》）

子夏、子张、子游，以有若似圣人，欲以所事孔子事之，强曾子。（《孟子·滕文公上》）

有司对曰："郑人所献楚囚也"。（《左传·成公九年》）

（三）所＋介词＋动词＋（宾语）

"所"字和动词短语之间可以插入介词，如"以、从、与、为、由"等，其中"以"较为常见。这类"所"字结构往往表示动作行为的处所、原因、凭借、相关的人或事物等。有时，"所＋介词"也可以单独使用。例如：

子曰：视其所以，观其所由，察其所安。人焉廋哉？人焉廋哉？（《论语·为政》）。

诸所与交通，无非豪杰大猾。（《史记·魏其武安侯列传》）

夫仁义辩智，非所以持国也。（《韩非子·五蠹》）

是吾剑之所从坠。（《吕氏春秋·察今》）

上所为数问君者，畏君倾动关中。（《史记·萧相国世家》）

乐者，音之所由生也；其本在人心之感于物也。（《礼记·乐记》）

此外，古代汉语中，"所"有时也可以用在形容词、名词、数词、代词前，这时，这些形容词、名词、数词、代词往往活用为动词。例如："此非明主之所臣也"（《韩非子·外储说右上》），"是百王之所同也，古今之所一也"（《礼记·礼论》），"无用吾之所短，遇人之所长"（《荀子·大略》），"善，教训之所然也，非质朴之所能至也，故不谓性"（《春秋繁露·实性》）。

三 "者"字结构

古代汉语中，"者"字使用得较为频繁，"者"字在古代汉语中不能单独充当句子成分，可以用在体词性成分之后，也可以用在谓词性成分或小句之后，组成名词性"者"字结构，由"者"字结构充当句子成分，"者"为助词。

（一）名词性成分＋"者"

这类结构表示自指，其中的"者"字没有实际的意义，"者"字的有无不影响句子结构和意义的表达，只起舒缓语气的作用。例如：

礼也者，小事大，大字小之谓。（《左传·昭公三十年》）

仁者，人也；义者，宜也。（《礼记·中庸》）

寡人夜者寝而不寐，其意也何？（《公羊传·僖公二年》）

异乎三子者之撰。（《论语·先进》）

古者易子而教之。（《孟子·离娄上》）

五性者何？谓仁、义、礼、智、信也。（《白虎通·性情》）

（二）数词＋"者"

这类"者"字结构往往指称的是上文已经出现过的事物，或者下文将要叙述的事物。但有时也是对前一名词的说明。例如：

科条三千者，应天地人情也。（《白虎通·五刑》）

子贡曰："必不得已而去，于斯三者何先？"（《论语·颜渊》）

鱼，我所欲也；熊掌，亦我所欲也，二者不可得兼，舍鱼而取熊掌者也。（《孟子·告子上》）

大德不官，大道不器，大信不约，大时不齐。察于此四者，可以有志于学矣。（《礼记·学记》）

孔子曰："能行五者于天下，为仁矣。"请问之。曰："恭、宽、信、敏、惠。"（《论语·阳货》）

若夫强弱夭寿，以百为数；不至百者，气自不足也。（《论衡·气寿》）

（三）谓词性成分＋"者"

这类结构通常有两种情况。一种情况是谓词性成分加"者"后表示转指，即提取了原谓词性成分的施事或者主体，可以指人，也可以指事物，可以翻译为"……的人（事、原因）"。另一种情况与名词性成分加"者"相同，表示自指，不提取任何成分，仅指原谓词性成分所说的这种情况、这件事，以及条件、背景等。

1. 表转指

知我者，谓我心忧；不知我者，谓我何求。（《诗经·王风·黍离》）

仁者不忧，知者不惑，勇者不惧。（《论语·宪问》）

窃钩者诛，窃国者侯。（《史记·游侠列传》）

2. 表自指

以顺为正者，妾妇之道也。（《孟子·滕文公下》）

五年，春，公将如棠观鱼者。（《左传·隐公五年》）

秦攻梁者，是示天下要断山东之脊也。（《战国策·魏策四》）

值得注意的是，古代汉语中也常常出现"所"字结构加"者"的组合，这种情况往往表示自指，"者"字的有无不影响句子结构和意义的表达。例如：

人之所以异于禽于兽者几希，庶民去之，君子存之。（《孟子·离娄下》）

褒人有罪，请入童妾所弃女子者于王以赎罪。（《史记·周本纪》）

夫君子之所取者远，则必有所待。（《贾谊论》）

四 其他常见固定结构

（一）无乃、得无

"无乃""得无"是古代汉语中常见的固定结构，前者表示委婉语气，后者表示测度语气。"得无"可以用"得微"或"得亡"来代替。它们经常与表示疑问的语气词"乎""与"或"耶"连用，组成"无乃……乎（与、耶）""得无……乎（与、耶）"的句式，意思是"恐怕……吧""该不会……吧""岂不是……吧""莫非……吗"。例如：

孔子曰："求，无乃尔是过与？"（《论语·季氏》）

日食饮得无衰乎？（《战国策·赵策四》）

今者阙然数日不见，车马有行色，得微往见跖耶？（《庄子·盗跖》）
堂下得无微有疾臣者乎？（《韩非子·内储说下》）

（二）有以、无以

古代汉语中，动词"有""无（亡）"常常和介词"以"连用，组成"有以""无（亡）以"的固定结构，"以"有凭借义，可以翻译为"用""拿"等。因而"有以"意思是"有用来（拿来）……的东西（办法、能力）"等；"无以"意思是"没有用来（拿来）……的东西（办法、能力）"等，确切的翻译则需要根据上下文的语境来把握。

1. 有以

信喜，谓漂母曰："吾必有以重报母。"（《史记·淮阴侯列传》）
吾终当有以活汝，脱有祸，固所不辞也。（《中山狼传》）
暴见于王，王语暴以好乐，暴未有以对也。（《孟子·梁惠王下》）

2. 无以

尔贡包茅不入，王祭不共，无以缩酒，寡人是征。（《左传·僖公四年》）
河曲智叟亡以应。（《列子·汤问》）
故不积跬步，无以至千里；不积小流，无以成江海。（《荀子·劝学》）

（三）如（若、奈）何

古代汉语中，固定结构"如（若、奈）何"意思是"怎么样（办）"或"为什么"。又有"如（若、奈）……何"的形式，表示"对……怎么样"；又有"如（若、奈）之何"的变化形式，其中"之"是指示代词，意思是"对（拿）它（他）怎么样（办）"，但多数情况下，"之"的指代作用并不明显，意思与"如（若、奈）何"相同。

1. 如（若、奈）何

伤未及死，如何勿重。（《左传·僖公二十二年》）
子曰："由！知者若何？仁者若何？"（《荀子·子道》）
民不畏死，奈何以死惧之。（《老子·七十四章》）

2. 如（若、奈）……何

今夕何夕，见此良人。子兮子兮，如此良人何？（《诗经·唐风·绸缪》）
虽从者能戒，其若异客何？（《左传·襄公三十一年》）
吾君老矣，国家多难，伯氏不出，奈吾君何？（《国语·晋语二》）

3. 如（若、奈）之何

取妻如之何？匪媒不得。（《诗经·齐风·南山》）

此车一人殿之可以集事,若之何其以病败君之大事也。(《左传·成公二年》)

若子不听父之诏,弟不受兄之教,虽今先生之辩,将奈之何哉?(《庄子·盗跖》)

(四)有所、无所

古代汉语中,"有所""无所"是常见的固定结构,意思是"有……人(物、情况、方法、地方等)""没有……人(物、情况、方法、地方等)"等。"所"后往往是动词、形容词或动词词组,相当于"有(无)"加"所"字结构。例如:

狂者进取,狷者有所不为也。(《论语·子路》)

所以知之在人者谓之知;知有所合谓之智。(《荀子·正名》)

吾入关,秋毫不敢有所近。(《史记·项羽本纪》)

君子无所争,必也射乎!(《论语·八佾》)

择福莫若重,择祸莫若轻,福无所用轻,祸无所用重。(《国语·晋语六》)

今入关,财物无所取,妇女无所幸,此其志不在小。(《史记·项羽本纪》)

此外,古代汉语中,"所"还与疑问代词"何、安"组成"何所、安所"的固定结构,意思是"怎么""什么""哪里"或"为什么"等,确切意思需要结合上下文语境来把握。如"我之大贤与,于人何所不容?"(《论语·子张》),"察察者有所不见,恢恢者何所不容"(《新语·辅政》),"人而无辞,安所用之?"(《说苑·善说》),"有者无之,无者有之,安所信之。"(《尉缭子·战权》)。

第五节 古汉语的特殊句式

一 古代汉语判断句

(一)古代汉语判断句的基本形式

古代汉语判断句一般用名词或名词性短语作谓语,对事物的属性做出判断,即说明主语所代表的人或事物是什么或不是什么。古代汉语的判断句和现代汉语不同,一般不用判断词"是",而是直接用名词或名词性短语充当谓语,有时在谓语后加语气词"也"帮助判断。上古汉语中,"是"还没有发展为判断动词,判断句一般有下面几种形式。

1. 某者,某也。(主语+"者",谓语+"也")

陈胜者,阳城人也。(《史记·陈涉世家》)

南冥者,天池也。(《庄子·逍遥游》)

楚左尹项伯者,项羽季父也。(《史记·项羽本纪》)

2. 某者，某。（主语＋"者"，谓语）

  兵者，不祥之器。（《老子·三十一章》）
  陈轸者，游说之士。（《史记·张仪列传》）
  天下者，高祖天下。（《史记·魏其武安侯列传》）

3. 某，某也。（主语，谓语＋"也"。）

  张骞，汉中人也。（《汉书·张骞传》）
  制，岩邑也。（《左传·隐公元年》）
  王，人君也。（《战国策·齐策四》）

4. 某，某。（主语，谓语）

  荀卿，赵人。（《史记·孟子荀卿列传》）
  贾生，洛阳之少年。（《贾谊论》）
  刘备天下枭雄。（《资治通鉴·汉纪五十七》）

  古代汉语中判断句的谓语前可以加上副词或语气词，来表示否定的判断或起加强语气的作用。这些句子在翻译为现代汉语时，要增加判断词"是"，因而容易将这些副词或语气词误认为判断词，其实副词在句中只作状语，语气词不充当语法成分，这些词都不是判断词。例如：

  楚虽大，非吾族也。（《左传·成公四年》）（非：表否定判断）
  神即形也，形即神也。（《神灭论》）（即：加强判断的语气）
  利诚乱之始也。（《史记·孟子荀卿列传》）（诚：加强判断的语气）
  丘之所言皆吾之所弃也。（《庄子·盗跖》）（皆：说明判断的范围）
  是乃狼也。（《左传·宣公四年》）（乃：加强判断的语气）
  夺项王天下者，必沛公也。（《史记·项羽本纪》）（必：加强判断的语气）
  此则岳阳楼之大观也。（《岳阳楼记》）（则：加强判断的语气）
  我马维骐。（《诗经·小雅·皇皇者华》）（维：加强判断的语气）

  先秦时期也有少数带"为"字的句子表示判断，如："余为伯倏，余而祖也"（《左传·宣公三年》）。但多数情况下"为"看似是判断词而实为一般动词。如"吾乃今日而知先生为天下之士也！"（《战国策·赵策三》），"四体不勤，五谷不分，孰为夫子？"（《论语·微子》）。

（二）古代汉语判断句的灵活形式

  古代汉语的判断句中，谓语一般用来说明主语的属性或类别。但也有一些判断句中，谓语不是用来判断主语的属性或类别，而是用来打比方或者说明主语的条件、目的、原因等。

1. 比喻关系（把主语比喻为谓语所代表的事物）

　　君者，舟也；庶人者，水也。（《荀子·王制》）
　　曹公，豺虎也。（《资治通鉴·汉纪五十七》）
　　苦言，药也；甘言，疾也。（《史记·商君列传》）
　　君子之德，风；小人之德，草。（《论语·颜渊》）

2. 条件、目的或其他逻辑关系

　　夫战，勇气也。（《左传·庄公十年》）（条件）
　　千金，重币也；百乘，显使也。（《战国策·齐策四》）（主语是谓语所代表的事物的标志）

3. 因果或解释关系

这类判断句的谓语往往由动词或动词性短语充当，谓语说明主语所代表情况产生的原因或解释主语的意义。

　　良庖岁更刀，割也。（《庄子·养生主》）（谓语说明主语产生的原因）
　　吾妻之美我者，私我也；妾之美我者，畏我也；客之美我者，欲有求于我也。（《战国策·齐策一》）（谓语说明主语产生的原因）
　　庠者，养也；校者，教也；序者，射也。（《孟子·滕文公上》）（谓语解释主语的意义）

（三）古代汉语判断句的发展

现代汉语中的判断句通常需要用判断词"是"，如"我是学生""昆明是个好地方"。"是"在上古汉语中，还没有发展出判断词的用法，主要用作指示代词，相当于"此"，在句中作主语。如"至攘人犬豕鸡豚者，其不义又甚入人园圃窃桃李。是何故也？"（《墨子·非攻上》），"至入人栏厩取人马牛者，其不义又甚攘人犬豕鸡豚。此何故也？"（《墨子·非攻上》）。

这类指示代词"是"常用作判断句的主语，具有判断的意味，如"贫与贱，是人之所恶也"（《论语·里仁》），"日月星辰瑞历，是禹、桀之所同也"（《荀子·天论》）。后来指代的意义弱化，判断的意味增强，就慢慢发展成了判断词"是"。最晚应该在汉代，"是"就开始作为判断词来使用了。如"此必是豫让也"（《史记·刺客列传》），"余是所嫁妇人之父也"（《论衡·死伪》），"汝是大家子，仕宦于台阁"（《孔雀东南飞》）。

二 古代汉语被动句

（一）被动与被动句式

"被动"指句中主语是谓语动词所表示的行为动作的承受者，主语和谓语之间是被动的关系。古代汉语中的主语和谓语之间的被动关系，有时是通过上下文语境表达出来的，句中没有明显的被动标记，这种被动句可以叫作意念被动句。如"蔓草犹不可除"（《左传·隐公元年》），主语"蔓草"是谓语动词"除"的对象、承受者。"故不能推车而及"（《左传·成公二年》），从上下文语境来看，句中省略的主语是"及"这个动作的承受者，因而是被动的关系，意思是"被赶上"。又如"盖文王拘而演《周易》"（《报任安书》），从上下文语境来看，主语"文王"是动词"拘"的承受者，意思是"被拘"。再如"狡兔死，良狗烹"（《史记·越王勾践世家》），主语"良狗"是谓语动词"烹"的对象、承受者，意思是"被烹"。

"被动句式"是指句中有明显的表示被动关系的标记，从句子结构本身就能看出主语被动性质的句式。古代汉语中常见的被动句式有四种："于"字被动句、"为"字被动句、"见"字被动句、"被"字被动句。

（二）古代汉语被动句常见句式

1. "于"字被动句

这类被动句式的特点是在谓语动词之后由介词"于（乎）"引介动作行为的施事，施事不能省略。例如：

> 劳心者治人，劳力者治于人。（《孟子·滕文公上》）
> 故内惑于郑袖，外欺于张仪。（《史记·屈原列传》）
> 先发制人，后发制于人。（《汉书·陈胜项藉传》）
> 志乎古必遗乎今。（《答李翊书》）

2. "为"字被动句

这类被动句式的特点是在谓语动词之前由介词"为"引介动作行为的施事，施事可以省略。还可以在施事后、谓语动词前加"所"字，构成"为……所"的句式。

（1）为＋动词。

> 自今无有代其君任患者，有一于此，将为戮乎？（《左传·成公二年》）
> 父母亲族，皆为戮没。（《战国策·燕策三》）
> 诚令长安君听足下计，若信者亦已为禽矣。（《史记·淮阴侯列传》）

（2）为＋施事者＋动词。

> 止，将为三军获。（《左传·襄公十八年》）
> 冀复得兔，兔不可复得。而身为宋国笑。（《韩非子·五蠹》）
> 而母，婢也。卒为天下笑。（《战国策·赵策三》）

（3）为＋施事者＋所＋动词。

> 卫太子为江充所败。（《汉书·霍光传》）

其后楚日以削，数十年竟为秦所灭。（《史记·屈原贾生列传》）

嬴闻如姬父为人所杀。（《史记·魏公子列传》）

3. "见"字被动句

这类被动句式的特点是由助词"见"用在谓语动词前作被动的标记，但是"见"不能直接引介动作行为的施事，如需引介动作行为的施事，则要在谓语动词后加介词"于"，由"于"引入施事。

(1) 见＋动词。

厚者为戮，薄者见疑。（《韩非子·说难》）

臣闻武帝使中郎将苏武使匈奴，见留二十年不降。（《汉书·武五子传》）

延年自知见废。（《汉书·酷吏传》）

(2) 见＋动词＋于＋施事者。

臣诚恐见欺于王而负赵。（《史记·廉颇蔺相如列传》）

吾长见笑于大方之家。（《庄子·秋水》）

吾尝三仕三见逐于君。（《史记·管晏列传》）

需要注意的是，古代汉语中"见"字用在谓语动词前，有时并不表示被动的关系，而是表示对"我"如何。如"生孩六月，慈父见背"（《陈情表》，"见背"，离开我），"故今具道所以，冀君实或见恕也"（《答司马谏议书》，"见恕"，原谅我）。

4. "被"字被动句

这类被动句式的特点是在谓语动词之前由介词"被"引介动作行为的施事，构成"被＋（施事者）＋动词"的结构，施事可以省略；也可以在动词前加"所"，构成"被＋施事者＋所＋动词"的结构，施事不能省略。"被"字被动句在战国时期的文献中已有，但是较少使用，汉代以后多见。例如：

国一日被攻，虽欲事秦，不可得也。（《战国策·齐策一》）

信而见疑，忠而被谤。（《史记·屈原列传》）

臣被尚书召问。（《被收时表》）

常被元帝所使，每怀羞恨。（《颜氏家训·杂艺》）

需要注意的是，"被"的本义为名词"被子"，如"翡翠珠被"（《楚辞·招魂》）。由"被子"引申为动词"覆盖""遭受"之义，如"凝霜被野草，岁暮亦云已"（《咏怀》），"地小人众，数被水旱之害"（《史记·货殖列传》），"且先王能令其民蹈白刃，被矢石"（《商君书·慎法》）。由"遭受"义后来又虚化为介词"被"，表示被动，如"山鸡翟雉来相劝，南禽多被北禽欺"（《山鹧鸪词》）。

三 古代汉语的特殊语序

（一）宾语前置

古代汉语中，在一定的语法条件下，宾语可以从谓语中心语的后面移至谓语中心语的前面，这种现象被称为"宾语前置"。古代汉语中常见宾语前置的类型有以下几种。

1. 疑问代词作宾语

在古代汉语的疑问句和反问句里，充当动词宾语或介词宾语的疑问代词"谁、孰、何、曷、胡、恶、奚、安、焉"等，一般要放在谓语动词或介词的前面，如果谓语动词前有能愿动词，则疑问代词要提前到能愿动词前。

（1）疑问代词作动词的宾语。

> 敢问何谓也？（《左传·隐公元年》）
> 彼且奚适也？（《庄子·逍遥游》）
> 臣实不才，又谁敢怨？（《左传·成公三年》）
> 沛公安在？（《史记·项羽本纪》）
> 王者孰谓？谓文王也。（《公羊传·隐公元年》）
> 虽闻曷闻？虽见曷见？虽知曷知？（《吕氏春秋·审分》）
> 居恶在，仁是也；路恶在，义是也。（《孟子·尽心上》）

（2）疑问代词作介词的宾语。

> 曷为久居此围城之中而不去也？（《战国策·赵策三》）
> 先生何以教寡人？（《战国策·秦策三》）
> 此胡自生？此自恶人、贼人生与？（《墨子·兼爱下》）
> 何由知吾可也？（《孟子·梁惠王上》）

古代汉语中，疑问代词作宾语时，前置的情况较为常见，且为历代所沿用。如"微斯人，吾谁与归？"（《岳阳楼记》）。但是在少数固定结构（"如何""若何""奈何""如……何""若……何""奈……何"等）中，疑问代词"何"不需要前置，仅偶有前置的情况。如"与不谷同好，如何？"（《左传·僖公四年》），"以五十步笑百步，则何如？"（《孟子·梁惠王上》），"先生助之奈何？"（《战国策·赵策三》），"以君之力，曾不能损魁父之丘，如太行王屋何？"（《列子·汤问》）。

2. 否定句中代词作宾语

在古代汉语的否定句中，充当动词宾语的代词常常会提前到谓语动词前。如果谓语动词前有能愿动词或语气词，则代词宾语要提前到能愿动词或语气词前。例如：

> 邻国未吾亲也。（《国语·齐语》）

我无尔诈，尔无我虞。(《左传·宣公十五年》)
　　虽使五尺之童适市，莫之或欺。(《孟子·滕文公上》)
　　不患人之不己知，患不知人也。(《论语·学而》)
　　三岁贯女，莫我肯顾。(《诗经·魏风·硕鼠》)

需要注意的是，上古汉语里，否定句中代词作谓语动词的宾语时，有时候也可以不提前。如"有事而不告我"(《左传·襄公二十八年》)，"知我者，谓我心忧。不知我者，谓我何求"(《诗经·王风·黍离》)。这种后置的情况在汉代以后逐渐增多。但后世的仿古作品，仍然仿照上古的句式，将宾语提前到谓语动词前。如"每自比于管仲、乐毅，时人莫之许也"(《三国志·诸葛亮传》)，"古之人不余欺也"(《石钟山记》)，"彼不我恩也"(《童区寄传》)。

3. 用代词做宾语提前的标记

在古代汉语中，代词"是""实""之"等可以作为宾语前置的标记。主要有以下几种情况。
(1) 宾语+代词"是（实、之）"+谓语动词。

　　将虢是灭，何爱于虞？(《左传·僖公五年》)
　　鬼神非人实亲，惟德是依。(《左传·僖公五年》)
　　诗曰：孝子不匮，永锡尔类。其是之谓乎！(《左传·昭公二十三年》)

(2) 惟（唯，维）+宾语+代词"是（实、之）"+谓语动词。
在这种结构中，语气词"惟（唯，维）"起强调宾语的作用。

　　皇天无亲，惟德是辅。(《尚书·周书·蔡仲之命》)
　　父母唯其疾之忧。(《论语·为政》)
　　大国若宥图之，唯命是听。(《吕氏春秋·行论》)

(3) 代词宾语+代词"之"+谓语动词。
如果前置的宾语是代词，一般用"之"做宾语提前的标记。

　　"我之怀矣，自诒伊戚"，其我之谓矣！(《左传·宣公二年》)
　　"唇亡则齿寒"，其斯之谓与？(《谷梁传·僖公二年》)
　　若狄公子，吾是之依兮。(《国语·晋语三》)

(4) 代词"是"+谓语动词（或介词）。
代词"是"作动词或介词的宾语时，有时不需要有标记，可以直接放在谓语动词或介词前。

　　昭王南征而不复，寡人是问。(《左传·僖公四年》)
　　维叶莫莫，是刈是濩。(《诗经·周南·葛覃》)
　　敏而好学，不耻下问，是以谓之文也。(《论语·公冶长》)

4. 介词"以""与"的宾语

除了以上提到的三种情况外，有时为了强调介词的宾语，宾语也常被放在介词前面。

介词"以""与"的宾语前置的情况最为常见。例如：

《诗》三百，一言以蔽之，曰"思无邪"。(《论语·为政》)
楚国方城以为城，汉水以为池，虽众，无所用之。(《左传·僖公四年》)
其有不合者，仰而思之，夜以继日。(《孟子·离娄上》)
是以太山不让土壤，故能成其大。(《谏逐客疏》)
鸟兽不可与同群。(《论语·微子》)

（二）数量词修饰名词或动词

古代汉语中，数量词可以修饰名词或动词，但与现代汉语的语序不完全一样。数量词修饰名词有两种情况，一是放在名词前，二是放在名词后。古代汉语中动量词产生得较晚，大约在魏晋以后才有动量词，所以上古汉语中，一般是由数词来修饰动词，数词或放在动词前作状语，或放在动词或动词短语后作谓语。

1. 修饰名词

（1）数词＋（量词）＋名词。

前以士，后以大夫；前以三鼎，而后以五鼎与？(《孟子·梁惠王下》)
叔孙通出，皆以五百斤金赐诸生。(《史记·刘敬叔孙通列传》)
三公，九卿，二十七大夫，八十一元士。(《礼记·王制》)

（2）名词＋数词＋（量词）。

命子封帅车二百乘以伐京。(《左传·隐公元年》)
军书十二卷，卷卷有爷名。(《木兰诗》)
方里而井，井九百亩，其中为公田。(《孟子·滕文公上》)

2. 修饰动词

（1）数词＋动词。

这种情况下，数词直接放在动词前作状语。

公输盘九设攻城之机变，子墨子九距之。(《墨子·公输》)
桓公九合诸侯，不以兵车，管仲之力也。(《论语·宪问》)
三进及溜，而后视之。(《左传·宣公二年》)
由是先生遂诣亮，凡三往。(《三国志·诸葛亮传》)

（2）动词/动词短语＋（者）＋数词。

这种情况下，为了强调动作的数量，数词直接置于动词或动词短语后作谓语，有时也会在动词或动词短语后加"者"，构成"者"字结构后再加数词，数词仍然作谓语。

闻道百，以为莫己若者，我之谓也。(《庄子·秋水》)
鲁仲连辞让者三，终不肯受。(《战国策·赵策三》)

范增数目项王，举所佩玉玦以示之者三，项王默然不应。（《史记·项羽本纪》）

陛下至代邸，西乡让天子者三，南乡让天子者再。（《汉书·爰盎晁错传》）

古代汉语中，动量词产生得较晚。动量词产生后，才有"数词＋量词＋动词"的句式，如"此曲只应天上有，人间能得几回闻"（《赠花卿》），"人世几回伤往事，山形依旧枕寒流"（《西塞山怀古》）；也有"动词/动词短语＋数词＋量词"的句式，如"吾于书读不过三遍，终身不忘也"（《张中丞传后叙》），"香汤洗数十过，烧香忏悔"（《高僧传·译经篇》）。

论著选介

一 王力《汉语语法史》

《汉语语法史》于1989年4月由商务印书馆初版，后又有多家出版社重印出版。2014年10月，中华书局出版《王力全集》，其中第三卷收入《汉语语法史》。《汉语语法史》在《汉语史稿》中册的基础上修订改写而成，是我国第一部汉语语法通史，为汉语的语法史研究建构了完整的理论框架，为后来语言学家对汉语语法的进一步研究奠定了坚实的基础。全书共26章，以汉语基本理论为基础，从词法、句法两个方面论述了汉语语法发展的历史面貌、发展阶段及其内在规律，包括名词、人称代词、构词法的发展、词序的发展、长句的发展、语气词的发展，以及"五四"以后新兴的句法等知识，重点是对历史句法学的探讨。《汉语语法史》材料丰富，系统性强，规模可观，是语法学研究的一部重要著作。黄增寿、罗婉君于2020年发表文章《王力〈汉语语法史〉系词章述评》《王力〈汉语语法史〉使成式章述评》，文章认为"《汉语语法史》比较系统地描写了汉语的构词法、词类和句法的历时演变，揭示了汉语语法的一些重要特点，是汉语语法史领域最重要的基础性文献"。

二 林玉山、李绍群《汉语语法发展史稿》

《汉语语法发展史稿》于2018年12月由厦门大学出版社首次出版。《汉语语法发展史稿》是一本关于汉语语法史的较新、较详实的论著。全书共分为三篇：第一篇共12章，重点论述词法的发展，包括名词、动词、形容词、代词、数词和量词、副词、连词、介词、助词、叹词、拟声词、构词法等从上古、中古到近代、现代的发展情况；第二篇共10章，重点论述了句法的发展，详述了短语、语序、描写句、问句、感叹句、判断句、动词谓语句、主谓谓语句、特殊句式、复句等从古到今的发展变化，基本按照上古、中古、近代、现代的顺序描述各类句式在各个时期的面貌和发展情况；第三篇共7章，为全书的总论，论述了汉语语法史的分期，以及上古、中古、近代、现代各个时期汉语语法的特点，比较了古今汉语语法在词法和句法方面的异同，讨论了汉语语法发展的特点和趋势。每一章都紧密结合汉语实际，深入浅出。适合本科、研究生教学和学习之用，对于了解汉语语法发展史及各个时期的语法特点，有重要参考价值。

三 张之强《古代汉语语法知识》

《古代汉语语法知识》于 1979 年 7 月由北京出版社首次出版。《古代汉语语法知识》是一本学习古代汉语语法基础知识的入门书，内容简洁，便于理解。全书分为句子、虚词、实词等三节，主要介绍文言文中的一些常见语法现象。如句子一节，涉及句子成分、语序、省略、习惯句式和复句。句子成分部分介绍了动词和形容词谓语句、名词谓语句、副词谓语句、数词谓语句、双宾语句。语序部分介绍了宾语前置、介词短语的位置、数量词的位置。省略部分介绍了主语的省略、动词谓语的省略、宾语的省略、介词或其宾语的省略。习惯句式介绍了"如……何、奈……何""何……为、何以……为""孰与""有以、无以"几组。复句部分介绍了并列、连贯、递进等九类。虚词一节介绍了之、其、而、以、于、则、者、所、也、矣、乎、哉等 12 个常见虚词的用法。实词一节则介绍了名词、动词、形容词和数量词的语法功能和常见用法，还介绍了古代汉语中的常见的词类活用现象。全书例句大多来源于中学语文课本，可以帮助文言文初学者了解文言语法的基本面貌和基本情况。

四 杨伯峻《文言语法》

《文言语法》于 1955 年 1 月由北京大众出版社初版，中华书局 2016 年重印出版。《文言语法》对文言文中常见的词法和句法作了系统的叙述和明确的分析，并和现代汉语语法做了简明的比较。全书共分三编十五章，上编叙述文言语法的意义、词法和句法的概念；中编论述词类，详述了名词、代词、动词、形容词、副词、介词、连词、语气词、小品词的特点和用法；下编讲述句法，分析了句子、谓语、复合句中存在的各种形式、类别和用法。正文后附有索引，以便检查。小品词的设立是本书的一个重要特点，作者认为小品词具有两个特点：一是本身不能独立，一定要黏附于其他的词或句子才能起作用；二是受它黏附的成分，一定因此增加了意义，或者改变了意义，甚至改变了性质，如"之""者""所""然""焉""尔"等字。全书内容详实，文字简明，例句大多来源于中学语文课本，便于阅读和理解，可以作为文言文语法学习的重要参考书。本书曾被日本汉学家译为日文出版，在海外有一定的影响力。

五 李佐丰《古代汉语语法学》

《古代汉语语法学》于 2004 年 9 月由商务印书馆首次出版，全书共九章。《古代汉语语法学》首先从研究对象、相关学科、研究特点、研究方法等方面介绍了与古代汉语语法研究有关的理论问题，明确了本书所讨论的古代汉语语法实指上古汉语语法。本书分七章从语法基础知识、实词、虚词、短语、句型、句类、复句等方面介绍了上古代汉语的语法体系。语法基础知识部分主要介绍了与词、短语、句子有关的基础概念和基础分类。从实词到复句各章都有详实的分类描述,如在实词中将动词一类分为三节论述:动词、行为动词、性状动词。动词一节将动词分为分类动词、普通动词、存现动词;普通动词又分能愿动词、基本动词、使令动词;基本动词包括及物动词和不及物动词。行为动词一节分为抽象动词和具体动词,抽象动词包括感知、情态、祈令、引语 4 个小类;具体动词包括居止、运动、人事、支配、赐予 5 个小类,各个小类下仍有分类。性状动词包括状态动词和形容词(性质动词)两大类,大类下又有分类。《古代汉语语法学》对古代汉语的语法体系的论述细致详尽、类别清晰。全书最后对古代汉语语法的研究工作做了评述。作者注重科学性、系统性,不比附现代汉语语法,在很多方面的论述都有新意,在《马氏文通》之后建立了又一个古代汉语语法体系。

阅读应用

一 《鄭伯克段於鄢》[①]

　　初,鄭武公娶于申,曰武姜。生莊公及共叔段。莊公寤[②]生,驚姜氏,故名曰"寤生",遂惡之。愛共叔段,欲立之,亟[③]請於武公,公弗許。及莊公即位,爲之請制。公曰:"制,巖邑也,虢叔[④]死焉,佗[⑤]邑唯命。"請京,使居之,謂之"京城大叔"。

　　祭仲曰:"都城過百雉[⑥],國之害也。先王之制:大都不過參國之一[⑦];中五之一;小九之一。今京不度[⑧],非制也,君將不堪。"公曰:"姜氏欲之,焉辟[⑨]害?"對曰:"姜氏何厭之有?不如早爲之所,無使滋蔓。蔓難圖也。蔓草猶不可除,況君之寵弟乎?"公曰:"多行不義,必自斃[⑩],子姑待之。"

　　既而大叔命西鄙北鄙貳於己。公子吕曰[⑪]:"國不堪貳,君將若之何?欲與大叔,臣請事之;若弗與,則請除之,無生民心。"公曰:"無庸,將自及。"大叔又收貳以爲己邑,至於廩延[⑫]。子封曰:"可矣。厚將得衆。"公曰:"不義不暱,厚將崩。"

　　大叔完聚,繕甲兵,具卒乘,將襲鄭[⑬]。夫人將啟之。公聞其期,曰:"可矣!"命子封帥車二百乘以伐京。京叛大叔段。段入於鄢,公伐諸鄢。五月辛丑,大叔出奔共。

　　遂置姜氏於城潁[⑭],而誓之曰:"不及黃泉,無相見也[⑮]。"既而悔之。潁考叔爲潁谷封人,聞之,有獻於公。公賜之食。食舍肉。公問之,對曰:"小人有母,皆嘗小人之食矣,未嘗君之羹。請以遺之。[⑯]"公曰:"爾有母遺,繄我獨無![⑰]"潁考叔曰:"敢問何謂也?"公語之故,且告之悔。對曰:"君何患焉?若闕[⑱]地及泉,隧而相見,其誰曰不然?"公從之。公入而賦:"大隧之中,其樂也融融!"姜出而賦:"大隧之外,其樂也洩洩![⑲]"遂爲母子如初。

君子曰：“穎考叔，純孝也。愛其母，施⑳及莊公。《詩》曰：'孝子不匱，永錫㉑爾類。'其是之謂乎？”

【注釋】

① 選自李夢生譯注《左傳》，上海古籍出版社，2004年。本文選自《左傳·隱公元年》，《左傳》本無篇名，篇名爲後加。《左傳》是我國第一部敘事詳細完備的編年體史書。相傳爲春秋時期魯國的史官左丘明所作，原名爲《左氏春秋》，漢代改稱《春秋左氏傳》，簡稱《左傳》。鄭伯：鄭莊公，春秋時期有五等爵：公、侯、伯、子、男。克：戰勝。
② 寤：通"啎"。寤生，意思是胎兒脚朝下倒着出生，即難產。
③ 亟（qì）：屢次，多次。
④ 虢叔：東虢國的國君。
⑤ 佗：同"他"。
⑥ 祭仲：鄭國的大夫。雉，量詞，長三丈，高一丈。
⑦ 參國之一：國都的三分之一。
⑧ 不度：不合法度。
⑨ 辟：後來寫作"避"。
⑩ 斃：倒下去。
⑪ 貳：兩屬。二於己，一方面屬於鄭莊公，一方面屬於自己。公子吕，字子封，鄭國的大夫，鄭武公的弟弟。
⑫ 廩延：鄭國的城邑名。
⑬ 完聚：修葺城牆、聚集百姓。繕，修理、製造。具，準備。卒，步兵。乘，兵車。
⑭ 置：放置。城潁，鄭國的城邑名。
⑮ 黃泉：地下的泉水，這裏指陰間。意思是到死都不再相見。
⑯ 遺：給。
⑰ 爾：你。繄，句首語氣詞。
⑱ 闕：挖掘。
⑲ 洩洩：快樂的樣子。
⑳ 施：擴展。
㉑ 錫：通"賜"，給予。

二 《魯仲連義不帝秦》（節選）①

秦圍趙之邯鄲。魏安釐王使將軍晉鄙救趙，畏秦，止於蕩陰不進。

魏王使客將軍辛垣衍間入邯鄲②，因平原君謂趙王曰③：“秦所以急圍趙者，前與齊湣王爭强爲帝，已而復歸帝，以齊故④；今齊湣王已益弱，方今唯秦雄天下⑤，此非必貪邯鄲，其意欲求爲帝。趙誠發使尊秦昭王爲帝，秦必喜，罷兵去。”平原君猶豫未有所決。

此時魯仲連適⑥遊趙，會秦圍趙⑦，聞魏將欲令趙尊秦爲帝，乃見平原君，曰："事將奈何矣？"平原君曰："勝也何敢言事！百萬之衆折於外⑧，今又內圍邯鄲而不去。魏王使客將軍辛垣衍令趙帝秦，今其人在是。勝也何敢言事！"魯連曰："始吾以君爲天下之賢公子也，吾乃今然後知君非天下之賢公子也。梁客辛垣衍安在？吾請爲君責而歸之！"平原君曰："勝請爲紹介而見之於先生⑨。"

平原君遂見辛垣衍曰："東國⑩有魯連先生，其人在此，勝請爲紹介，而見之於將軍。"辛垣衍曰："吾聞魯連先生，齊國之高士⑪也。衍，人臣也，使事有職，吾不願見魯連先生也。"平原君曰："勝已泄之矣。"辛垣衍許諾。

魯連見辛垣衍而無言。辛垣衍曰："吾視居此圍城之中者，皆有求於平原君者也。今吾視先生之玉貌，非有求於平原君者，曷爲久居此圍城中而不去也？"魯連曰："世以鮑焦無從容而死者⑫，皆非也。今衆人不知，則爲一身。彼秦者，棄禮義，上首功之國也⑬，權使其士，虜使其民，彼則肆然而爲帝，過而遂正於天下⑭，則連有赴東海而死耳，吾不忍爲之民也！所爲見將軍者，欲以助趙也。"辛垣衍曰："先生助之奈何？"魯連曰："吾將使梁及燕助之，齊楚則固助之矣。"辛垣衍曰："燕則吾請以從矣；若乃⑮梁，則吾梁人也，先生惡能使梁助之耶？"魯連曰："梁未睹秦稱帝之害故也；使梁睹秦稱帝之害⑯，則必助趙矣。"辛垣衍曰："秦稱帝之害將奈何？"魯仲連曰："昔齊威王嘗爲仁義矣，率天下諸侯而朝周。周貧且微，諸侯莫朝，而齊獨朝之。居歲餘，周烈王崩，諸侯皆吊，齊後往。周怒，赴於齊曰⑰：'天崩地坼，天子下席⑱，東藩之臣田嬰齊後至，則斮之⑲！'威王勃然怒曰：'叱嗟！而母，婢也！'卒爲天下笑。故生則朝周，死則叱之，誠不忍其求也。彼天子固然，其無足怪。"

辛垣衍曰："先生獨未見夫僕乎？十人而從一人者，寧力不勝、智不若邪？畏之也。"魯仲連曰："然梁之比於秦，若僕邪？"辛垣衍曰："然。"魯仲連曰："然則吾將使秦王烹醢梁王⑳！"辛垣衍怏然不悦，曰："嘻！亦太甚矣，先生之言也！先生又惡能使秦王烹醢梁王？"魯仲連曰："固也！待吾言之：昔者鬼侯、鄂侯、文王，紂之三公也㉑。鬼侯有子而好，故入之於紂，紂以爲惡㉒，醢鬼侯；鄂侯爭之急，辨之疾㉓，故脯㉔鄂侯；文王聞之，喟然而歎，故拘之於牖里之庫百日㉕，而欲令之死。曷爲與人俱稱帝王，卒就脯醢之地也？

"齊閔王將之魯，夷維子執策而從㉖，謂魯人曰：'子將何以待吾君？'魯人曰：'吾將以十太牢待子之君'。夷維子曰：'子安取禮而來待吾君？彼吾君者，天子也。天子巡狩，諸侯辟舍，納筦鍵，攝衽抱几，視膳於堂下㉗；天子已食，退而聽朝也。'魯人投其鑰㉘，不果納，不得入於魯。將之薛，假塗㉙於鄒。當是時，鄒君死，閔王欲入吊。夷維子謂鄒之孤曰：'天子吊，主人必將倍殯柩，設北面於南方，然後天子南面吊也㉚。'鄒之羣臣曰：'必若此，吾將伏劍而死。'故不敢入於鄒。鄒、魯之臣，生則不得事養，死則不得飯含㉜，然且欲行天子之禮於鄒、魯之臣，不果納。今秦萬乘之國，梁亦萬乘之國，交㉝有稱王之名。睹其一戰而勝，欲從而帝之，是使三晉㉞之大臣，不如鄒、魯之僕妾也。

"且秦無已而帝，則且變易諸侯之大臣㉟，彼將奪其所謂不肖，而予其所謂

• 175 •

賢，奪其所憎，而與其所愛；彼又將使其子女讒妾，爲諸侯妃姬，處梁之宮，梁王安得晏然而已乎㉖？而將軍又何以得故寵乎？"

於是辛垣衍起，再拜謝曰："始以先生爲庸人，吾乃今日而知先生爲天下之士也！吾請去，不敢復言帝秦！"

【注釋】

① 節選自〔西漢〕劉向輯錄，繆文遠等譯注《戰國策》，中華書局，2012年。本文選自《戰國策·趙策》，《戰國策》本無篇名，篇名爲後加。《戰國策》是戰國時代的史料彙編，記載了戰國時期二百三四十年間各國在政治、軍事、外交方面的一些動態及策士們的主張和策略。作者無可考。

② 客將軍：別國的人在魏國作將軍。辛垣，複姓。間，偷偷地。

③ 因：通過。平原君，趙勝，戰國四公子之一，當時爲趙相。

④ 周赧王二十七年，齊湣王稱東帝，秦昭王稱西帝。後來，蘇代勸齊湣王取消了帝號，秦昭王也因此取消了帝號。

⑤ 方今：現在。雄，稱雄。

⑥ 適：正巧，正在此時。

⑦ 會：正巧碰上。

⑧ 百萬之衆折於外：指趙孝成王六年發生的"長平之戰"，秦將白起大破趙兵，坑降趙兵四十餘萬人。

⑨ 紹介：即介紹。見之，使之見。

⑩ 東國：指齊國。

⑪ 高士：品行高尚不喜歡做官的人。

⑫ 鮑焦：周時的隱士，相傳因不滿當時的政治，抱木餓死。從容，胸襟寬廣。

⑬ 上：崇尚。首功，斬首之功。

⑭ 權使其士，虜使其民：用權詐之術使用他的士，像對待奴隸一樣對待他的百姓。肆然：放肆地。過而遂正於天下：犯了過錯而在天下推行錯誤的措施。

⑮ 若乃：至於。

⑯ 使：假使。睹：看見。

⑰ 赴：後來寫作"訃"。

⑱ 天崩地坼：比喻天子死。天子，指繼位的新君。下席，孝子離開原來居住的宮室，睡草席居住在草廬守孝。

⑲ 東藩：指齊國。斬，斬殺。

⑳ 烹醢：古代的酷刑，烹是用鼎煮。醢：剁成肉醬。

㉑ 鬼侯、鄂侯、文王：都是商紂王時期的諸侯。

㉒ 子：這裏指女兒。好，美貌。惡，醜陋。

㉓ 辨：通"辯"。疾，急切。

㉔ 脯：做成肉乾。

㉕ 牖里：今河南湯陰縣北。庫，監獄。

㉖ 夷維子：齊國人。策，馬鞭。
㉗ 太牢：牛羊豕的組合。
㉘ 納筦鍵：繳納鑰匙。攝衽抱几：提起衣襟，捧着几案。視膳：伺候天子吃飯。
㉙ 投其鑰：指閉關下鎖。
㉚ 假：借。塗，通"途"。
㉛ 古代禮制，沒有下葬時，靈柩停在西階上，喪事的主人位於東階上，正面對着靈柩。天子來弔唁時，主人在西階上設置坐南向北的位置，面向北哭，天子則面向南弔唁。
㉜ 飯含：把米、貝等放入死者的口中叫作飯，把玉、珠等放入死者的口中叫作含。這兩句是強調鄒國和魯國的貧窮弱小。
㉝ 交：都。
㉞ 三晉：春秋時期晉國分裂爲韓、趙、魏三家，因此將韓、趙、魏稱爲三晉之國。
㉟ 且：將要。變易，撤換。
㊱ 晏然：平安無事。

三 《賓客詣陳太丘宿》[1]

賓客詣陳太丘宿，太丘使元方、季方炊。客與太丘論議，二人進火，俱委而竊聽。炊忘著箅，飯落釜中。太丘問："炊何不餾？"元方、季方長跪曰："大人與客語，乃俱竊聽，炊忘著箅，飯今成糜。"太丘曰："爾頗有所識不？"對曰："仿佛志之。"二子俱說，更相易奪，言無遺失。太丘曰："如此但糜自可，何必飯也！"

【注釋】

[1] 選自〔南朝〕劉義慶著，朱碧蓮、沈海波譯注《世說新語》，中華書局，2009 年。

四 《景公問古之蒞國者任人如何》[1]

景公問晏子曰："古之蒞國治民者，其任人何如？"
晏子對曰："地不同生，而任之以一種，責其俱生不可得；人不同能，而任之以一事，不可責偏成。責焉無已，智者有不能給；求焉無厭，天地有不能贍也。故明王之任人，諂諛不邇乎左右，阿黨不治乎本朝；任人之長，不強其短，任人之工，不強其拙。此任人之大略也。"

【注釋】

[1] 選自湯化譯注《晏子春秋》，中華書局，2011 年。

五 《孔子問禮於老子》[1]

孔子適周將問禮於老子老子曰子所言者其人與骨皆已朽矣獨其言在耳且君子

得其時則駕不得其時則蓬累而行吾聞之良賈深藏若虛君子盛德容貌若愚去子之驕氣與多欲態色與淫志是皆無益於子之身吾所以告子若是而已孔子去謂弟子曰鳥吾知其能飛魚吾知其能游獸吾知其能走走者可以爲罔遊者可以爲綸飛者可以爲矰至於龍吾不能知其乘風雲而上天吾今日見老子其猶龍邪

【注釋】

① 節選自〔西漢〕司馬遷《史記·老子韓非列傳》，中華書局，2010年。

一 中国现代语言学之父赵元任

赵元任（1892年11月3日—1982年2月24日），字宜仲，江苏常州人，是中国著名的语言学家、哲学家、作曲家，也是中国语言科学的创始人，被誉为"中国现代语言学之父"，同时也是中国现代音乐学之先驱，中国科学社创始人之一。赵元任先生在语言学方面的代表作有《现代吴语的研究》《中国话的文法》《国语留声片课本》《季姬击鸡记》等。在音乐方面的代表作有《教我如何不想她》《海韵》《厦门大学校歌》等。赵元任先生翻译的代表作有《爱丽丝梦游仙境》等。

著名语言学家陈原这样评价赵元任先生："他不知疲倦地学习，他不知疲倦地工作，他随时随地都能找到学习和工作的机会；而与此同时，他尽情地享受着生活的乐趣和幸福，他也尽情地享受着工作的乐趣和幸福，并且让他的亲人甚至他的朋友们感受到这种生的乐趣——'唯有生命之树常青！'歌德的箴言在先生身上表露得最淋漓尽致。他衷心关怀着关爱着他的亲人，他的周围，他真诚地关心受苦受难的众人的遭遇和命运，人的尊严，独立的人格，自由的思想，一句话，所有人文精神都是赵元任先生始终坚持的品德。"①

二 人民语言学家吕叔湘

吕叔湘（1904年12月24日—1998年4月9日），出生于江苏丹阳，是中国著名的语言学家、语文教育家，中国科学院学部委员，中国社会科学院语言研究所名誉所长。

吕叔湘先生在学术研究上严谨务实、淳朴敦厚。时时处处为广大读者而着想，为人民而治学，将毕生精力献给了祖国的文化教育事业，可以称之为人民的语言学家。吕叔湘先生关心青年人的学业成长，他在《语法学习》序言里这样写道："汉语的语法，这里面有不少问题还没解决，也许有不少问题还没发现，我愿意跟大家一齐来学习。如果这本小书

---

① 赵元任. 赵元任全集[M]. 北京：商务印书馆，2002．

能够引起读者研究祖国语言的兴趣，我就不至于后悔这次付印的孟浪。如果它还能让年轻的朋友认识汉语语法平易可是并不单调，严密而不流于烦琐，如果它能让他从一个角度稍稍窥见祖国语言的美丽与伟大，因而在他心中滋生了'祖国的语言是最可爱的语言'的感情，那么，我更将感到无上的欢喜。"①

三 国家领导人讲话中的古诗词

中国古代文化有其独特的魅力，那些经典名句至今依然能够引起人们心灵的共鸣。国家领导人在各种场合的讲话中，经常会旁征博引，古为今用，使中华传统文化拥有了鲜活的当代价值和意义。

2019年4月30日，习近平主席在纪念五四运动100周年大会上的讲话中指出："青年的理想信念关乎国家未来。青年理想远大，信念坚定，是一个国家、一个民族无坚不摧的前进动力。青年志存高远，就能激发奋进潜力，青春岁月就不会像无舵之舟漂泊不定。正所谓'立志而圣则圣矣，立志而贤则贤矣'。"

"立志而圣则圣矣，立志而贤则贤矣"这句话出自明代王阳明《教条示龙场诸生》。王阳明在《教条示龙场诸生》中提出为学的四条原则：立志、勤学、改过、责善。他认为立志是成就事业的根本，"志不立，天下无可成之事"，"立志而圣则圣矣，立志而贤则贤矣"，意思是立志成为圣人，就可以成为圣人；立志成为贤人，就可以成为贤人。习主席引用这句话，鼓励青年人志存高远，树立远大的理想，为实现中华民族伟大复兴而奋斗。

2022年5月10日，习近平主席在庆祝中国共产主义青年团成立100周年大会上说："'人生万事须自为，跬步江山即寥廓。'追求进步，是青年最宝贵的特质，也是党和人民最殷切的希望。"

"人生万事须自为，跬步江山即寥廓。"这句话出自元代范梈的《王氏能远楼》，意思是人生万事都须自作自为，哪怕每次迈出半步，日积月累也可以进入一个广阔的世界。习主席引用这句话鼓励青年人要积极进取，砥砺奋斗。

◇ 关键词解释

【词类活用】在古代汉语中，某些词可以在一定的条件下临时改变其原有的词性，这种现象叫作词类活用。例如名词用作动词，形容词用作动词等。

【宾语前置】古代汉语中，在一定的语法条件下，宾语可以从谓语中心语的后面移至谓语中心语的前面，这种现象被称为"宾语前置"。

【被动句】在古代汉语中，有些句子的主语是受事者而不是施事者，这种句子叫作被动句。

---

① 吕叔湘. 吕叔湘全集[M]. 沈阳：辽宁教育出版社，2002：73-74.

【特殊动宾关系】在古代汉语中，有些动词和宾语之间的语义关系比较特殊，如使动关系、意动关系、为动关系。

【古代汉语判断句】在古代汉语中，判断句是一种特殊的句式，用于表达对某事物的肯定或否定判断。判断句通常以"者"和"也"为标志，例如"陈胜者，阳城人也""南冥者，天池也"。

【古代汉语虚词】虚词在古代汉语中起着重要的作用，它们是构成句子不可或缺的成分。虚词包括介词、连词、语气词、助词等，例如"于""而""哉""所"等。虚词在句子中起到连接、修饰、辅助等作用，使句子更加通顺、流畅。

◇ 本章小结

本章的知识结构如图4-1所示。

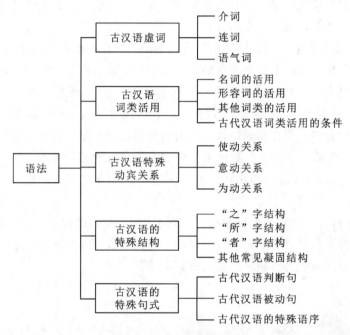

图4-1　本章知识结构

本章还选介了王力、林玉山、李绍群、张之强、杨伯峻、李佐丰等学者的五部语法学方面的著作，提供了五篇传世文献阅读材料，并介绍了语言学家赵元任、吕叔湘对中国古代语法的研究以及国家领导人讲话中的古诗词等内容。力求将各部分内容融会贯通，将理论知识与阅读应用相结合。

◇ 思考与练习

一、说明下列各句中"与"的词性和词义。

（1）天与弗取，反受其咎。（《史记·越王勾践世家》）

(2) 夫子喟然叹曰："吾与点也。"（《论语·先进》）
(3) 富与贵是人之所欲也，不以其道得之，不处也。（《论语·里仁》）
(4) 晋未可与争。（《左传·成公三年》）
(5) 朽木不可雕也，粪土之墙不可圬也，于予与何诛？（《论语·公冶长》）
(6) 使尽之，而为之箪食与肉，置诸橐以与之。（《左传·宣公二年》）

二、指出下列各句中前置的宾语并说明前置的条件
(1) 辞曰："责毕收以何市而反？"孟尝君曰："视吾家所寡有者。"（《战国策·齐策四》）
(2) 野语有之曰："闻道百以为莫己若"者，我之谓也。（《庄子·秋水》）
(3) 王见之曰："牛何之？"（《孟子·梁惠王上》）
(4) 曾子曰："不可，江汉以濯之，秋阳以暴之，皓皓乎不可尚已。"（《孟子·滕文公上》）
(5) 当其取于心而注于手也，惟陈言之务去。（《答李翊书》）
(6) 民不足而可治者，自古及今未之尝闻。（《汉书·食货志》）

三、说明下列划线词的用法（词类活用、名词做状语或特殊动宾关系）。
(1) 古之葬者，厚<u>衣</u>之以薪。（《易·系辞下》）
(2) 欲<u>洁</u>其身，而乱大伦。（《论语·微子》）
(3) 转视积薪后，一狼<u>洞</u>其中。（《聊斋志异·狼》）
(4) 夫定国之术，在于<u>强</u>兵足食。（《三国志·武帝纪》）
(5) 项伯杀人，臣<u>活</u>之。（《史记·项羽本纪》）
(6) 蜀太守以下<u>郊</u>迎。（《史记·司马相如列传》）
(7) 若阙地及泉，<u>隧</u>而相见，其谁曰不然？（《左传·隐公元年》）
(8) 董狐，古之良史也，<u>书法</u>不隐。（《左传·宣公二年》）
(9) 于是梁王<u>虚</u>上位，以故相为上将军。（《战国策·齐策四》）
(10) 阳货欲<u>见</u>孔子，孔子不见，归孔子豚。（《论语·阳货》）

四、找出下列句子中的被动句，并说明被动句的类型。
(1) 百里奚举于市。（《孟子·告子下》）
(2) 赵太后新用事，秦急攻之。赵氏求救于齐。（《战国策·赵策四》）
(3) 适为虞人逐，其来甚速。（《中山狼传》）
(4) 吴广素爱人，士卒多为用者。（《史记·陈涉世家》）
(5) 此中人语云："不足为外人道也。"（《桃花源记》）
(6) 将军身被坚执锐，伐无道，诛暴秦。（《史记·陈涉世家》）
(7) 故女无美恶，入宫见妒；士无贤不肖，入朝见嫉。（《史记·鲁仲连邹阳列传》）
(8) 胜请为绍介而见之于先生。（《史记·鲁仲连邹阳列传》）

(9) 举世皆浊我独清，众人皆醉我独醒，是以见放。（《楚辞·渔父》）

(10) 山鸡翟雉来相劝，南禽多被北禽欺。（《山鹧鸪》）

◇ 数字资源

相关课程视频

1. 李运富教授：古汉语虚词 1
2. 李运富教授：古汉语虚词 2
3. 李运富教授：古汉语虚词 3
4. 李运富教授：古汉语虚词 4
5. 李运富教授：古汉语虚词 5
6. 李运富教授：实词短语和句子 1
7. 李运富教授：实词短语和句子 2
8. 李运富教授：实词短语和句子 3

数字资源

拓展阅读资源

1. 李运富：《也谈"M1 之于 M2"》
2. 李运富：《"之"在主谓间的作用》
3. 李运富：《间"之"主谓结构的语法功能》
4. 姜南：《从指称到陈述——试探古汉语"者"字结构的消亡》
5. 张伯江：《词类活用的功能解释》

第五章 修辞

学习目标	知识目标：了解古代修辞知识，掌握常见修辞方式的特点及运用规律 能力目标：正确辨识古代汉语中的修辞表达，提高古籍阅读能力 情感目标：感受古代汉语的修辞艺术，提升语言审美意识与鉴赏能力；体悟古代修辞文化的博大精深，增强语言自信与文化自信
重点难点	重点：掌握修辞同汉字形音义、句式的关系；分析常见的修辞方式 难点：辨析修辞格的区别；辨别修辞格的误用
推荐教学方式	讲练结合、课堂讨论、过程式考察
建议学习时长	20学时
推荐学习方法	对比分析、课题探究、小组作业
必须掌握的理论知识	古代汉语的一般修辞和特殊修辞格，包括字词修辞、语句修辞和篇章修辞，及对偶、顶真、回环、排比、譬喻、夸张、婉曲、借代、双关、互文等

情境导入

何为"修辞"？东汉文字学家许慎在《说文解字》中解释道："修，饰也""辞，讼也"。"修辞"指的是运用多种方式对语言加以修饰。修辞是语言的灵魂，修辞像一支沾满油彩的画笔，让苍白无味的语句篇章焕发神采。以"爱情"的书写为例，我们的祖先在谈论爱情的话题时，往往"约之以礼"。句句不提"我爱你"，却字字以修辞传达浓情蜜意。

《诗经·周南·关雎》有言："关关雎鸠，在河之洲。"清晨的薄雾氤氲弥漫，两只雎鸠站立在水中的小洲之上，你响我应，声声相和，悠长的唱和回旋在荇菜参差的河面上，缱绻在水中泛起的圈圈涟漪里。这一番琴瑟和鸣、恩爱修好的诗意图景，自然而然地触发了诗人对"窈窕淑女"的倾心爱慕与孜孜以求。作者用"先言他物以引所咏之辞"的起兴修辞，以景引情，情景交融，自然生动。

唐代刘禹锡《竹枝词》的名句"东边日出西边雨，道是无晴却有晴"脍炙人口。天气半晴半雨，心上人对我有情还是无情呢？一个"晴"字，承载天晴和爱情的双重寓意，谐音双关的修辞手法将两件事巧妙相连，少女对爱情的无限向往与懵懂羞涩跃然纸上。唐人元稹悼念亡妻，深情地写下"曾经沧海难为水，除却巫山不是云"的诗句，以"沧海之水""巫山之云"比喻亡妻之美，世上任何女子与之相比都黯然失色。比喻的巧妙运用，传达出诗人对妻子至死不渝的深情厚意。

修辞艺术让语言融聚了声音美、形象美、情感美，这种美的体现，离不开古人的匠心独运。古人是如何综合运用汉字的形、音、义特点来进行修辞的？又是如何通过巧妙的语句安排和谋篇布局增强表达效果的？古代汉语常用的修辞方式有哪些？又有哪些不恰当的修辞病例值得注意？我们将在这一章的学习中找到答案。

基础知识

第一节　古汉语字词修辞

一　字形修辞

字形修辞又称为汉字修辞，是一种利用汉字的形体、结构来传情达意、提升表达效果的特殊修辞现象。汉字在造字之初多摹画物象、以形示意，发展到现代，汉字仍具有以形表意的功能，蕴含着丰富的文化内涵。字形修辞根植于汉字，与汉字的形体结构息息相关，因而更能彰显出鲜明的民族特征，是中国特色修辞学的重要组成部分。

下面介绍字形修辞的三种方式：形示修辞、联边修辞、析合修辞。

（一）形示修辞

形示修辞即以汉字形体来展示事物形状，描摹外形特点的修辞手法，可增强艺术感染力。例如：

① 江南可采莲，莲叶何<u>田田</u>。（汉乐府《江南》）
② 轻衫细马春年少，<u>十</u>字津头<u>一</u>字行。（白居易《二月二日》）
③ 蛙翻<u>白</u>出阔，蚓死<u>紫</u>之长。（佚名《即事》）
④ 凉月出复没，乱峰<u>凹凸</u>间。（俺噻香公《夜至西溪》）
⑤ 园内池馆清幽，水木明瑟，并种竹万竿，故曰"<u>个园</u>"。（刘凤诰《个园记》）

例①用"田"的字形来描画莲叶互相掩映遮盖的场景。例②说的是在十字渡口，一群轻衣少年，身骑骏马，排成一字形的队伍向前走着。"十"是渡口岔路的形状，"一"是队

伍形制。例③"出"描画的是青蛙死后，白肚翻出、四脚朝天的样子，"之"描摹的是一条紫色的蚯蚓死后，细长的身体在地上盘曲着的样子。例④"凹"与"凸"的字形具有图画性，两字形体生动地描画出谷峰交错、起伏不平的地理面貌。例⑤的"个"，描摹的是竹子和竹叶的形状，将种满竹子的园林取名为"个"园，是以字形描示客观事物的修辞手法，凝聚巧思，趣味盎然。

（二）联边修辞

联边，指的是在古诗词的前后句或对联的上下联中，将表义偏旁相同、意义相关的形声字排列在一起的修辞现象。联边对在偏旁上的规整统一，带给人整齐划一的视觉感受，同时也借着重出偏旁的表意功能，深化了主旨表达。

明朝天启元年，宰相叶向高想要借宿至新科状元翁正春家中，翁正春知道后，客气地说道："宠宰宿寒家，穷窗寂寞。"翁状元谦卑恭敬，称对方为"宠宰"，即地位尊贵的宰相，称自家为"寒家"，自谦为"穷窗"；叶向高见翁正春有礼有节，会心而对："客官寓宦宫，富室宽容。"叶宰相认为自己作为客人，来到了官宦人家的住所，感受到住所的宽敞富裕以及主人的仁慈宽厚。上下联十八字，九字相对，全部含有宝盖头。两人谈论借宿、留宿之事，以表示房屋的"宀"字成联，与题旨贴切。词性的对应也十分工巧，定中结构两两相对，"宠宰"对"客官"，"寒家"对"宦宫"，"穷窗"对"富室"，动词"宿""寓"前后照应，内容上工饬严整，字形上规整统一，形式与内容融合得自然巧妙。

联边的修辞现象中，前后句和上下联全部使用部件相同的字，又能做到对仗工整、语义通顺是很难得的，更多的联边修饰现象是上下联异边。如：

　　浩海汪洋波涛涌溪河注满，
　　雷霆霹雳霭雲雰霖雨零霏。（海神庙对联）

上联全是"氵"，下联全是"雨"，互有关联，彼此呼应，传递出海神司雨的职能，也寓意百姓祈求海神风调雨顺，给人以强烈的视觉冲击。另如：

　　逍遥近道边，憩息慰愈懑。晴晖时晦明，谑语谐说论。
　　草莱荒蒙茏，室屋雍尘坌。僮仆侍偪侧，泾渭清浊混。（黄庭坚《冲雨向万载道中得逍遥观托宿遂戏题》）

（三）析合修辞

汉字由笔画和部件构成，可通过拆分、组合汉字的笔画和构件，在特定的语境中表达某种特殊意义。这种与字形分合有关的修辞称为析合修辞，主要包括析字和合字两大类。

1. 析字

析字就是将某个汉字拆分后，构成一个新词或词组。使用析字修辞，是为了隐晦委婉地表达不便于言明之事。

① 献帝践祚之初，京都童谣曰："千里草，何青青。十日卜，不得生。"（《《后汉书·五行志》》）

② 又惠帝之世，蜀童谣曰："江桥头，阙下市，成都北门十八子。"（《十六国春秋别传·蜀录》）

③ 谶云："古月之末乱中州，洪水大起健西流，惟有雄子定八州。"（《晋书·卷一百十四》）

例①"千里草"指的是"千""里"和草字头，三者是"董"字离析而成；"十""日""卜"三字由"卓"字析出，合起来即"董卓"，暗示董卓暴政，将于不久后落个"不得生"的悲惨结局，但又不能明说，故以析字格式委婉表达。例②"十八子"是"李"字的析词，童谣暗示了将会有一个姓李之人得天下。后来"十八子"成为"李"姓的固定隐晦说法。例③的"古月"即"胡"，指代胡人。这种析字格式在后世流传下来，如李白《永王东巡歌》有："长风挂席势难回，海动山倾古月摧。""古月"成为指代胡人的隐语。

有的析字主要是为了增强表达的艺术效果：

④ 何处合成愁，离人心上秋。（吴文英《唐多令·惜别》）

⑤ 张俊民道："鬍子老官，这事在你作法便了。做成了，少不得'言身寸'。"（《儒林外史》第三十二回）

例④两句一语双关，表面上写"愁"字由"心上秋"合成，实则写出这份离愁别绪是由秋景触发而来。例⑤不直接说"谢"，而以分开的"言身寸"指代，涉笔成趣。

2. 合字

合字指的是古人有意识地利用汉字特殊的形体构造特点，将所要表达的意思，整合进同一个汉字中，含蓄隐晦地表达言外之意。这个汉字只是形体组合而成的结果，所表达的意思与字义无关，需要拆解开来加以理解。

如古人长寿有"米寿""茶寿"之说。"米寿"是八十八岁的雅称，"八十八"三字组合而成"米"字；"茶寿"是一百零八岁的雅称，因为"茶"字的草字头为两个"十"合成，相加即"二十"，下部为"八十八"合成，加起来为一百零八。

《三国演义》中有一段"一合酥"的故事，其中的"合"是"人一口"三个构件组合而成的，曹操想表达的意义暗含在拆分出的构件中：

又一日，塞北送酥一盒至。操自写"一合酥"三字于盒上，置之案头。修入见之，竟取匙与众分食讫。操问其故，修答曰："盒上明书一人一口酥，岂敢违丞相之命乎？"

二 语音修辞

语音修辞即综合运用各种语音手段，使语言抑扬有致，声情并茂。古人行文讲究声韵调的搭配，体会语音修辞，有助于品味诗文韵味。语音修辞主要包括双声叠韵、平仄押韵和叠音。

（一）双声叠韵

双声叠韵有强烈的语音修饰效果。组成联绵词的两个音节大多具有双声、叠韵，或双声兼叠韵的关系。两音节的声母相同称之为双声，如仿佛、惆怅、踟蹰、犹豫等词；韵母或主要元音和韵尾相同则称之为叠韵，如荒唐、徘徊、窈窕、须臾等词。清代李重华在其《贞一斋诗说》中指出："叠韵如两玉石相扣，取其铿锵；双声如贯珠相联，取其婉转。"双声叠韵的运用，使诗歌具有韵律美，读起来音律和谐。如：

参差荇菜，左右流之。窈窕淑女，寤寐求之。（《诗经·周南·关雎》）
辗转不能寐，披衣起彷徨。（曹丕《杂诗》其一）
猛虎之犹豫，不若蜂虿之致螯；骐骥之踟蹰，不如驽马之安步。（《史记·淮阴侯列传》）

"参差"双声，"窈窕"叠韵。"辗转"双声兼叠韵，"彷徨"叠韵。"犹豫"双声，"踟蹰"叠韵。

（二）平仄押韵

1. 平仄

平仄指的是中国古代诗词创作中用字的声调。古汉语有"平上去入"四声，平就是平声，后分为阴平、阳平两个声调，仄就是上、去、入三声。平、仄在字的音高、音长方面具有不同特征，平声不升不降，平而长，仄声有升降变化，曲而短。平仄声交替使用使声调变化错落有致，婉转悦耳，富有节奏感。

近体诗（律诗和绝句）、词、曲等文体中非常讲究平仄的运用。一句之内声调要错落交替，每联中的两句要平仄相对，平仄交错对立可使语言有抑扬之美。比如杜甫《登高》中最为世人称颂的两句：

无边落木萧萧下，（平平仄仄平平仄）
不尽长江滚滚来。（仄仄平平仄仄平）

一句之内平仄交替，对句间平仄对立，读起来抑扬顿挫，极尽音乐美。

有的诗歌上下对句间的平仄不是完全对立的，但句中长短错配，如刘禹锡《石头城》的平仄安排是：

山围故国周遭在，（平平仄仄平平仄）
潮打空城寂寞回。（平仄平平仄仄平）
淮水东边旧时月，（平仄平平仄平仄）
夜深还过女墙来。（仄平平仄仄平平）

这首七言绝句，首句由平声押韵（平水韵，十灰），平仄分明，高低长短交替出现，形成抑扬顿挫的鲜明节奏。

2. 押韵

押韵是使诗文和谐流畅、节奏抑扬的手段之一。诗词曲赋等韵文中，如果句末或联末有规律地使用同韵的字，即在古代所属的韵部相同，那么可称之为押韵。韵脚像丝线一样将诗句中散落的声音联络贯穿起来，与平仄变化相配合，使诗歌富有韵律美和节奏感。例如：

参差荇菜，左右流之。窈窕淑女，寤寐求之。（《诗经·周南·关雎》）

岐王宅里寻常见，崔九堂前几度闻。正是江南好风景，落花时节又逢君。（杜甫《江南逢李龟年》）

城阙辅三秦，风烟望五津。与君离别意，同是宦游人。海内存知己，天涯若比邻。无为在歧路，儿女共沾巾。（王勃《送杜少府之任蜀川》）

（三）叠音

叠音是重要的语音修辞手段，指通过重复同一个音节构成叠音词，以增强语言的韵律美、色彩美、形象美，提升感情表达的艺术效果。从叠音词的修辞作用来看，可分为描摹形貌，增加美感；模拟声音，增添气氛；连续吟咏，增强感情三种。

1. 描摹形貌，增加美感

用叠字来描绘客观事物和景物的色彩，给人以如在目前的生动感受：

扬之水，白石皓皓。（《诗经·唐风·扬之水》）

天之苍苍，其正色邪。（《庄子·逍遥游》）

杨柳青青江水平，闻郎江上唱歌声。（刘禹锡《竹枝词》）

皓皓：白色，形容白石光洁发亮的样子。苍苍：天空的深蓝色。青青：杨柳的青绿色。

用叠字来描摹事物之貌，更是生动传神，别有一番韵味：

春日迟迟，卉木萋萋。（《诗经·小雅·出车》）

娥娥红粉妆，纤纤出素手。（《古诗十九首·青青河畔草》）

丞相祠堂何处寻？锦官城外柏森森。（杜甫《蜀相》）

迟迟：慢慢，形容春天白天变长，时间显得慢了。萋萋：草木葱茏的样子。娥娥：描摹女子的美好妆容。纤纤：形容女子手部的纤细。森森：描摹松柏茂密之状。

2. 模拟声音，增添气氛

叠音词可以用来模拟人、动物或事物的声音，使语言具体形象，给人以如闻其声、如临其境的实感。如：

伐木丁丁，鸟鸣嘤嘤。（《诗经·小雅·伐木》）

纤纤擢素手，札札弄机杼。(《古诗十九首·迢迢牵牛星》)
车辚辚、马萧萧，行人弓箭各在腰。(杜甫《兵车行》)
大弦嘈嘈如急雨，小弦切切如私语。(白居易《琵琶行》)

丁丁、嘤嘤：分别模拟伐木、鸟鸣之声。札札：模拟机杼织布的声音。辚辚、萧萧：模拟车马驶过的声音。嘈嘈、切切：模拟琵琶的弹奏声。

3. 连续吟咏，增强感情

诗歌中的叠字，让感情的表达更为细腻生动、绵密曲折，具有极强的艺术表现力：

昔我往矣，杨柳依依。(《诗经·小雅·采薇》)
天长地久有时尽，此恨绵绵无绝期。(白居易《长恨歌》)
寻寻觅觅，冷冷清清，凄凄惨惨戚戚。(李清照《声声慢》)

依依：柳枝轻柔、随风摇曳的样子，两个"依"连用，像是在一次又一次地挽留将行之人，真切地传达出心中的不舍。绵绵：一个"绵"字，虽是绵长之意，但语不尽意，叠用两个"绵"字，更显"此恨"的悠悠不绝。寻寻觅觅：与寻觅相比，是寻了又寻，一寻再寻，凸显出寻觅之苦；冷冷清清：与冷清相比，程度更深，更显孤寂凄凉；凄凄惨惨戚戚：叠音词连续出现，像一位妇人在耳畔哭诉，婉转低回，道不尽那凄楚悲愁。

三 词语修辞

词语修辞的本质是同义词语的选择问题，即在语言的实际运用中，对语义内涵、感情色彩不同的词语进行比对，选择最能准确表达说话人意图，提升话语表现力的词语，以获得理想的修辞效果。本小节将从准确清晰、生动形象、得体适宜、避免重复等四类修辞效果出发，讨论古代汉语中典型的词语修辞现象。

（一）准确清晰

准确是语言使用最基本的原则。中国古代社会等级制度森严，强调"慎辞"，尤其"谨于明伦"，对于与等级伦常有关的事物，语词选用慎之又慎。

《韩诗外传》中记载了这样一则故事，涉及同义词语的修辞问题：

孔子侍坐于季孙。季孙之宰通曰："君使人假马，其与之乎？"孔子曰："吾闻君取于臣曰取，不曰假。"季孙悟，告宰通，曰："今以往，君有取谓之取，无曰假。"孔子曰："正假马之名，而君臣之义定矣。"[1]

季孙氏是鲁国掌权的贵族，一次，孔子陪着季孙闲谈时，季孙的家臣来通报："国君派人来假马，给他吧？"孔子听到后，很严肃地说，国君向臣要马，只能说"取"，不能说"假"。"假"和"取"是一组同义词，都有"借"的意思，但"取"还包含着无需征求物

---

[1] 引自《韩诗外传》，文渊阁四库全书本，台湾商务印书馆影印，第89册，第820页。

品所有人同意而拿取,甚至可以不用归还的意思。君臣之间有着明确的尊卑等级关系,君王向臣子借东西,怎么能用"假"这个词呢?名不正,则言不顺,在孔子看来,选择同义词语"假"还是"取",不仅是语言上的指称问题,更是政治上的等级秩序问题,关系到君臣之间的大义。正如《易·系辞上》所载孔子的话:"乱之所生也,则言语以为阶。"名不正,将导致社会出现乱象,以规范"假马"这样的说法为例,将君臣之间的关系梳理清楚,社会才能安定和谐。

词语处在组合关系中时,同义词语的选择要确保搭配关系的准确恰当。如古人离世,只有百姓用"死"称说,其他具有不同社会地位的人,所用动词不同,如天子称为"崩",诸侯称为"薨",大夫称为"卒",士称为"不禄",有地位尊卑的差异。

董仲舒在《春秋繁露》中也提到了不同对象"各有辞"的问题:

> 是故小夷言伐而不得言战,大夷言战而不得言获,中国言获而不得言执,各有辞也。

句意是对小的夷国只说"伐"而不能说"作战",对大的夷国可以说"交战"而不能说"俘获",对中原各国可以说"俘获"却不能说"拘捕","伐""战""获"各处在不同的组合关系中,用词要准确贴切,符合称说对象。

(二)生动形象

古人写诗作文一贯重视用词的重要性,文字写成之后,要反复锤炼字义,给人以动态美、视觉美、听觉美等丰富的审美体验。

1. 动态美

① 绿杨烟外晓寒轻,红杏枝头春意闹。(宋祁《玉楼春·春景》)
② 沙上并禽池上暝,云破月来花弄影。(张先《天仙子·水调数声持酒听》)

例①"闹"字形象地刻画出骄艳似火的红杏花在枝头竞相怒放的景象。例②"破""弄"两字传神:天上明月破云而出,地下花枝随影而动,极具动态美和生命力。王国维在《人间词话》中评价这两句说,"著一'闹'字,而境界全出……著一'弄'字,而境界全出矣"。

2. 视觉美

① 京口瓜洲一水间,钟山只隔数重山。春风又绿江南岸,明月何时照我还。(王安石《泊船瓜洲》)
② 朱栏明绿水,古柳照斜阳。(欧阳修《三桥诗·右宜远》)

例①"绿"为使动用法,仿佛是一阵春风为江南带来盎然绿意。据宋代洪迈《容斋续笔·诗词改字》记载,诗人在"到""过""入""满""绿"等十几个词语中,择"绿"入诗,成就千古名句。例②中朱栏与绿水之间,诗人巧用"明"字,把两者联在一起,一红一绿,交相辉映,给人无比愉悦的视觉印象。

3. 听觉美

① 柳外轻雷池上雨，雨声滴<u>碎</u>荷声。（欧阳修《临江仙》）

② 闲居少邻并，草径入荒园。鸟宿池边树，僧<u>敲</u>月下门。（贾岛《题李凝幽居》）

例①的"碎"字，极为传神。夏日午后，雨滴簌簌而下，荷叶摇摆作响，雨声打断荷声，两种声音水乳交融，如在耳畔。例②中"僧敲月下门"本写作"僧推夜下门"，池塘边树枝上的鸟儿枕着月光安然睡去，一阵咚咚的敲门声划破寂静，惊动宿鸟。"敲"字自带声响，更衬托出万籁之寂，环境之幽。

（三）得体适宜

词语修辞还要注意得体适宜，符合交际会话的礼貌原则、合作原则。说还是不说、说什么、如何说，需要综合考量言语对象的身份地位、知识水平以及所处的环境时机等因素。

《笑林广记·谬误部》中有这样一则故事：

一家父子僮仆，专说大话，每每以朝廷名色自呼。一日，友人来望，其父出外，遇其长子，曰："父王驾出了。"问及令堂，次子又云："娘娘在后花园饮宴。"友见说话僭分，含怒而去。途遇其父，乃述其子之言告之。父曰："是谁说的？"仆在后云："这是太子与庶子说的。"其友愈恼，扭仆便打。其父忙劝曰："卿家弗恼，看寡人面上。"

父子在朋友面前以朝廷中的名号称呼自己和家人，不符合身份地位，无意间抬高了自己。如此不注意说话的场合，势必会让朋友恼怒。

有一官府下乡，问父老曰："近来黎庶何如？"父老曰："今年梨树好，只是虫吃了些。"

有一个官吏到乡下去，问一个老人说："最近你们的生活怎么样？"那个老人说："今年的梨树很好，只是被虫子吃了些。""黎庶"与"梨树"音同，官吏跟老百姓交流不应该使用文绉绉的词语，让老百姓误认为是梨树。

庄里丈人，字长子曰"盗"，少子曰"殴"。盗出行，其父在后，追呼之曰"盗，盗"。吏闻，因缚之。其父呼"殴"喻吏，遽而声不转，但言"殴，殴"，吏因殴之，几殪。（《尹文子·大道上》）

庄里有位长者给大儿子起名叫"盗"，小儿子起名叫"殴"。有一次，大儿子盗外出，父亲在后面喊他的名字："盗，盗。"路边的捕吏一听，以为长者说有盗贼，于是绑了他的长子。长者急忙让小儿子殴跟捕吏解释，扯着嗓子喊："殴，殴。"捕吏一听，以为是让他殴打盗贼，于是又将长子打了一顿。这是一则荒诞的故事，在这一交际环境中的"盗""殴"两个词语，既是指人的专有名词，同时又是动词。长者所呼的确是人名，但在捕吏已经抓捕到儿子的情形下，再呼"殴"，就很容易被捕吏理解为动词，险些出了人命。这是说话不注意场合时机造成的恶果。

（四）避免重复

同义词语的交替运用，是使语言具有变化美的常用方式，① 指的是同一语境下的相邻行文中，当前后几个句子在结构上相似或内容上相关时，人们常常会在同一句法位置上换用形式不同、语义基本相同的词语，以求在均衡的语言形式中寻求变化。同义词语可能完全同义，也可能在意思上存在细微差别，但基本意思或所指代的必须相同。

1. 换用名词

① 郎船安两桨，侬舸动双桡。（李商隐《相和歌辞·江南曲》）
② 渔舟逐水爱山春，两岸桃花夹古津。坐看红树不知远，行尽青溪不见人。（王维《桃源行》）

例①"桡"音 ráo，船桨。"双桡"就是两桨。例②"红树"和"桃花"在这个语言环境中语义相同，都代指"桃树"，变化得宜，语言生动有趣。

2. 换用动词

① 流共工于幽州，放欢兜于崇山，窜三苗于三危，殛鲧于羽山，四罪而天下咸服。（《尚书·舜典》）
② 上古竞于道德，中世逐于智谋，当今争于气力。（《韩非子·五蠹》）

例①"流""放""殛"都是流放的意思，"窜"是驱赶、驱逐的意思，意思相近，极生动地描绘了舜赶走四大恶人、使天下归服的英勇事迹。例②"竞""逐""争"都是比赛、竞争的意思。同义变文避免了排比可能带来的单调与沉闷，在均衡美之上增添了一份错综美。

3. 换用虚词

① 落霞与孤鹜齐飞，秋水共长天一色。（王勃《滕王阁序》）
② 宝剑锋从磨砺出，梅花香自苦寒来。（冯梦龙《警世通言·勤奋篇》）

"与""共"是连词，意思是"和"，连接前后两个并列成分；"从""自"都是介词。换用不同表达，使文句避免呆板与重复。

第二节　古汉语语句修辞

句子是最基本的言语交际单位，语句修辞是使用者利用各类句法结构形式和句法组织手段提升表达效果的言语行为。古人对于语句修饰尤为重视，如诗圣杜甫苦心经营，"为

---

① 王希杰. 汉语修辞学（第三版）[M]. 北京：商务印书馆，2021：337.

人性僻耽佳句，语不惊人死不休"。本节主要从古文中的语句变化、语句重出、语序倒置、语句省略等方面，探讨古文中的语句修饰。

一 语句变化

在语言艺术中，变化是语言美的基本原则。语句变化指的是在表达同一语义时，依靠变换句式、交错成文等手段，使行文在丰富的变化中更具语言表现力。

（一）变换句式

变换句式的实质是同义句式的选择问题。同义句式指的是意义相同、句法结构不同的句子，这些句子各有自己的修辞功能，能适应各种表达要求，因而也是择语的广泛资源。[①] 换用同义句型指的是在行文中为了强调某种思想感情而换用意义相同但句法结构不同的句子，所用词语大致相同或相当。最典型的例子是《战国策·齐策一》中的名篇《邹忌讽齐王纳谏》：

> （邹忌）谓其妻曰："我孰与城北徐公美？"其妻曰："君美甚，徐公何能及君也！"城北徐公，齐国之美丽者也。忌不自信，而复问其妾曰："吾孰与徐公美？"妾曰："徐公何能及君也！"旦日，客从外来，与坐谈，问之客曰："吾与徐公孰美？"客曰："徐公不若君之美也。"

齐国的大臣邹忌与同城的美男子徐公比美，分别采用"我孰与城北徐公美""吾孰与徐公美""吾与徐公孰美"三种不同的句式询问别人他与徐公谁更美。妻子、妾和客人的答语意思相同："徐公比不上您的美"，但又在句式上做了三种不同的变换："君美甚，徐公何能及君也""徐公何能及君也""徐公不若君之美也"，分别展现出妻子亲昵的由衷夸奖，妾心怀敬畏的赞叹，以及客人有求于徐公的故意客套，情感细致入微，使语言表达富有变化美。

《中庸》有一段内容首尾呼应而又同中有异，值得玩味：

> 子曰："<u>道之不行也</u>，我知之矣。知者过之，愚者不及也。道之不明也，我知之矣，贤者过之，不肖者不及也，人莫不饮食也，鲜能知味也。"子曰："<u>道其不行矣夫</u>。"

孔子说："中庸之道不能在天下实行的原因，我知道了。人们践行中庸之道时，聪明人做得太过，愚人做得不够。中庸之道不能为人所明了的原因，我也知道了，贤人做得太过，愚人做得不够。人人都吃饭，但很少有人能品尝到其中真味。"紧接着子思又引用了孔子的另一句话："中庸的道理，恐怕不能在世上实行了吧！"从"道之不行"到"道其不行"，著名学者钱钟书曾提到其中的语气差别："结云'道其不行矣夫！'首尾钩连；以断定语气始，以疑叹语气终，而若仍希冀于万一者，两端同而不同，弥饶姿致。""道之不行

[①] 王德春，陈晨. 现代修辞学［M］. 上海：上海外语教育出版社，2001：299.

也"是判断语气，表明孔子对社会礼崩乐坏、复礼无望的悲观看法，"道其不行矣"的"其"，是表示"恐怕、大概"的语气副词，从开始的肯定断言，到结尾的推测语气，悲怆的哀鸣中又展现出对世人的仁爱与慈悲，仿佛在绝望中还抱有一丝希望。

古代典籍在流传的过程中，同一文献的不同版本或不同文献对同一事件的记载会有所不同，后出的大抵会不同程度地修改前人的论述，这种修改也是语句修辞。分析两种文献在表述上的不同，能够感受到句式变化带来的修辞差别：

  天下皆知美之为美，斯恶矣。（《老子·二章》）

  天下皆知美为美，恶矣。（《马王堆汉墓帛书·老子甲本·道经》）

上述两例都出自《老子》，是同一文献的不同版本，前者是传世本，句式为"某之为某，斯某矣"，后者是出土帛本，句式为"某为某，某矣"。虽句式不同，但意思都是天下之人都知道美是美的，是因为有丑恶的存在，帛本表达更为凝练。

  上不欲就天下乎？何为斩壮士！（《史记·淮阴侯列传》）

  上不欲就天下乎？而斩壮士！（《汉书·韩彭英卢吴传》）

两例的意思基本相同："汉王不是想要统一天下吗？为什么要斩杀壮士？""何为……"凸显疑惑的情感态度，表达对斩杀壮士行为的不解与困惑；"而斩壮士"突出惊讶、不可思议，或可译为"却斩杀壮士"，凸显前后语义的转折。

（二）交错成文

交错成文指的是段落中交替使用整句和散句，使行文在形式上富于变化。

  <u>小知不及大知，小年不及大年</u>。奚以知其然也？<u>朝菌不知晦朔，蟪蛄不知春秋</u>，此小年也。<u>楚之南有冥灵者，以五百岁为春，五百岁为秋；上古有大椿者，以八千岁为春，八千岁为秋</u>。此大年也。而彭祖乃今以久特闻，众人匹之，不亦悲乎？（《庄子·逍遥游》）

  于是<u>废先王之道，焚百家之言，以愚黔首</u>；<u>隳名城，杀豪杰</u>，收天下之兵，聚之咸阳，销锋镝，铸以为金人十二，以弱天下之民。然后<u>践华为城，因河为池</u>，<u>据亿丈之城，临不测之渊</u>，以为固。（贾谊《过秦论》）

例句中划线部分是整句，结构相同或相似，整齐匀称，富有语言的均衡美；其余部分是散句，结构不同，长短不一。整句散句交替使用，使语言节奏明快，错落有致。

另有一种情况是在结构对称的整句中，长短句结合使用，使语言达到均衡美与错落美的统一：

  良弓难张，然可以及高入深；良马难乘，然可以任重致远。（《墨子·亲士》）

  老当益壮，宁移白首之心？穷且益坚，不坠青云之志。（王勃《滕王阁序》）

二 语句重出

语句重出指的是为实现某种交际目的，而在行文中重复某个句子或小句的修辞手法。按照语句重复出现的位置，语句重出可分为两类：连续重出和首尾重出。

（一）连续重出

连续重出指的是前后相接的两个句子或小句一而再、再而三地反复申说，以起到加强语势、增强情感表达的效果。多位于句尾或句首表示感叹语气：

① 子曰："视其所以，观其所由，察其所安，人焉廋哉，人焉廋哉！"（《论语·为政》）

② 昔者有馈生鱼于郑子产，子产使校人畜之池。校人烹之，反命曰：始舍之，圉圉焉，少则洋洋焉，悠然而逝。子产曰："得其所哉！得其所哉！"（《孟子·万章上》）

③ 意在斯乎！意在斯乎！小子何敢攘焉！（《史记·太史公自序》）

有的位于段落中间：

④ 恨君不似江楼月，南北东西，南北东西，只有相随无别离。恨君却似江楼月，暂满还亏，暂满还亏，待得团圆是几时？（吕本中《采桑子》）

例④中的"南北东西"和"暂满还亏"都是相邻重言，恨君不能像明月一样，我漂泊到南北东西，你也追随到南北东西，跟我不分离。又恨君像明月一样，刚满即亏，才团圆就又要分离。语句反复出现，分别写月圆人团圆，月缺人分离，寄情于景，感情真挚自然。

（二）首尾重出

首尾重出指的是文章开头出现的句子在结尾重复出现，主要是为了突出情感和强调观点。《论语》中这种修辞很常见，如：

① 子曰："贤哉，回也！一箪食，一瓢饮，在陋巷，人不堪其忧，回也不改其乐。贤哉，回也！"（《论语·雍也》）

② 子曰："天何言哉？四时行焉，百物生焉。天何言哉？"（《论语·阳货》）

例①首尾两次对颜回的盛赞，强烈地表达出孔子对颜回的欣赏。例②用首尾"天何言哉"的重复反问，说明"天地造化而无言"的深刻道理，让学生认识到在求学问道之余独立思考的重要性，首尾一体，结构完整。

有时候，首尾同句重出，但旨趣是不同的。苏轼有这样一首"奇诗"：

庐山烟雨浙江潮，未至千般恨不消。到得还来别无事，庐山烟雨浙江潮。（《观潮》）

古人写诗讲求首呼尾应，意义贯通，颇为忌讳首尾出现一模一样的两句话。但这首诗首尾重复出现同一诗句，为何却为后人所称道？原来首联"庐山烟雨浙江潮"是诗人耳闻之虚景，尾联"庐山烟雨浙江潮"是目观之实景。亲临庐山与浙江之后，却发现庐山烟雨不过是庐山烟雨，浙江潮水也只是浙江潮水，与一般烟雨潮水无二，也象征着苏轼年少时意气风发想要有番作为，而宦海沉浮几十年后，参透人生的平静心绪。首尾两联形同而义不同，前后相接，虚实相应，使诗人的不同心绪自然连贯起来，十分巧妙。

三、语序倒置

句子的常规修辞还体现在语序上。语序倒置指在不改变句子基本意思的前提下，通过变换语序，故意将整齐的句子写得错落有致的修辞手法。变换语序有的是为了凸显情感态度，强调重点信息，有的是为了调和押韵对仗，使诗文具有声音美和形式美。

（一）凸显情感态度

语序倒置在古代汉语中很常见，如将谓语形容词提至句首，并附上语气词，成为一个小句，如：

① 危矣，楼子之为秦也！（《战国策·赵策三》）
② 子曰："野哉，由也！君子于其所不知，盖阙如也。"（《论语·子路》）
③ 甚矣，汝之不惠！（《列子·汤问》）

例①正常语序应该是"楼子之为秦也，危矣"，表示楼子为秦国帮忙这件事对于我们是非常危险的。"危矣"提前，凸显了说话人的紧张态度，烘托了紧张气氛。例②正常语序是"由也，野哉"，将"野哉"放于句首，鲜明地展现了孔子对于弟子子路的看法："真是粗野鲁莽啊，子路！"例③是智叟对愚公移山行为的嘲笑和贬低，此句正常语序为"汝之不惠，甚矣"，谓语小句"甚矣"的前置，凸显智叟对愚公的蔑视，更衬托愚公的大智若愚。

以上各例倒装结构较为类似，都涉及谓语形容词的倒置问题。还有一类是语急而导致的小句提前：

④ 桓公外舍，而不鼎馈。中妇诸子谓宫人："盍不出从乎？君将有行。"（《管子·戒》）

例④说的是，桓公曾在外面住宿而没有列鼎进食，中妇诸子对宫女说："你们还不出来侍从么？君王将要外出了。"这是中妇诸子情急之下责备宫女们的话。正常语序应该为："君将有行，盍不出从乎？"杨树达《古书疑义举例续补·倒句例》也收此例，认为是"因语急而文倒"。

（二）调和押韵对仗

这种情况是由于对仗、平仄和押韵的要求，着意将词序颠倒。

① 是以别方不定，别理千名，有别必怨，有怨必盈。使人意夺神骇，心折

骨惊，虽渊、云之墨妙，严、乐之笔精，金闺之诸彦，兰台之群英，赋有凌云之称，辨有雕龙之声，谁能摹暂离之状，写永诀之情者乎？（江淹《别赋》）

② 赞曰：纷哉万象，劳矣千想。玄神宜宝，素气资养。水停以鉴，火静而朗。无扰文虑，郁此精爽。（《文心雕龙·养气》）

③ 太学四年，朝齑暮盐，惟我保汝，人皆汝嫌。（韩愈《送穷文》）

词序的变化与语句押韵有关。例①中"心折骨惊"读来让人生疑："心"怎么能"折"，"骨"怎么能"惊"呢？主谓语的搭配明显不符合语法规则，应该为"心惊骨折"才对。结合上下文的韵脚可知，为了能与"名""盈""精""英""声""情"等字押韵，刻意颠倒词序作"心折骨惊"，使"惊"也入韵。例②中，"纷哉万象，劳矣千想"的语序当为"万象纷哉，千想劳矣"，为与"养""朗""爽"押韵，"千想劳矣"颠倒为"劳矣千想"，"想"入韵，又出于对仗要求，"万象纷哉"颠倒为"纷哉万象"。例③"人皆汝嫌"本应为"人皆嫌汝"，意思是人们都嫌弃你，为与"盐"押韵，而颠倒为"人皆汝嫌"。

除押韵之外，对仗平仄也是语序变化的重要原因，如：

④ 若气无奇类，文乏异采，碌碌丽辞，则昏睡耳目。（《文心雕龙·丽辞》）

⑤ 竹喧归浣女，莲动下渔舟。（王维《山居秋暝》）

例④可以翻译为：如果文章没有奇特的气类和奇异的文采，语言都是些平庸浮丽之辞，读起来会令人昏昏欲睡。"气无奇类"本为"气类无奇"，气类指的是同气之类，指对偶这种语句修饰。《易·乾卦》："同声相应，同气相求……则各从其类也。"孔颖达疏："各从其类者，言天地之间，共相感应，各从其气类。"

例⑤两句诗的意思是竹林一片吵嚷声，是洗衣服的姑娘们结伴而归；莲叶纷纷而动，是渔舟顺流而下。两句按照正常语序应表述为："竹喧浣女归，莲动渔舟下。"

那为什么要调换成"竹喧归浣女，莲动下渔舟"的语序呢？原来这两句是《山居秋暝》的颈联，该诗首句平起不入韵，颈联的平仄规则是"平平平仄仄，仄仄仄平平"，除"莲"为平声之外，其他几字都符合平仄要求，而古人又有放宽平仄"一三五不论"之说，可知现有诗句是完全符合平仄的。若按正常语序表述将违背平仄规则，故诗人有意颠倒词序。

四 语句省略

为达到某种语言效果或交际目的，作者常会故意省略某个语句。所省略的部分，或是前文已经提到的信息，或是交际双方已知的背景信息，或是符合事理逻辑、读者可以推理出的信息。判断是否有省略根据的是它的语意逻辑，而不是看句子的句法结构是否完整。如果语意上缺少必要成分，那么就应该视为语句省略。①

---

① 李运富. 古文中的语句省略 [J]. 语言研究，1990（2）：86.

《史记·太史公自序》："故有国者不可以不知《春秋》，［不知《春秋》，］① 前有谗而弗见，后有贼而不知。为人臣者不可以不知《春秋》，［不知《春秋》，］守经事而不知其宜，遭变事而不知其权。"

读史使人明智，此两例是司马迁在劝诫为人君、为人臣者读史书《春秋》。若国君不读《春秋》，当面有人进谗言他将无法分辨，背后有人窃国他也会浑然不知。若身为国家大臣而不读《春秋》，日常事务就会不懂得如何处理，遭遇变故更不知如何权宜应对。显然，前后两个句子的后半句，都承前省略了假设条件"不知《春秋》"。杨树达先生在《古书疑义举例续补》十六"省略句例"中认为此句是"以避复，故省去之"，是为了行文简练而有意识地省略，具有修辞效果。

> 骐骥一跃，不能十步；驽马十驾，［亦能至千里，］功在不舍。（《荀子·劝学》）

千里马一跃，不足十步远；劣马连走十天，也能到达千里远的地方，它的成功在于不停止。"驽马十驾"后省略"亦能至千里"，是根据上下文语义加以省略的。

对话环境中，为凸显话题重点，常会省略"已知信息"和"非必要信息"，如：

> 沛公曰："君安与项伯有故？"张良曰："秦时与臣游，项伯杀人，［依法当死，］臣活之。"（《史记·项羽本纪》）

"项伯杀人"之后省分句"依法当死"。杀人将被判处死刑，这是当时人所知的事实，省略不影响句义的表达，根据上下文语境可以补出。

古文中的关系复句常省略分句，行文更加简练。省去的部分由于和主句相关联，可以按照事理逻辑补出，如：

> 今杀相如，终不能得璧也，而绝秦赵之欢。［与其杀相如，］不如因而厚遇之，使归赵。（《史记·廉颇蔺相如列传》）

"不如因而厚遇之"处省略选择关系分句"与其杀相如"，属于承前省略，因前句已有"杀相如"一语。

第三节　古汉语篇章修辞

篇章修辞是古人常用的"驭文之法"，指的是在组段成篇的过程中，重点从整体性着眼，通过层次安排、句段衔接、前后呼应等手段合理巧妙地安排内容材料，以更好地服务于整个语段主旨的表达。《文心雕龙·附会》专门论述了文章的附辞会义问题，即作文的谋篇命意、布局结构之法，主要提到四个方面："总文理""统首尾""定与夺""合涯际"，明确告诉我们写文章要注意处理好材料的取舍、分合、衔接问题，使整篇文章脉络贯通、照应周密、结构紧凑，从头到尾保持统一。可见，篇章修辞是语言材料的组织安排问题，

---

① ［　］代表省略成分应该出现的位置。

同语言技巧的运用有很大的关系，懂得从全段、全篇的角度来分析和鉴赏语言，有助于加深对语言运用规律的认识，提高阅读和欣赏能力。我们将在这一节介绍古代汉语中篇章修辞的几种常见方式。

一 开头起兴

文章的开头如何组织才能引人入胜，是篇章修辞研究的重要内容。

起兴最早称之为"兴"，南宋朱熹说："兴者，先言他物以引起所咏之词也。"即托物以言志，托景以言情。起兴所托之物多为山水草木，鱼虫鸟兽，日月星辰，风霜雨雾之类，它的作用主要是发端起情，为引出正文而渲染气氛、烘托形象，为文章开篇定下基调。如《诗经》中就多以"起兴"开局谋篇：

① 关关雎鸠，在河之洲。窈窕淑女，君子好逑。（《诗经·周南·关雎》）
② 蒹葭苍苍，白露为霜。所谓伊人，在水一方。（《诗经·秦风·蒹葭》）

例①以在河洲上关关和鸣的雎鸠鸟起兴，引出美丽端庄的好姑娘，是君子的好配偶。兴句与所引出的内容之间有内在联系，含有类比关系：雎鸠鸟成对并游，感情专一，象征纯洁真诚的爱情。例②在开头以秋景起兴，大片的芦苇青苍苍，清晨的露水凝成霜，不仅点明了季节与时间，还渲染了蒹苍露白的凄清气氛，烘托了主人公对爱人思而不得的怅惘心情，引出所要吟咏的对象：在水一方的"伊人"。含蓄动人的情感增强了《诗经》语言的艺术表现力。国学大师王国维先生称赞《蒹葭》"最得风人深致"，正是得益于"兴"的妙用。

后世文学作品中沿用"起兴"的修辞手法，如：

③ 孔雀东南飞，五里一徘徊。（汉乐府《孔雀东南飞》）
④ 汴水流，泗水流，流到瓜洲古渡头。吴山点点愁。思悠悠，恨悠悠，恨到归时方始休。月明人倚楼。（白居易《长相思》）

例③《孔雀东南飞》以开篇孔雀不愿东南飞的这种景象，"兴"起一种缠绵悱恻、凄婉难舍的深情，引出下文对主人翁焦仲卿和刘兰芝缠绵爱情的叙述。例④诗人以长流不息的汴水及高山起兴，兴中含比，形象地传达出思妇怀远之愁的深长和凝重。

二 章章蝉联

章章蝉联，又称为蝉联重复，是古汉语中的一种特殊的篇章修辞手段，指的是在全篇中，章节段落的句首与上一章节段落的句尾重复使用同一（或相近）句子、词语，构成章节段落之间首尾蝉联、上递下接的结构形式，用以表达一种回环复沓的思想感情，产生反复吟咏的音乐效果。

这种修辞法与句际关系中的"顶真"类似。"顶真"是下句字头接上句字尾的修辞手法，如《木兰辞》中"归来见天子，天子坐明堂"，"军书十二卷，卷卷有爷名"。而"章章蝉联"可谓是一种以篇章为单位的"顶真"。以曹植的《赠白马王彪》为例，除去第一章，其后六章，都是后章衔接前章：

  太谷何寥廓，山树郁苍苍。霖雨泥我涂，流潦浩纵横。中逵绝无轨，改辙登高冈。修坂造云日，我马<u>玄以黄</u>。

  <u>玄黄</u>犹能进，我思郁以纡。郁纡将何念？亲爱在离居。本图相与偕，中更不克俱。鸱枭鸣衡扼，豺狼当路衢。苍蝇间白黑，谗巧令亲疏。欲还绝无蹊，揽辔止<u>踟蹰</u>。

  <u>踟蹰</u>亦何留？相思无终极。秋风发微凉，寒蝉鸣我侧。原野何萧条，白日忽西匿。归鸟赴乔林，翩翩厉羽翼。孤兽走索群，衔草不遑食。感物伤我怀，抚心长<u>太息</u>。

  <u>太息</u>将何为？天命与我违。奈何念同生，一往形不归。孤魂翔故域，灵柩寄京师。存者忽复过，亡殁身自衰。人生处一世，去若朝露晞。年在桑榆间，影响不能追。自顾非金石，咄唶令<u>心悲</u>。

  <u>心悲</u>动我神，弃置莫复陈。丈夫志四海，万里犹比邻。恩爱苟不亏，在远分日亲。何必同衾帱，然后展殷勤。忧思成疾疢，无乃儿女仁。仓卒骨肉情，能不怀<u>苦辛</u>？

  <u>苦辛</u>何虑思？天命信可疑。虚无求列仙，松子久吾欺。变故在斯须，百年谁能持？离别永无会，执手将何时？王其爱玉体，俱享黄发期。收泪即长路，援笔从此辞。

全篇回环往复，读来酣畅淋漓，一气呵成，得益于连环的章章蝉联。"玄黄""踟蹰""太息""心悲""苦辛"在上一段尾和下一段首重复出现，沟通段际关系，使上下衔接更为紧密，结构紧凑有致。这是一种以词语为纽带的章章蝉联，还有一种以小句为纽带的蝉联方式，如《诗经·大雅·下武》中的"王配于京""成王之孚"：

  下武维周，世有哲王。三后在天，<u>王配于京</u>。
  <u>王配于京</u>，世德作求。永言配命，<u>成王之孚</u>。
  <u>成王之孚</u>，下土之式。永言孝思，孝思维则。

有的章章蝉联也不太严格，只要是称说的内容相同，具体词句上有出入也无妨，如《诗经·大雅·文王》：

  文王在上，于昭于天。周虽旧邦，其命维新。
  有周不显，帝命不时。文王陟降，在帝左右。
  亹亹文王，令闻不已。陈锡哉周，侯文王孙子。
  文王孙子，本支百世。凡周之士，不显亦世。
  世之不显，厥犹翼翼。思皇多士，生此王国。
  王国克生，维周之桢。济济多士，文王以宁。
  穆穆文王，于缉熙敬止。假哉天命，有商孙子。
  商之孙子，其丽不亿。上帝既命，侯于周服。
  侯服于周，天命靡常。殷士肤敏，祼将于京。
  厥作祼将，常服黼冔。王之荩臣，无念尔祖。

>　　无念尔祖，聿修厥德。永言配命，自求多福。
>　　殷之未丧师，克配上帝。宜鉴于殷，骏命不易。
>　　命之不易，无遏尔躬。宣昭义问，有虞殷自天。
>　　上天之载，无声无臭。仪刑文王，万邦作孚。

这首诗中，上下章的关联成分不是很明晰，仅有一处是完全相同的语句，即"无念尔祖"，其他多是下章的句首换用了与上章句尾的同义结构，表述上稍有差别，如：

　　侯文王孙子→文王孙子　　不显亦世→世之不显　　生此王国→王国克生
　　有商孙子　→商之孙子　　侯于周服→侯服于周　　骏命不易→命之不易

有的差别稍大，不过截取了上章句尾的词，为下章句首所用：

　　文王以宁→穆穆文王　　　祼将于京→厥作祼将

以下三处是语义相通而蝉联，属于没有形式标记的意合蝉联：

　　在帝左右→亹亹文王　　自求多福→殷之未丧师　　有虞殷自天→上天之载

三　首尾照应

首尾照应，指的是文章开头所提出的观点或事由，在结尾处再次强调、回答，有头有尾，前呼后应，给人以首尾周密、浑然一体之感，使文章主旨得以深化。"制首而通尾"，对文章的开头和结尾做统一的考虑和安排，是古人写作中全局观念的体现。

北宋文人欧阳修的名篇《醉翁亭记》，在结构安排上的一个突出特点是"藏墨于首，显豁于尾"，即在开头埋下伏笔，在结尾予以揭示。文章开头写醉翁亭命名的由来，埋下伏笔"名之者谁？太守自谓也"，这个亭子是太守以自己的名字命名的，那么太守又是谁呢？文章结尾处揭示谜底，与文首遥相呼应："太守谓谁？庐陵欧阳修也。"首尾会合为一体，有问有答，有响有应，文章在结构上紧密而不散乱，形成一个有机整体。这就是篇章修辞中的首尾圆合之法。

诗歌创作最讲求首尾圆合，无论是律诗还是绝句，都有头有尾，前后内容在语义上有内在联系，前有交代，后有照应，诗歌一以贯之，富有整体感。如唐代诗人李商隐的《蝉》：

>　　本以高难饱，徒劳恨费声。
>　　五更疏欲断，一树碧无情。
>　　薄宦梗犹泛，故园芜已平。
>　　烦君最相警，我亦举家清。

首联从蝉声写起：蝉栖息在高树上餐风饮露，声声蝉鸣带着哀怨，但终究无人同情，徒劳无功。由此联想到自己位居卑职，备受冷落的遭遇。在尾联以蝉声作结，照应开头："君"指蝉，诗人对蝉说，多劳你的嘶叫警醒我，我家的生活如你一般贫寒。诗人的写法自然流畅，首尾圆融，正如刘勰在《文心雕龙·章句》所说："启行之辞，逆荫中篇之意。绝笔之言，追媵前句之旨。"诗歌的意脉在前呼后应中连贯如一。再如杜牧的《叹花》：

      自恨寻芳到已迟，往年曾见未开时。
      如今风摆花狼藉，绿叶成阴子满枝。

  诗人在开头一个"恨"字，流露出"寻芳已迟"的遗憾与惆怅，为何诗人有如此之"恨"？结尾点明"成阴子满枝"，原来如今已经是绿叶成荫，果实繁茂了，暗指当年相约的妙龄少女已结婚生子，揭示出"恨"的原因。前果后因，首尾呼应，整篇诗作叙述完整圆融。

  我国古代的很多长篇小说，在开篇前和结束后会附有诗词，如四大名著、《封神演义》、《说岳全传》，等等。以《红楼梦》为例：

    开篇诗：满纸荒唐言，一把辛酸泪。都云作者痴，谁解其中味。
    结尾诗：说道辛酸处，荒唐愈可悲。由来同一梦，休笑世人痴。

  开篇诗点明全书主旨，统领全书基调；结尾诗与之呼应，起到总文理、统首尾的作用，使文脉一以贯通。

四　叙述分合

  古人在组织篇章结构层次时，十分注重叙事的分合关系。南宋修辞学家陈骙在他的修辞学著作《文则》中举出数例，将"载事之文"的篇章结构方式分为三类。
  一是"先总而后数之"，即"总—分"，如：

    子谓子产："有君子之道四焉：其行己也恭，其事上也敬，其养民也惠，其使民也义。"（《论语·公冶长》）

  这种结构形式先点明文章主旨，让读者印象深刻。在古汉语中多见，另如：

    君子有三乐，而王天下不与存焉。父母俱存，兄弟无故，一乐也；仰不愧于天，俯不怍于人，二乐也；得天下英才而教育之，三乐也。（《孟子·尽心上》）
    春日宴，绿酒一杯歌一遍。再拜陈三愿：一愿郎君千岁，二愿妾身常健，三愿如同梁上燕，岁岁长相见。（冯延巳《长命女·春日宴》》）

  二是"先数之而后总之"，即"分—总"，如：

    子产数郑公孙黑曰："尔有乱心无厌，国不女堪，专伐伯有，而罪一也；尾弟争室，而罪二也；羞隧之盟，女娇君位，而罪三也。有死罪三，何以堪之。"（《左传·昭公二年》）

  这种结构形式是在归纳事实的基础上阐释道理，使道理更具有说服力。
  三是"先既总之而后复总之"，即"总—分—总"，如：

    仲尼曰："臧文仲其不仁者三，不知者三：下展禽，废六关，妾织蒲，三不仁也；作虚器，纵逆祀，祀爰居，三不知也。"（《左传·文公二年》）

"总—分—总"的结构在开篇提出文章要点,在结尾处对文章整体内容作以收尾、总结,与开篇内容遥相呼应,文脉贯通,逻辑连贯,层次丰富,使得文章具有可读性,极大地提升了论证力度。

第四节 古文中的特殊辞例

特殊辞例指的是具有特定结构、特定功能或特定方式的修辞模式,通常称为辞格。特殊辞例可以分为两大类,一种是侧重话语形式的修辞,如对偶、顶真、回环、排比等;一种是侧重深化语义的修辞,如譬喻、夸饰、婉曲、借代、双关、互文等。

一、侧重话语形式的辞格

这类辞格往往偏重形式联系,即使不分析整个语句的意义,也能从字面形式上大致判断出属于哪种辞格。

(一)对偶

凡是字数相等,句法相似的两句成双作对排列,都叫作对偶辞。对偶的运用使句子在音韵、结构、意义上呈现对称、平衡的状态,使内容表达得更加鲜明、有力,给人以美的享受。

根据上下联的语义关系可以将对偶分为正对和反对。正对是指上下两项中的对应词呈现相关、相似或对称的关系,上下联中的内容是同范围、同性质的事物;反对是指上下两项中的对应词呈相反或对立的关系,从矛盾对立的两个方面来说明一个道理。例如:

① 明月松间照,清泉石上流。(王维《山居秋暝》)
② 得道者多助,失道者寡助。(《孟子·公孙丑下》)

例①是正对。"明月"对"清泉","松间"对"石上","照"对"流",对仗工整,生动地描绘了一幅声色交映、宁静和谐的自然画面。例②是反对,上下联语义相反。"得道者"和"失道者","多"和"寡"两两相对,实施仁政、主持公道的君王,拥护支持他的人就多,反之则少。

根据上下联对偶成分的形式和位置,还可以分为:短语对、单句对、隔句对等。

③ 登斯楼也,则有去国怀乡,忧谗畏讥,满目萧然,感极而悲者矣。(范仲淹《岳阳楼记》)
④ 善无微而不赏,恶无纤而不贬。(《三国志·诸葛亮传》)
⑤ 北海虽赊,扶摇可接;东隅已逝,桑榆非晚。(王勃《滕王阁序》)

例③为短语对,"去国怀乡"对"忧谗畏讥"。例④是单句对,是最为常用的对偶形式。例⑤属于隔句对,"北海虽赊"对"东隅已逝","扶摇可接"对"桑榆非晚"。

（二）顶真

顶真是用前一句的结尾做后一句的起头，使邻接的句子首尾相接的一种修辞手法。如果运用得当，顶真能使上下文结构紧凑、逻辑严密、音律流畅、妙趣横生。

上文末尾的字词用作下文开头的字词，例如：

> 天下之本在国，国之本在家，家之本在身。（《孟子·离娄上》）
> 人法地，地法天，天法道，道法自然。（《老子·二十五章》）

顶真有严式和宽式之分，以上所举例子为严式，上句末字和下文首字一定是前后衔接、密而无间的。宽式顶真则允许在中间插入其他词语，不必字字相同。比如：

> 故君子不可以不修身；思修身，不可以不事亲；思事亲，不可以不知人；思知人，不可以不知天。（《礼记·中庸》）

（三）回环

回环是把一个词组、一句话甚至是一段话，以语素、词或词组为单位颠倒顺序，构成具有连贯意义的话语的一种修辞方法。

回环可揭示事物的辩证统一关系，如：

> ① 仕而优则学，学而优则仕。（《论语·子张》）
> ② 知者不言，言者不知。（《老子·五十六章》）

例①"学"和"仕"呈现出一种循环往复的关系，说明"学"和"仕"相互促进、相辅相成的道理。例②"知"和"言"利用回环结构，展现二者之间的排斥、制约关系。

> ③ 客中愁损催寒夕，夕寒催损愁中客。门掩月黄昏，昏黄月掩门。翠衾孤拥醉，醉拥孤衾翠。醒莫更多情，情多更莫醒。（纳兰性德《菩萨蛮·客中愁损催寒夕》）

例③每两句构成一组回环，上句逐字倒读构成下句，情景交融，意境深远。

回环这一修辞格式后来便不再拘泥于语序，形成了整首诗无论顺读或倒读都可理解的文体。有些学者称之为回文体。[①] 例如：

> 花朵几枝柔傍砌，柳丝千缕细摇风。
> 霞明半岭西斜日，月上孤村一树松。（薛涛《春》）

若从尾联末字倒读，仍是一首意境优美的七言诗：

> 松树一村孤上月，日斜西岭半明霞。
> 风摇细缕千丝柳，砌傍柔枝几朵花。

[①] 不同学者对于回环和回文的看法不同。一种观点认为回环和回文是一种修辞格，只不过有的称为回文，如陈望道《修辞学发凡》，李国英、李运富《古代汉语教程》；有的称为回环，如张弓《现代汉语修辞学》。另外一种观点认为回环和回文是两种不同的修辞格，如王占福《古代汉语修辞学》。

回文用字奇妙,给人以新奇之感,彰显诗人的奇慧巧思。

(四)排比

排比指的是把三个或三个以上结构相同或相似、字数相当、意义相关、语气一致的词组或语句并排连用的修辞方式。可增强气势,烘托气氛,突出语言的节奏感和旋律美。

1. 成分排比

成分排比是指在句子里同一成分并列构成的排比,包括主语的排比、谓语的排比、补语的排比,等等。

① 故苏秦相于赵而关不通。当此之时,天下之大,万民之众,王侯之威,谋臣之权,皆欲决于苏秦之策。(《战国策·秦策一》)
② 君子惠而不费,劳而不怨,欲而不贪,泰而不骄,威而不猛。(《论语·尧曰》)
③ 有道之士,贵以近知远,以今知古,以所见知所不见。(《吕氏春秋·察今》)

例①是四个短语并列作主语构成的排比,说明了苏秦在当时的政治格局中的地位和影响力,说理透彻。例②是谓语排比,突出君子多方面的美德,内容丰富,节奏鲜明。例③用排比作补语,突出强调了有道德的人应该具备的学养和品质,描写细腻,形象生动。

2. 句子排比

句子排比是由几个分句或句子并列而构成的排比,有单句排比和复句排比之分。

① 为肥甘不足于口与?轻暖不足于体与?抑为采色不足视于目与?声音不足听于耳与?便嬖不足使令于前与?(《孟子·梁惠王上》)
② 强本而节用,则天不能贫;养备而动时,则天不能病;修道而不贰,则天不能祸。故水旱不能使之饥,寒暑不能使之疾,妖怪不能使之凶。本荒而用侈,则天不能使之富;养略而动罕,则天不能使之全;倍道而妄行,则天不能使之吉。故水旱未至而饥,寒暑未薄而疾,妖怪未至而凶。(《荀子·天论》)

例①连用五个表示反问的排比句,列出种种可能性:是因为肥美的食物不够吃呢?轻暖的衣服不够穿呢?还是因为各种色彩不够看呢?美妙的音乐不够听呢?左右受宠爱的人不够用呢?层层递进,条分缕析,叙事透辟。例②是复句排比,由十八个分句构成四组不同结构的排比句,强调了人事的重要性,天命并不能决定人间的吉凶祸福。排比句把道理说得更详尽、透彻,使论证具有极强的说服力。

二 侧重深化语义的辞格

这类辞格包括譬喻、夸饰、婉曲、借代、双关、互文等,构成辞格的各个部分都具有某种意义或逻辑联系,要通过对这种意义或逻辑联系的分析才能确定为某种辞格。

（一）譬喻

譬喻，是根据甲乙两种不同事物之间的相似点，用乙事物说明甲事物的修辞格，也叫作"比喻"，俗称"打比方"。譬喻能使抽象的事物变得具体、枯燥的说理变得生动、模糊的印象变得明朗，极大地增强了语言的表现力。

譬喻的构成有两个重要前提：一是构成辞格的甲乙方是两种本质上不同的事物，同类事物作比毫无意义；二是构成譬喻时，两个本质不同的事物必须至少在某一点上有相似之处。一般都包含本体、喻体和譬喻词，但不是都出现。譬喻可分为明喻、暗喻、借喻。

1. 明喻

分别用其他事物来比拟文中事物的譬喻。本体和喻体都出现，且常有"犹""若""如""似""好像"之类的譬喻词。

> 有女同行，颜如舜英。（《诗·郑风·有女同车》）

把"颜（容貌）"比作"舜英（木槿花）"，二者的相似点是美丽。

> 君子之交淡如水，小人之交甘若醴。（《庄子·山木》）

把本体"君子之交""小人之交"分别和喻体"水""醴"连接起来，体现君子和小人在交往方式上的差异。

> 孤之有孔明，犹鱼之有水也。（《三国志·诸葛亮传》）

刘备将孔明比作"水"，把自己比作"鱼"，通俗易懂的譬喻使表达更加生动形象，道出了刘备和孔明之间不可分割的亲密关系。

2. 隐喻

隐喻是比明喻更进一步的譬喻。明喻是相类关系，其形式是"甲如同乙"；隐喻是相合关系，其形式是"甲就是乙"，本体和喻体都出现，不用譬喻词，或譬喻词"为""即""是"等，或用没有系词的判断句表达。隐喻使本体和喻体在形式上更加紧切，具有更加含蓄、深远的表达效果。

> 君子之德，风；小人之德，草。（《论语·颜渊》）
> 夫鲁，齐晋之唇。（《左传·哀公八年》）
> 如今人方为刀俎，我为鱼肉，何辞为？（《史记·项羽本纪》）
> 试问闲愁都几许？一川烟草，满城风絮，梅子黄时雨。（贺铸《青玉案》）

以上例句都属于隐喻，最后一个例子在提出本体"闲愁都几许"后，接着出现多个喻体，这种用多个喻体譬喻一个本体的形式，也称作博喻。

3. 借喻

借喻是比隐喻更近一层的譬喻。借喻之中，本体和喻体融为一体，比喻关系最为紧密，结构也最为紧凑。其形式是以乙代甲，即直接用喻体代替本体，本体不出现，不用譬喻词。由于借喻隐蔽紧凑且言简义丰，常需要借助特定的上下文加以理解。

硕鼠硕鼠，无食我黍。（《诗经·魏风·硕鼠》）

直接用喻体"硕鼠"代替本体"剥削者"，表达憎恶之情。

缲成白雪桑重绿，割尽黄云稻正青。（王安石《木末》）

"白雪"和"黄云"作为喻体单独出现，隐去了本体"蚕丝"和"成熟的麦子"，通过明快色彩的对比，生动地描绘了自然界的美丽景色，让读者产生鲜明的视觉感受。

（二）夸饰

夸饰是一种重要的修辞手段，与夸大不同，夸大是言过其实，而夸饰是一种适度的形容语，重在主观情意的阐发，而非客观事实的记录，使语言形象生动。根据夸饰的性质，我们可将其分为普通夸饰和超前夸饰两大类。

1. 普通夸饰

普通夸饰可以从性状、数量、时间、空间、程度等多个角度展开。

① 人固有一死，或重于泰山，或轻于鸿毛。（司马迁《报任安书》）
② 楚虽三户，亡秦必楚。（《史记·项羽本纪》）
③ 似将海水添宫漏，共滴长门一夜长。（李益《宫怨》）
④ 北方有佳人，绝世而独立，一顾倾人城，再顾倾人国。（《汉书·外戚传》）

例①是性状夸张。不同的人，死亡的价值不同，有的比泰山还重，有的比一根羽毛还轻，前者是夸大夸张，后者是缩小夸张。例②是数量夸张。说的是就算楚国只剩下三户人家，灭亡秦国的必定是楚国。以缩小夸张强烈表达抗击秦国、保卫国家的决心。例③是时间夸张。宫漏好像装了海水，在长门宫前滴了一夜也没有滴完。以海水的容量来形容长门的夜长，衬托出绵绵无尽的哀愁。例④是程度夸张。佳人一回头，守卫连连失魂落魄，弃城而走；佳人再回头，皇帝沉迷其中，国家走向灭亡。此句以极度夸张的手法突出佳人的国色天香，富有动人的艺术想象力和语言感染力。

2. 超前夸饰

超前夸饰专门用来叙说先后发生的两件事，故意把后发生的事说成先发生的，或同时发生的，以呈现一种"说时迟、那时快"的感觉。

愁肠已断无由醉，酒未到，先成泪。（范仲淹《御街行·秋日怀旧》）

按照常理，应是先酌酒，后垂泪，诗人却说"酒未喝，先成泪"，用超前夸饰极力诉说"愁苦"之深。

>武王克殷反商，未及下车，而封黄帝之后于蓟，封帝尧之后于祝，封帝舜之后于陈。（《礼记·乐记》）

灭商之后，武王加封黄帝、尧、舜等古代圣君的后裔，要等到下车之后才能施行，故意让"未及下车"和"封"两个动作行为产生时间的颠倒，极力赞扬武王的仁道。

（三）婉曲

婉曲指在言语交流活动中出于某种原因而无法直陈本义、直言其事，有意迂回委婉的修辞方式。这样间接的表达更符合礼貌原则，易于听话人接受。

1. 谦敬

中华民族是礼仪之邦，古今之人多以谦语自称、敬语称人，表达对尊者、长辈的尊重。

>主上幸以先人之故，使得奏薄技。（司马迁《报任安书》）

"薄技"指微薄的才能，是自谦之语，表达对君主和父亲的恭敬和感激。

>今臣亡国贱俘，至微至陋。（李密《陈情表》）

臣子在向皇帝陈说时，自贬为"亡国贱俘"，以示对天子的尊重。

>寡君闻君亲举玉趾，将辱于敝邑，使下臣犒执事。（《左传·僖公二十六年》）

此为大臣展喜对齐孝公说的话。"寡君""敝邑""下臣"都是自谦之语，"玉趾"则是对齐孝公行止的一种尊称。

2. 讳饰

一是换一种说法表达不敢、不便或不愿明言的事物，例如：

>且陛下富于春秋，未必尽通诸事。（《史记·李斯列传》）

"春秋"指年龄，"富于春秋"表示年轻，但往往意味着阅历浅，此处不直说秦二世阅历不足，而隐晦地说他"富于春秋"。

>高后自临事，不幸有疾，诸吕擅权为变，不能独制，乃取他姓子，为孝惠皇帝嗣。（刘恒《赐南越王赵佗书》）

对吕氏家族趁汉惠帝患病之际篡夺政权、抢夺宫女之子为太子的行为不便言说，用"不幸有疾""不能独制"等带过。

二是为了回避粗俗和不雅字眼，改用婉转、文雅的话语表达出来，例如：

>玄成深知其非贤雅意，即阳为病狂，卧便利，妄笑语昏乱。（《汉书·韦贤传》）

"便利"是"大小便"的婉转说法。

>昔者有王命，有采薪之忧，不能造朝。（《孟子·公孙丑下》）

"采薪之忧"本意是有病不能去打柴。不直说"患病"而说"采薪之忧"，作为婉称有病而无法亲赴之辞。古人忌讳"死"，如君王去世说"弃群臣"，父母去世说"失怙恃"；另有"徂落""不幸"等说法，都是委婉表达。

（四）借代

提到某人或某物时，不直接说出，而是借用与之密切相关的特征、身份、属性等来代替的修辞手法，又叫替代、代指或代称。巧妙地运用借代有助于突出人或事物的特征，使语言表达富有变化、具体生动，引发人的联想。

1. 以特征或标志来指代该事物

>君子不重伤，不禽二毛。（《左传·僖公二十二年》）

二毛：花白头发，是老年人的特征，借用来指代老年人。

>润下作咸，炎上作苦，曲直作酸，从革作辛，稼穑作甘。（《尚书·洪范》）

润下、炎上、曲直、从革、稼穑，是水、火、木、金、土的特征，《洪范》有"水曰润下，火曰炎上，木曰曲直，金曰从革，土爰稼穑"，此处用抽象的事物特征来指代具体的事物。

2. 官名、地名代人

>及三闾《橘颂》，情采芬芳。（《文心雕龙·颂赞》）

三闾：屈原。

>平原不在，正见清河。（《世说新语·自新》）

平原：陆机。清河：陆云。

3. 材料代成品

>予击石拊石，百兽率舞，庶尹允谐。（《尚书·益稷》）

石：乐器磬，用石制成。

>千里游敖，冠盖相望，乘坚策肥，履丝曳缟。（《汉书·食货志上》）

丝：丝鞋。缟：绸衣。

4. 部分代整体

>长铗归来乎！食无鱼。（《战国策·齐策四》）

铗：本是剑柄，代指整把剑。

源其飙流所始，莫不同祖风骚。（《宋书·谢灵运传论》）

风：诗经。骚：楚辞。

5. 具体代抽象

惜乎，夫子之说君子也！驷不及舌。（《论语·颜渊》）

舌：指代说出的话。

无丝竹之乱耳，无案牍之劳形。（刘禹锡《陋室铭》）

丝竹：音乐。案牍：官府文书

6. 专名代通名

绿珠捧琴至，文君送酒来。（庾信《春赋》）

绿珠：晋石崇的歌妓。文君：卓文君。这里都用来泛指美女。

世有伯乐，然后有千里马。（韩愈《马说》）

伯乐：姓孙名阳，字伯乐，相传秦穆公时人，以善相马著称。此处以相马的人，借代善于发现、培养、任用人才的人。

（五）双关

在同一语境中，利用字词的音同、音近或多义条件，有意关联两种事物，使语句表达双重意义的修辞方式。双关可以分为谐音双关、音形双关和对象双关三类。

1. 谐音双关

利用词语音同或音近的条件，使一个词语具有双重意义。

杨柳青青江水平，闻郎江上唱歌声。东边日出西边雨，道是无晴却有晴。（刘禹锡《竹枝词》）

"晴"是谐音双关词，表面上是天晴，实则说的是感情，把天晴与感情巧妙地联系在一起，表现少女情窦初开的紧张与忐忑。

青荷盖绿水，芙蓉披红鲜。下有并根藕，上有并目莲。（乐府民歌《青阳渡》）

"芙蓉"与"夫容"音近，说芙蓉鲜亮，也是丈夫容貌俊丽；"藕"和"偶"音同，"莲"和"怜"同音，表示佳偶天成，彼此怜爱。

文采双鸳鸯，裁为合欢被。著以长相思，缘以结不解。（《古诗十九首》）

"思"和"丝"谐音，"长相思"指丝棉，丝绵牵扯不断，象征双方不解之缘，思念绵长。

2. 音形双关

用作双关的词语与原本所要用的词语，不仅在读音上相同，字形上也一致。例如：

郎为旁人取，负侬非一事；摛门不安横，无复相关意。（乐府民歌《子夜歌》）

"关"表面上是"关门"，实际上是指"关心"，构成双关，表明女子对负心汉的埋怨。

相君之面，不过封侯，又危不安；相君之背，贵乃不可言。（《史记·淮阴侯列传》）

蒯通想借相人之术诱惑韩信背叛离开刘邦。"背"双关"背部"和"背叛"。

空对着，山中高士晶莹雪；终不忘，世外仙姝寂寞林。（《红楼梦》第五回）

"林"双关"树林"和"林黛玉"。

3. 对象双关

一句话（或几句话）关涉两个对象，一明一暗，表面上说一个对象，实际上指另一个对象，这样的修辞方法叫作对象双关。

高节人相重，虚心世所知。（张九龄《和黄门卢侍御咏竹》）

"高节"和"虚心"表面上是在写"竹"，实际上是在赞美人高尚的品德和节操。

嗟盘之乐兮，乐且无央；虎豹远迹兮，蛟龙遁藏；鬼神守护兮，呵禁不祥。（韩愈《送李愿归盘谷序》）

"虎豹蛟龙"表面上指野兽，实际上是指奸佞豪强。

（六）互文

互文指的是两个或两个以上结构相同或相近的短语或句子，结构上互省、语义上互补，共同表达一个完整的意思。互文有言简意赅、含蓄凝练的表达效果。

1. 句内互文

烟笼寒水月笼沙，夜泊秦淮近酒家。（杜牧《泊秦淮》）

烟雾和月光笼罩着寒水和沙滩。

秦时明月汉时关，万里长征人未还。（王昌龄《出塞》）

秦汉时期的明月和边关。

2. 临句互文

谈笑有鸿儒，往来无白丁。（刘禹锡《陋室铭》）

谈笑往来的都是知识渊博的人，没有目不识丁的人。

> 少妇今春意，良人昨夜情。谁能将旗鼓，一为取龙城。（沈佺期《杂诗》）

闺中少妇和军中良人年年夜夜都在想着："谁能将旗鼓，一为取龙城。"

3. 隔句互文

> 十旬休假，胜友如云；千里逢迎，高朋满座。（王勃《滕王阁序》）

正逢十日休假的时间，杰出的朋友，高贵的宾客，都不远万里来这里聚会。

> 公入而赋：大隧之中，其乐也融融。姜出而赋：大隧之外，其乐也洩洩。（《左传·隐公元年》）

庄公和武姜出入隧道，赋诗说："大隧之中，其乐也融融；大隧之外，其乐也洩洩。"

4. 排句互文

指三个或三个以上句子中的词语交互成文，合而见义。

> 东市买骏马，西市买鞍鞯，南市买辔头，北市买长鞭。（《木兰辞》）

到各个市场去买出征的骏马和马具。

第五节　古文中的病例

古文中的修辞病例，指的是古人在语言运用过程中违反修辞原则的现象。

修辞是调动多种手段增强语言表达效果的过程，无论是一般修辞还是特殊修辞，都要大体上符合两个应用原则：一是准确清晰地传递信息，且符合题旨和情景；二是生动形象地描摹事物、传递情感。古书中也不乏或扞格不通，使人不明，或违背常识，言过其实的病例。著名修辞学家陈望道先生认为，研究修辞学病例是修辞学很重要的一个方面。① 分辨修辞的优劣，探讨修辞失当的原因与影响，有助于更好地理解修辞使用的原则与规律，提升古文阅读能力和鉴赏水平。古文中的修辞病例类别繁多，本节主要介绍四种典型且常见的病例：用词不当、滥用借代、用典失当、夸张不实。

一　用词不当

（一）指代不明

修辞最基本的要求是语义明确，表达清晰。语言运用中的同词异义现象很普遍，同一个词指代不同，在同一句中使用时，容易导致语义晦涩不明，字义含糊不清。如《全唐诗·卷五百五十九》的《行难》篇曾记载过这样的例子：

---

① 陈望道. 陈望道修辞论集［M］. 合肥：安徽教育出版社，1985：270.

愈尝往闲客席，先生矜语其客曰："某胥也，某商也，其生某任之，其死某诔之，某与某何人也，任与诔也非罪欤？"皆曰："然。"愈曰："某之胥，某之商，其得任与诔也，有由乎？抑有罪不足任而诔之邪？"

韩愈曾听到祠部员外郎陆参对客人说："某位官吏、某位商人，他在世的时候我任用他，他去世之后我悼念他。某与某是什么人啊？任用与哀悼他们，不是罪过吗？"众人说："是的。"韩愈说："某官吏，某商人，他们是为什么能得到任用和哀悼？还是有罪不值得任用与哀悼呢？"这段话中前后用了多个"某"，让人不知所云。"其生某任之，其死某诔之"中的2个"某"是说话者本人陆参的自称，翻译为"我"，其余6个"某"，指的是官员和商人的名字。王若虚在《滹南遗老集·三十五卷·文辨二》中批评此处"某"的滥用，称"一而用之，何以别乎？""某"是无定代词，本就所指不明，前后文中又多次出现，语焉不详，使人摸不着头脑。

（二）对象错配

词语之间违反客观事理的搭配错误，也属于用词不当。如刘勰在《文心雕龙·指瑕》中提到的两例"比拟不类之瑕"，实际上也属于词语错配的病例：

陈思之文，群才之俊也，而《武帝诔》云，"尊灵永蛰"，《明帝颂》云，"圣体浮轻"。浮轻有似于蝴蝶，永蛰颇拟于昆虫，施之尊极，岂其当乎？

曹植曾被封为陈王，死后谥号为"思"，故称陈思王。曹植在缅怀父亲魏武帝曹操的诔文《武帝诔》中说："幽闼一闭，尊灵永蛰"，意思是幽深的墓穴门关闭，尊贵的英灵永远蛰伏。"蛰"本义指的是昆虫藏在某个地方冬眠，刘勰认为"永蛰"用以形容先王入墓，有失尊重。《明帝颂》指的是向魏明帝曹睿进献的《冬至献履袜颂表》，曹植又引用《明帝颂》说："翱翔万域，圣体浮轻。"意思是圣王的身体翱翔万顷疆域，极其轻盈。"浮轻"形容轻飘浮飞的样貌，一般用于蝴蝶等会飞的昆虫，而圣体严肃庄重，以"浮轻"来比拟是极不合适的。"尊灵永蛰"与"圣体浮轻"都是以卑小的昆虫之辞形容尊王，是词语搭配对象错误。

《指瑕》篇提到的另一例也颇为典型：

……潘岳为才，善于哀文，然悲内兄，则云"感口泽"，伤弱子，则云"心如疑"。

西晋文学家潘岳很有才华，善于作哀悼之文。"感口泽"指的是母亲去世后，感叹杯子上的口水痕迹，以此吊唁怀念。《礼记·玉藻》："母没而杯圈不能饮焉，口泽之气存焉尔。"唐孔颖达疏："谓母平生口饮润泽之气存在焉，故不忍用之。"潘岳用"感口泽"来唁念同辈的兄弟，实属不当。"心如疑"指的是将亡父或亡母送葬返回的途中，担心亡灵不能跟着回家而迟疑不敢前行，传达出心中的沉重哀悼和深切怀念。此语出自《礼记·问丧》，记载孔子在卫国看到送葬者时，说："其往也如慕，其反也如疑。"潘岳在悼念爱女金鹿的悼文《金鹿哀辞》末尾写道"捐子中野，遵我归路。将反如疑，回首长顾"，袭用哀悼长辈的"心如疑"来称说爱女这样的晚辈，词语运用失当。刘勰评价道："礼文在尊极，而施之下流，辞虽足哀，义斯替矣。"

二　滥用借代

"借代"是古书中常见的修辞方式。有种借代是以节短的方式，把古书中的一个词组割裂开来，用其中的一部分代替另一部分，或被称为"割裂""截取""节短"，常见于"割裂古语"和"节短人名"两种情况，如以"不惑"代指"四十"，以"诸葛"代指"诸葛亮"。但有时这种截取太过随意，会将原本意义完整的词语强行分割，产生超出寻常文字、寻常文法甚至寻常逻辑的新形式，如以"友于"代指"兄弟"，以"葛亮"代指"诸葛亮"，甚至有的用例不加注释无法读懂原意，这种影响语言纯洁性的修辞方式，不应提倡。

（一）割裂古语

颜之推《颜氏家训·文章篇》曾批评过以"孔怀"代"兄弟"的割裂式借代：

> 《诗》云："孔怀兄弟。"孔，甚也；怀，思也，言甚可思也。陆机《与长沙顾母书》述从祖弟士璜死，乃言："痛心拔脑，有如孔怀。"心既痛矣，即为甚思，何故方言"有如"也！观其此意，当谓亲兄弟为"孔怀"。《诗》云："父母孔迩。"而呼二亲为"孔迩"，于义通乎？

《诗经·小雅·常棣》是一首在宴会上歌颂兄弟亲情的诗歌。其中"死丧之威，孔怀兄弟"一句，"孔"是程度副词，表示非常，"怀"是动词，表示思念，"孔怀"的意思是在生死这样的重要时刻，会非常想念自己的兄弟。由于《诗经》中"孔怀"和"兄弟"连用，西晋文学家陆机截取"孔怀"指代"兄弟"，表达他得知从祖弟士璜的去世，心情犹如自己亲兄弟的离开一样悲痛不已。颜之推认为如此割裂，语义扞格不通，并以类比的方式加以反驳：《诗经》中还有"父母孔迩"的句子，如果按照陆机的割裂借代法，岂不是"孔迩"也可以指代"父母"了？这样的割裂方式实在是不可取。

还有一例与之相类似，《论语·为政》："子曰：'《书》云：孝乎惟孝，友于兄弟，施于有政。'"意思是，孝就是孝顺父母，友爱兄弟，并将此施行于朝政。后世多割裂"友于"以指代"兄弟"，并流传下来，如：

> 今之否隔，<u>友于</u>同忧。（曹植《求通亲亲表》）
> 陛下隆于<u>友于</u>，不忍遏绝。（范晔《后汉书·吴延史卢赵列传》）
> 万里抛朋侣，三年隔<u>友于</u>。（白居易《东南行一百韵寄通州元九侍御澧州李十一》）

仔细分析可知，动词"友"与介词"于"本不在一个语法层面上，句法结构内部的层次应分析为"友/于兄弟"，对待兄弟和睦友爱。这类用典割裂式借代的情况，古书中不乏用例：

> <u>愿言</u>之怀，良不可任。（曹丕《与朝歌令吴质书》）

朕无则哲之明，致简统失序。（范晔《后汉书·乐成靖王党传》）

"愿言"引用《诗经》中的典故，《诗经·邶风·二子乘舟》："愿言思子，中心养养。""愿"与"思"都表示思念，"言"是无意义的语气助词。曹丕截取前词"愿言"表达心中难以忍受的思念之情。"则哲"一语出自《尚书·皋陶谟》"知人则哲"，意思是能够鉴察人的品行才能，那么就是有智慧的。"则"是表承接的连词，表示"那么"，《后汉书》截取后两字"则哲"，"则"和"哲"是虚词与实词的结合，不符合构词法的规则。

割裂是近乎文字游戏的一种修辞方式，对汉语词汇的完整性造成了严重的损害，虽然有许多以这种修辞方式产生的词语被保存下来，诸如"而立""不惑"等，至今仍然活跃在汉语中，但从本质上说这是不可取的表达方式。

（二）节短人名

古书中简略称呼人名时，有些不按单称姓或单称名的常规方式而肆意节短，用截取后的部分指代整个人名，也是借代修辞中的不当用例：

方朔乃竖子，骄不加禁诃。（韩愈《读东方朔杂事》）
马迁撰《史记》，终于今上。（刘知幾《史通·六家》）
马卿自序。（刘知幾《史通·杂说篇》）

东方朔姓东方，"方朔"将姓从中截断；司马是以官为氏的复姓，"马迁"亦将姓割裂取之；司马相如的字为"长卿"，"马卿"从"司马"和"长卿"中各截取一字加以组合，若不加解释，恐怕很难理解。如此"截趾适履"的省略不可取。

两个人名并称时，以并称姓为常，如"郑许"指代"郑玄""许慎"，"李杜"指代"李白""杜甫"。顾炎武《日知录》卷二十三提到另一种省略情形"文中并称二人，一氏一名，犹为变体"，指的是两个人并提的时候，取一人之姓，取另一人之名，造成古文中指代不明的现象，令人费解。如：

① 虽渊云之墨妙，严乐之笔精。（江淹《别赋》）
② 使曹勃不宁制，可谓仁乎？（贾谊《新书·权重》）
③ 《夷齐》《箕子》《鲁两生》《程杵》四章，固易代之感。（陈沆《诗比兴笺》）
④ 蔡氏儒雅荀葛清。（《晋书·诸葛恢传》）

例①"严乐"是汉武帝时期大臣严安和徐乐的并称，例②"曹勃"是西汉开国大臣曹参和周勃的并称，例③"程杵"指的是赵国士人程婴和公孙杵臼，三者皆取前人之姓附上后人之名。例④中，蔡氏指的是陈留人蔡谟，与颍川人荀闿和琅琊诸葛恢皆字道明，号称"中兴三明"，以"葛"指代诸葛恢，与"荀"构成"荀葛"是非常规的表达。清人钱大昕曾经在《十驾斋养新录》（十二）批评任意割裂人名的现象："汉魏以降，文尚骈俪，诗严声病，所引用古人姓名，任意割省，当时不以为非。"还有更为隐晦难懂的：

灵运罪衅累仍，诚合尽法。但谢玄勋参微管，宜宥及后嗣，可降死一等。（《宋书·谢灵运传》）

"微管"令人费解,取自《论语·宪问》:"微管仲,吾其披发左衽矣。"这句话的意思是,如果没有管仲,中原就要被夷狄占领,赞颂管仲的卓越功勋。"微"是表示假设的虚词,后人截取虚词"微"与"管"合为"微管",不成文理,过于晦涩难懂。

三 用典失当

"用典",古人或称为"事类""用事"。陈望道在《修辞学发凡》中将用典问题总结为五项:用典隐僻,使人不解;用典拉杂,令人生厌;用典浮泛,难知真意;刻削成语,不合自然;用典失照管。① "失照管"指的是用典有误。

刘勰的《文心雕龙·事类》专门讨论过用典问题,认为用典要严肃认真地审核校正,所引事类要符合真实情况,不可"乖谬",下面两例就是在引用典故时没有弄清楚历史事实。

  葛天氏之乐,千人唱,万人和,听者因以蔑《韶》《夏》矣。(《文心雕龙》)

此处称葛天之歌千万人唱和,是用典失实。刘勰的《文心雕龙·事类》指出其引用典故的错误之处,他认为葛天之歌,唱和只有三个人,但司马相如在《上林》赋中写了"奏陶唐之舞,听葛天之歌,千人唱,万人和",将三人增加至万人,导致后世曹植等人误传袭之。另有一例:

  望夷宫中鹿为马,秦人半死长城下。(王安石《桃源行》)

王安石想借用历史事件"指鹿为马"和始皇筑长城来说明秦代黑暗的统治。但遗憾的是,其用典有误,宋代学者曾慥《高斋诗话》批评道:"指鹿为马,乃二世事;而长城之役,乃始皇也。又指鹿事不在望夷宫中。荆公此诗追配古人,惜乎用事失照管为可恨耳。"

四 夸张不实

夸张,又称作夸饰,是为了增强表达效果而着意夸大或缩小事物特点的修辞手段。由于有一定程度上的言过其实、出乎意料,因此想要言之有据而又在情理之中,需要较高的文学与语言素养。夸张要有节制规范,不能凭空捏造事实,"夸"之过度将会导致语言表达背离客观事理情理,给人以虚假之感。

明代文人冯梦龙的《古今谭概·苦海部》中记载了这样一则故事:

  王祈有竹诗两句,最为得意,为东坡诵之,曰:"叶垂千口剑,干耸万条枪。"苏笑曰:"好则好矣,只是十条竹竿共一片叶也。"又苏尝言:"看王大夫诗,难得不笑。"

---

① 陈望道.修辞学发凡[M].上海:复旦大学出版社,2008:88.

北宋诗人王祈作《咏竹》诗："叶垂千口剑，干耸万条枪。"诗句融合了比喻和夸张的手法，形容竹叶垂下来，如千口宝剑，竹干高耸入云，犹如万条利枪。苏轼读后指出了其中夸张修辞的问题：千条竹叶，万条竹干，岂不是十条竹干长一片叶子吗？这样的夸张显然是违背常识的。夸张忌"浮"，使用夸张修辞要保证一定的可信度，避免过于脱离真实生活的不当表达。正如国学大师王国维在《人间词话》中所说："虽如何虚构之境，其材料必求之于自然，而其构造亦必从自然之法律。故虽理想家亦写实家也。"

南宋魏庆之在《诗人玉屑·诗体下》中记载了严有翼的"句豪而不畔于理"的观点。严有翼认为，古人吟诗作句喜欢写豪放的语句，气势磅礴开阔，但是不违背常理的才是佳句。其中提到宋代诗人石懋的《咏雪》诗：

燕南雪花大于掌，冰柱悬檐一千丈。

严有翼评说道："豪则豪矣，然安得尔高屋耶！"燕南雪花比手掌还大，如果将其所用的夸张手法视作与李白"燕山雪花大如席"有异曲同工之妙，那么后一句"冰柱悬檐一千丈"就严重违反客观事实了，因为现实中是没有那么高的屋檐可以结出如此长的冰柱。事物的赞美要有所依傍，不能脱离事物的本质肆意发挥，以文害辞，以辞害意。

一 陈望道《修辞学发凡》

《修辞学发凡》是中国现代修辞学史上具有里程碑意义的重要著作，作者陈望道被誉为"中国有史以来最伟大的修辞学家"。本书初版于1932年，此后再版十余次，有着广泛的社会影响，至今流行。

全书共分为十二篇，第一次全面总结了汉语辞格的类型，将修辞分为消极修辞和积极修辞，并指出消极修辞侧重于应合题旨，重在表达"清晰、明白"，积极修辞侧重于适应情景，重在言辞"动人、有力"。又将积极修辞进一步分为材料上的辞格（如譬喻、借代等）、意境上的辞格（比拟、讽喻等）、词语上的辞格（析字、飞白等）和章句中的辞格（反复、对偶等），此外还论述了由语言文字本身的形、音、义构成的辞趣和不同文体的修辞现象。最后梳理了修辞学的历史发展和中外修辞学说的异同。历史上，修辞学长期处于文学的附庸地位，本书开创性地引入"语言本位"的分析理念，通过语言本身分析修辞现象，将汉语修辞研究引向深处，标志着现代修辞学学科开始逐步走上独立道路。

二 杨树达《中国修辞学》

杨树达先生是我国著名的语言学家，在语言文字研究领域享有崇高地位。《中国修辞学》是一部系统研究汉语文言修辞的著作。自1933年首次出版以来，多次再版，1955年更名为《汉文文言修辞学》，由中华书局出版，被学界誉为古汉语修辞学学科地位确立的奠基之作。该书建构了独特的古代汉语修辞理论框架。全书共十九余万字，分十八章，将古汉语的修辞方式分为十八种，每种之下再分小类。在写作体例上展现出鲜明的特色：大量援引古代典籍中的修辞用例，涉及先秦至唐宋近二十种文献，再以简要精当的按语提示修辞的意义和功用，力图从古代语言实践的角度揭示古代修辞的真实面貌。本书一改修辞学研究以辞格为主的惯例，重点关注古人炼字、遣词、造句的修辞效果，从对汉语特有的音、义及语法特点中总结规律，尤其是创造性地以语法作为工具手段来分析修辞现象，并结合传统训诂学研究成果加以考察，强调从古汉语自身去寻求规律。因此《中国修辞学》是一部具有古汉语特色理论体系的修辞学著作，无论是对于读懂古书，还是深入研究修辞学都大有助益。可参考秦旭卿（1982）[①]和刘卿（2006）[②]的相关评介文章。

三 李维琦等《古汉语同义修辞》

《古汉语同义修辞》与杨树达先生的《中国修辞学》一同被学界誉为 20 世纪以来最重要的两部古汉语修辞学著作。不同于《中国修辞学》对国外修辞理论的排斥，李维琦先生等人的《古汉语同义修辞》创造性地吸收了苏联修辞理论的同义学说，以古代汉语中的同义现象为研究对象，建构了古代汉语修辞的同义理论体系。全书将近三十万字，共分为八章，主要论述六类古汉语同义修辞现象：信息的节取、同义词、同义语法形式、借代、模糊同义和省略。本书的核心学术观点是：《修辞学发凡》中所谓的"消极修辞"，探究的是说话写文章如何能够明确、通顺、平匀、稳密的问题，发挥的是语言最根本的功能，有助于完成交际任务，与"积极修辞"的辞格相比在社会语言生活中更具有指导意义。因此，修辞学的根本任务应该是多角度、多方面探寻语言同义形式的选择机制，尽可能发掘形成修辞效果的各种因素，以指导人们更好地根据需要选择切合题旨、适应环境的表达。研究方法上，本书主要选取西汉晚期辑录先秦至西汉早期史事与传说的《说苑》一书为研究对象，通过排比分析引文与原文的不同，探讨编纂者刘向的修改用意，讲解改句与原句的表现力和韵味差异，寻求修改前后表达的主客观联系，最后通过比较归纳得出六类具有代表性的修辞现象。

四 王占福《古代汉语修辞学》

《古代汉语修辞学》于 2001 年由河北教育出版社首次出版，全书共三十余万字，是一部关于古代汉语修辞学的鸿篇巨著。本书在修辞学本质、辞格分类以及修辞理论等方面颇多创见。首先，该书认为修辞学的本质是语用美学，应以语用美为研究对象，以揭示语用美的规律为研究任务，以提升语用表情达意效果为宗旨。修辞学语用美学性质的确立，使修辞的内涵和外延更加清晰。其次，在辞格的划分上，该书创造性地将辞格分为"词语型"（如代称、双关）、"句子型"（如譬喻、夸饰）、"篇章型"（如跳脱、回文）、"三栖型"

---

① 秦旭卿. 杨树达小传 [J]. 当代修辞学，1982（3）：28-29.
② 刘卿. 博引群经 体实达旨 尽显鸿儒风范——杨树达先生《中国修辞学》一书评介 [J]. 现代语文（语言研究），2006（8）：119-120.

（如委婉、顶真）四大类，分类清晰，易于掌握。再次，该书一改传统以辞格论修辞学的普遍倾向，将语境、语体、风格等纳入修辞学范畴。最后，该书注重共时描写与历时研究的有机结合，如探讨了修辞与古代汉语构词与词义发展的历史互动关系，并以宏观视角梳理了修辞学由先秦至明清再到"五四"时期的历史发展。这些都显示了作者广阔的学术视野和深入的思考洞察力。武占坤教授在《序言》中认为："本书的框架，是具有相当高的学术力度的。这对理论修辞学科体系的建立，无疑会有深远的影响。"

五 赵克勤《古汉语修辞常识》

《古汉语修辞常识》于1984年由河南人民出版社首次出版，全书共计十万字，分为"总论"和"分论"两个部分。总论部分主要是理论探讨，分别讨论了古汉语修辞与古书阅读、古汉语修辞与现代汉语修辞、古代汉语与汉语词汇发展的关系，回顾了古汉语修辞学的历史发展，并提供了汉语修辞学的学习建议。分论部分讲解了古汉语中常见的二十五种修辞方式，每种修辞方式根据特点不同再做细分，如"夸张"分为描绘性夸张、烘托性夸张、逻辑性夸张三种类型，"借代"更是分出十一种小类。解释的体例是每种类型下选取5~6例古代典籍中具有代表性的例句，展现修辞在历史上真实的使用情况，然后结合用例对修辞的特点和功用加以分析阐释，有理有据，理据结合。本书的最大特点是脉络清晰、内容简洁，对于想要了解古汉语修辞基本知识，扫清古汉语阅读障碍的读者，可谓是一部经典的入门级基础教程。

阅读应用

一 《詩經·王风·黍離》①

　　彼黍離離②，彼稷③之苗。行邁靡靡④，中心搖搖⑤。知我者，謂我心憂，不知我者，謂我何求⑥。悠悠⑦蒼天！此何人哉？
　　彼黍離離，彼稷之穗。行邁靡靡，中心如醉。知我者，謂我心憂，不知我者，謂我何求。悠悠蒼天！此何人哉？
　　彼黍離離，彼稷之實。行邁靡靡，中心如噎⑧。知我者，謂我心憂，不知我者，謂我何求。悠悠蒼天！此何人哉？

【注釋】
① 選自程俊英《詩經譯注》，上海古籍出版社，2014年。《王風》是《詩經》"十五國風"之一。周平王遷都洛邑，故東周王城洛邑的詩歌叫王風。這首詩情感濃烈，抒發了對故國昔盛今衰、時世變遷的憤慨，以及面對現實無能爲力的悲痛。詩篇以起興、排比等修辭手法，一詠三歎，使沉鬱頓挫的情感愈加濃烈，蕩氣迴腸。

② 黍：去皮後爲黄米，形似小米，有黏性。離離：纍纍下垂的樣子。
③ 稷：高粱。
④ 行邁：行走。靡靡：緩慢的樣子。
⑤ 中心：心中。搖搖：心神不定、愁悶的樣子。
⑥ 求：尋找。
⑦ 悠悠：遥遠的樣子。
⑧ 噎（yē）：塞住喉嚨。

二　《荀子·勸學》(節選)①

　　吾嘗終日而思矣，不如須臾②之所學也；吾嘗跂③而望矣，不如登高之博見④也。登高而招，臂非加長也，而見者遠；順風而呼，聲非加疾也，而聞者彰⑤。假輿馬⑥者，非利足⑦也，而致⑧千里；假舟楫者，非能水⑨也，而絕⑩江河。君子生⑪非異也，善假於物也。

　　積土成山，風雨興焉⑫；積水成淵，蛟龍生焉；積善成德，而神明自得⑬，聖心備⑭焉。故不積蹞⑮步，無以至千里；不積小流，無以成江海。騏驥⑯一躍，不能十步；駑馬十駕⑰，功在不舍⑱。鍥⑲而舍之，朽木不折；鍥而不舍，金石可鏤⑳。螾㉑無爪牙之利，筋骨之強，上食埃土，下飲黄泉，用心一也㉒。蟹六跪而二螯㉓，非蛇蟺㉔之穴無可寄託者，用心躁㉕也。

【注釋】

① 節選自〔清〕王先謙《荀子集解》，中華書局，2012年。勸，鼓勵。選文部分多用對偶、借代等修辭，強調了學習要善於利用外界力量，且要有堅持不懈的精神。
② 須臾（yú）：片刻，指極短的時間。
③ 跂（qǐ）：抬起腳後跟。
④ 博見：見得廣。
⑤ 彰：清楚。聞者彰，指聽得更清楚。
⑥ 假：憑藉、利用。輿馬：車馬。
⑦ 利足：指善於走路。
⑧ 致：使……至。
⑨ 能水：指會游泳。
⑩ 絕：橫渡。
⑪ 生：通"性"，天賦秉性。
⑫ 風雨興焉：風雨能在那裏興起。
⑬ 而神明自得：那麼人的智慧就可以獲得。
⑭ 聖心：聖人的思想。備：具備。
⑮ 蹞：同"跬"（kuǐ），半步。行走時兩腳之間的距離，等於現在的一步。
⑯ 騏驥：駿馬。

⑰ 駑馬十駕：劣馬走十天（也能到達）。
⑱ 不舍（shě）：不放棄前行。
⑲ 鍥（qiè）：雕刻。
⑳ 鏤（lòu）：雕刻。
㉑ 螾：同"蚓"，蚯蚓。
㉒ 這是用心專一（的原因）。
㉓ 跪：腿。螃蟹有六條腿，兩只鉗子。螃蟹實際上是八條腿，六跪可能是八跪之誤。螯（áo），螃蟹等節足動物前面的鉗夾。
㉔ 蟺：通"鱔"。
㉕ 躁：浮躁，不專一。

三 《老子韓非列傳》（節選）①

人或傳其書至秦。秦王見《孤憤》《五蠹》之書，曰："嗟乎，寡人得見此人與之遊，死不恨矣！"李斯曰："此韓非之所著書也。"秦因急攻韓。韓王始不用非，及急，乃遣非使秦。秦王悅之，未信用。李斯、姚賈害之，毀之曰："韓非，韓之諸公子也。今王欲並諸侯，非終爲韓不爲秦，此人之情也。今王不用，久留而歸之，此自遺患也，不如以過法誅之。"秦王以爲然，下吏治非。李斯使人遺非藥，使自殺。韓非欲自陳，不得見。秦王後悔之，使人赦之，非已死矣。

【注釋】

① 節選自〔西漢〕司馬遷《史記》，中華書局，2019年。《史記》是我國第一部紀傳體通史，記載自軒轅黃帝至漢武帝太初年間三千餘年的歷史，全書分爲"本紀""表""書""世家""列傳"五部分。

四 《論衡·逢遇》（節選）①

操行有常賢，仕宦無常遇。賢不賢，才也；遇不遇，時也。才高行潔，不可保以必尊貴；能薄操濁，不可保以必卑賤。或高才潔行，不遇，在下流；薄能濁操，遇，在衆上。世各自有以取士，士亦各自得以進。進在遇，退在不遇。處尊居顯，未必賢，遇也；位卑在下，未必愚，不遇也。故遇，或抱洿行，尊於桀之朝；不遇，或持潔節，卑於堯之廷。所以遇不遇非一也：或時賢而輔惡；或以大才從於小才；或俱大才，道有清濁；或無道德，而以技合；或無技能，而以色幸。

【注釋】

① 節選自〔東漢〕王充著，邱鋒、常孫昊田譯注《論衡·逢遇篇》，中華書局，2024年。

五 《陶侃留客》(節選)①

陶公少有大志家酷貧與母湛氏同居同郡范逵素知名舉孝廉投侃宿於時冰雪積日侃室如懸磬而逵馬僕甚多侃母湛氏語侃曰汝但出外留客吾自爲計湛頭髮委地下爲二髲賣得數斛米斫諸屋柱悉割半爲薪剉諸薦以爲馬草日夕遂設精食從者皆無所乏逵既歎其才辯又深愧其厚意明旦去侃追送不已且百里許逵曰路已遠君宜還侃猶不返逵曰卿可去矣至洛陽當相爲美談侃乃返逵及洛遂稱之於羊晫顧榮諸人大獲美譽

【注釋】

① 節選自劉義慶著，朱碧莲、沈海波译注《世說新語·賢媛》，中華書局，2022年。

内容拓展

一 从"修辞立其诚"看中华民族的诚信价值观

饶宗颐：《修辞立其诚是合内外之道》①

修辞二字见于《易·乾·文言》："君子进德修业，忠信所以进德也，修辞立其诚，所以居业也。"辞是属于外表的事情，能修辞是能有美的辞令，但必须出于"诚"。诚是内在的，必须内在充实，才能言之有物。美的辞令必须建筑在诚之上，修辞属于"美"，"诚"包括了"真"和"善"，有"真"和"善"才有"美"之可言，有真和善然后可以立诚。

说"诚"字最明白透彻的莫如《中庸》，我们可以拿《易经》和《中庸》互相印证，诚字可以概括"真""善"。《中庸》说："诚身有道，不明乎善，不诚乎身矣。"又说："诚者，天之道也；诚之者，人之道也。""诚之者，择善而固执之者也。"由这些话看来，"诚"本身就有真和善。"诚"在己是诚意，把诚推而及于事物上面，彻头彻尾都是诚的表现。《中庸》又说："诚者，物之终始。不诚无物。是故君子诚之为贵。诚者，非自成己而已也，所以成物也（即格物，即随处体认天理。天理是诚。所谓"惟天下至诚为能尽其性"）。成己，仁也；成物，知也。性之德，合内外之道也。故时措之宜也。"自己心中具备"诚"是仁，由此而推及一切事物是"知"。修辞是知，立诚是仁。从修辞以立诚，正是合内外之道了。

---

① 本文节选自饶宗颐先生《修辞立其诚是合内外之道》，载《澄心论粹》一书，上海文艺出版社，1996年。

可是有些人只是能修辞而没有诚的，即《论语》所指的"巧言令色，鲜矣仁"。美的辞令必要内在诚笃始有价值。所谓"有德者必有言"，就是说立诚能兼修辞，做到了内外一致，仁知相兼的地步。反之，"有言者不必有德"，是谓修辞而不立诚，徒有诸外而无其内，有"知"而没有"仁"的。至诚的人，从大的方面可以尽物性，与天地参，这是致广大；小之则可以致曲，曲而有诚，则明且著，这是能尽精微的。由此可见修辞必要与立诚合一，必要做到内外一致，言行相符，然后才可成为"文质彬彬"的君子。

二 中国传统对联文化中的修辞现象

就对联来说，对偶本身就属于汉语修辞手法的一种。此外对联中常用的修辞手法，还有很多。

1. 比喻

纪晓岚所撰对联，上联写从政经历，下联写治学生涯。透过"鸥鸟""蠹鱼"形象生动的比喻，我们可以更加清楚地了解其从政生涯的坎坷、仕途的起伏，以及治学的严谨刻苦：

> 浮沉宦海如鸥鸟；
> 生死书丛似蠹鱼。

类似的联语还有：

> 学如逆水行舟，不进则退；
> 心似平原走马，易放难收。

2. 隐喻

一般来讲，在对联中应用隐喻，比起应用明喻来，更显得曲折、婉转、耐人寻味一些，艺术效果更好一些。例如：

> 近岭遥山铺鹤氅；
> 千条万树尽梨花。

这是松花江"赏雪亭"的一副对联。本体是雪中的"近岭遥山"和"千条万树"，喻体是"鹤氅"和"梨花"，中间没有比喻词。这种不直接写"是""像"之类的字眼的隐喻，显得不那么直露、简单，而给人以联想的余地。

3. 借代

如杭州于谦祠，联云：

> 千古痛钱塘，并楚国孤臣，白马江边，怒卷千堆夜雪；
> 两朝冤少保，同岳家父子，夕阳亭里，心伤两地风波。

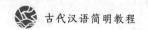

联中用"少保"借代岳飞和于谦,"少保"是一个官职,他们先后都做过少保。

4. 夸张

夸张是运用丰富的想象力,在客观现实的基础上有目的地放大或缩小事物的形象特征,以增强表达效果的修辞手法,也叫夸饰或铺张。如昆明睡佛山达灭洞联:

乾坤浮一镜;
日月跳双丸。

5. 衬托

正衬的衬体是从正面来衬托的,如民族英雄郑成功祠有一副对联:

东海望澎台,风景不殊,举目有河山之异;
南天留祠宇,雄图虽渺,称名则妇孺皆知。

作者并不正面叙述郑成功当年如何反抗侵略收复台湾的事迹,只是用"澎台风景"作示,接着以"不殊"和"之异"作对立面,衬托上句。如此,人们很自然地联想到这位英雄当年的光辉伟绩来。

反衬即衬体从反面衬托。如温州梅雨潭联:

飞瀑半天晴亦雨;
寒潭终古夏如秋。

上联用晴天也会细雨纷纷来反衬飞瀑总是雾气缭绕,下联用夏天也会清凉宜人来反衬寒潭四时清幽凉爽。

6. 双关

利用词的多义及同音(或音近)条件,有意使语句有双重意义,言在此而意在彼,就是双关。把谐音双关的修辞方法运用到对联中,能使对联含蓄深刻,耐人寻味。

相传明代宰相李贤,看中了青年士人程敏政,想招他为婿,于是设宴款待他。席间,李贤指着桌上的果品出对道:"因荷而得藕。"程敏政猜到李贤的用意,随口应道:"有杏不须梅。"李贤见其才思敏捷,就把女儿许配给他了。联语中李贤表面上似乎在说盘中的莲藕,其实,借用双关的修辞格:荷者,何也;藕即指偶。问程敏政凭什么得配偶?程敏政真是一点则通,说:"我三生有幸,何用人做媒。"二人一问一答,但说而不破,一个心照不宣,一个正中下怀。一联赚得佳偶,确为趣事。

7. 对比

对比,是把具有明显差异、矛盾和对立的双方安排在一起,进行对照比较的表现手法。

史鉴流传真可法;
洪恩未报反成仇。

上联明嵌史可法的姓名，下联"成仇"谐音"承畴"，暗嵌洪承畴的姓名，属于对联的嵌字修辞法。前者是明末忠臣，坚守扬州，后不屈而死，后者降清苟且，朝野不齿。一忠一奸，一褒一贬，对比鲜明。①

三 习近平总书记关于修辞的讲话摘编

习近平总书记曾经在中国文联十大、中国作协九大开幕式上发表重要讲话，提到了文学创作的文质兼美，以及作家要有"吟安一个字"的炼字精神等，诸多论述涉及语言修辞问题，为经典文学作品的创作指明了方向，提供了根本遵循。

（1）经典之所以能够成为经典，其中必然含有隽永的美、永恒的情、浩荡的气。经典通过主题内蕴、人物塑造、情感建构、意境营造、语言修辞等，容纳了深刻流动的心灵世界和鲜活丰满的本真生命，包含了历史、文化、人性的内涵，具有思想的穿透力、审美的洞察力、形式的创造力，因此才能成为不会过时的作品。

（2）要以深厚的文化修养、高尚的人格魅力、文质兼美的作品赢得尊重，成为先进文化的践行者、社会风尚的引领者，在为祖国、为人民立德立言中成就自我、实现价值。

（3）文艺创作是艰苦的创造性劳动，来不得半点虚假。那些叫得响、传得开、留得住的文艺精品，都是远离浮躁、不求功利得来的，都是呕心沥血铸就的。我国古人说："吟安一个字，捻断数茎须。""两句三年得，一吟双泪流。"……广大文艺工作者要有"板凳坐得十年冷"的艺术定力，有"语不惊人死不休"的执着追求，才能拿出扛鼎之作、传世之作、不朽之作。

◇ 关键词解释

【辞格】辞格又称为特殊辞例，是指具有特殊修辞效果的特定表达格式。古代汉语的常见辞格有譬喻、夸饰、对偶、顶真、起兴、婉曲、互文等。

【炼字】又称"炼词"，即根据题旨与情景需要，对字词反复推敲，以获得简练生动、含蓄深刻表达效果的修辞手段。

【顶真】又叫作顶针、联珠、蝉联，指诗文中后句的首字（或词），重复上句的尾字（或词），使前后语句首尾相接的一种修辞手段。

【双关】在同一语境中，利用字词的音同、音近或多义条件，有意关联两种事物，使语句表示双重意义的修辞方式。

【婉曲】也称折绕。在言语活动中出于谦敬、避讳或其他原因无法直陈本义、直言其事，有意迂回委婉的修辞方式。

【互文】是古诗文常用的修辞方式，指两个或两个以上结构相同、相近的短语或句子，结构上互省，语义上互补，共同表达一个完整的意思。

---

① 本文节选自邹登顺《丰富多样的对联修辞手法》一文，收录于西南师范大学出版社 2015 年 11 月出版的《对联·年画》一书。

◇ **本章小结**

本章的知识结构如图 5-1 所示。

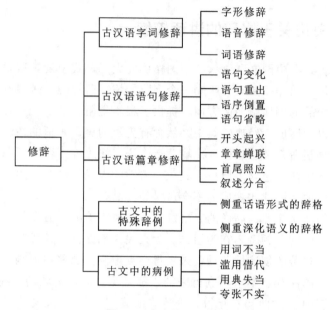

图 5-1　本章的知识结构

本章还选介了陈望道、杨树达、李维琦、王占福、赵克勤等学者的修辞学著作，提供了五篇古文选段供鉴赏学习。此外，本章还有文化拓展内容，引领学生知古鉴今，融会贯通，提升语言审美和人文素养。

◇ **思考与练习**

一、分析下列语句的修辞方式，体会修辞在表达上的作用。
(1) 吟作楚人语，耸成山字肩。（《病小减复作三首·其一》）
(2) 坎坎伐檀兮，置之河之干兮。河水清且涟猗。（《诗经·魏风·伐檀》）
(3) 山无陵，江水为竭，冬雷震震，夏雨雪，天地合，乃敢与君绝。（《上邪》）
(4) 一水护田将绿绕，两山排闼送青来。（《书湖阴先生壁》）
(5) 初夏风光还荏苒，乍晴云物正飞浮。（《倚楼》）
(6) 寄寓客家，牢守寒窗空寂寞；迷途遥远，退还莲迳返逍遥。
(7) 岂不谷是为？先君之好是继。（《左传·僖公五年》）
(8) 杨意不逢，抚凌云而自惜；钟期既遇，奏流水以何惭。（《滕王阁序》）
(9) 可叹停机德，堪怜咏絮才。玉带林中挂，金簪雪里埋。（《红楼梦》）

二、结合例子说说以下几种特殊辞例（辞格）的不同：
(1) 排比与对偶。
(2) 顶真与回文。

三、从修辞的角度分析《诗经·周南·桃夭》的艺术性。

诗经·周南·桃夭

桃之夭夭,灼灼其华。之子于归,宜其室家。
桃之夭夭,有蕡其实。之子于归,宜其家室。
桃之夭夭,其叶蓁蓁。之子于归,宜其家人。

四、试着比较中国古代修辞与现代汉语修辞的异同。

五、有学者倡导,新时期的修辞学研究要走出一条具有中国特色的研究道路。结合所学的古代汉语修辞知识,你认为中国修辞学有什么特色?对于讲好中国修辞故事,你有什么意见和建议?试着说一说。

◇ 数字资源

相关课程视频(附相关网址)
1. 北京大学陈汝东教授:国家精品课程"汉语修辞学"(全集)
2. 北京大学吕艺教授:汉语言修辞(全41讲)
3. 复旦大学宗廷虎教授:陈望道修辞学思想研究(全十讲)

数字资源

拓展阅读资源
1. 张岱年:《修辞立其诚》
2. 林文金:《修辞学与民俗学》
3. 李嘉耀:《先秦诸子的修辞理论》(上)(下)
4. 李运富:《修辞的同义选择与训诂的同义解读》
5. 罗峰:《用好"政治修辞学"唱响"中国好声音"》

第六章 训诂

学习目标	知识目标：理解训诂的相关概念；掌握训诂的基本要求和常见体式；学习训诂的基本方法；了解常见的训诂弊病 能力目标：掌握注释、章句、集注集解、疏证、札记等不同训诂体式的含义与区别；能够通过考证文字、音韵、词语，分析语法辞例等训诂方法来阅读理解古代典籍 情感目标：通过学习古代汉语训诂知识，了解古今阅读注释古籍文献的方法，通过阅读、理解古籍文献，感受优秀传统文化
重点难点	重点：考证文字、考证音韵、考证词语、分析语法辞例等训诂方法 难点：望文生训、滥言通假、增字解释、以今律古等训诂弊病
推荐教学方式	知识讲授、活动探究、集体讨论、实践练习
建议学习时长	20 学时
推荐学习方法	思考评价、分析归纳、自主探究、构建知识图谱
必须掌握的理论知识	常见训诂体式、训诂方法、训诂弊病

情境导入

中华优秀传统文化是中华民族的精神命脉，也是中国屹立于世界文化之林的根基。而这种精神遗产是以典籍文献的形式代代相传，并以当时的语言文字形式来记录的。我们常说五千年文化源远流长，训诂学就包含"以现代的语言解释古代的语言"的意义，是沟通古今的津梁。如曹操《短歌行》："明明如月，何时可掇？"其中对"掇"字的理解，有的注为"停止"，有的注为"获取"。我们利用字书和古注，可以知道"掇"有"拾取"义，放在文中表示"摘取"意义也是通顺的，可以表现曹操求贤若渴的心志。而且现在日常口语中整理东西也常说"拾掇拾掇"，都是表示"相合、聚合"的意思。与此相关的"拾级而上",《现代汉语词典》解释为"逐步登阶"。如果追溯古注,我们就能更形象明确地了解词义。《礼记·曲礼上》:"拾级聚足,连步以上。"郑玄注:"谓前足蹑一等,后足从之并。"唐颜师古《匡谬正俗》卷三:"拾级聚足,此言升阶历级,每一级则并足,然后更登也。"通过对训诂方法的学习,我们也会了解到可以通过"叕""合"的部件系联起字族,帮助我们扫除阅读古籍障碍,正确探求和理解古代文献词义。

中国古诗文是中华优秀传统文化的重要组成部分,其中文学作品中常常通过意象的选择、组合来形成意境。其实语言文字中也有这种形象,而且字所代表的事物的具象性往往可以解释相关联的一串词义。比如"经典",词典一般解释为"传统的影响较大的权威性著作"。这里的"经"怎么理解?我们可以追溯本义,"经"在《说文解字》里的本义是"织也",指"织布机上的纵丝",而纵丝的特点是"主线""制约""贯通""不变"。《文心雕龙》:"经正而后纬成。""经典"的"经"取"不变,经得起时间检验"义。"经线"的形象可以贯穿词义的链条。其他像"节""间""次"等字对应的"竹节""缝隙""帐篷"的意象都是可以帮助我们理解和把握词义系统的具体物象。汉字是表意文字,汉语的具象性思维是中华民族思维的典型特征之一。所以训诂学方法里的"以形索义",字形所代表的具体事物的意象也是我们理解词义、把握词义系统的线索。文学作品中的意象可以成为我们理解和感受典籍文献、传承和弘扬中华优秀传统文化的抓手。

第一节 训诂与训诂的要求

我国历史悠久,文化灿烂。每个时代都为后世积累了丰富精神遗产,并以文献典籍的形式保存传承。这些典籍都是运用当时的语言和文字形式记载,并流传下来的。语言会随社会的发展而发展,有时代性和地域性的差异。文字作为记录语言的符号,也会受社会历史、使用者用字心理,以及文字本身发展演进规律的影响而呈现不同的形式。语言文字的这种历时差异,会使人们在阅读典籍时遇到障碍。比如汉代人读先秦古籍,或者唐代人读先秦两汉的古籍就有隔阂,甚而不易理解。只有扫除文字障碍,才能理解古代文献的思想内容。

一 训诂

(一)古代对"训"与"诂"的解释

"训诂"这个说法古已有之。最初可单称为"诂"或者"训"。"训诂"合称始于汉代的《毛诗诂训传》(简称《毛传》,是汉代毛亨为《诗经》所做的传注)

《说文解字》:"训,说教也。从言川声。"段玉裁注:"说教者,说释而教之,必顺其理。引申之凡顺皆曰训。"《说文解字》："诂，训故言也。从言古声。"段注："故言者旧言也，十口所识前言也。训故言者，说释故言以教人，是之谓诂。"在《说文解字》和《说文解字注》中，"训"和"诂"同义，都是"循理说释故言"的意思。

唐代孔颖达《毛诗正义·关雎》："诂者，古也，古今异言，通之使人知也；训者，道也。道物之形貌以告人也……训诂者，通古今之异辞。辨物之形貌，则解释之义尽归于此。"明代梅膺祚《字汇》："训，释也。如某字释作某义，顺其义以训之。"可见，古今词义差异、物之形貌都是训诂的对象和内容。训诂就是通过解释工作实现沟通的目的。"训诂"连用是一个并列式的复合词，意思是对古代文献语言的解释。

（二）近现代学人的认识和论述

黄侃认为："训者，顺也，即引申之谓也。诂者，故也，即本来之谓也。训诂者，以语言解释语言之谓也。"① 在黄侃的论述中可以看到，其已经完全具备了语言系统观和词义系统观。

今人对"训诂"的理解也比较一致，例如，陆宗达先生认为："早在汉代，就开始有了以扫除古代文献中的语言文字障碍为实用目的的一种工具性的专门工作，叫做训诂。"② 郭在贻先生认为："训诂就是解释疏通古代的语言，换言之，将古代的话加以解释，使之明白可晓，谓之训诂。"③ 王宁先生认为："训诂的基本工作是用易知易懂的语言来解释古代难知难懂的文献语言，这是一种综合性的语文工作。最早从事这种工作的是经学家，他们的目的是通过释经来传经。"④

综合古人、今人对训诂的认识，总的来说，训诂就是解释古代文献语义，即用易懂的语言解释难懂的语言，用现代的语言解释古代的语言，用普通话解释方言等。那么什么算好的训诂？它的标准是什么？下面我们来看训诂的基本要求。

二 训诂的基本要求

训诂是解释工作，注释结论是作注者对被注对象的把握，读者可以根据这些结论去理解原文或了解相关知识。这种注释结论是否可信，是否正确无误，就需要运用训诂学知识去辨别，并从语言文字、文情语境、事理逻辑、客观史实等方面进行验证。⑤⑥

（一）看是否符合语言规律

所谓语言规律，包括构词规律、句法规律和表达规律，也涉及语言的形式即文字和语

---

① 黄侃，黄焯. 文字声韵训诂笔记[M]. 武汉：武汉大学出版社，2013：181.
② 陆宗达. 训诂简论[M]. 北京：北京出版社，2002：2.
③ 郭在贻. 训诂学[M]. 北京：中华书局，2002：416.
④ 王宁. 训诂学原理[M]. 北京：中国国际广播出版社，1996：32.
⑤ 李运富. 中学语文教材文言文注释应注意的几个问题[J]. 课程·教材·教法，2002（11）：28-33.
⑥ 王宁主编. 训诂学[M]. 北京：高等教育出版社，2004：192-204.

音规律。一些注释中，有的不合语法，我们可以通过语言规则来辨别是非，特别要注意句式、词语的历史发展性。例如：

> 古人云：'以地事秦，犹抱薪救火，薪不尽，火不灭。'此言得之。（苏洵《六国论》）

高中语文第二册注释："［此言得之］这话对了。得，适宜、得当。之，指上面说的道理。"今按，如果把"得"解释为"适宜、得当"，那就是形容词，可以做谓语，不应该带"之"为宾语，这样不合语法。文中"之"是指"诸侯之地有限，暴秦之欲无厌，奉之弥繁，侵之愈急"的道理，那"得"就应该解释为动词，就是得到的意思，可以翻译为"说中""说出"等。

> 凡植木之性，其本欲舒，其陪欲平，其土欲故，其筑欲密。既然已，勿动勿虑，去不复顾。（柳宗元《种树郭橐驼传》）

高中语文第二册注释："［既然已］已经这样做了。既，已经。然，这样。已，（做）完。"今按，作注者把"已"看作这句话的主要动词，那么"然"就成为修饰"已"的状语。但这是不符合古汉语语法规律的，有以今律古之嫌。"然"在古汉语中作为指示代词一般是谓词性的，如"虽然""既然""然则""然而"等，从来不作修饰语用。因此这里的"然"也应该是谓语，而"已"则是语气词"矣"。

> 前辟四窗，垣墙周庭，以当南日。（归有光《项脊轩志》）

高中语文第二册注释："［垣墙周庭，以当南日］院子周围砌上墙，用（北墙）挡着南边射来的日光。垣墙，名词用作动词，砌上垣墙。垣，矮墙，也泛指墙。"今按，依注释，"垣墙"是动词砌上垣墙，"周"是名词周围，"庭"是名词院子，那么对应原句连起来就是"砌上垣墙周围院子"，虽可意会，但不合语法。其实，"垣墙"仍是名词，句中作状语，"周"为动词，围绕之义。全句的意思是：用围墙围住庭院，以便遮挡南边射来的日光。这样就文从字顺了。其中名词作状语是古汉语中的常例。

有的不合辞例，或者说跟其他同类句例的意思不合。例如：

> 王曰：何为者也？对曰：齐人也。王曰：何坐？曰：坐盗。"又："王曰：缚者曷为者也？对曰：齐人也。坐盗。（《晏子春秋·杂篇》）

初中语文第三册注释："［王曰，何为者也］您就问，'干什么的？'"又"［缚者曷为者也］绑着的人是干什么的？曷，同'何'。"今按，光从语法上分析，把"何为者"解释为"干什么的"并不算错，但问话是"干什么的"，而回答的都是"齐国人"，结合上下文，似乎答非所问。考察这种问句的使用情况，我们发现古汉语中"何为者"习惯用来询问人而不是事，应该翻译为"是谁？"或"什么人？"同类的例句有：《史记·项羽本纪》："项王按剑而跽曰：客何为者？张良曰：沛公之参乘樊哙者也。""客何为者"作"客为谁"。《史记·平原君虞卿列传》："楚王谓平原君曰：客何为者也？平原君曰：是胜之舍人也。"可见，"何为者"是古代问陌生人的一种习惯说法。

有的还要结合当时的语言构词习惯以及社会历史风俗来解释，如：

　　射者中。（欧阳修《醉翁亭记》）

初中语文第六册注释："射者中，射的射中了目标。这里指宴饮时的一种游戏，射中的照规定的杯数喝酒。"王水照在《宋代散文选注》中解释："射，古代一种投壶的游戏，用箭状的筹棒去投长颈形的壶，按投中的次数来分胜负。"教材的注释虽然没有明说是什么游戏，但从"射中了目标"这类表述也可以推知并认为是投壶游戏。《礼记》有"投壶"篇，记述此游戏甚详。但历来这种游戏只称"投壶"，不称"射壶"，投壶之人亦不称"射者"。如《后汉书·祭遵传》："对酒设乐，必雅歌投壶。"王禹偁《黄冈竹楼记》："宜投壶，矢声铮铮然。"相反，古书中用"射"则是指另一种游戏"射谜"，即"猜谜"。"射"有猜度义。也专指猜谜游戏，古书中用例甚多。根据语言约定俗成习惯，《醉翁亭记》中的"射"也应该是指猜谜。①

（二）看是否符合文情语境

所谓文情语境，包括话题主旨、文脉思路、上下文关系、本句意思等是否顺畅。中学文言注释有的跟话题主旨不合，例如：

　　七十者衣帛食肉，黎民不饥不寒，然而不王者，未之有也。（《孟子·梁惠王上》）

高中语文注释："［王］为王，使天下百姓归顺。"这条注释不能算错，但"为王"究竟是称王、做王还是实行王道？实际上"梁惠王"本来已经称王，早就处于王位了，所以这里谈论的不是当不当王的问题，而是怎样达到王道的问题。梁惠王问的是为什么自己的老百姓没有增多。孟子的观点是，要使自己的民众比邻国多，就必须实行王道，可见他们谈话的主题是王道，"然而不王者"的"王"，就是上文"王道之始也"的"王道"。因此，应该注释为：王，指王道。这里用作动词，实现王道，也就是让百姓归顺的意思。

有的注释不合文脉思路。例如：

　　因笑谓迈曰：'汝识之乎？噌吰者，周景王之无射也；窾坎镗鞳者，魏庄子之歌钟也。古之人不余欺也！'（苏轼《石钟山记》）

高中语文第二册注释："［汝识（zhì）之乎］你记得那些（典故）吗？识，通'志'，记住。"前文写苏轼父子听到"大声发于水上，噌吰如钟鼓不绝"，归途中又听到"有窾坎镗鞳之声，与向之噌吰者相应，如乐作焉"，接下来就是苏轼问其子苏迈"汝识之乎"。这里的"识之"如果理解为"记得那些典故"，似乎有些衔接不上。从行文脉络看，这里所问应该是指对前面听到的各种声音能否辨识，后面的解释"噌吰者，周景王之无射也；窾坎镗鞳者，魏庄子之歌钟也"就正好是对"识之乎"的回答。因此，"之"是指代前面所听到的各种声音，"识"应该注解为"识别""辨识"。这样，前后思路才能顺畅。

有的注释连本句的意思也讲不顺畅，当然也是不合语境的。例如：

---

　　① 黎千驹. 训诂方法与实践［M］. 桂林：广西师范大学出版社，1997：134-135.

> 向使三国各爱其地，齐人勿附于秦，刺客不行，良将犹在，则胜负之数，存亡之理，当与秦相较，或未易量。（苏洵《六国论》）

高中语文第二册注释："［当］如果。"今按，依作注者的看法，"当与秦相较"意思是"如果跟秦国相比较"，联系上下文，有两个表示"如果"的词，语意滞涩难通。

其实，引文整个结构是一个条件复句，"向使"领起条件分句，直到"良将犹在"，"则"引起推导结果分句，直到"或未易量"。在结果分句中，"胜负之数，存亡之理"是主语部分，"当与秦相较，或未易量"是谓语部分。其中"相较"是"相当""差不多"的意思，此前的"当"是能愿动词，是"应当"之义，而非"如果"。全句的意思是，"如果韩魏楚三国……那么（六国）胜负存亡的机遇，应当跟秦国差不多，也许难以估计谁胜谁负谁存谁亡。"

古人行文习惯连续使用相同的结构或句式，来表达相同、相近、或相反、相关的意思，这是一个可供训诂利用的语言环境。但中学教材的古诗文注释有的只是意译，没有顾及这种语言环境，致使上下文不能和谐统一。例如：

> 艰难苦恨繁霜鬓，潦倒新停浊酒杯。（杜甫《登高》）

高中语文第三册注释："［艰难］兼指国运和自身命运。［繁霜鬓］两鬓白发不断增多。繁，这里作动词，增多。［潦倒］这里指衰老多病，志不得伸。［新停］刚刚停止。杜甫晚年因肺病戒酒，故谓'新停'。"杜甫这首七言律诗，对仗工整，因此有关词语的解释应该保持一致。例如"新停"指"刚刚停止"，则前句的"苦恨"应是"非常遗憾"的意思。同理，"繁霜鬓"与"浊酒杯"相对。"浊酒杯"显然是偏正词组，指装浊酒的杯子。那么"繁霜鬓"也应该是偏正词组，即"如繁霜般的鬓发"，"繁"指"霜"的厚重而言，不可能是动词"增多"的意思。

> 沾衣欲湿杏花雨，吹面不寒杨柳风。（志南《绝句》）

初中语文第二册注释："杨柳风，指透过杨柳绿吹来的柔和的春风。"朱自清的散文《春》中引用了"吹面不寒杨柳风"这句诗，初中语文第一册在《春》这篇课文里注释说："杨柳风，吹动杨柳的风，指春风。"这里"杏花雨"跟"杨柳风"对仗，结构语义一致，是春天的典型意象。既然杏花雨大家都理解为"杏花开放时节所下的雨"，那么同样，"杨柳风"实际上也是指"杨柳发芽时节所吹的风"，即春风。而不是"吹动杨柳的风"或"透过杨柳吹来的风"。[①]

（三）看是否符合逻辑事理

思维要符合逻辑，办事得依顺常理。如果注释导致原文思维不合逻辑，事情违背常理，那就值得斟酌，需要改正。例如：

> 六国互丧，率赂秦耶？（苏洵《六国论》）

---

① 王宁. 训诂学原理［M］. 北京：中国国际广播出版社，1996：257.

高中语文第二册注释："［互丧］彼此（都）灭亡。互，交互，由此及彼，由彼及此。"这条注释本身前后矛盾。后面的单字解释把"互"看作"丧"的"由此及彼、由彼及此"的方式，是副词状语；而前面的句意理解却把"互"换成代词的"彼此"而当作了主语。这两种矛盾的说法对于这个句子来说都不可取。如果"互"是代词主语，就会既与原主语"六国"语意重复，又不得不增加"（都）"来串通本来应该有的句意。如果"互"理解为"交互，由此及彼，由彼及此"，这句话的意思，就变成我消灭了你、你消灭了我，这是不合常理的。其实，这里的"互"当解释为俱、全、都，句意言六国（先后）都灭亡了，难道都是因为贿赂秦国吗？"互"当"都""全""俱"讲，古文中不乏其例。《三国志·太史慈传》："外围下左右人并惊骇，兵马互出。""兵马互出"指兵马一齐出动或全部出动，不是一会儿出兵一会儿出马，也不是你出兵我出马。《世说新语·文学》："时人互有讥訾，思意不惬。"指当时人们都嘲讽左思，左思心里不愉快。《芙蕖》："至其可人之口者，则莲实与藕皆并列盘餐而互芬齿颊者也。"高中语文第一册注："莲实和藕一块使人的牙齿和嘴边感到芬芳。""相"跟"互"在代词、副词用法上意义基本相同，"相"也可训"都"，这应该可以当作"互"训"都"的一个旁证。如《史记·吴王濞列传》："彼吴梁相敝而粮食竭，乃以全强制其罢极，破吴必矣。""吴梁相敝"就是吴国梁国都疲困了。

陈力就列，不能者止。（《论语·季氏》）

高中语文第一册注释："［陈力就列，不能者止］能施展其才能则就其职位，不能这样做就不就其职位。陈，摆出来、施展。力，才能。就，居、充任。列，职位。"就不就位应该是检验能否施展才能的先决条件，而不能反过来依据能否施展才能的条件推出能不能就位。这样注释不符合思维逻辑和一般常理。实际上，孔子引用这句古语是针对冉有"夫子欲之，吾二臣者皆不欲也"这种推卸责任的态度说的，目的正是要批评冉有主观方面的过错。这种主观过错可以从两个方面观察，一是就职前，一是就职后。就职之前应该估量一下自己的能力，根据自己的能力来选择合适的职位，这就是"陈力就列"的意思，跟"量力而行"相似，所以"陈力"是指把自己的能力拿出来掂量掂量，而不是指施展才能。就职之后还要进一步检验自己的才能是否称职，如果发现不称职，那就赶快停止，退出来，把职位让给别的称职的，这就是"不能者止"的意思。因此，"不能"不是指你有才能施展不出来，而是指你的才能不足以干好这份工作；"止"不是指不去就职，而是说要从已经就任的职位上退下来，停止占据这个职位。

岂曰无衣，与子同袍。……岂曰无衣，与子同泽。……岂曰无衣，与子同裳。（《诗经·秦风·无衣》）

高中语文第三册注释："［与子同袍］我和你同穿一件战袍。……［与子同泽］我和你同穿一件内衣。……［与子同裳］我和你同穿一件下衣。"在这三章诗中，"同袍""同泽""同衣"的意思是一样的，都是指"［穿］同样的衣服"，表示在同一军队服役，军队里统一着制服，所以这样说。可注释认为是"我和你同穿一件战袍、内衣、下衣"，这就完全违背了常理。这首诗的"与子同袍（泽、裳）"紧接"岂曰无衣"而言，强调的是自己也穿的是跟你们同样的军服，同仇敌忾。

（四）看是否符合客观事实

语言可以表现人的内心世界、虚幻世界，而更多时候反映的是客观世界。当语言在陈述事实的时候，它应该与客观实际相符合；如果我们对语言内容的理解不符合客观实际，那这种理解可能也是不符合作者原意的，这样的解释值得推敲。例如：

蜀山兀，阿房出。（《阿房宫赋》）

高中语文第四册注释："四川的山光秃了，阿房宫出现了。"

注释把"蜀"对译为"四川"，不符合历史的实际。秦代时分天下为三十六郡，其中的蜀郡和巴郡都在今天的四川省境内。查《辞源》可知，秦灭古蜀国，置蜀郡。"治所在成都，其辖境包有四川成都市及温江地区大部分县境"。又秦惠王灭巴国，置巴郡，治地包括今重庆市和南充、达县、秦节、彭水、涪陵等。可见不能将秦代的"蜀"跟今天的"四川"对等，原文中的"蜀"还是以指蜀郡为宜。①

以上我们从语言规律、文情语境、逻辑事理和客观事实四个方面分析了注释结论方面的问题。现在我们引述一则颇有争议的文言注释，看怎样从这些方面来评判它们的是非优劣。

下视其辙，登轼而望之。（《左传·庄公十年》）

中学语文教材和教参曾有两种全然不同的解释，一种标点为"下，视其辙；登，轼而望之"，以"下"指"下车"，"登"指"登车"，"轼"指凭轼（即靠在轼上）。一种标点为"下视其辙，登轼而望之"，以"下"为状语，往下、朝下的意思，"登轼"则指登上轼板，站在轼上。这两种意见又是谁对呢？我们认为后一种意见是正确的。前种解释虽然在本句的语法上能勉强讲通，但并不符合文情语境，特别是不符合客观实际和逻辑事理。

首先，古代的车轼虽然可以凭靠，但凭轼这一动作就是为了对车下的人表示尊敬，而文章所述是在战场，战车是不需要凭轼的。《释名·释车》："轼，式也，所伏以式敬也。"《吕氏春秋·期贤》："魏文侯过段干木之闾而轼之，其仆曰：君胡为轼？曰：此非段干木之闾欤？段干木盖贤者也，吾安敢不轼？"《礼记·曲礼上》："兵车不式。"郑玄注："尚威武，不崇敬。"孔颖达疏："兵车尚武猛，宜无推让，故不为式敬也。"（《左传·僖公二十八年》载城濮之战中楚将得臣对晋侯说"请与君之士戏，君冯（凭）轼而观之，得臣与寓目焉"，属请战游戏之词，故不以敬论亦不以战论，当属特例。）曹刿与鲁庄公同车观战，依礼制是不应该凭轼的。下文说"视其辙乱，望其旗靡"，则所望者为"旗"而非"人"，望旗更不需要特意标明"凭轼"这一带有敬意的动作。

其次，考古车制，凭轼不利于望远。曹刿要望齐师，根本不可能凭轼。江永《周礼疑义举要·考工记》："车制如后世纱帽之形，前低后高。轼崇三尺三寸，不及人之半腰，故御者可执辔，射者可引弓，而凭轼须小俯也，此轼之真形状。"《礼记·曲礼上》："式（轼）视马尾。"孔颖达疏："马引车，其尾近在车栏前，故车上凭式下头时，不得远瞩，

---

① 黎千驹. 训诂方法与实践 [M]. 桂林：广西师范大学出版社，1997：134-135.

而令瞻视马尾也。"曹刿要观察敌旗，立身前瞻尚可，最好是登高望远，而俯身凭轼则只能看到马尾，何以远望敌旗？明显不合事理。

再次，战车之轼可以登人，车战之事需要登轼，故"登轼"应该解释为登上轼木。江永同书又云："车前三分隧之一皆可谓之式。其实式木不止横在车前，有曲在两旁，左人可凭左手，右人可凭右手者，皆通谓之式。人立车前，皆式之地也。……军中望远，亦可一足履前式，一足履旁式。《左传》长勺之战'登轼而望'是也。式木嵌入舆板，其内又有輚（zhuì，车阑）木承之，甚固，故可履也。"《吕氏春秋·忠廉》："吴欲杀王子庆忌，而莫之能杀，吴王患之。要离曰：臣能之。吴王曰：汝恶能乎？吾尝以六马逐之江上矣，而不能及；射之矢左右满把，而不能中。今汝拔剑则不能举臂，上车则不能登轼，汝恶能？"可见登轼是古代军事上车战的必备本领，而曹刿正具有这样的本领。[①]

这则材料说明，作注者要慎于选择，用注者要学会评判，注者和读者都需要有训诂学知识的指导，具体来说就是要从语言规律、文情语境、逻辑事理和客观事实等几个方面来发疑解难。掌握这些条例，有助于我们客观有效地读注、用注和评注。

第二节 训诂的常见体式

一 注释

前代的文献典籍流传到后代，很多都读不懂了。为了让后人能读懂前代的文献典籍，后代的学者用当时的语言解释前代的文献典籍，于是就出现了注释。

我国注释古书的工作起源较早，从汉代就开始了。秦以前的很多典籍传到汉代，由于社会变迁、语言发展、口耳相传、传抄讹误等原因，汉代人已经不能全部读懂秦以前的典籍，于是就有一些学者开始用汉代的语言为这些古书作注释。如最晚写定于西汉初期的《毛诗诂训传》，不仅是我国较早的训诂学著作，也是较早的注释文献。西汉时期的注解称为"传"，即阐明经义的意思。

东汉时期，古书注释取得了很大的成就，不仅出现了很多著名的注释家，如杜子春、郑众、贾逵、许慎、服虔、马融、赵岐、郑玄、何休、卢植、高诱、应劭等，也出现了很多重要的注释作品。注释家们用东汉的语言来解释先秦文献，而且对西汉学者的注释也进行相关的补充订正。这一时期注释的文字称为"笺"，如东汉郑玄的《毛诗笺》。

两汉时期的学者对先秦的很多典籍都做过注释，如旧题孔安国的《尚书传》，东汉郑玄除了《毛诗笺》以外还有《周礼注》《仪礼注》《礼记注》，此外还有何休《春秋公羊传解诂》，高诱《战国策注》《吕氏春秋注》《淮南子注》，以及马融遍注群经诸子等。这一时期注释具有范围扩大、更加深入、臻于成熟等特点，然而也有繁琐乖析、妄说经义等流弊。

---

① 参朱城. 古书词义求证法 [M]. 成都：四川人民出版社，1997：177-179.

魏晋南北朝隋时期，有更多的典籍出现了注释，如王弼、韩康伯《周易注》，伪造的孔安国《尚书传》，卢辩《大戴礼记注》，韦昭《国语注》，裴松之《三国志注》，郦道元《水经注》，刘昭《续汉书》"八志"注，王弼《老子注》，郭象《庄子注》，曹操《孙子兵法注》，王肃《孔子家语注》，张湛《列子注》，郭璞《山海经注》《穆天子传注》，刘孝标《世说新语注》等，甚至连一些字典辞书也在注解之列，如郭璞《尔雅注》《方言注》等。佛教自两汉传入中国，佛经也随之传入，之后便出现了不少关于佛经的注释，如晋道安《人本欲生经注》，姚秦僧肇等人《注维摩诘经》等。佛经注释与中国典籍相似，也应该看作古书注解的一个分支。① 南北朝隋时期还出现了疏解经义的"义疏"体，是古籍注释的一种新体例，其名称源于六朝时期佛教徒对佛典的解读，指会通古书义理，进而加以阐释与发挥。② 如隋慧远《无量寿经义疏》，隋智顗《梵网菩萨戒经义疏》等。这一时期关注词语训诂的注疏不多。

唐代时期，古书注释成果非常丰硕，注释内容涉及经、史、子、集各部典籍。如经书方面，唐太宗命孔颖达主编《五经正义》，为《周易》《尚书》《毛诗》《左传》《礼记》等五部经书作注解。《五经正义》融合了南北经学家的见解，结束注释纷争的局面，成为全国科举取士的通用教材，形成了注释经书的统一规范。"正义"，即解释经传而得义之正者。"正义"又叫"疏"。"疏"是相对于"注"而言的，且在"注"的基础上进一步作注。"疏"不仅解释古书的正文，而且还给前人的注解再作注解。对经书的注解，除了《五经正义》外，还有贾公彦《周礼疏》《仪礼疏》，徐彦《春秋公羊传疏》，杨士勋《春秋谷梁传疏》，唐玄宗《孝经注》等。唐代经疏的特点是：其一，专宗一家之注，未能吸收其他注家的长处，又以"疏不破注"为原则，即使注文有误，也要曲为之说，尽量弥缝；其二，解释力求详尽，常常流于烦琐；③ 其三，偏于保守，缺少新意。④

北宋初邢昺主撰《论语疏》《孝经疏》《尔雅疏》，这是唐人为群经作疏工作的延续。南宋朱熹为很多典籍作注，如《诗集传》，该书注释简明扼要，一扫唐代注疏烦琐之风气，读来"如沐霁月清风之感"。朱熹还注有《四书集注》《楚辞集注》。蔡沈在朱熹的指导下写成《书集传》，是对《尚书》的注解。史学方面有南宋鲍彪《战国策注》。文学方面有洪兴祖《楚辞补注》。宋代时期，前代以及当代的文集也逐渐得到注家的重视，如杜甫、韩愈、柳宗元的集子都有宋人的注本，宋代本朝作家的集子也有注释，如蔡梦弼《杜工部草堂诗笺》，李壁《王荆公诗注》，任渊等人《山谷诗注》等。宋代佛经的翻译虽大不如唐代兴盛，注释更是式微，然而还是有一些佛教注释值得一提，如戒环《妙法莲华经要解》，元照《四分律含注戒本疏行宗记》，普观《大乘法界无差别论疏领要钞》等。

元明两代注释成果可观者少，但元代在史籍注释方面却出现了一部非常重要的著作，即宋末元初胡三省的《资治通鉴注》，该书注释内容丰富翔实。到了元明时期出现了一种全用白话译释经书的"直解"，如元代许衡《大学直解》《中庸直解》，贯云石《孝经直

---

① 方一新. 训诂学概论[M]. 南京：江苏凤凰教育出版社，2014：66.
② 方一新. 训诂学概论[M]. 南京：江苏凤凰教育出版社，2014：65.
③ 张永言. 词汇学简论 训诂学简论（增订本）[M]. 上海：复旦大学出版社，2015：47.
④ 方一新. 训诂学概论[M]. 南京：江苏凤凰教育出版社，2014：70.

解》，明代张居正《书经直解》《四书集注直解》等。尽管这类"直解"学术价值不高，但作为一种新的注释体例也是值得注意的。

　　清代训诂、考据之学发达，为古书注解的兴盛提供了必要的条件，不仅注释名家辈出，而且产生了一大批很有价值的著作。经学方面有：惠栋《周易述》，段玉裁《古文尚书撰异》，陈奂《诗毛氏传疏》，马瑞辰《毛诗传笺通释》，胡承珙《毛诗后笺》，孙诒让《周礼正义》等。史部方面有：王先谦《汉书补注》，郝懿行《山海经笺疏》，杨守敬、熊会贞《水经注疏》，苏舆《春秋繁露义证》，浦起龙《史通通释》等。子部方面有：孙诒让《墨子间诂》，汪继培《潜夫论笺》，赵曦明、卢文弨《颜氏家训注》等。集部方面有：王夫之《楚辞通释》，钱振伦《鲍参军集注》，黄叔琳《文心雕龙辑注》，蒋清翊《王子安集注》，王琦《李太白集注》，仇兆鳌《杜少陵集详注》等。清代学者对一些小学著作也做了很深入的注释，如邵晋涵《尔雅正义》，郝懿行《尔雅义疏》，戴震《方言疏证》，钱绎《方言笺疏》，王念孙《广雅疏证》，段玉裁《说文解字注》，桂馥《说文解字义证》，朱骏声《说文通训定声》等。

　　民国至今，随着社会和语言的发展，以及弘扬祖国优秀传统文化的需要，典籍的注释也与时俱进，很多出版社纷纷推出经典注释丛书，如中华书局出版的"中国古典文学基本丛书"系列、"中华经典名著全本全注全译丛书"系列，上海古籍出版社出版的"中国古典文学丛书"系列等都为继承和发扬中华优秀传统文化、古为今用助力民族复兴发挥了非常重要的作用。

二　章句

　　章句是注释的一种体例，就是离章辨句的意思。除了解释词义之外，还要串讲全章文句的章旨。这种做法使文章的意义更加明显。章句与"故""传"不同，刘师培在《国学发微》中说："故、传二体，乃疏通经文之字句者也；章句之体，乃分析经文之章句者也。"这种体例产生较早，大致始于西汉。章句本来专用于《诗经》，后来用于离析诸书文句。如《诗经》每首诗之后都有离析章句的内容，如"《关雎》三章，一章四句，二章八句。""《葛覃》三章，章六句。""《卷耳》四章，章四句。"章句也有对《诗经》各章章旨的阐发，如《豳风·东山》序："一章言其完也，二章言其思也，三章言其室家之望女也，四章乐男女之得及时也。"汉代的章句类著作较多，根据班固《汉书·艺文志》著录可知：《易经》类有施、孟、梁丘三家《章句》各二篇；《尚书》类有欧阳《章句》三十一卷；大、小夏侯《章句》各二十九卷。此外还有《公羊章句》三十八篇、《谷梁章句》三十三篇。东汉时期，章句之学兴盛，如蔡邕《月令章句》，刘表《周易章句》，赵岐《孟子章句》，王逸《楚辞章句》等。① 章句体的注释体式为"章指"或"章旨"，指的是通释全章正文大意的文字，如《孟子章句》每章之后都有"章指"；再如《孟子·梁惠王上》"寡人之于国也"章的后面有："章指言：'王化之本，在于使民养生丧死之用备足，然后导之以礼义；责己矜穷，则斯民集矣。'"还如王逸《楚辞章句》"余幼好此奇服兮"的后面有：

---

① 赵振铎．训诂学纲要［M］．上海：上海科学技术文献出版社，2019：27.

"章旨：此章言已佩服殊异，抗志高远，国无人知之者，徘徊江之上，叹小人在位，而君子遇害也。"这种章句注释的方式，为的是使文章的意义更加明确，帮助读者对全章的大意有大致了解。

章句的注释大都支离烦琐，曾被斥为"章句小儒"，一般人"羞为章句"，汉代以后逐渐衰弱。不过后世仍有沿用，如南宋朱熹《中庸章句》《大学章句》；清代焦循《易章句》，吴廷华《仪礼章句》，王夫之《礼记章句》，汪绂《孝经章句》等。

三 集释、集解

集释、集解也是注释的体例之一。一部重要的古代作品，为之注解的人常常很多，后来就有人把各家的注解汇集在一起，再加上自己的注解，就成为"集释""集解"，或叫作"集注"。这种注释体例最早出现在魏晋时期。三国魏何晏的《论语集解》就是把孔安国、包咸、马融、郑玄、王肃等人对《论语》的注解汇集在一起，再加上自己的见解编纂而成。

集释、集解、集注的注释体例，亦称集说、集疏、集校、集证、训纂、集传等，有时还称作详解、详注、会选等。后世多有承继，如南朝宋裴骃《史记集解》，唐代李鼎祚《周易集解》，宋代魏仲举《五百家注昌黎文集》，元代陈澔《礼记集说》，明代薛蕙《老子集解》，清代王植《太极图说集释》，王先谦《后汉书集解》《诗三家义集疏》，郭庆藩《庄子集释》等。近现代学者也经常使用这种注释体例，如卢弼《三国志集解》，郭沫若《管子集校》，杨伯峻《列子集释》，程树德《论语集释》，王利器《颜氏家训集解》等。不过，晋代杜预《春秋左传集解》和晋代范宁《春秋谷梁传集解》与这里所说的"集解"不太相同。杜预《春秋左传集解》是把《春秋经》和《左氏传》集合在一起加以解释的意思。范宁《春秋谷梁传集解》是他本人"与二三学士及诸子弟"集体作的注解的意思。二者与汇集各家注解成为一书的"集解""集释""集注"不同[①]，了解时需要注意分辨。

四 疏证

疏证，是注释的一种体例，即广泛汇集有关资料，对原著以及已有的注释详加校订、考证、辨析，然后提出作者自己的意见，疏通原著之义，提出证据以佐证己见，甚至会纠正前说。这种体例出现并兴盛于清代，如戴震《孟子字义疏证》《方言疏证》，王念孙《广雅疏证》，毕沅《释名疏证》，陈立《白虎通疏证》，阎若璩《尚书古文疏证》，陈寿祺《五经异义疏证》，沈钦韩《汉书疏证》《后汉书疏证》，孙锦标《通俗常言疏证》，皮锡瑞《尚书大传疏证》等。近现代学者亦多承用，如杨树达《论语疏证》，赵少咸《广韵疏证》，郭晋稀《声类疏证》，庞俊等《国故论衡疏证》，姜亮夫《昭通方言疏证》，吴林伯《〈文心雕龙〉字义疏证》，徐仁甫《左传疏证》，彭玉平《人间词话疏证》，罗新等《新出魏晋南北朝墓志疏证》等。

---

① 张永言. 词汇学简论训诂学简论（增订本）[M]. 上海：复旦大学出版社，2015：46.

五 札记

札记是指读书时摘记的要点、心得或随笔记事等文字。古称小木简为"札",条记于"札",故称"札记"。章炳麟《国故论衡·文学总略》记载:"是故绳线联贯谓之经,簿书记事谓之专,比竹成册谓之仑,各从其质以为之名,亦犹古言方策,汉言尺牍,今言札记矣。"札记成为一种研究学问的范式,形式上可长可短,一般都是考证性的文字,不必要特别修饰,要写出新知、新意,要具有可读性。清代学者擅长运用读书札记的形式记载自己的研究成果。如顾炎武《日知录》,阎若璩《潜邱札记》,钱大昕《廿二史考异》《十驾斋养新录》、桂馥《札朴》,梁玉绳《瞥记》,王鸣盛《蛾术编》《十七史商榷》,赵翼《廿二史札记》《陔余丛考》,洪亮吉《晓读书斋杂录》,孙志祖《读书脞录》,洪颐煊《读书丛录》,俞正燮《癸巳类稿》,黄生《字诂》《义府》,王念孙《读书杂志》,王引之《经义述闻》,俞樾《诸子平议》《群经平议》,孙诒让《札迻》等。近现代学者也有很多著名的学术札记传世,如黄侃《文心雕龙札记》,周一良《魏晋南北朝史札记》,俞敏《经传释词札记》等。

第三节 训诂的常用方法

我们在阅读古文献的过程中,经常会遇到一些看不懂的词语,这些词语若不加以疏通,有时会影响我们的阅读效果。想要疏通这些看不懂的词语,就需要运用训诂学相关知识。训诂的主要内容就是解释那些疑难的词语。所谓的训诂方法,主要就是解释疑难词语的方法,即一个陌生的词语摆在面前,我们采用什么样的方法,将其由未知变为已知。常用的训诂方法主要有考证文字、考证音韵、考证词语、分析语法辞例等。

一 考证文字解读文献

汉字是具有表意性质的文字,汉字形、音、义关系紧密。汉字形体的构造和理解释读是相异的过程,汉字是"据义构形"的文字,当然也就具备了"以形索义"的基本条件。就目前所知,我国确切可靠的文字载体包括甲骨、金石、陶瓦、简牍、帛书、碑刻、纸张等。从形体发展看,甲骨文以后,汉字经历了漫长的金文、小篆、隶书、楷书、行书、草书等演变过程。由于汉字本身就很复杂,笔画稍微变化都会是另外不同的汉字,如"末、未""由、申""巳、已、己"等。再加上汉字形体的多次演变、汉字的俗写、社会避讳等原因,就会出现很多字形难以辨识,还有的因为字形相近而导致讹误。这些都会给识读古文献造成障碍。因此,通过考辨汉字形体来考证文字意义,既要利用好汉字形体考义条件,也要勘正文字、辨析形体,这样才能实现以字解义,正确释读文献。

（一）因形求义，考证文字的形体结构

因形求义，就是通过分析汉字的形体结构来探求词义，也就是"形训"。汉字在形义关系上是有一定的统一性的，汉字的形体往往能够反映其所代表的词的意义。这是我们能够根据字形探求词义的内在原因。① 因形求义主要适用于探求字的本义，如"向"的甲骨文字形为 ，像开在墙上的洞，可知"向"的本义就是"窗户"，《说文解字》："向，北出牖也。"《诗经·豳风·七月》："穹窒熏鼠，塞向墐户。"

汉字形体从甲骨文演变到后来的金文、大篆、小篆等字体，许多字的字形早就脱离了原始造字的意图。《说文解字》中所收的小篆已经是比较晚的文字，且已经过一番加工整理，许多字的字形的构意需要从甲骨文、金文等古文字字形中考证推出。因形求义不可拘泥于《说文解字》的说解，还应该验证甲骨文、金文等古文字，而且还必须以古代文献的实际语料为证据。

"辰"，《说文解字》："辰，震也。三月，阳气动，雷电振，民农时也。物皆生，从乙、匕，象芒达；厂，声也。辰，房星，天时也。从二，二，古文上字。凡辰之属皆从辰。"其实"辰"就是"蜃"的古文。《说文解字》："蜃，雉入海化为蜃。"蜃就是一种海生的大蛤蜊。"辰"的甲骨文字形为 ，金文字形为 ，均能看出像蛤蜊的形体。上古用蛤蜊壳作犁头进行耕种，甲骨文卜辞中"辰"为犁头之形，因此"農"从"辰"。《说文解字》："耨，薅器也。从木，辱声。鎒，或从金。"可知犁地首先除草，犁头先用蛤壳，后用铜铁，犁柄为木制。农耕讲究时令，所以"辰"引申出"时辰"之义，"晨"因此从"辰"。唇形似蛤，所以"唇"从"辰"。《说文解字》中小篆和古文的形体都是蛤形和犁头形的进一步符号化的结果，找到"辰"像蛤的形状与"犁头"的笔意后，"辰"与从"辰"之字的意义就不难理解了。②

"舆"，《说文解字》："车舆也。从车舁声。""舆"的甲骨文字形为 ，《睡虎地秦简》中字形为 ，字形构意为四只手抬着车轿的样子，从"车"，表示可以乘载的工具。因此"舆"的本义是"车""车厢"，又引申出"制作车厢的工匠"义。因为古代制作车厢的工匠地位低下，进而引申出"古代职位低贱的吏卒"义。"舆"的字形构意是四只手抬着车，所以"舆"有"抬扛""运载"等义，如《战国策·秦策三》："百人舆瓢而趋，不如一人持而走疾。""舆"又借指"大地"，《易·说卦》："坤为地……为大舆。""舆"又引申表示"盛放食物的器具"。所以，"舆"的字形记录了"四只手抬车轿"的情景，"众多""吏卒""抬、举""车厢"都是从字形出发延伸的意义，现代汉语"舆论"的"舆"取"众多"义。

（二）勘正文字，通文献经义

早期文献中有很多疑难字形，难以识读，尤其是出土文献。想要解读这些文献，首

---

① 赵世举，李运富. 古代汉语[M]. 北京：北京大学出版社，2013：428.
② 陆宗达，王宁. 训诂方法论[M]. 北京：中国社会科学出版社，1983：41-42.

先需要运用训诂知识勘正文字,考辨出这些疑难字,然后才能对文献经义进行深入研究。

如《全唐诗外编》第一编《补全唐诗·丘为〈答韩丈〉》:"长安落葉酒,或可此时盼携手。"其中"落葉酒"比较费解。刘盼遂先生校:当是落桑酒。张涌泉先生认为:本诗系敦煌写本伯2567卷逯录。"落葉酒",通过检核写本原卷可知,实际上写作"落桒酒",即"落桑酒"。"桒"字刻本载籍中罕见,普通读者或不识。"桒"即桑的俗字。《广韵》下平声唐韵:"桑俗作桒。"《三国志·杨洪传》裴松之注:"(何祗)尝梦井中生桑,以问占梦赵直,直曰:'桑非井中之物,会当移植;然桑字四十下八,君寿恐不过此。'祗笑言:'得此足矣。'……年四十八卒,如直所言。"所谓"桑字四十下八"正指"桒"字。所以伯2567号写卷中的"落桒酒"实际上应该是"桒落酒"。"桑落酒"为当时美酒名。刘盼遂先生认为"落葉酒"费解,因此定为"落桑酒"。张涌泉先生通过检核写本原卷知,"落葉酒"实际上写作"落桒酒",即"落桑酒"。①

(三)辨析差异,考证形近互讹的文字

这类因为字形相近而导致的讹误现象,在古代文献中比比皆是,严重影响文献的正确解读,需要考证这些形近互讹的文字。

如《诗经·卫风·氓》中有"女也不爽,士贰其行"一句,郑玄笺曰:"我心于女,故无差贰,而复关之行有二意。"孔颖达正义曰:"言我心于汝男子也不为差贰,而士何谓二三其行于己也。"王引之《经义述闻》:"谨案:'贰'与'二'通。既言'士贰其行',又言'士也罔极,二三其德',文义重沓,非其原本也。'贰'当为'貣'之讹。'貣'音他得切,即'忒'之借字也。《尔雅》:'爽,差也。爽,忒也。'郑注《豫卦象传》曰:'忒,差也。'是'爽'与'忒'同训为差。'女也不爽,士貣其行',言女也不差,士则差其行耳。《尔雅》说此诗曰'晏晏旦旦,悔爽忒也。'郭注曰:'伤见绝弃,恨士失也。'然则'悔爽忒'者,正谓恨士之爽忒其行。据《尔雅》所释,《诗》之作'貣'明矣。《笺》解'女'字为'汝','貣'字为'二',皆失之,其释'不爽'曰'无差贰',则'无差貣'之讹也。以'差貣'之解解'士貣其行',则得之矣。"②应该是"士贰其行"还是"士貣其行"?从王引之的考证来看,"士貣其行"应当是正确的。究其最主要的原因,是"贰""貣"二字因形近而出现讹误。后人在研读《诗经》时,习焉不察,进而导致数千年来人们一直都在使用错误的字形去念诵,去解释,去记忆。

《说文解字》:"盼,白黑分也。""眄,恨视也。""眇,目偏合也。一曰邪视也。"盼、眄、眇三字形体微别,但意义迥异,绝对不可混淆。③ 文献中三者的使用情况不同,意义也不相同。《诗经·卫风·硕人》:"美目盼兮",《毛传》曰:"白黑分",这里盼就不能换成眄或眇。《三国志·关张马黄赵传》:"曹公左右将许褚瞋目眄之,超乃不敢动。"这里眄

---

① 张涌泉. 汉语俗字研究(增订本)[M]. 北京:商务印书馆,2016:113,235.
② 王引之. 经义述闻[M]. 上海:上海古籍出版社,2016:298.
③ 郭在贻. 训诂学[M]. 北京:中华书局,2005:59-60.

就是指"恨视",不能换成盼或盻。《列子·仲尼》:"子列子学也,三年之后,心不敢念是非,口不敢言利害,始得老商一眄而已。"《史记·鲁仲连邹阳列传》:"臣闻明月之珠,夜光之璧,以暗投人于道路,人无不按剑相眄者。"这里眄是指邪视(斜视),不能换成盼或盻。

二 考证音韵解读文献

字形是文字的外形、形状和书写方式,是语言的外在形式,语音是语言的内在形式,利用词的语音探求词义,即为学术界所常说的"因声求义",是非常重要的训诂方法。具体来说,"考证音韵解读文献"就是从声音入手进行训诂,从而破假借、考本字,以正确解读文献。

因声求义虽在汉代已广泛应用,但古音学的突破、系统科学的音义关系理论的建立和因声求义的全面应用,则是在清代。戴震《六书音均表序》:"训诂声音,相为表里。"王念孙《广雅疏证序》:"窃以诂训之旨,本于声音,故有声同字异,声近义同。虽或类聚群分,实亦同条共贯。譬如振裘必提其领,举网必挈其纲。"王引之《经义述闻·春秋名字解诂叙》:"夫诂训之要,在声音不在文字。声之相同相近者,义每不甚相远。"黄侃《文字声韵训诂笔记》:"惟声训乃真正之训诂。"这些论述,都阐明了音义之间的联系,说明因声求义是重要的训诂学方法。

(一)因声求义的原理

声音是语言的形式和物质外壳,意义是语言的内容,单个符号的语音和意义之间最初的关系不是必然的,而是偶然的、任意的。正如《荀子·正名》所言:"名无固宜,约之以命。约定俗成谓之宜,异于约则谓之不宜。"但词一旦创造产生,并被全体社会成员使用,音义之间的关系就具备了强制性。同时这些词也成为新词派生的基础,意义相通的词倾向于用相同或相近的声音来命名,表现在语言上就是词的"音近义通"。另外,通假字是阅读中极大的障碍,而假借的基础也是音同音近。所以声音就成为破除假借求本义和系联同源探求意义的线索。

(二)因声求义的功用

汉语的音义关系是"因声求义"的基础,其功用主要表现在两个方面:一是破假借字,考本字;二是系联同源字,利用核心义素来解释词义。我们重点来说破假借的情况。

王引之在其《经义述闻·序》中说:"训诂之指,存乎声音,字之声同声近者,经传往往假借。学者以声求义,破其假借之字而读以本字,则涣然冰释。如其假借之字强为之解,则诘为病矣。"我们在阅读古籍的过程中,经常会遇到这样的情况,即某个字的字形义在某个语境中讲不通时,我们就要考虑假借情况。

何谓假借字?许慎在《说文解字序》中说:"假借者,本无其字,依声托事,令、长是也。"许慎认为"依声托事"是假借字的本质。假借字,在当下叫古音通假。王力先生在《古代汉语》中对其的定义是:"所谓古音通假,就是古代汉语书面语言里同音或音近的字的通用或假借。"① 假借的两个字,只考虑语音相同或相近,不考虑意义。清代学者利用"因声求义"的训诂方法,解决了古代典籍中的诸多问题,如王引之在《经义述闻·大戴礼记上·白沙》中考证"蓬生麻中,不扶自直;白沙在涅,与之俱黑",这是我们常说的俗语,岂不知,其中的"沙"就是一个假借字,其本字为"纱"。就是因为不了解这种情况,所以我们对此句产生了误解:"白色的细沙混杂在黑泥中,也会变得同样黑"。"白沙在涅"的正确解释是"白绢浸入黑水之中,自然就会变成与黑水一样的颜色了"。

　　在训诂实践中,我们该如何破假借字而考其本字呢?可以参考黄侃先生《考本字捷术》中提供的方法。如《史记·魏其武安侯列传》:"太后怒,不食,曰:今我在也,而人皆藉吾弟,令我百岁后,皆鱼肉之矣。且帝宁能为石人邪?此特帝在,即录录,设百岁后,是属宁有可信者乎?"其中"錄"为假借字,根据我们判断假借字的方法:一个字的字形义在这个语境中讲不通时,我们可以推测这个字可能是个假借字。既然我们判断"錄"为假借字,那么,这个字的本字应该是什么呢?这就需要运用黄侃先生提供的考本字的方法,也就是说先要从《切韵》(已亡佚,可用《广韵》代之)中找到与"錄"同音的字,因为假借字就是声音相同或相近的字之间的借用。因此,我们在《广韵》中找到了"錄"所隶属的大韵"烛韵",在"烛韵"下找到了小韵"錄",其下共有十七个字,也就是说,有十六个字与"錄"同音。然后把这十七个同音字的词义放在"此特帝在,即录录"这个语境中,逐一进行考察。最后,我们发现这十七个同音字中有一个字的词义与"此特帝在,即録録"的语境相符,即"娽","随从"。显然,这个表示"随从"义的"娽",正与"此特帝在,即録録"语境相符。因此,我们就可以初步认为"錄"的本字为"娽"。进而,我们还在《广韵》中的小韵"禄"下也找到这个"娽",其词义解释得更具体:"娽,《埤苍》云:颛顼妻名。《说文解字》云:随从也。《史记》:毛遂入楚,谓十九人曰:'公等娽娽,可谓因人成事耳。'又力玉切。案:《史记》亦作録。"显然,这里明确指出"娽"在《史记》亦作"録"。也就是说,在《史记》中"娽"可以写作"録",正好与我们考察的"此特帝在,即録録"都同出自《史记》一书。这样,就更可证明我们的判断是正确的。也就是说我们找的本字"娽"应该是正确无疑的。

　　以上我们通过分析具体的例子,知道了在阅读文献的过程中如何判断假借字和如何考查本字的方法。我们在阅读东汉以前的文献时,经常需要破除假借,求得本字,才能正确解读文献。

三 考证词语解读文献

　　"考证词语解读文献"指的是:通过一定的方法解释疑难词语,从而正确解读文献。一般而言,有这样一些方法:利用辞书,根据前人的训释,分析构词语素的意义等。以下逐一举例说明。

---

① 王力. 古代汉语(第二册)[M]. 北京:中华书局,1999年:546.

（一）利用辞书

我们在阅读文献的过程中遇到疑难字词时，借助辞书是必要的。辞书是帮助我们理解词语最有用的工具书。

阅读先秦两汉古籍时，可以利用《尔雅》《说文解字》。如《史记·越王勾践世家》："杀人而死职也。"其中"职"不好理解。王念孙据《尔雅·释诂》"职，常也"这一解释，认为"职"当为"常"，这句话意思就是"言杀人而死，固其常也"。[①] 如《左传·隐公元年》："公曰：多行不义必自毙，子姑待之。"其中的"毙"，我们查检《说文解字》："獘，顿仆也。"《尔雅·释言》："毙，踣也。"根据《尔雅》和《说文解字》的解释可知，这里的"毙"应该是"倒下"义，而非常用的"死亡"义。《诗经·王风·君子于役》："君子于役，不知其期。曷至哉，鸡栖于埘。"其中"埘"的词义，参考许慎《说文解字》："鸡栖垣为埘。"可知，"埘"即在墙上凿成的鸡窝。

《广韵》中不仅有汉代人的训诂，魏晋之后的训诂材料书里也多有采录，对于阅读六朝隋唐的作品多有助益。如《魏书·郭祚传》："公强当世，善事权宠，世号之曰'郭尖'。"这里"尖"字未见于《尔雅》《说文解字》等辞书，但《广韵·监韵》收录了"尖"字，注明"锐也"，可以用来解释"世号之曰'郭尖'"。再如，韩愈《进学解》中有："爬罗剔抉，刮垢磨光。"其中"爬"字不是现代汉语中手脚一齐着地走路之义，在《广韵·麻韵》中有"爬，搔也。或作杷"，用来解释"爬罗剔抉"的"爬"字是恰当的。

我们常用的辞书有《尔雅》《方言》《说文解字》《释名》《广雅》《玉篇》《广韵》《集韵》《古今韵会举要》《正字通》《说文解字注》《汉语大字典》《汉语大词典》《故训汇纂》等。

（二）根据前人的训释

我们在阅读文献的过程中，遇到的一些疑难字词，前人或许已经有相关的训释了，我们可以借助前人的这些训释来解读文献。

《淮南子·览冥训》："厮徒马圉，軵车奉饷，道路辽远，霜雪亟集，短褐不完，人羸车弊，泥涂至膝，相携于道，奋首于路，身枕格而死。"高诱注："奋首，民疲于役，顿仆于路，仅能摇头耳，言疲困也。""奋首于路"指马，"马摇头"在这里应当是仰头、昂首的意思。高诱注的"摇头"，其实就是马头向上的运动，"奋首"就是仰头之义。[②]

《诗经·周南·桃夭》："桃之夭夭，灼灼其华。"毛亨传："兴也。桃有华之盛者。夭夭，其少壮也。"郑玄笺云："兴者，喻时妇人皆得以年盛时行也。"

《左传·成公二年》："病未及死，吾子勉之！左并辔，右援枹而鼓，马逸不能止，师从之。"孔颖达在《疏》中写道："《说文》云：援，引也。枹，击鼓杖也。援枹而鼓，谓引杖以击之。"

---

① 赵振铎. 训诂学纲要（修订本）[M]. 成都：巴蜀书社，2003：155.
② 王云路. 正确理解古注的必要性——以"奋首"高诱注为例 [J]. 中国训诂学报（第 5 辑），2022：1-13.

前人给我们留下了非常丰富而珍贵的训释资料，都保留在历朝历代的文献注释中，值得我们去认真发掘、总结和利用。

（三）分析构词语素的意义

我们在考证一些双音节词语时，通常会分别对双音节词语的构词语素进行解释。然后，将这两个构词语素的意义进行组合，就能得出这些双音节词语的意义，这就是我们所说的通过"分析构词语素的意义"来考证词语，从而正确解读文献的方法。下面通过两个例子来说明。

1. 指斥

"指斥"作为复合词有两个基本义项，一是指称，二是斥责。有人因此将"指斥"的词素义解释为"指名斥责"，但"指名斥责"这样的结构关系在古汉语中并不存在，所以不能将"指名斥责"理解为短语结构的词汇化，而且"指名斥责"的词素义组合跟"指称""指责"的复合词义项都不完全相应，无法解释另一个词素义的失落。其实，"指称"义与"斥责"义并不相干，其间没有引申关系，因而表"指称"义的"指斥"与表"斥责"义的"指斥"，应该看作两个词，其中的词素义也分别不同。"指斥"表"指称"义的，如蔡邕《独断》："谓之陛下者，群臣与天子言，不敢指斥天子，故呼在陛下者而告之，因卑达尊之意也。"在这个复合词中，"斥"也是指的意思。如《诗经·周颂·雝》："假哉皇考。"郑玄笺："皇考，斥文王也。"故"指斥"是同义复合，相当于"指称"。而作"责备"义讲时，"斥"是斥责，"指"也是斥责，构成另一种同义复合，相当于"指责"。如《汉书·王嘉传》："千人所指，无病而死。"其中的"指"就是斥责义。①

2. 秀发

《世说新语·赏誉》有刘孝标注："《续晋阳秋》曰：'珉风情秀发，才辞富赡。'"《汉语大词典》解释"秀发"为："喻指人神采焕发，才华出众。""才华出众"正确，但"喻指人神采焕发"则值得商榷。其实，"秀发"是并列结构，即同义连文，"秀""发"均表示"出众""超群""卓出"等义。先看"秀"，其本义为禾苗抽穗吐花。《正字通·禾部》："禾吐花也。"《诗经·大雅·生民》："实发实秀，实坚实好。"朱熹《诗集传》："秀，始穟也。"禾穗一般要高出其茎叶，居最上端，引申之，则有"高出""超出"义。《广雅·释诂》："挺、秀……拔……生，出也。"三国时魏国李康《运命论》中有："故木秀于林，风必摧之。"《文选·张协〈七命〉》："尔乃峣榭迎风，秀出中天。"李善注："秀，出貌也。"《广韵·宥韵》："秀，出也。""秀"的这种用法在古代文献中比较常见，如《世说新语·言语》："顾长康从会稽还，人问山川之美，顾云：'千岩竞秀，万壑争流，草木蒙笼其上，若云兴霞蔚。'""竞秀"义为"争高"。《高僧传·齐上定林寺释僧远》："时有沙门道凭，高才秀德，声盖海岱，远从受学，通明数论，贯大小乘。""秀德"与"高才"对举，故知

---

① 李运富.论汉语复合词的词素意义[M]//王宁主编.训诂学与词汇语义学论集.北京：语文出版社，2009：20.

"秀"亦为"高"义。再看"发",亦表"高出""出众""超出""卓异"等义。"发"有"萌生""生长"等义,如《淮南子·主术训》:"是故草木之发若蒸气,禽兽之归若流泉。"高诱注:"发,生也。"事物"萌生"的状态相对于"未萌生"的状态,自然就是"高出""超出"了,由此引申出"出群""卓出""出众"义。

由以上例证我们可以看出,有的词语训诂,可以将构词语素进行分解来释义,然后再把构词语素的意义组合起来,就是该词语的意义了。这种训诂方法在解读文献中经常会用到。

四 分析语法辞例解读文献

这部分内容中将讲解以下几个方法:通语法、辨连文、认对文、识异文、总结用词辞例等。

(一)通语法

通语法是训诂的重要方法之一,不通语法,就不能很好地通训诂。杨树达先生有言:"凡读书有二事焉:一曰明训诂,二曰通文法。"(《词诠·序例》)又说:"余生平持论,谓读古书当通训诂,审词气,二者如车之两轮,不可或缺。通训诂者,昔人所谓小学也;审词气者,今人所谓文法之学也。汉儒精于训诂,而疏于审词气;宋儒颇用心于词气矣,而忽于训诂,读者两慊焉。有清中叶,阮芸台(阮元)、王怀祖(王念孙)、伯申(王引之)诸公出,兼能二者,而王氏尤为卓绝。"(《曾星笠〈尚书正读〉序》)可见,通语法在训诂中的重要性。

如《离骚》:"薋菉葹以盈室兮,判独离而不服。"王逸注云:"薋,蒺藜也。菉,王刍也。葹,枲耳也……三者皆恶草,比喻谗佞盈满于侧者也。"后世注家大抵承袭王注而无异辞。但清代学者如段玉裁等,以及当代学者如姜亮夫先生等,却发现王逸注未妥,转而训"薋"为积,"薋菉葹"就是聚集菉葹以盈室,这样的解释是正确的。他们是根据《离骚》的语法通例来发现王逸注的错误的。按照《离骚》语法通例,处在"薋"字位置上的只能是动词,不能是名词,这是一种"动名+动名(或动形)"式的句子。如:

纫秋兰以为佩	折若木以拂日
背绳墨以追曲	折琼枝以继佩
伏清白以死直	解佩纕以结言
制芰荷以为衣	苏粪壤以充帏
集芙蓉以为裳	委厥美以从俗
依前圣以节中	折琼枝以为羞
揽茹蕙以掩涕	精琼靡以为粮

《离骚》中还有一种"动名+以+动"式的句子,诸如"乘骐骥以驰骋兮""保厥美以骄傲兮"。又有"动名+以+状动"式的句子,如"济沅湘以南征兮"。但没有"名+以+动名"式的句子。由此可以断定,王逸训认为"薋菉葹以盈室"的"薋"字为名词蒺藜,

是不符合《离骚》语法通例的,因而是不正确的。① 这是根据语法法则进行训诂的经典例证。

还如,《荀子·荣辱》:"是非知能材性然也,是注错习俗之节异也。"杨倞注"习俗,所习风俗",把"习俗"当作偏正结构看待。王念孙看到"知(智)能""材性""注错(措)"("注错"意为措置)都是平列结构,又看到同书《儒效》中"习俗移易"等的"习俗"也是平列结构,断定杨倞的解释是不对的。对合成词的词素组合要注意分清结构方式,平列结构不能误作偏正结构,偏正结构也不能误作平列结构。"习俗"确是并列结构,指习惯风俗。用于他书,也应作平列结构理解。比如《史记·秦始皇本纪》:"遂登会稽,宣省习俗,黔首斋庄。"《左传·隐公十一年》:"寡人唯是一二父兄不能共亿。"杜预注:"共,给;亿,安也",把"共亿"当作平列结构看待。王念孙改读"共"为去声,作"相共"之"共"解,说"共亿"意为"相安",这就文理通顺了。否则"给"与"安"就"文不相属"。②

(二)辨连文

连文,也叫复语、复文、同义连文、同义复词等,即指双音节词语中的两个构词语素是同义或近义的。训释时,不能分为二义,否则就会出现错误。

如王念孙在《读书杂志·史记第四·张仪列传》"数让之"条指出:"因而数让之。"《索隐》曰:"谓数设词而让之,让亦责也,数音朔。"念孙案:"小司马读'数'为'频数'之'数',非也。秦初不见仪,至是始一见,即责以数语而谢去之,未尝数数责之也。'数'读如'数之以王命'之'数',高注《秦策》曰:'数,让也。'《广雅》曰:'数,让责也。''数让'连文,犹'诛让'连文,古人自有复语耳。"③

"数让"就是一个双音节连文,"数"读 shǔ,表"数落""责备"等义,"数"的这种意义传用至今,今天我们还说"数落别人",就是"责备人""指责人"之意。"让"也表示"责备""责让"义。根据《史记·张仪列传》可知,"因而数让之"意思是:(苏秦为了激将张仪去秦国作内应)因此数落、指责张仪。王念孙之子王引之进一步指出:"古人训诂,不避重复,往往有平列二字上下同义,解者分为二义,反失其指。"王氏父子正是利用了古书中的这一文例,正确解释了前人所未能解释的诸多词语,纠正了以往的不少错误。

在古代汉语中,不仅仅有双音节同义连文现象,还有很多三音节同义连文现象,如,《诗·周颂·我将》:"仪式刑文王之典,日靖四方。"朱熹《诗集传》:"仪、式、刑,皆法也。"《楚辞·离骚》:"览相观于四极兮,周流乎天余乃下。"按:览、相、观,皆观望也。《敦煌变文集·舜子变》:"又见商人数个,舜子问云:'冀郡姚家人口,平善好否?'"按:平、善、好,皆表好义。

汉语中除了双音节的同义连文、三音节的同义连文,还有四音节的同义连文,如《世

---

① 郭在贻. 训诂学(修订本)[M]. 北京:中华书局,2019:92-94.
② 许威汉. 训诂学教程[M]. 北京:北京大学出版社,2013:65.
③ 王念孙. 读书杂志[M]. 上海:上海古籍出版社,2017:314.

说新语·贤媛》中有刘孝标注:"《汝南别传》曰:吾尝见其女,便求聘焉。果高朗英迈,母仪冠族。其通识余裕,皆此类也。""高朗英迈"为四字同义连文,"高""朗""英""迈"均表"超出""卓越""出众""超群"义。

(三)认对文

所谓对文,就是指处在结构相似的上下两个句子中的相同位置上的字和词。这样的字和词往往是近义或反义的。我们可以根据对文的这一特点,来求得某一词的确切解释。[①]

例如,《商君书·更法》:"伏羲、神农,教而不诛;黄帝、尧、舜,诛而不怒。"有人对"怒"字提出了不同于前代的解释,有人说是凶暴,有人说是多,其实都没有抓住要点。这个"怒"还是早期的解释有道理。早期是从对文的角度进行解释的。他们认为《荀子·君子篇》:"刑罚不怒罪,爵赏不踰德。""刑罚踰罪,爵赏踰德。"这里"怒"和"踰"是同义对文,都是过分的意思,因此"诛而不怒"就是诛而不要过分的意思。[②]

对文对校勘古籍也很有作用。如《荀子·劝学篇》:"蓬生麻中,不扶而直。"王念孙认为这两句话的后面还有"白沙在涅,与之俱黑"两句。在《读书杂志·荀子第一》中说道:"此言善恶无常,唯人所习,故白沙在涅与蓬生麻中义正相反,且'黑'与'直'为韵。若无此二句,则既失其义,而又失其韵矣。"王念孙的论证是有说服力的。这四句话从正反两个方面说明了环境对人的影响。两个方面,缺一不可。从形式上看,前两句和后两句正相对应,缺了这两句,也不够完整。[③]

对文这种情况在古代诗歌中常见,利用对文有助于我们更好地理解诗歌意蕴。如唐朝诗人杜甫在《江畔独步寻花》中写道:"留连戏蝶时时舞,自在娇莺恰恰啼。""时时"与"恰恰"构成对文,"时时",副词,表屡次、频繁等义,"恰恰"与"时时"义近,也表屡次、频繁义。唐代姚合在《和元八郎中秋居》中写道:"酒用林花酿,茶将野水煎。""将"与"用"对文,"将"即"用"义。

依据对文推求词义是一种常用的方法,尤其是在阅读古诗词时。然而,利用对文时一定要认真谨慎,如果滥用"对文",也会出现错误。如唐许浑《咸阳城东楼》:"溪云初起日沉阁,山雨欲来风满楼。""初"与"欲"对文,然而,"初"与"欲"并非同义。虽然二者都是时间副词,但"初"表示已经(刚开始);"欲"表示将然而未然(即将),二者不同义。

(四)识异文

所谓异文,是指某一句话中的某一个字,在不同版本或篇目中被换成了另外一个字。根据异文来确定词义,是训诂学家常用的一个方法。如杜甫《示从孙济》:"平明跨驴出,未知适谁门。"《全唐诗》《钱注杜诗》《杜诗详注》于"知"下并出异文"委"。可知"委"就是"知"的意思。

[①] 郭在贻. 训诂学(修订本)[M]. 北京:中华书局,2019:95-96.
[②] 赵振铎. 训诂学纲要(修订本)[M]. 成都:巴蜀书社,2003:281.
[③] 赵振铎. 训诂学纲要(修订本)[M]. 成都:巴蜀书社,2003:282.

又如《敦煌变文集·舜子变》:"又见商人数个,舜子问云:'冀郡姚家人口,平善好否?'商人答云:'姚家千万,阿谁识你亲情?有一家姚姓,言遣儿涛(淘)井,后母嫉之,共夫填却井𣨼儿。从此后阿爷两目不见,母即玩遇,负薪诣市,更一小弟,亦复痴癫,极受贫乏,乞食无门。我等只识一家,更诸姚姓,不知谁也。'"其中"母即玩遇"之"玩遇"令人费解。这段文字在《敦煌变文集·孝子传》中亦有记载:"父至(自)填井,两目失明。母亦顽愚,弟复史(失)音,如此辛苦,经十年不自存立。"两相比勘,发现"顽愚"即"玩遇"之异文。"顽愚"即顽愚,冥顽而愚蠢。于是"玩遇"亦可解释为"顽愚,冥顽而愚蠢"。

(五)总结用词辞例

古书还有很多用词惯例,或者叫辞例。这种辞例,可以是某个时代通用的,也可以是某个作家或某本著作特有的。熟悉并掌握古人的用词辞例,也可以帮助解决训诂问题。

如《诗经·大雅·公刘》:"笃公刘,逝彼百泉,瞻彼溥原。乃陟南冈,乃觏于京。京师之野,于时处处,于时庐旅,于时言言,于时语语。"马瑞辰《毛诗传笺通释》:"诗上下文处处、言言、语语,皆同叠字,不应庐旅独异同,窃疑古本原作庐庐,谓寄其所当寄者,故《毛传》但释'庐'字。庐、旅古通用,本或作旅旅,后又讹为上庐下旅。"因此,"于时庐旅"或作"于时旅旅"。

第四节　常见的训诂弊病

在训诂实践的过程中,我们经常会犯以下四种错误:望文生训、滥言通假、增字解释、以今律古。以下让我们来通过具体的训诂实证了解这些错误。

一　望文生训

这是在训诂实践中最容易犯的一种错误。何谓"望文生训"?就是不了解某一词语的准确含义,只从字面意思上去牵强附会,做出不确切的解释。"望文生训"一般表现为以下几种情况:其一,不了解字词的古义或不明语法关系而望文生训;其二,不了解双音单纯词而望文生训。以下逐一举例说明。

(一)不了解字词的古义或不明语法关系而望文生训

所谓"古义",是指某些字词在古代曾经有过的某种意义。由于时代变迁,字词的意义也随之发生变化,许多字词的古义到后来大都消失了,后人不察,往往用后起的意义或常用的意义去训释,这样就会造成训诂上的错误。用训诂学的术语来说,就是望文生义。[1]

---

[1] 郭在贻. 训诂学 [M]. 北京:中华书局,2005:131.

如《孟子·梁惠王上》："为长者折枝，语人曰：'我不能。'是不为也，非不能也。"其中关于"折枝"一词，后人就出现望文生训的解释，唐代陆善经注（孙奭《孟子音义》引）："折枝，折草树枝。"宋朱熹注："为长者折枝，以长者之命折草木之枝。"显然这两种解释都是因为不理解"折枝"的真正含义而出现的望文生训。"折枝"属于古词义，汉代人还能正确解释，如东汉赵岐注："折枝，案摩，折手节、解罢枝。"东汉刘熙注（《后汉书·张皓王龚传论》李贤注引）："折枝，若今之案摩也。"①"罢"通"疲"，意思是纾解疲劳的四肢。显然，陆善经、朱熹是从字面上去解释的，属于望文生训。

如《汉书·高帝纪》："沛令……闭城……欲诛萧、曹，萧、曹恐，逾城保高祖。"裴骃在《史记集解》中引韦昭曰"以为保障"，颜师古曰："保，安也，就高祖以自安。"以上二说均属望文生训。保，古代有"依、恃"之义，如《左传·僖公二年》"保于逆旅"，《僖公二十三年》"保君父之命"，杜预注并训"保"为"恃"。《吕氏春秋·诚廉》"阻兵而保威"，高诱注："保，恃也。"《庄子·列御寇》"人将保女矣"，司马彪注："保，附也。"附犹依也。王逸注《楚辞·七谏》曰："依，保也。"因此，"保高祖"之"保"应该解释为"依、恃"之义。王念孙在《读书杂志》中正训"保者，依也"。②

（二）不了解双音单纯词而望文生训

双音单纯词是汉语中的一种特殊词汇现象。这类词中有一类叫联绵词，因为不是合成表义，两个音节一般不拆开讲，而是连在一起表示一个完整的词义；而且这类词的词形不固定，有多种写法。然而，人们对这类双音单纯词多从字面上去解释，经常犯望文生训的错误。

《颜氏家训·书证篇》："《礼》云：'定犹豫，决嫌疑。'《离骚》曰：'心犹豫而狐疑。'先儒未有释者。案：《尸子》曰：'五尺犬为犹。'《说文》云：'陇西谓犬子为犹。'吾以为人将犬行，犬好豫在人前，待人不得，又来迎候，如此往还，至于终日，斯乃豫之所以为未定也，故称犹豫。"显然，颜之推是把"犹豫"拆开来解释的。这种解释就属于不明联绵词而望文生训。"犹豫"是一个联绵词，两个音节不能拆开讲，只能两个音节合在一起表示一个完整的意义。而且，"犹豫"的词形不固定，根据朱起凤的《辞通》中记载，一共有这样13种写法：尤豫、由豫、犹予、容与、冘予、游豫、游誉、由与、犹与、犹预、冘豫、优与、犹豫。如果每一个词形都按照字面去讲，那么有很多都根本讲不明白。因此，遇到联绵词，千万不能从字面上去讲，否则就会望文生训。

二 滥言通假

通假就是语音相同或相近的字之间的借用。通假现象在古籍中比较常见，要正确训诂理解词义，有时候需要拨开通假的迷雾，找到本字，才能涣然冰释，否则会诘屈为病。然而，训诂中有时会出现滥言通假的情况，也就是说，本来不属于通假的情况，却按照通假

---

① 张永言．词汇学简论训诂学简论（增订本）[M]．上海：复旦大学出版社，2015：5．
② 郭在贻．训诂丛稿[M]．上海：上海古籍出版社，1985：49-50．

来训释。训诂的一般原则是，如果本字可解释得通，则不必释以假借。然而，在训诂实践中经常会遇到将不是通假错认为通假的例证。

如俞樾《毛诗平议·卫风·竹竿》："巧笑之瑳，佩玉之傩。"毛传曰："瑳，巧笑貌。"樾谨按："'瑳'非笑貌，乃'齹'之假字。《说文·齿部》：'齹，齿参差。从齿差声。'笑则参差齿见，故以为巧笑之貌。"俞樾以"瑳、齹"相通，值得商榷。此处"瑳"不能看作是"齹"的假借字。"瑳"，《说文解字》："玉色鲜白也。"朱熹《诗集传》："瑳，鲜白色。笑而见齿，其色瑳然，犹所谓粲然皆笑也。"此以玉之鲜白喻牙齿之色。文意甚明。若看作是"齹"的假借，反而会显得迂曲难同，违背常理。更有滥言假借之嫌。①

王力先生认为："两个字完全同音，或者声音十分相近，古音通假的可能性虽然大，但仍旧不可以滥用。如果没有任何证据，没有其他例子，古音通假的解释仍然有穿凿附会的危险……"② 可见，我们在训诂实践中，能从本字字面上讲得通的，就最好不采用通假来解释，以免犯滥言通假的错误。

三 增字解释

所谓增字解释，清人王引之有一段话讲得很清楚："经典之文，自有本训。得其本训，则文义适相符合，不烦言而已解；失其本训而强为之说，则扞阂不安。乃于文句之间增字以足之，多方迁就而后得申其说，此强经以就我，而究非经之本义也。"王引之这段话是说，经典中的文字，本来有自己的训释，找到了这种训释，文义自然顺畅；反之，则扞格难通。甚至有增加原本不存在的文字，辗转迁就，曲解其说，就会出现勉强以经文迁就自我的局面，最终探究的也不是经文的本义。"增字解释"这种做法，也是训诂学的大忌，应该摒弃。

如《尚书·皋陶谟》"烝民乃粒"，有人解为"乃复粒食"。显然，"粒"下增字为训"粒食"。其实，此处的"粒"应该读为"立"，立者，定也，言众民乃安定也。

《左传·僖公二十八年》："有渝此盟，以相及也。"杜预注："以恶相及。"对杜预的这一注释，王引之提出了批评："及字之义不明，故杜增成其文，曰'以恶相及'。然传文但言'相及'，不言'以恶'也。今案：'及'当为'反'字之误也。相反谓相违。韦注《周语》曰：'反，违也。'上文曰：'使皆降心以相从也。''从'与'违'义正相对。上文曰：'不协之故，用昭乞盟于尔大神。'相从则协，相反则不协矣。"这是晋国与卫国结盟时说的盟誓之辞。原文没有"恶"字，不能判定是省略，况且省略的也不一定就是"恶"字。所以王引之指出杜预的"以恶相及"是"增成其文"。应该说，杜预注的确不妥，违背了训诂学的原则，从而出现"增字解经"的弊病。③

---

① 王其和，王明春.《群经平议》训诂失误举例[J]. 德州学院学报，2006（06）：40-44.
② 王力. 训诂学上的一些问题[M]//王力语言学论文集. 北京：商务印书馆，2000：527-528.
③ 陈绂. 训诂学基础[M]. 北京：北京师范大学出版社，2005：181.

四 以今律古

词义是有时代性的，在训诂实践中我们要注意，有时候不能拿后来的词义去解释前代的词语，这样往往会犯以今律古的错误。

如《史记·张释之冯唐列传》："廷尉奏当，一人犯跸，当罚金。"这里"当"不能用现在常用的"应当"来理解，而是作"判处、判决"义。唐代司马贞在《索隐》中引崔浩的解释："当，谓处其罪也。"《史记·蒙恬列传》："高有大罪，秦王令蒙毅法治之。毅不敢阿法，当高罪死，除其宦籍。"这里"当"也是判处，"判处赵高死罪"。现代成语"该当何罪"，也是古汉语词义的遗留，意思是"承担"。我们可以看其本义，《说文解字》："当，田相值也。从田，尚声。"段玉裁注："值者，持也，田与田相持也。""当"的本义是"田值对等"，"承担""判决"是引申义，我们不能以现代常用的"应当"义去解释具体语境中的意义，否则就易犯"以今律古"的错误了。

论著选介

一 王念孙《广雅疏证》

上海古籍出版社 2016 年出版的《广雅疏证》是目前较好的整理本。《广雅》是三国时期魏国张揖为增补《尔雅》所著，《广雅疏证》是王念孙的代表作之一，是为《广雅》一书所作的疏证。《广雅疏证》共十卷，每一卷分上卷、下卷。根据赵振铎先生的研究，《广雅疏证》的成就主要体现在以下方面：① 发掘了一批语言史料；② 纠正了前代一些错误的说法；③ 对词的词源意义作了一些有趣的探索；④ 揭示了《广雅》的某些体例；⑤ 校正了《广雅》的讹错。《广雅疏证》之所以取得如此巨大的成就，在于作者运用了科学的实事求是的治学方法。周祖谟在《读王念孙〈广雅疏证〉简论》中对王氏在训诂方面的工作作出了客观评价，郭在贻也对王氏的训诂方法进行了总结，如："（1）充分占有资料；（2）坚持科学的求实态度；（3）以声音通训诂。"[①]

二 王引之《经义述闻》

《经义述闻》于 2016 年由上海古籍出版社出版，由虞思徵、马涛、徐炜君等校点。《经义述闻》共三十二卷，是王引之对《周易》《尚书》《毛诗》《周官》《仪礼》《大戴礼记》《礼记》《春秋左传》《国语》《春秋公羊传》《春秋谷梁传》《尔雅》等十二部经典所做

---

① 郭在贻. 郭在贻文集 [M]. 北京：中华书局，2002：593.

的校勘与词语训诂,重点在于补正古书中的训诂以及前贤未能发明者。王引之继承了其父王念孙以音韵通训诂之精髓,并将这种"因声求义"的方法运用于《经义述闻》中,纠正了数千年以来诸多以讹传讹的观点。如:《春秋左传述闻》"药石"条,王引之通过语音联系,考察了"药"通"疗",而且还纠正了"不可救药"之"药",不是《春秋左传正义》中解释为"不可救以药"的"药(药饵)",而是"治疗""疗救"义。另外该书中还收录了《春秋名字解诂》和《通说》。《春秋名字解诂》发明古人名与字之关系,为《春秋左传》之附属。王引之充分利用古人起名字的规律:名与字意义相同、相近或相反,来考察字词之间的意义联系,为训诂学研究开辟了一个新的视角。

三 蒋礼鸿《敦煌变文字义通释》

《敦煌变文字义通释》于 1959 年由上海古籍出版社出版第一版,1997 年出版增订本,2016 年浙江大学出版社再次出版并收入《蒋礼鸿全集》。《敦煌变文字义通释》是蒋礼鸿先生研究敦煌变文的重要成果,不仅成为敦煌文献研究者案头必备之书,而且推动了汉魏六朝以来俗语词研究的进程,对汉语词汇史研究有不可磨灭的贡献。该著作主要解释了敦煌变文中的诸多词语,属于典型的训诂学著作。增补定本《敦煌变文字义通释》全书正文分为六篇:第一篇释称谓;第二篇释容体;第三篇释名物;第四篇释事为;第五篇释情貌;第六篇释虚字。另有三篇附录:附录一为变文字义待质录;附录二为《敦煌变文集》校记录略;附录三为《敦煌曲子词集》校议。以及重版后记、三版赘记、五版后记、六版增订、六版后记、《敦煌变文字义通释》笔画部首索引、《敦煌变文字义通释》四角号码索引等。该著作在内容上以"解疑""通文""探源""证俗""博引"为五大要旨通贯全文。

四 王宁《训诂学原理》

《训诂学原理》于 1996 年由中国国际广播出版社首次出版,中华书局 2023 年出版了《训诂学原理》增补本。增补本在原版基础上,作了调整,保留了原书的 16 篇文章,删除了三个栏目:"训诂原理概说""训诂学史"和"训诂学的普及和应用",同时增补了 28 篇文章,并对全书的结构进行了重新梳理。鉴于传统训诂学的综合性和它在不同时代的发展状况,作者把《增补本》分成了五大部分,含十个栏目,形成了以下的框架。第一部分是训诂学的现代转型,包括训诂学的自主创新与发展趋势、训诂学的术语建设。第二部分是训诂学材料的三种形式,包括训释原理、训诂纂集原理、训诂考据原理。第三部分是训诂学的独立分支,包括汉语词源学原理。第四部分是训诂学的两个紧密合作的临近学科,包括训诂学、文字学和音韵学。第五部分是训诂学与现代语言学的接轨,包括训诂学与汉语语义学、训诂学与语法学、训诂学与汉语辞书学。从栏目设计来看,增补本《训诂学原理》更加突出对"训诂学原理"的诸多考论,更加突出符合训诂学的发展及其趋势,有利于推动中国传统语言学实现现代转型,立足当代,走向未来。

阅读应用

一 《詩經·周南·關雎》①

關關雎鳩②，在河之洲③。窈窕淑女④，君子好逑⑤。
參差荇菜⑥，左右流之⑦。窈窕淑女，寤寐求之⑧。
求之不得，寤寐思服⑨。悠哉悠哉⑩，輾轉反側⑪。
參差荇菜，左右采之⑫。窈窕淑女，琴瑟友之⑬。
參差荇菜，左右芼之⑭。窈窕淑女，鐘鼓樂之⑮。

【注釋】

① 節選自程俊英《詩經譯注》，上海古籍出版社，2014 年。周南：周朝的發祥地在雍州岐山之南，後來逐漸拓展，遷都於豐，而故地分封爲周公旦、召公奭的采邑。周公的采邑就叫作周南。大致在今洛陽以南直到湖北的大片範圍。關雎（jū）：篇名。是《周南》中的第一篇。《詩經》每篇都用第一句裏的幾個字（一般是兩個字）作爲篇名。《關雎》是一首情歌，寫一個男子思慕一個女子，並設法去追求她。
② 關關：鳥的和鳴聲。雎鳩：水鳥，又名王雎，今稱魚鷹。
③ 河：黃河。洲：水中的陸地。這裏以在小洲上鳴叫的雎鳩引出下文兩句話，這種表達方式叫作興。興是以一種事物引出自己想要說的事物，兩種事物之間有一定的聯繫，但在解釋時，不能牽强附會。即先言他物，然後借以聯想，引出詩人所要表達的思想感情。
④ 窈窕（yǎo tiǎo）：美好的樣子。淑：貞静柔善且品德好。
⑤ 好逑（hǎo qiú）：好的配偶。
⑥ 參差（cēn cī）：高低不齊的樣子。荇（xìng）菜：一種水草，可以食用。
⑦ 左右：左邊和右邊。流：採摘，擇取。與下文"采之""芼之"中的"采""芼"詞義相近。
⑧ 寤（wù）：睡醒。寐（mèi）：睡着。
⑨ 思：詞頭，不譯。服：想念。
⑩ 悠：思念。
⑪ 輾轉：反復轉動。反側：翻來覆去。
⑫ 采：採摘，擇取。
⑬ 琴瑟：都是古代樂器。琴有五弦或七弦，瑟有十五弦。友：名詞活用爲動詞，親愛。這裏説用琴瑟作樂來表達愛慕之意。
⑭ 芼（mào）：採摘，擇取。
⑮ 鐘鼓：名詞活用爲動詞，敲鐘打鼓。樂：使動用法，使……快樂。

二 《史記·陳丞相世家》（節選）①

陳平既多以金縱反間於楚軍②，宣言③諸將鍾離眛等爲項王將，功多矣，然而終不得裂地而王，欲與漢爲一，以滅項氏而分王其地。項羽果意不信鍾離眛等。項王既疑之，使使④至漢。漢王爲太牢具⑤，舉進。見楚使，即詳驚⑥曰："吾以爲亞父⑦使，乃⑧項王使！"復持去⑨，更以惡草具⑩進楚使。楚使歸，具以報項王。項王果大疑亞父。亞父欲急攻下滎陽城，項王不信，不肯聽。亞父聞項王疑之，乃怒曰："天下事大定矣，君王自爲之！原請骸骨歸⑪！"未至彭城，疽⑫發背而死。陳平乃夜出女子二千人滎陽城東門，楚因擊之，陳平乃與漢王從城西門夜出去。遂入關，收散兵復東。

【注釋】

① 選自〔西漢〕司馬遷《史記》，中華書局，2019年。本篇《陳丞相世家》是《史記》三十世家中的第二十六篇，從這些文字中可以看出陳平的足智多謀。
② 縱：大肆進行。反間：挑撥離間楚君臣的間諜活動。
③ 宣言：公開散播。
④ 使使：前一個"使"，派遣。後一個"使"，使者。
⑤ 太牢具：牛羊豕三牲皆備的豐盛筵席。具，飯食。
⑥ 詳（yáng）驚：詳即佯，假裝吃驚。
⑦ 亞父：范增。項羽尊之爲亞父。
⑧ 乃：卻，竟然。
⑨ 復持去：又拿走了。
⑩ 惡草具：粗劣飯食。
⑪ 骸骨歸：請求使骸骨歸葬故鄉。意思是自願請求辭職。
⑫ 疽（jū）：常生於項部、背部和臀部的癰瘡。

三 《畫鬼最易》①

客有爲齊王畫者，齊王問曰："畫孰最難者？"曰："犬馬最難。""孰最易者？"曰："鬼魅最易。"夫犬馬，人所知也，旦暮罄於前，不可類之，故難。鬼魅無形者，不罄於前，故易之也。

【注釋】

① 選自張覺等撰《韓非子譯註》，上海古籍出版社，2012年。

四 《伯樂視馬》①

人有賣駿馬者，比三旦立市，人莫之知。往見伯樂曰："臣有駿馬，欲賣之，比三旦立於市，人莫與言。願子還而視之，去而顧之，臣請獻一朝之賈。"伯樂乃還而視之，去而顧之，一旦而馬價十倍。

【注釋】

① 選自〔西漢〕劉向《戰國策》，上海古籍出版社，2015 年。

五 《漢書·蘇武傳》（節選）①

武字子卿少以父任兄弟並爲郎稍遷至栘中廄監時漢連伐胡數通使相窺觀匈奴留漢使郭吉路充國等前後十餘輩匈奴使來漢亦留之以相當天漢元年且鞮侯單于初立恐漢襲之乃曰漢天子我丈人行也盡歸漢使路充國等武帝嘉其義乃遣武以中郎將使持節送匈奴使留在漢者因厚賂單于答其善意

武與副中郎將張勝及假吏常惠等募士斥候百餘人俱既至匈奴置幣遺單于單于益驕非漢所望也方欲發使送武等會緱王與長水虞常等謀反匈奴中緱王者昆邪王姊子也與昆邪王俱降漢後隨浞野侯沒胡中及衛律所將降者陰相與謀劫單于母閼氏歸漢會武等至匈奴虞常在漢時素與副張勝相知私候勝曰聞漢天子甚怨衛律常能爲漢伏弩射殺之吾母與弟在漢幸蒙其賞賜張勝許之以貨物與常後月餘單于出獵獨閼氏子弟在虞常等七十餘人欲發其一人夜亡告之單于子弟發兵與戰緱王等皆死虞常生得單于使衛律治其事張勝聞之恐前語發以狀語武武曰事如此此必及我見犯乃死重負國欲自殺勝惠共止之虞常果引張勝單于怒召諸貴人議欲殺漢使者左伊秩訾曰即謀單于何以復加宜皆降之單于使衛律召武受辭武謂惠等屈節辱命雖生何面目以歸漢引佩刀自刺衛律惊自抱持武馳召毉凿地为坎置煴火覆武其上蹈其背以出血武气绝半日復息惠等哭輿歸營單于壯其節朝夕遣人候問武而收系張勝

【注釋】

① 節選自〔東漢〕班固《漢書》，中華書局，2012 年。《蘇武傳》附在《漢書》卷五十四《李廣蘇建傳》中，記載了蘇武出使匈奴，被羈留長達十九年的艱苦歷程，突出表現了蘇武崇高的民族氣節和忠貞不渝的愛國精神。

一 古人的名和字

古人有名有字，名和字有聯繫也有區別。《儀禮》："故子生三月，則父名之。"旧说婴儿出生三个月后，由父亲取名，男子二十岁加冠时取字，女子十五岁加笄时取字。只有父母、师长可以直呼其名，其他称字，以示尊敬。名和字往往有意义上的联系，因而名字能够成为训诂的重要依据。如：屈原，名平，字原，《尔雅·释地》："广平曰原。"颜回，字子渊，《说文解字》："渊，回水也。"回是旋转之义。孔子名丘，字仲尼，丘是山，尼也是山名。孟子，名轲，字子舆，名和字都与"车"有关。

较早揭示名和字关系的，是汉代的班固。《白虎通·姓名》："或旁其名为之字者，闻字即知其名。若名赐，字子贡；名鲤，字伯鱼。"① 东汉许慎在《说文解字》也将名字作为训诂材料来应用，利用名与字的意义相协的关系来说解一些字的本义。如《说文解字》："碬，厉石也。从石，叚声。《春秋传》曰：'郑公子碬，字子石。'"清代王念孙深受许慎这一做法的影响，也广泛采用先秦两汉人的名字来诠释词义。如王念孙《广雅疏证·释诂一》"衮，大也"，疏证曰："衮之言浑也。曹大家注《幽通赋》云：'浑，大也。'《后汉书》：'冯绲，字鸿卿'，绲与浑同。"

古人的名与字，既有同义，也有反义。如：曹植，字子建，《左传·定公十年》："皆至而立，如植。"陆德明释文："植，立也。"《说文解字》："建，立朝律也。"段玉裁注："今谓凡竖立为建。"同义故相协。再如：曾点，字皙，《说文解字》："点，小黑也。"又《说文解字》："皙，人色白也。"点与皙是反义。后人通常也会用两个字为字，如诸葛亮字孔明、陆机字士衡、鲍照字明远、苏轼字子瞻等。两个字的字，也跟名有意义联系。如：清人丁寿昌，字颐伯，《诗经·鲁颂·閟宫》："俾尔昌而炽，俾尔寿而富。"《礼记·曲礼上》："百年曰期，颐。"人的寿命以百年为期，百岁可谓"寿昌"，须善保养，因此以"颐"为字。

清代王引之的《春秋名字解诂》是第一部关于名字训诂的专述，考释了春秋时期人物名字相协的例子。他把古人名字之间"相承之诂言关系"，概括为"同训""对文""连类""指实""辨物"五体，归纳了破解名字关系的六种方法，即"通作""辨讹""合声""转语""发声""并称"，第一次将名字相协的礼俗上升为理论规律。此后，张澍、俞樾、黄侃等学者对"名字解诂"进行了增补、订正。今人吉常宏于1991出版了《中国人的姓名字号》。另有吉常宏、吉发涵《古人名字解诂》一书，由语文出版社于2003年出版。

二 所谓"诗无达诂"

"诗无达诂"出自董仲舒的《春秋繁露·精华》："曰：所闻《诗》无达诂，《易》无达占，《春秋》无达辞，从变从义，而一以奉人。"董仲舒在谈到"《诗》无达诂"时所用的"所闻"，实际上是指董仲舒察觉并意识到，对《诗》《易》《春秋》等的差异性理解，已成为普遍现象。但是，他的实际目的并不仅仅是肯定这种现象，更重要的是要解决"《诗》无达诂""《易》无达占""《春秋》无达辞"这种纷乱的理解问题。② 黄侃在《文字声韵训诂笔记·训诂笔记上·训诂学定义及训诂名称》中写道："诂者故也，即本来之谓。训者顺也，即引申之谓。训诂者，用语言解释语言之谓。"可见，诂者，故也，首先就是古代

---

① [清]陈立.白虎通疏证[M].北京：中华书局，1994：411.
② 李建盛.从"《诗》无达诂"到"诗无达诂"：一个诠释学问题的探讨[J].清华大学学报（哲学社会科学版），2021，36（6）：44-56，206.

传承下来的文献典籍，我们今天也称之为"文本"。其次就是对文本进行理解和阐释。那么"《诗》无达诂"字面意思是，对《诗经》的训诂或解释，并没有一个终极性、确切、一致或不变的标准，而是因时因人而有歧异。

《诗经》是我国最早的一部诗歌集，它记录了西周到春秋时期500年间的社会生活以及阶级斗争。王国维曾说："《诗》《书》为人人诵读之书，然于《六艺》中最难读。"有关《诗经》注解在历代皆有新篇，《诗经》文本和不同时空的多元阐释形成了紧密而丰富的关系。

汉代传《诗》的有鲁、齐、韩、毛四家。鲁人申公，也叫申培公，相传为荀卿弟子浮丘伯门人，治《诗》，称《鲁诗》；齐人辕固生传《诗》，号《齐诗》；燕人韩婴亦传《诗》，称《韩诗》。鲁、齐、韩统称"三家诗"，为今文诗。鲁人毛亨作《诂训传》，传于赵人毛苌，号曰《毛诗》，《毛诗》为古文诗。《毛诗诂训传》不仅305篇都有注，而且每诗之首都有"小序"，以解释诗的主题。首篇《关雎》有一篇长序，除讲《关雎》的主题，还对诗的性质、作用、"六义"的内容、《风》《雅》《颂》的特点和区别进行了概括论述，叫作"大序"。《毛诗序》继承和发扬了孔子的诗学思想。

东汉郑众、贾逵、马融、郑玄都治《毛诗》。郑玄为《毛诗诂训传》作笺，补充和订正了《毛传》，使之得到广泛的传播。魏晋以后，"三家诗"先后亡佚，只有《韩诗外传》至今尚存。唐孔颖达等撰《五经正义》，其中《诗》取毛、郑，并进一步疏释了《毛诗诂训传》及郑玄为《毛诗诂训传》所作的笺。从此《毛诗》确立了经典的地位，长期为后世所尊尚。毛氏是儒家学者，他把《诗》看作宣扬儒家思想的工具，认为诗的作用不外"美""刺"两途，往往用儒家观点比附某些历史事实去解释诗义，有时不免歪曲诗的本来面貌。但《毛传》着重训释词义，言简意赅，言而有据，绝大部分内容至今还是正确的。

宋代重实证思辨，开创了《诗经》研究的新局面。欧阳修作《毛诗本义》、王安石作《诗经新义》、郑樵作《诗辨妄》、王质作《诗总闻》，各有千秋。朱熹著《诗集传》，废除《诗序》。依诗说诗，既有继承，又多创新，简明扼要，实事求是，在《诗经》学史上更是树立了新的里程碑。

清代是《诗经》研究的鼎盛时期，出现了许多很有成就的学者和《诗经》注释成果，如：牟应震《诗问》，崔述《读风偶识》，姚际恒《诗经通论》，胡承珙《毛诗后笺》，马瑞辰《毛诗传笺通释》，方玉润《诗经原始》，王先谦《诗三家义集疏》等。《诗经》内容丰富，可以为不同学术研究提供详尽的真实史料。自汉至清，注释、研究《诗经》的著作多达500多种，民国至今又有100种以上，内容涉及历史、考古、地理、经济、文学、文化、思想、民俗、语言、文字、名物、简牍等方面，可谓洋洋大观。① 当代的相关成果有屈万里《诗经诠释》，程俊英《诗经注析》，向熹《诗经译注》等，也都是很好的参考书。

三 清代以前的字典辞书

伴随着训诂实践的增多、训诂资料的积累，古代的训诂成果往往被汇集为字典辞书。

---

① 向熹.诗经译注[M].北京：商务印书馆，2013：7.

汉代是我国训诂学发展史上的重要阶段，这一时期古籍注解多，语文辞书的主要类型也都源发于汉魏时代。字典辞书经历由无到有，其功能由单一的识字扩展到复杂的知识文化记载。在内容上，字典辞书也经历了由以文字为主，到以涵盖文字、词语以及韵律和科学等多个领域的转变。字典辞书方面也产生了《说文解字》《尔雅》《方言》《释名》《玉篇》《广雅》等著作。

（1）字典辞书的萌芽与奠基阶段：《说文解字》《尔雅》《方言》《释名》。

《说文解字》作为字典的先河，是我国第一部按部首编排，并系统地辨形、记音、析义的语文辞书，简称《说文》，东汉许慎撰。《说文》约成书于东汉永元八年至十二年（96—100年）间，共十五卷，其中包括序目一卷。全书以小篆为规范字体，兼收古文、籀文等作为异体字，共收释9353字，重文1163字，顺应了统一规范汉字的时代要求。《说文》以字形为纲，因形立训，将汉字中相同的形旁作为分类的基准，分540个部首排列。《说文》是我国字书的开山之作，开创了字书编纂体例的先河，首创据形系联、以义相属的部首法和义项划分，为以后的部首笔画检字法和分列义项奠定了基础。唐代科举考试规定要考《说文》。今通行本为宋徐铉所校定。《说文》问世后，以其博大精深、体例严谨而得到学者的推崇，自大徐、小徐以来，历代研究者层出不穷，清代更是《说文》研究大兴的时代，其中以段玉裁《说文解字注》、桂馥《说文解字义证》、王筠《说文句读》、朱骏声《说文通训定声》最为著名。

《尔雅》作为词典的先河，是我国现存最早的训释群书语义的语文辞书。作为儒家经典，《尔雅》被收入十三经，也是我国各类辞书的鼻祖，由秦汉儒生缀集先秦旧文递相增益而成。《尔雅》突破了文献训诂的随文注释的离散性状态，把先秦大量的随文训释按事类分编，在各篇中又综合同义词分条"释古今之异言，通方俗之殊语"，解释了先秦至西汉初年所用词语的意义和用法，还包含了有关自然和社会方面的一些知识，可以说是对春秋至秦汉名物释义的大汇编，充分体现了辞书解读古籍，以沟通古今的功能。《尔雅》问世后，汉唐之间为其作注的人很多，现在能够看到的最早的完整注本是晋代郭璞的《尔雅注》。清代为《尔雅》作注的最有成就的两部著作是邵晋涵《尔雅正义》和郝懿行《尔雅义疏》。

《方言》作为方言词典的先河，是我国第一部记载各地方言俗语与通语异同的语文辞书，是西汉扬雄所撰。书中记载了古代不同地域的词语，地域东起东齐海岱，西至秦陇凉州，北起燕赵，南至沅湘九嶷，东北至北燕朝鲜，西北至秦晋北鄙，东南至吴越东瓯，西南至梁益蜀汉，差不多覆盖了当时全国的各主要方言区。《方言》不仅记载了汉语的方言，而且也记载了一些少数民族的语言。如东齐青徐方言包括夷语，南楚方言包括蛮语，西秦方言包括羌语，秦晋北鄙方言包括狄语，燕代方言包括朝鲜语。《方言》全书收释了2300多个词，分十五卷（今本十三卷），共675条。体例上以《尔雅》为蓝本，大体是以类相从，分类编排收录古今各地同义的词语。第一个给《方言》作注的，是晋代郭璞《方言注》。在郭璞之后，陆续也有一些学者给《方言》作注，尤其是清朝人，如戴震作《方言疏证》、卢文弨作《重校方言》等。

《释名》作为音训词典的先河，是我国第一部以因声求义的方法系统探讨词源的语文辞书，由东汉刘熙撰，又别称《逸雅》。全书体例仿《尔雅》，分八卷二十七篇：卷一释天、释地、释山、释水、释丘、释道,卷二释州国、释形体,卷三释姿容、释长幼、释亲属,卷四释言语、释饮食、释采帛、释首饰,卷五释衣服、释宫室,卷六释床帐、释书契、释典艺,卷七释用器、释乐器释兵、释车、释船,卷八释疾病、释丧制。《释名》共释词1500多条,大多是当时的常用词,着重日常名物事类,涉及社会生活面广,从天文、地理到人事、习俗都有所反映。

(2)字典辞书的继承与演变阶段:《广雅》《玉篇》。

《广雅》是我国第一部值得重视的《尔雅》式词典,由三国魏张揖撰。《广雅》是增广《尔雅》的雅系语文辞书。张揖在《上〈广雅〉表》中认为辞书具有规范语言和指导正确使用的作用,应按"学问之阶路,儒林之楷素"的标准来编纂,而辞书音义训释应做到"文约而义固""精研而无误"。此书曾于隋炀帝年间为避其讳而被改称为《博雅》。《广雅》共分十九类,仿照《尔雅》体例,集百家之训诂而不限于儒家经典,采八方之殊语,详录品核,补所未备,形同《尔雅》的续篇,但取材范围更广泛。《广雅》收释了2343个词语,多为《尔雅》未及的内容和不见于《尔雅》的新词新义。《广雅》成书后,隋朝曹宪为《广雅》作音释,后世称《博雅音》,共十卷。清代学者为《广雅》作注较多,钱大昭作《广雅疏义》二十卷,卷帙浩繁,体大思精,是钱大昭积三十年之功精心撰写而成的《广雅》注本,代表了钱氏在小学方面的最高成就。王念孙作《广雅疏证》,重点体现了王氏在训诂方法论上"因声求义"的探索和实践。

《玉篇》是现存的第一部楷书字典,由南朝梁顾野王撰,卷首有野王自序和进《玉篇》启。《玉篇》按汉字形体分部编排,分542部,与《说文》相同的部首有529个,不同的有13个。部首的顺序则和《说文》大不相同,除去开首的几个部首和最后的干支部首与《说文》一致,其他都是重新安排的。顾野王在《玉篇》中标注了反切、详列义训、广引典籍例证,有凭有据,体现了理解型语文辞书注重查考功能的特点,承《说文》而别开生面地创立了新的模式。顾野王的《玉篇》原本已佚,仅存残卷,但仍具有很高的训诂和校勘价值。今本《玉篇》版本较多,中华书局在1987年曾据张氏泽存堂本影印出版《大广益会玉篇》。日本空海所撰的《篆隶万象名义》共三十卷,系模拟《玉篇》之作,此书部目次第与原本《玉篇》残卷相合,大多内容略同原本《玉篇》。

除此之外,还有专门集释儒家、佛教等经典著作中词语的音义的辞书,如唐代陆德明《经典释文》、唐代玄应和慧琳《一切经音义》等,也属于训诂辞书。[①]

◇ **关键词解释**

【训诂】指中国古代的一种词义解释工作,即用易懂的、众所周知的语言来解释难懂的或只有少数人能懂的语言。以当代语言解释前代语言,以标准语解释方言,以常用词解释生僻词,都是训诂的内容。

---

① 徐时仪.汉语语文辞书发展史[M].上海:上海辞书出版社,2016:19.

【疏证】疏证是注释的一种体例，即广泛汇集有关资料，对原著以及已有的注释详加校订、考证、辨析，然后提出作者自己的意见，疏通原著之义，提出证据以佐证己见，甚至纠正前说。

【笔意】表意文字在造字初期是依据它所记录的词的某一意义来绘形的。还保持着原来的造字意图，能够表现字的本义的形体，叫作笔意。

【本义】反映在字形上，体现原始造字意图的字义，叫作本义。本义就是词的某一个义项，或是某一义项在个别事物上的具体化。

【假借】旧词的词义已经发展变化，离本义较远了，理应分化出新词，但有的却不因此另造新字，而仍在原字上赋予新义。这就使得同一字形记录两个理应分化的词，从而节制了字形。造字中的这种现象，叫作假借。

【因形求义】因形求义，就是通过分析汉字的形体结构来探求词义，也就是"形训"。汉字在形义关系上是有一定的统一性的，汉字的形体往往能够反映其所代表的词的意义。

【因声求义】从声音入手进行训诂，从而探求词义，正确解读文献，即为"因声求义"。字形是文字的外形、形状和书写方式，是语言的外在形式，语音是语言的内在形式，透过字形利用词的音义联系探求词义，是非常重要的训诂方法。

◇ 本章小结

本章的知识结构如图 6-1 所示。

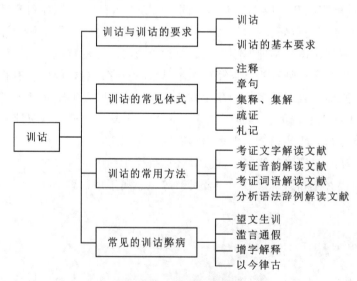

图 6-1 本章的知识结构

本章还选介了王念孙、王引之、蒋礼鸿、王宁等学者的四部训诂学方面的著作，提供了五篇传世文献阅读材料，并介绍了古人的名和字、"诗无达诂"、清代以前字典辞书等内容，力求将各部分内容融会贯通，将理论知识与阅读应用相结合。

◇ **思考与练习**

一、"因声求义"与"声训"二者是否是一回事？二者的原理是否完全等同？请查阅相关资料思考并谈谈自己的看法。

二、请举例分析古代的文献注释对今人注释的影响。

三、清代乾嘉学者的训诂特点是什么？有哪些重要的训诂成就？

四、通过查阅文献解释下面句子中"引"的意义，并整理其意义关系。

（1）列御寇为伯昏无人射，引之盈贯。

（2）引而不发。

（3）引吭高歌。

（4）招蜂引蝶。

（5）圣朝尚飞战斗尘，济世宜引英俊人。

（6）旷日引月，不闻进发之期。

（7）引其封疆，何国蔑有？

（8）敢竭鄙诚，恭疏短引。

◇ **数字资源**

相关课程视频

1. 北京师范大学王宁：学点训诂学
2. 武汉大学精品课：训诂常见术语解析
3. 武汉大学精品课：古籍阅读与断句案例分析
4. 谭伟：声训
5. 李山：诗经六义

数字资源

拓展阅读资源

1. 王宁，黄易青：《词源意义与词汇意义论析》
2. 郭芹纳：《释"感冒"》
3. 李运富：《〈孟子〉"蹴尔而与之，乞人不屑也"疑诂》
4. 朱小健：《守正训诂，讲清楚中华优秀传统文化》
5. 王云路：《释"首告"》
6. 王云路：《谈谈汉语词汇核心义的类型》
7. 陶智，方一新：《再释"冰矜"》
8. 雷汉卿，李家傲：《"忍俊不禁"考辨》

参考文献

[1] 曹石珠.汉字修辞研究[M].长沙：岳麓书社，2006.
[2] 陈绂.训诂学基础[M].北京：北京师范大学出版社，1990.
[3] 陈望道.修辞学发凡[M].上海：复旦大学出版社，2008.
[4] 程俊英，梁永昌.应用训诂学[M].上海：华东师范大学出版社，2008.
[5] 程湘清.先秦汉语研究[M].济南：山东教育出版社，1992.
[6] 董秀芳.词汇化——汉语双音词的衍生和发展[M].北京：商务印书馆，2011.
[7] 方一新.训诂学概论[M].南京：江苏教育出版社，2008.
[8] 方一新.中古近代汉语词汇学[M].北京：商务印书馆，2010.
[9] 复旦大学语言研究室编.陈望道修辞论集[G].合肥：安徽教育出版社，1985.
[10] 郭在贻.训诂学[M].北京：中华书局，2005.
[11] 洪城.训诂学[M].南京：江苏古籍出版社，1984.
[12] 洪成玉.古汉语词义分析[M].天津：天津人民出版社，1985.
[13] 胡安顺.音韵学通论[M].北京：中华书局，2003.
[14] 华学诚.扬雄《方言》校释论稿[M].北京：高等教育出版社，2011.
[15] 蒋绍愚.汉语历史词汇学概要[M].北京：商务印书馆，2015.
[16] 李运富.汉字之光照亮中华文明[M].郑州：河南科学技术出版社，2022.
[17] 李运富.汉语字词关系与汉字职用学[M].北京：商务印书馆，2023.
[18] 李运富.汉字学新论[M].北京：北京师范大学出版社，2012.
[19] 李国英，李运富.古代汉语教程[M].北京：北京师范大学出版社，2007.
[20] 李维琦，王大年，王玉堂，等.古汉语同义修辞[M].长沙：湖南师范大学出版社，1989.
[21] 刘景农.汉语文言语法[M].北京：中华书局，1994.
[22] 陆忠发.当代汉字学[M].上海：上海教育出版社，2014.
[23] 陆宗达.训诂简论[M].北京：北京出版社，1980.
[24] 陆宗达，王宁.训诂方法论[M].北京：中国社会科学出版社，1983.
[25] 吕叔湘，朱德熙.语法修辞讲话[M].北京：商务印书馆，2013.
[26] 林玉山.汉语语法发展史稿[M].厦门：厦门大学出版社，2018.

［27］麦耘．音韵学概论［M］．南京：江苏教育出版社，2009．

［28］马汉麟．古汉语语法提要［M］．西安：陕西人民出版社，1980．

［29］潘允中．汉语词汇史概要［M］．上海：上海古籍出版社，1989．

［30］邵荣芬．汉语语音史讲话［M］．天津：天津人民出版社，1979．

［31］苏宝荣，宋永培．古汉语词义简论［M］．石家庄：河北教育出版社，1987．

［32］孙常叙．汉语词汇［M］．上海：上海古籍出版社，2017．

［33］唐作藩．汉语音韵学常识［M］．北京：商务印书馆，2018．

［34］万献初．音韵学要略［M］．武汉：武汉大学出版社，2012．

［35］汪维辉．东汉——隋汉语常用词演变研究（修订本）［M］．北京：商务印书馆，2017．

［36］王宁．古代汉语［M］．北京：高等教育出版社，2012．

［37］王宁．训诂学原理（增补本）［M］．北京：中华书局，2023．

［38］王力．汉语语音史［M］．北京：中华书局，2014．

［39］王力．汉语音韵学［M］．北京：中华书局，2014．

［40］王力．汉语史稿［M］．北京：中华书局，2002．

［41］王力．诗词格律 诗词格律概要［M］．北京：中华书局，2014．

［42］王力．音韵学初步［M］．北京：商务印书馆，1980．

［43］王力，岑麒祥，林焘．古汉语常用字字典［M］．北京：商务印书馆，2005．

［44］王力．古代汉语常识［M］．北京：北京联合出版公司，2019．

［45］王凤阳．汉字学［M］．北京：中华书局，2018．

［46］王希杰．汉语修辞学（第三版）［M］．北京：商务印书馆，2014．

［47］王占福．古代汉语修辞学［M］石家庄：河北教育出版社，2001．

［48］王昕若．诗词格律手册［M］．北京：知识出版社，2010．

［49］许威汉．古汉语语法精讲［M］．上海：上海大学出版社，2002．

［50］许嘉璐．古代汉语［M］．北京：高等教育出版社，2011．

［51］杨启国．古代汉语修辞［M］．北京：经济科学出版社，2021．

［52］杨树达．中国修辞学［M］．上海：上海古籍出版社，2012．

［53］杨剑桥．汉语音韵学讲义［M］．上海：复旦大学出版社，2005．

［54］杨伯峻．文言语法［M］．北京：中华书局，2016．

［55］周光庆．古汉语词汇学简论［M］．武汉：华中师范大学出版社，1989．

［56］邹晓丽．基础汉字形义释源［M］．北京：中华书局，2007．

［57］张联荣．古汉语词义论［M］．北京：北京大学出版社，2007．

［58］郑子瑜．中国修辞学史稿［M］．上海：上海教育出版社，1984．

［59］郑奠，谭全基．古汉语修辞学资料汇编［G］．北京：商务印书馆，1980．

［60］赵克勤．古汉语修辞常识［M］．郑州：河南人民出版社，1984．

［61］周秉钧．古汉语纲要［M］．长沙：湖南人民出版社，1981．

［62］周大璞．训诂学要略［M］．武汉：湖北人民出版社，1980．

图书在版编目(CIP)数据

古代汉语简明教程 / 李运富主编. -- 武汉：华中科技大学出版社，2024.7. -- (新时代大学文科简明教材). -- ISBN 978-7-5772-1057-5

Ⅰ. H109.2

中国国家版本馆 CIP 数据核字第 2024SJ6449 号

古代汉语简明教程
Gudai Hanyu Jianming Jiaocheng

李运富　主编

策划编辑：周晓方　宋　焱
责任编辑：周　天
封面设计：原色设计
版式设计：赵慧萍
责任监印：周治超
出版发行：华中科技大学出版社（中国·武汉）　　电话：(027) 81321913
　　　　　武汉市东湖新技术开发区华工科技园　　邮编：430223
录　　排：华中科技大学出版社美编室
印　　刷：武汉科源印刷设计有限公司
开　　本：787mm×1092mm　1/16
印　　张：17.5　　插页：2
字　　数：420千字
版　　次：2024年7月第1版第1次印刷
定　　价：59.90元

本书若有印装质量问题，请向出版社营销中心调换
全国免费服务热线：400-6679-118　　竭诚为您服务
版权所有　侵权必究